Querverlag

Sodom ist kein Vaterland

Literarische Streifzüge
durch das schwule Europa

Dirck Linck (Hrsg.)

Erste Auflage September 2001

Umschlag und grafische Realisierung von Sergio Vitale unter Verwendung einer Fotografie von Superstock/Harris Christiansen
Druck und Weiterverarbeitung: Alföldi Druckerei AG
ISBN 3-89656-066-2
Printed in Hungary

Bitte fordern Sie unser Gesamtverzeichnis an:
Querverlag GmbH, Akazienstraße 25, D-10823 Berlin
http://www.querverlag.de

Textauswahl und Dank

Dem Leser, der sich für die unterschiedlichen Gestaltungen des Themas „Homosexualität" in den Literaturen Europas interessiert, machen der Buchmarkt und die auf ihn reagierende verlegerische Praxis der Edition von Übersetzungen die Orientierung schwer. Sind schon die „klassischen" Texte aus Ländern, die nicht zum angelsächsischen und französischen Sprachraum gehören, häufig in deutscher Übersetzung nicht greifbar,[1] so ist es erst recht schwierig, sich Einblick in die zeitgenössische „schwule" Literatur zu verschaffen, vor allem, sobald die Neugierde osteuropäischen oder skandinavischen Autoren gilt.

Dieses Buch versammelt einunddreißig Geschichten aus fünfundzwanzig europäischen Ländern. Alle sind nach 1980, die meisten nach 1990 entstanden. Ihr Thema sind einzelne, individuelle Erfahrungen mit mann-männlicher Erotik und Sexualität. Ihr Thema sind Homosexualitäten. Und weil es sich um Literatur handelt, ist ihr Thema immer auch die Möglichkeit, Homosexualitäten zu erzählen. Keine Literatur, die sich nicht selbst thematisierte.

Achtzehn Texte werden hier erstmals in deutscher Übersetzung vorgelegt, vier der Erzählungen sind Erstveröffentlichungen. Neben Kurzgeschichten stehen Romanauszüge, von denen der Herausgeber glaubt, daß sie für sich bestehen können. Ihm war daran gelegen, möglichst viele Stimmen auszuwählen, deren Ton in Deutschland seltener zu hören ist, und ihm ist daran gelegen, anhand der ausgewählten Texte möglichst viele Autoren zu lancieren, deren Werke dem deutschsprachigen Publikum noch gänzlich unbekannt sind. Texte mit Schellengeläut und die Stimmen von Animateuren erschienen ihm als verzichtbar.

Die Autoren, die in diesem Buch einzelne Länder repräsentieren, repräsentieren die einzelnen Länder nur in diesem Buch. Der Herausgeber hat sich nicht einmal im Geheimen zu dem Anspruch überreden können, die *unbestreitbar* wichtigsten Autoren zu präsentieren, und er möchte das Kompendium auch nicht als schwulen Beitrag zu allerneuesten Kanondiskussionen mißverstanden wissen. Dieses Buch ist ein Lesebuch. Es macht – mit Brecht zu sagen – Vorschläge. Es will zum Lesen und Weiterlesen verführen.

Der Prozeß seiner Zusammenstellung simulierte die Dramaturgie einer Regierungsbildung. Die verschiedenen Regionen sollten vertreten sein, verschiedene Länder, Religionen, Tonfälle, Generationen, Mentalitäten, Flügel. Anders als bei Regierungsbildungen kam es beim Auswahlverfahren auch auf eine Vielfalt von Fertigkeiten an, einen Text zu organisieren.

Das Themenspektrum sollte breit sein: Von sexueller Praxis ist die Rede und dem Traum von ihr, von Alter und Jugend, von Aids (das in dem Zeitraum, von dem diese Texte mehrheitlich erzählen, zum unumgehbaren Thema wurde), von Gewalt, vom Glück, vom Alltag (soweit er literaturtauglich ist), von gelingenden Beziehungen und den vielen anderen, von Geschlechterrollen und den Problemen, die sie bereiten, von Sprache und Sprachlosigkeit, vom Coming-out, von der Kunst, von der Landschaft, von Gott und seiner Abwesenheit, von Politik, von der Liebe, vom Feiern, von den Eltern, von der Geschichte, vom Körper ... Es ist das Themenspektrum der Literatur, wie es sich darstellt aus der spezifischen Perspektive von Männern, die Männer lieben oder begehren oder Sex mit ihnen haben oder darüber nachdenken, wie das wäre, wenn ...

Allein hätte ich dieses Buch nicht machen können. Es ist nicht das geringste Verdienst des von Wolfgang Popp an der Universität–Gesamthochschule Siegen aufgebauten Forschungsschwerpunkts „Homosexualität und Literatur", an dem ich arbeite, in zwanzig Jahren ein überaus produktives Netzwerk engagierter Wissenschaftlerinnen und Wissenschaftler aufgebaut zu haben. Ich bin froh, daß ich während der Vorbereitung des Buches auf diese Kontakte zurückgreifen konnte, und danke allen, die mir kompetent, freundlich und unter Zuhilfenahme sämtlicher Apparaturen der modernen Technik geholfen haben.

Die unbestreitbare Bedeutung des Forschungsschwerpunkts – nach wie vor europaweit der einzige seiner Art – hat die Universität Siegen zweifellos veranlaßt, seinen Erhalt für die Zukunft planvoller zu betreiben, als es bei genauem Hinschauen den Anschein hat. Der Fortbestand der Einrichtung ist jedenfalls akut gefährdet.

Neben den Kolleginnen und Kollegen aus der Wissenschaft haben auch viele der ÜbersetzerInnen dieses Bandes mir in der Vorbereitungsphase Literaturtips gegeben und Texte in Rohübersetzungen zur Verfügung gestellt. Ihnen danke ich dafür ebenso wie für ihre Bereitschaft, die dann ausgewählten Texte ins Deutsche zu bringen. Die Freunde, die Kolleginnen und Kollegen, deren vielfältige Unterstützung und Beratung das Buch wesentlich mitgeformt haben, sie seien hier genannt: Felice Balletta (Lyon), Luc Beaujean (Paris), Willem Boudens (Antwerpen), Soma Davidson (Frankfurt a.M.), Michael Dömer (Kopenhagen), Deniz Göktürk (Southampton), Veturliði Guðnason (Reykjavik), Dag Heede (Kopenhagen), Murat Ilhan (Hannover), Gabriele Janecki (Hannover), Wolfgang Jöhling (Lomianki), Marita Keilson-Lauritz (Bussum), Rainer Kersten (Berlin), Hanjo Kesting (Hannover), Martina Kohl (Hannover), Serguei Kouznetzow (Kasli), Michael Kraetsch (Berlin), Otto Lappalainen (Turku), Andreas Leben (Klagenfurt), Gabriele Lenzi (Bologna), Sven Limbeck (Freiburg i. Br.), Wolfgang Müller (Berlin), Dirk Naguschewski (Berlin), Giovanni Dall'Orto (Rom), Mihály Riszovannij (Berlin), Sven Rohde (Offenbach), Franz Schindler (Frankfurt a. M.), Torben Schmidt (Stockholm), Wolfram Setz (München), Siegfried Tornow (Berlin), Alexis Tsaritis (Athen), Horst Weich (München), Raimund Wolfert (Berlin), Stephan Wrangel (Tanger).

Ein großer und nachdrücklicher Dank gilt schließlich allen Autoren, die uns ihre Texte für den Abdruck zur Verfügung stellten, und er gilt Jim Baker, Ilona Bubeck und Rainer Falk vom Querverlag, die das Projekt vorgeschlagen, den Herausgeber allzeit unterstützt und die verlegerischen Tätigkeiten mit Verve erledigt haben.

In diesem Buch sprechen viele verschiedene Leute aus vielen verschiedenen Ländern. An diesem Buch haben viele verschiedene Leute aus vielen verschiedenen Ländern mitgearbeitet – aus Interesse am sehr begrüßenswerten Sachverhalt, daß die Leute überall anders sind. Noch vor zehn Jahren hätte ich es nicht für nötig gehalten, diesem Aspekt eine politische Bedeutung beizumessen.

Wolfgang Popp sei das Buch zugeeignet.

Dirck Linck
Hannover, Juli 2001

1 Bedeutende Texte wie Marian Pankowskis *Rudolf*, Jonas Gardells *Passionsspelet* oder Aldo Busis *Sodomie in corpo 11* haben bislang keinen deutschen Verlag gefunden. Sogar von zentralen Werken der nord- und lateinamerikanischen schwulen Literatur, z. B. *The Young and Evil* von Charles Ford und Parker Tyler und *Adonis García* von Luis Zapata, liegt keine deutsche Übersetzung vor.

Einleitung

Prince Charles sei, hört man, typmäßig eher Melancholiker, Prinz Hamlet ist das auch. Daß nur einer der beiden Prinzen auf anhaltendes Interesse stößt, liegt an Shakespeare.

Es sind offenbar nicht die Themen, die uns fesseln, sondern bestimmte Formen, ein Thema zu gestalten. Die Literatur ist seit bemerkenswert langer Zeit außerordentlich erfolgreich darin, solche Formen zu entwickeln.

Die Suche nach europäischer Schwulenliteratur war eine Suche nach annähernd zeitgleich entwickelten literarischen Verfahren, über Homosexualität zu schreiben. Die in diesem Buch zusammengetragenen Erzählungen geben Beispiele für sie ab. In ihrer Summe legen sie den Verdacht nahe, daß es weder die Homosexualität noch eine europäische Schwulenliteratur gibt. Es gibt vielerlei Homosexualitäten in Europa und vielerlei Literaturen, die von ihnen erzählen. Literatur folgt nicht der sozialen und politischen Geschichte (schon gar nicht spiegelt sie sie), aber Literatur arbeitet mit historischen Erfahrungen und Prozessen und kommentiert sie. Mit ästhetischen, also auf *Wahrnehmung* bezogenen, Mitteln. Die Geschichten dieser Sammlung sind (auch) Kommentare der sozialen und politischen Erfahrungen sexueller Abweichler. Sie erzählen von individuellen Erfahrungen und den jeweiligen besonderen Gesellschaften, in denen sie gemacht werden.

Kein Zufall deshalb, daß in Erzählungen aus Südeuropa der Konflikt zwischen Homosexualität und machistischer Männlichkeit ein zentraler Konflikt ist. Der Macho als Norm ist ebensowenig eine universale Erscheinung wie die Tunte.

Kein Zufall, daß in osteuropäischer Literatur immer wieder direkte staatliche Gewalt und grelle Repressionserfahrungen zur Sprache kommen. In vielen Staaten des ehemaligen „Ostblocks" schleppt sich krude und blutige Homophobie in die Gegenwart der Mentalitäten, Verhaltensweisen und Ordnungssysteme fort.

Kein Zufall (aber doch eine Überraschung), daß die Religion in vielen Texten aus Nord- und Westeuropa noch immer ein derart wichtiges Thema ist. Der Protestantismus wird durch kein emanzipatorisches Attentat aus den Köpfen verschwinden. Die Art und Weise zu veranschaulichen, wie er Einzelne beschäftigt, fällt in die Zuständigkeit der Literatur.

Kein Zufall zuletzt, daß in zeitgenössischen Texten jene die traditionelle Schwulenliteratur tragende Idee der einen homosexuellen Welt, die der einen feindlichen heterosexuellen Welt schroff entgegensteht, zunehmend an Bedeutung verliert. Die Fragestellungen können am Beginn des 21. Jahrhunderts weniger grundsätzlich ausfallen, präziser. Motivisch tauchen die Schwulenbewegung und ihre Organisationen in aktueller Literatur nicht mehr auf. Das mag an der Schwulenbewegung liegen.

Als Teil der Erzählung wird Homosexualität in dieser Literatur planvoll verknüpft mit anderen, gelegentlich in den Vordergrund rückenden Themen. Oder die Erzähler arbeiten mit einzelnen Aspekten der Homosexualität. Sie verdeutlichen auf diese Weise, daß der Begriff Verschiedenes und Widersprüchliches meint. Zugleich verführen sie mit Wort und Klang dazu, sich für das Verschiedene und Widersprüchliche zu interessieren.

Die Fiktion, daß alle Schwulen in einem Boot sitzen, sie kann aufgegeben werden. In der Schwulenliteratur der Gegenwart darf man umsteigen. Ihre Autoren schaffen Figuren, die sich nicht fraglos als schwul begreifen, die ihre eigenen erotischen und sexuellen Erfahrungen mit Männern oder Jungen in der Spannung mit den anderen Erfahrungen ihrer Existenz erleben. Die schwule Identität ist nicht mehr das gute Ende, auf das eine Geschichte hinauslaufen muß. Geschichten sind für Überraschungen gut.

Sie waren es übrigens immer. Die Literatur hat nie gewußt, was ein Homosexueller eigentlich ist. Das spricht für die Literatur.

Der ungewisse Ausgang, kleine Geschichten, einzelne Homosexualitäten, individuelle Erfahrungen: Auch die schwule Literatur profitiert zunehmend von der Offenheit der geschichtlichen Situation nach dem Ende des Kalten Krieges. Der hohe Ton verschwindet, die Zumutung, sich einzureihen, Partei zu ergreifen. Das Pathos der Emanzipation.

Ein dominierender „Stil" war in der gesichteten Literatur nicht auszumachen. Traditionelle Erzählformen stehen neben experimentellen, der lakonische Ton neben dem sentimentalen, reiche Orchestrierung der Sprache findet sich ebenso wie kalkulierte Sparsamkeit des Ausdrucks. Die Auseinandersetzung mit der klassischen „schwulen" Literatur ist weniger offensichtlich als in Texten der sechziger und siebziger Jahre, aber sie findet statt – als Auseinandersetzung mit Formmustern. Auf die Funktion hin, mittels des Bezugs auf die kanonischen Texte die Identität des Lesers zu stärken und eine imaginäre schwule Gemeinschaft zu konstituieren, sind die zeitgenössischen Texte nicht mehr angelegt. Kein Anlaß zur Klage. Manche der ausgewählten Geschichten lassen jedoch erahnen, wie wichtig diese Bücher früher für junge Schwule waren. Als Orientierungshilfe.

Die Orientierung ist für den einzelnen Schwulen heute einfacher und schwieriger als früher. Einfacher, weil er viel mehr reale und mediale Möglichkeiten hat, sich davon zu überzeugen, nicht allein zu sein. Schwieriger, weil er sich in der Regel allein davon überzeugen muß, nicht allein zu sein. Davon erzählt die Literatur. Von Einzelnen, die sich begründen, bedenken, definieren, überprüfen. Die sich verändern und dabei versuchen, eine Haltung zu sich zu entwickeln. Im Rahmen ihrer Möglichkeiten, also der gesellschaftlichen Maßstäbe, die ihnen nicht notwendig gerecht werden.

Die Auseinandersetzung mit Abweichung gehört zum Erfahrungskern von Homosexuellen. Sie zu gestalten ist das, was alle Autoren unternommen haben, deren Texte ich auswählte. Keiner, der homosexuelle Praxis oder schwules Begehren als Normalität erzählte. Die Normen werden auch in Europa nicht von Homosexuellen gesetzt.

„Frankreich ist nicht Sodom", hat Hans Mayer über den schwulen französischen Schriftsteller Maurice Sachs geschrieben, der Frankreich verriet. „Aber Sodom ist kein Vaterland."

Das ist die Konstellation, mit der die Schwulenliteratur der Gegenwart arbeitet: Nichtzugehörigkeit. Das Herkunftsmilieu, sei es der Staat, dessen Angehöriger der Außenseiter laut Paß ist, sei es Europa, dessen Angehöriger er in künftigen Pässen sein wird, wird dem Außenseiter im Konfliktfall zu verstehen geben, daß es keine Heimat ist. Und Sodom wird keine Heimat werden. Die „Community" ist eine Kopfgeburt. Ihre Anrufung verschleiert das in den Erzählungen dieses Buches anschaulich vorgeführte tatsächliche Nebeneinander von Homosexualitäten, Subkulturen und Kulturen, die immer weniger in Verbindung miteinander sind.

Literatur, die ihre erste und letzte Berechtigung, ja, die ihre Würde darin findet, vom Besonderen zu sprechen, das im Großen und Ganzen von Gesellschaft, Allgemeinheit, Norm und Konvention nicht aufgeht, spricht als europäische Literatur unablässig davon, daß es Europa und die Homosexualität nur als Ungleichzeitigkeit gibt.

Das wenigstens war es, was mich an den in diesem Buch vorgestellten Texten gefesselt hat.

Ungleichzeitig – also zur gleichen Zeit ganz unterschiedliche und historisch vermeintlich aufeinander folgende Entwicklungsstände aufweisend – ist Europa, was die Definitionen von Homosexualität und die Haltungen zur Homosexualität betrifft.

Was in Rumänien als Strafdelikt gilt, gilt in Rußland als Krankheit und in Deutschland als Abweichung, deren Ursachen Schwule in der Regel schlicht nicht interessieren.

Darauf reagieren die Texte.

Emanzipationsprozesse, die in den meisten westlichen Ländern im Kontext der Bürgerrechtsbewegungen der sechziger Jahre einsetzten, konnten in Ländern wie Spanien und Griechenland erst mit deutlicher Verzögerung nach dem Ende von Diktaturen angeschoben werden. Sie haben dort einen anderen Verlauf genommen.

Die extreme Verachtung, die dem passiven und dem effeminierten Homosexuellen in südeuropäischen Ländern entgegengebracht wird, sie gründet in anderen sozialen Verhältnissen, bedient sich anderer Argumente als der Affekt gegen die Tunte in Westeuropa.

Ungleichzeitigkeit. Ungleichzeitigkeit in jedem einzelnen Land. Jeder sein eigener Sexualwissenschaftler. Zehn Schwule, zehn Homosexualitätskonzepte. Gleichschaltung ist keine Antwort.

Die Ungleichzeitigkeit der thematisierten Homosexualitäten hängt mit diesen Verhältnissen zusammen. Niemand definiert sich frei.

Die schwule Identität, die Bindung der Selbstdefinition an das mann-männliche Begehren, hat in repressiven Staaten eine politische Funktion. Sie erlaubt es, sich jenseits von Krankheit und Verbrechen zu begreifen und Vereinzelung zu überwinden. In der Literatur osteuropäischer Staaten steht dieses Identitätskonzept nicht einmal ansatzweise in Konkurrenz zu Queer-Konzepten, die mit spielerischen, veränderbaren, theatralischen Identitäten arbeiten.

Ungleichzeitigkeit heißt auch, in den Texten anderer Länder Erzählformen und Erfahrungen wiederzuerkennen, die die Literatur des eigenen Landes kennzeichneten, als es ähnliche gesellschaftliche Bedingungen aufwies.

Es ist nicht nur eine Frage der Generation, ob einer sich als schwul versteht oder queer oder homosexuell oder pädophil oder ... Selbstdefinition ist eine Frage der Tauglichkeit von Konzepten für konkrete Lebensläufe und biographische Situationen. Selbstdefinitionen müssen eine Perspektive eröffnen.

Die Erzählungen dieses Buches erzählen von den ungleichzeitigen Homosexualitäten. Aus ihnen ist keine Gemeinschaft zu machen. Es wächst nicht zusammen, was nicht zusammengehört. Der Mann, der Jungs liebt, und der Mann, der Männer liebt, haben unterschiedliche Interessen. Der sich in einen Transvestiten verguckende junge Fabrikarbeiter in Murathan Mugans Erzählung, er ist sicherlich kein Schwuler. Er würde sich so nicht definieren. Er wäre so auch nicht korrekt definiert. Der glücklich verheiratete, aber einem, einem einzigen Mann verbunden bleibende Anwalt aus Patrick Gales Erzählung ist ebenfalls sicherlich kein Schwuler. Die gemeinsam ihre Liebe entdeckenden empfindsamen Schüler Ádám Nádasdys und Yaroslav Mogutins sich als aggressiver Hengst gebender Held, sie leben sicherlich in getrennten Räumen und hätten einander nicht viel zu sagen.

Wer jetzt vermutete, die Figuren verbinde nichts, der würde falsch vermuten. Sie mögen blind füreinander sein, der Leser aber bekommt sie in den Blick als Figuren, die alle in Konflikt geraten mit ihrer Geschlechterrolle. (Es müssen ja nicht immer tragische, blutige, dramatische Konflikte sein.) Die Schwierigkeiten beim Umgang mit Männlichkeitsnormen sind der rote Faden, der die Erzählungen durchzieht. Sie scheinen alle Homosexualitäten in radikaler Weise zu betreffen. Aber nicht in gleicher Weise.

Der Herausgeber hält aus pragmatischen Gründen am Begriff der Homosexualität fest und versucht zugleich, ihn durch die Auswahl der Texte zu entgrenzen.

Schwule sehen immer nur Schwule. Deshalb besteht bei ihnen stets die Gefahr, daß sie den Begriff der Homosexualität sehr eng auslegen (die „protestantische" Variante) oder sehr weit (die „katholische" Variante).

Die protestantische Variante besteht im puritanischen Beharren darauf, daß ein Gespräch völlig sinnlos ist, wenn die Gesprächsteilnehmer sich nicht zunächst darüber verständigen, welche präzise Bedeutung der Begriff hat, der zur Diskussion ansteht. Ein Begriff, der keine präzise Bedeutung hat, ist keiner und wird verboten. Wenn ich genau weiß, was ein Homosexueller ist, weiß ich auch, wer keiner ist. Wenn das nicht zu klären ist, schreibe ich darüber einen Aufsatz. Der Vorteil der protestantischen Variante ist, daß sie Gespräche ermöglichen könnte, die ausschließlich nach vernünftigen Regeln ablaufen. Ihr Nachteil liegt darin, daß mit solchen Leuten niemand reden mag. Vernünftige Gespräche müssen diese Menschen mit sich selbst führen. Sie tun es auch.

Die katholische Variante besteht darin, im Wissen um die Eitelkeit alles Irdischen großzügig über Differenzen hinwegzusehen und bei einem Gesprächspartner davon auszugehen, daß seine Worte schon das meinen werden, von dem man glaubt, daß sie es meinen. Der Anhänger der katholischen Variante hält bis zum Beweis des Gegenteils alles für schwul, was mit Homosexualität oder Gleichgeschlechtlichkeit zu tun hat. Nachteil dieses Verfahrens ist seine Resistenz gegen die Erkenntnis, daß es auf der Welt Unterschiede gibt, auf die es ankommt. Allerdings hat die katholische Variante eine gewisse lebenspraktische Klugheit auf ihrer Seite. Die tunlichst zu erhaltende Illusion, man rede die gleiche Sprache, ist die Voraussetzung jeden Gesprächs. In dessen Verlauf besteht immer noch Gelegenheit, sich zu erklären. Man kann sich Unterschiede *erzählen* lassen.

Dazu bietet dieses Lesebuch die Gelegenheiten, dessen Herausgeber bekennt, sich im Ernstfall katholisch zu stellen.

Literatur – das ist ihr Reiz – kann ohne die Klassifikationen auskommen, die in der Gesellschaft gelten. Der Leser sollte sie nicht nachträglich einschmuggeln.

Al Berto

Mondwechsel

(Auszug aus dem Roman)

Beno war ins *Lura* gekommen und hatte an der Theke eine Flasche Wein bestellt. Danach hatte er sich an einen der hinteren Tische an der schmalen Holztreppe gesetzt, über die man in einen überglasten Teil des Cafés gelangte.

Er füllte sein Glas, stützte die Ellbogen auf und legte den Kopf in seine Hände. Er wartete, daß jemand hereinkäme, den er kannte, egal wer, aber es war noch zu früh. Er seufzte und lehnte sich sacht gegen die Bank.

Das Café würde sich erst gegen nachts um zehn allmählich füllen. Um diese Zeit begann für gewöhnlich das Defilee der geschminkten Gesichter, der ausgefallenen Posen, des Gekreischs und Gekichers, der Gesten und Vertraulichkeiten, die man sich nur bei Nacht erlaubt. Eine andere Stadt erwachte, sobald der Tag zur Neige ging. Eine Stadt der Ausschweifungen und Abgründe, des Blutes und der Musik, der Drogen und des Sex, der Banalitäten und der Schönheit. Und der Zärtlichkeit und Leidenschaft.

Beno schaute in Richtung Tür, draußen nieselte es. Er trank sein Glas in einem Zug aus und füllte es wieder. Er ließ seinen Blick durch das Café schweifen, über die Wände. Die unbeholfenen Zeichnungen weiblicher Akte waren vom Rauch und mangels eines Käufers vergilbt. Sie schienen krank, vielleicht an der Leber. „Recht so. Sie sind grauenhaft!" dachte Beno. An der Theke spülte Kino gelangweilt immer wieder neue Gläser, wischte mit einem Lappen über die Regale und die Bäuche der Karaffen.

Ein Betrunkener steckte eine Münze in die Jukebox, aus der das bebende Geheul von Shirley Bassey erschallte. Glücklicherweise sprang die ziemlich zerkratzte Platte, und die Maschine verstummte wieder. Der Betrunkene versetzte ihr Fußtritte, und Kino warf ihn hinaus.

Schließlich betrachtete Beno die Holztreppe, stieg mit den Augen Stufe für Stufe nach oben. Er stellte sich Biondy, den alten Transvestiten, vor, der unweigerlich gegen Mitternacht auftauchte und hier unter Applaus und Küßchen die Mistinguett-Nummer abzog. Er stellte ihn sich vor, wie er die Stufen hinaufsteigt, absichtlich ausgleitet, ans Geländer geklammert die Absätze verdreht, das Gleichgewicht verliert und kreischt, bis er oben ankommt. Und jede Nacht wiederholte er mit mathematischer Genauigkeit die gleichen Gesten, die gleichen Scherze. Er warf einen verruchten Blick über die Schulter und richtete sein Gebiß, das mit seinen dreiundsiebzig Jahren ausgeleiert war.

Beno lächelte und sah ihn, wie er sein kariertes Halstuch über den Rücken hinabgleiten ließ, den abgezehrten Hals nach vorne reckte und über das halb schaudernde Geschrei hinweg mit einer kreischenden Stimme rief: „*Mon homme est parti.*" Er schüttelte den Kopf, und als er erneut zur Tür nach draußen blickte, war Biondy verschwunden. Es kam niemand herein, den er kannte, und Beno hatte nicht bemerkt, daß sich jemand seinem Tisch genähert hatte und ihn schroff in seinem Umherschweifen in Erinnerungen an andere Nächte und in seinem träumerischen Blick unterbrach, mit dem er um sich starrte und gleich wieder vergaß, was ihn umgab. Er fuhr zusammen und wandte sich schnell um. Er sah einen schmalen Jungen vor sich, der ihn anlächelte.

Er hatte ihn noch nie gesehen, das wußte er genau. Gerade wollte er ihn fragen, was er wolle, als der Junge sich über den Tisch beugte und flüsterte:

„Du hast doch nichts dagegen, daß ich mich zu dir setze, oder?" Er sagte, nein, es mache ihm nichts aus, und wandte sich wieder der Tür zu. Der Junge ließ seinen Blick nicht von ihm, und Beno fühlte sich durch die blauen Augen des Fremden, der sich an seinen Tisch gesetzt hatte, allmählich verwirrt. Er senkte seinen Blick und beschäftigte sich damit, einen grün verfärbten Sprung in seinem Glas anzustarren. Aber der Junge blickte ihn immer noch an, als Beno nur für einen Augenblick zu ihm hinschaute: Die graublauen Augen strahlten mit einem merkwürdig flüssigen und kaum wahrnehmbaren Funkeln wie bestimmte Drogen es hervorrufen. „Er kann nicht älter als sechzehn, siebzehn sein", dachte er.

Er war blond, von jenem fast weißen Blond, das leuchtet, sobald Licht auf das Haar fällt. Und er lächelte, der Junge lächelte immer noch.

Beno wich seinem Blick aus. Verstohlen beobachtete er ihn weiter, bis er hörte, wie jener ihn bat:

„Kann ich ein Glas Wein haben? Ich habe Lust, etwas von deinem Wein zu trinken."

„Ja ... ja, bedien dich. Ich trinke sowieso nicht gern allein, und es ist noch niemand aufgetaucht, den ich kenne", antwortete Beno und zwang sich dazu, ebenfalls zu lächeln. Er schluckte und fuhr fort: „Leisten wir einander Gesellschaft, ich nehme an, du bist auch allein."

Der Junge füllte sich das Glas und nahm einen Schluck, dann trank er gierig und mit halbgeschlossenen Lidern den Rest des Weins. Er stellte das Glas ab, breitete die Hände auf der Tischplatte aus und blickte sie versonnen an.

Als ob etwas, das in ihm verborgen lag, aus einem langen Winterschlaf erwacht wäre, richtete er sich nach einigen Augenblicken auf der Bank auf, schüttelte sein Haar hinter die Schultern, und mit einer langsamen Geste voller Zartheit strich er sich mit den Fingern über die Lippen. Danach beugte er sich über den Tisch und legte die Hand, die er zu seinem Mund geführt hatte, auf Benos Hand, wobei er in der Luft die Bewegung eines Vogels beschrieb, der nach einem Ort zum Ausruhen sucht.

„Du weißt nicht, wer ich bin, vielleicht wirkst du deswegen so erschrocken."

Beno zog seine Hand zurück und antwortete ein wenig verwirrt:

„Ich habe nicht die geringste Ahnung, wer du sein könntest, woher sollte ich das wissen? Aber ich bin nicht erschrocken, nein, ich bin nur ... ein bißchen verwirrt. Verstanden?"

„Du brauchst keine Angst zu haben. Eigentlich weiß ich selbst nicht mehr so genau, wer ich bin ... oder ich weiß es, aber ich will nicht wissen, wer ich war, ich will alles vergessen bis zu dem Augenblick, in dem ich dieses Café betreten habe..."

Er schwieg und neigte den Kopf zur Seite, auf die linke Schulter, wo sich seine langen und seidigen Haare ausbreiteten.

„Und warum die Hände? Ich kenne dich nicht", beharrte Beno. „Deine Hände verführen mich, seit ich hereingekommen bin und sie gesehen habe. Frag mich nicht warum. Aber versteck sie nicht. Gibst du mir noch von dem Wein? Stört es dich, wenn ich mich mit dir betrinke? Weißt du, ich habe mich schon häufig betrunken, was weiß ich wo überall ... Ich mochte immer irgendwas an den Leuten: Bei dem einen war es eine Leidenschaft für die Augen, beim andern eine Verführung durch die Haare oder die Lippen und bei noch einem andern die Finger, nur die Finger oder die Schultern, versteht du ... aber jetzt bin ich hier. Ich liebe deine Hände. Willst du mich kennenlernen?" Und er blickte Beno sehnsüchtig an.

„Klar will ich dich kennenlernen, aber ich weiß nicht wie. Vielleicht hilfst du mir...", antwortete Beno beinahe schroff und erschrak über den festen Ton seiner eigenen Stimme.

Dann lehnte er sich an die Bank an. Er atmete tief ein, schloß die Augen für eine Sekunde. Der Junge wurde immer unbefangener. Und obwohl Beno einige Augenblicke zuvor versichert hatte, ihn gern kennenlernen zu wollen, wußte er, verwirrt von der Wendung des Gesprächs immer noch nicht, wohin er schauen oder seine Hände legen sollte. Wie um sie zu schützen, klemmte er sie unter dem Tisch zwischen seine Schenkel.

Er spürte, wie der Wein in ihm aufstieg und Wirkung zeitigte. Als er die Hände wieder auf den Tisch legte und nach dem Glas griff, überkam ihn eine große Erleichterung, und er begann, an der Gesellschaft des Unbekannten sogar Vergnügen zu finden.

Er füllte von neuem die Gläser. Sie tranken, leerten die Flasche und bestellten noch eine. Die Lautstärke der Musik hatte inzwischen den höchsten Pegel erreicht. Der Lärm hatte zugenommen, ohne daß sie darauf geachtet hätten. Das *Lura* war zum Bersten voll.

Verlegen und in dem Wissen, daß er sehr wahrscheinlich keine Antwort erhalten würde, zwang sich Beno zu einem Lächeln und brach das Schweigen, das sich einige Augenblicke zuvor zwischen ihnen eingestellt hatte, indem er fast flüsternd fragte: „Wie heißt du?"

Der Junge schaute Beno an, lächelte, breitete seine Hände wieder auf der Tischplatte aus, beugte den Kopf leicht zurück und starrte an die Decke. Er verharrte eine ganze Weile in dieser Haltung, als ob die Decke nicht da wäre und er einen weiten, kalten, sternenbesäten Himmel betrachten könnte. Danach richtete er mit katzenhafter Trägheit den Kopf wieder auf, beugte sich nach vorne und sagte langsam, mit ausgedehnten Pausen zwischen den Wörtern:

„Ich werde bei dir bleiben. Mit dir leben, hörst du?"

Beno nahm sich etwas Zeit und versuchte, den Sinn von diesem *mit dir leben* zu begreifen, das in seinem Kopf herumwirbelte wie ein scharfer Gegenstand. Aber mit jeder Sekunde wurde alles deutlicher, klarer und unmißverständlicher. So deutlich und klar wie der strahlende Blick des Jungen.

Da war er, unerschütterlich, schön, blickte Beno an und wartete, bis dieser in der Lage wäre, etwas zu sagen. Aber Beno war wie leer, und ihm fiel nichts Sinnvolles zu sagen ein. Er hob die Augen und suchte die des Jungen, und als er mit ihnen zusammentraf, war es, als wäre die Zeit in diesem Augenblick stehengeblieben.

„Selbst ohne deinen Namen zu kennen, werde ich bei dir bleiben", stammelte Beno mit Mühe.

Und in einem Rausch des Schweigens verloren sich die beiden wieder in ihren Blicken.

[...]

... Aber in dem Augenblick, in dem er seinen Blick in den des Jungen hatte eintauchen lassen, spürte er, wie er zitterte, und aus diesem Zittern erwuchs tief in seinem Innern ein geheimnisvolles Feuer. Ein Feuer, dessen Existenz Beno niemals vermutet hatte. Etwas, das ihm bis zu diesem Augenblick untersagt geblieben war und plötzlich Gestalt annahm, ihn ergriff, zittern und zusammenbrechen ließ.

Schweigend nahm Beno sein Glas und trank. Wie die Teile von etwas Zerbrochenem, die jemand zusammenfegt und wieder aneinanderleimt, fühlte er dann, wie sein ganzer Körper sich wieder zusammenfügte und zu einem einzigen außergewöhnlichen und wiederum ganzen Stück wurde. Lebendig.

Im gleichen Augenblick öffnete er die Hände und streckte sie dem Jungen hin, als wäre er von seinem eigenen Tod zurückgekehrt.

Er lächelte, als er entdeckte, daß auch die Leidenschaft, was immer sie sein mochte, vergänglich ist, genauso wie er, wie der namenlose Junge, der hier saß, wie das Leben, und daß man sie teilen muß wie ein Geschenk – unverzüglich!

„Hier sind meine Hände", sagte Beno langsam. „Sie sind schmutzig von anderen Körpern und glücklosen Nächten, sie sind trübe, weil sie seit langem niemand mehr haben wollte. Es sind Tabakflecken und Sperma an ihnen und der säuerliche Geruch von verkrustetem Blut unter den Nägeln. Und sie sind verbraucht, aber wenn du sie auch so haben willst, und sei es auch nur für kurze Zeit, dann sollen sie dir gehören … und…", er wollte fortfahren, aber der Junge unterbrach ihn: „Wie heißt du? Und gibst du mir eine Zigarette?"

„Ich heiße Beno. Willst du Feuer? Und du, wie heißt du?"

Der Junge zündete die Zigarette mit dem Streichholz an, das Beno ihm reichte, und sagte dann:

„Ich werde deine Hände in der Leidenschaft hüten, die ich für dich hege, aber meinen Namen werde ich dir nicht anvertrauen, du brauchst ihn nicht zu wissen. Nenn mich, wie du willst, gib mir einen Namen, damit wir uns lieben können. Den, den ich trug, habe ich auf dem Weg hierher verloren. Er gehörte zu einer anderen Leidenschaft, die ich schon vergessen habe. Gib du mir einen Namen, damit ich bei dir bleiben kann."

„Wenn du es so willst, dann haben wir alle Nächte und Tage, um unsere Leidenschaft zu benennen."

„Und wirst du mir den Namen einer Pflanze, einer Sache oder eines Vogels geben?"

„Ich weiß nicht, ich weiß noch nicht."

Sie schwiegen. Beno und der Junge wurden allmählich betrunken. Der Junge hielt sein Glas an Benos. Sie schauten sich an. Der Junge hob die offene Hand und legte sie leicht auf Benos Schulter.

„Angst vor dem Leben?" flüsterte der Junge. Und Beno zitterte wieder, sagte aber nichts.

Es schneite, es schneite seit Stunden. Beno und der Junge hatten das *Lura* verlassen und waren benommen vom Wein schweigsam Seite an Seite gegangen. Sie gingen durch die schmalen Straßen und Gassen der Unterstadt, die um diese Zeit bereits ausgestorben war. Der Schnee peitschte sie, lief ihnen dann kalt über ihre Gesichter und hinterließ auf der Haut das Gefühl leichter Verbrennungen.

Sie überquerten einen kleinen Platz und wanderten durch ein Einkaufszentrum, das fast gänzlich im Dunkeln lag, begaben sich auf eine Straße, die voller Müll war. Mehr aus Gewohnheit als aus Absicht faßte Beno den Jungen am Arm und lenkte ihn zum *Stars*.

Als er die Tür öffnete, schlug ihnen wie die Entladung einer Hochspannung *Run, Run, Run* von Velvet Underground entgegen, die man hier nach wie vor jede Nacht hörte, als unumstößlichen Kult.

Ein halbes Dutzend Gäste war da. Sie setzten sich an den Tresen und tranken Bier. Beno kaufte von Zaki etwas kolumbianisches Gras.

„Durch diesen Wunderstoff befindet sich die Stadt schon seit zwei Monaten brennend im Gleitflug!" rief Zaki, als er Beno das Päckchen Gras reichte, und lachte unkontrolliert, weil er permanent stoned war.

Sie gingen wieder.

Der Schnee fiel unablässig und bildete vor ihnen einen verwickelten, weißen Vorhang, der sich in Bewegung befand. Sie zögerten, ein Taxi zu nehmen, das sie schnell nach Hause brächte. Es war kalt, und Beno wohnte nicht weit weg. Sie beschlossen, zu Fuß zu gehen.

Die Nacht kleidete sich allmählich weiß. Der Schnee breitete einen leichten Schleier über die längst schlafende Stadt. Kein Geräusch, alles war weiß und funkelte.

Beno und der Junge hinterließen beim Gehen Fußspuren, die Sekunden später verschwanden, als ob niemand je diesen Weg beschritten hätte. Es schneite, und Beno ahnte, daß auch der Junge eines Tages aus seinem Leben verschwinden würde.

Später, viel später würde er sich vielleicht an die Hände des Jungen auf den seinen wie an eine Wunde in der Brust erinnern. Dann wünschte er sich, daß der Schnee diese Verwundung, die noch so weit entfernt war, auch verschwinden lassen würde. Ihre Schultern berührten sich, während sie gingen, und jedesmal, wenn sie eine Straße überqueren mußten, klammerte sich der Junge an Benos Arm. Die Nacht verwandelte sich in eine weiße Wüste, in der es kein einziges Geräusch, nicht das geringste Anzeichen von Leben gab. Die Stadt schlief fest. Beno lächelte und gab ihm die Hand.

Der Schnee hatte eine Dicke von einigen Zentimetern erreicht, und sie hörten das dumpfe Geräusch ihrer Stiefel auf dem Asphalt nicht mehr. Weit entfernt in der unbekannten Nacht eines anderen Viertels tönte eine Sirene. Vielleicht war jemand gestorben, vielleicht war jemand in einem Aufzug eingeschlossen, vielleicht war ein Brand gemeldet worden. Sie würden es niemals erfahren. Mittlerweile war die Stille schon wieder zurückgekehrt.

Beno hatte den Schlüssel ins Schloß gesteckt. Zaghaft brach der Tag an, oder war es lediglich das Funkeln der Lichter der Nacht, das sich aus dem kalten Herzen des Schnees befreite?

Aus dem Portugiesischen von Sven Limbeck

Guðbergur Bergsson

Liebe im Versteck der Seele

(Auszug aus dem Roman)

21/11

Heute, nachdem wir miteinander geschlafen hatten, legte ich mich auf ihn und roch den Duft von dem, was wir getan hatten. Hinterher hatte er die Arme ausgestreckt, wie er es häufig macht, und man könnte meinen, auf diese Weise empfinge er staunend und befriedigt den Himmel. Ich legte beide Arme auf die seinen, und wir spreizten die aufeinandergelegten Handflächen; wir sind etwa gleich groß, und unser Körperbau ist nicht unähnlich, so daß wir im wörtlichen Sinne zusammenpassen. Als ich mein Gesicht langsam in seinem Hals vergrub, spürte ich die Wärme und den Duft des Wohlgefühls, der beim Lieben entsteht, der liebliche Wohlgeruch der Liebe selbst. Sein Fleisch war überall, sowohl konkret als abstrakt. So lagen wir lange, wie Wesen, die bereitwillig und aus freien Stücken aufeinandergenagelt worden waren, um an einem gemeinsamen Kreuz sterben zu können. Ich lag wie im Traum da und nahm wahr, wie unsere Körper langsam zusammenflossen, so wie ein Regenwurm langsam in die feuchte Erde kriecht, ich spürte, wie Fleisch in anderes Fleisch hineinwuchs, und wir klebten zusammen durch den einen Leim, der alles leimen kann und nun außerhalb unserer Körper war, der zuvor jedoch innerhalb gewesen war. In dieser Stellung zeigte sich in gewisser Weise jenes Gefühl und Verlangen, daß wir ineinander sterben wollten.

Dann dachte ich auf einmal:

Nein, das ist nur Wunschdenken.

Auf diese Weise aufeinander gekreuzigt, schlummerten wir, oder vielleicht habe ich das nur geträumt. Ich glaube, daß die Träume der Menschen eine Erkundung der Leere der Tiefe sein müssen, daß der Traum auf Umwegen durch das Labyrinth der einen Gewißheit gehen muß, welche das vergängliche Dasein des Körpers ist. Nur er existiert mit Sicherheit, solange wir unser Leben fristen, und in diesem Moment habe ich kein anderes Bekenntnis als dieses:

Falls mich irgend jemand mit schönen Worten aufforderte, vom Kreuz herabzusteigen und wieder in die Gesellschaft anderer Menschen einzutreten, damit niemals ein Speer in mein gepeinigtes Fleisch und in meinen Unterleib gesteckt wird und kein Blut oder Wasser dort herausrinnt zum Zeichen der inneren Flut, und mir wäre das Himmelreich verheißen mit unzähligen Wohnstätten, Sicherheit bei meinem Vater und immerwährende Mahlzeiten in seinem Haus, und ich dürfte in alle Ewigkeit unter dem liebevollen Schutzmantel meiner Mutter wohnen und auf diese Weise im Schoße der heiligen Familie enden, so würde ich eher wählen, gekreuzigt an meinem Freund zu hängen, auch wenn die Welt das für eine Todsünde hielte und mich steinigte und verstieße, weil ich lieber in seinen Staub hineinsterben wollte, als das Leben in Versöhnung mit dem zu leben, was ich vor ungefähr fünfzehn Jahren heiratete und womit ich das erste Kind vor fünfundzwanzig Jahren hatte, als etwa Zwanzigjähriger.

1/12

Heute behauptete er, daß er nie etwas vor seiner Frau verheimliche, außer das mit uns. Das sagte er mir am Telefon, als er allein zu Hause mit Grippe dalag und mir mitteilte, daß er nicht komme könne.

Außerdem habe ich Herpes, sagte er zu seiner Entschuldigung.

Als er sagte, daß er nicht kommen könne, und ich ihm verraten hatte, daß ich mich danach sehnte, krank bei ihm zu liegen, spürte ich zu meiner nicht geringen Verwunderung, daß es mir in verschiedener Hinsicht besser gefiel, mit ihm in Gedanken zusammen zu sein als in Wirklichkeit. Zu begehren ist oft besser als das andere – zu bekommen.

Es verschafft einem Befriedigung und Wohlbefinden, allein zu sein und auf den zu warten, den man liebt, aber von dem man weiß, daß er nicht kommt. Als ich darüber nachdachte, kam ich zu dem Ergebnis, daß das daher kommt, daß der, der abwesend ist, in Wirklichkeit stets nach unserem Willen bei uns ist, doch mit seiner Anwesenheit stößt er sich an dem meisten in unserem Verhalten, und am Ende verscheucht er sich ein für alle Mal selbst durch seine ständige Nähe.

Und was ist dann das, was kam?

Wenn jemand an einem bestimmten Mann oder einer Frau festklebt, dringt so wenig Phantasie in sein tägliches Leben, daß das, was vorher besonders und begehrenswert war, alltäglich wird, die Nähe vertreibt die Sehnsucht, und bei uns sitzt jemand, der nur in seiner egoistischen Gestalt einen Willen hat, der sich einem aufdrängt und das beste in den Gefühlen ausrottet. Wenn also die Nähe des Geliebten den Liebenden seiner Phantasie beraubt, dann werden langersehnte Begegnungen zu heftigen, aber toten Vorgängen, und dann entsteht das Bedürfnis, ihnen zu entkommen. Dann möchte man am liebsten Haus und Kindern entfliehen und in die Freiheit entkommen, die destruktiv ist, weil man nicht gewohnt ist, ungebunden zu sein, und weder von der Freiheit noch von der Freude eine Ahnung hat.

Statt Enttäuschung überkam mich eine eigenartigere und größere Ruhe, als ich sie bisher erfahren hatte. Doch der Friede hat auch eine quälende Seite, nämlich das Gefühl von Leere. Nichts ist frei von seinen Gegensätzen, außer dem Orgasmus, und daher ist er die vollkommene Einsamkeit und nur sie selbst, in dem kurzen Augenblick, der ihn zunichte macht.

Ich verließ das Arbeitszimmer und war ein guter Ehemann und Vater. Am Abend sagte die Frau, daß ich manchmal so zärtlich sein könne, daß sie für mich sterben könnte.

Läge es nicht näher, zu behaupten, Liebste, daß wir in der letzten Zeit unsere Ehe ein bißchen wie eine Lotterie betrieben haben? fragte ich.

Doch, freilich, gab sie zögernd zu und begriff nicht ganz, worauf ich hinauswollte, doch sie hatte sich bald wieder gefaßt und sagte fröhlich:

Dann habe ich heute abend wohl den Hauptgewinn gezogen?

Als ich sie das sagen hörte und wußte, wie sie sich selbst täuschte und ich sie, wurde ich bedrückt von ihrer Einfalt und von dem, worauf ich mich eingelassen hatte, und wollte sie über die Wahrheit aufklären. Doch am traurigsten wurde ich wegen mir selbst, daß ich sie nicht mehr liebte, und ich wünschte mir zutiefst, sie zu lieben, nur weil ich sie nicht liebte. Eine Zeitlang glaubte ich, sicher zu sein, daß eine solche Liebe im Wesen des Menschen existieren müßte, aufrichtige Liebe, die aus dem Fehlen von Liebe entsprungen wäre, aber als ich daran dachte, daß sie im Alltag ihren Anteil bekam, selbst wenn er nicht aus Liebe gegeben wäre, und sie damit zufrieden war, wandte sich mein Denken von dieser Geringfügigkeit ab, die nur das Gewissen betrifft. Ich wurde müde und ging schlafen wie sie; ohne Zweifel schnarchten wir vereint wie wahre christliche Eheleute, doch jeder ganz für sich, während wir im Schlaf einander den Rücken zukehrten.

9/12

Irgendwie bin ich durchsäuert von Qual und will mich von dem Genuß der Qualen befreien. Ich gehe nicht aus dem Haus, aus Furcht, er könnte anrufen, gerade wenn ich weggegangen bin, oder ins Zimmer kommen und mich nicht dort antreffen. Vielleicht will ich in der Arrestzelle der Liebe sitzen. Obwohl ich weiß, daß er aus Gründen der Vorsicht nur ab und zu anruft, läutet jedesmal, wenn ich kurz weggehe, in meiner Vorstellung unablässig das Telefon, und er sagt, obwohl niemand den Hörer abnimmt und antwortet, daß er jetzt vorbeischauen könne, aber da bin ich natürlich nicht da.

Er ist überall in meinem Leben, doch ich habe Angst, daß ich ihn nicht festhalten kann, so daß es am besten wäre, sich von allem zu befreien und es zugleich zu bekommen, indem ich sterbe. Der Tod ist gewiß, aber dennoch keine Lösung, das weiß ich, denn wenn der Körper stirbt, wird er weder gequält noch von der Qual befreit. Er ist nichts, vom Aspekt des menschlichen Bewußtseins her betrachtet. Nichtsdestoweniger denke ich mir den Tod traditionell als Erlösung von allem Übel. Immer wieder schließe ich mich diesem alten Glauben an und schwöre ihm genauso schnell wieder ab. In Gedanken schleiche ich den langen Tunnel des Selbstmordes entlang, und dabei fährt die Qual hoch, vor Freude über das Unausgesprochene, mit dem ich lebe und das keiner kennt außer vielleicht in geringem Maße ich, und hoffentlich die Qual selbst, da bei uns beiden, ihr und mir, eher das Unbewußte als das volle Bewußtsein bestimmt. Manchmal kommt es mir vor, als würden wir einander im Traum begegnen, in einer Verkleidung aus Gefühlen, die sich außerhalb von uns befinden, weit weg von uns selbst. Ich lege mich schlafen und beginne sofort, Träume im tiefen Meer zu fischen, und ich weiß nicht, ob mein Gefährte seine Gedanken in der gleichen Weise darauf richtet wie ich, doch wir scheinen uns bei einer Huldigung, Anbetung oder in einem Tempel, an einer heiligen Stätte zu begegnen, im düstersten Winkel des Übernatürlichen. Eine solche Erfahrung scheint von der Art zu sein, daß oberhalb der Erde niemand sie sich ganz zunutze machen kann, sondern nur in einer dunklen Erdbehausung tief im Unterirdischen, wo im Garten der Dunkelheit zarte Gewächse aus Schatten gedeihen. Vielleicht ist das die Erklärung dafür, daß Menschen, die sich in die Gewalt einer solchen Liebe begeben, ein größeres Bedürfnis nach Selbstmord haben als andere. Sie nehmen sich das irdische Leben, um hinunter in ihr eigentliches Reich zu kommen, welches unter den Wurzeln des Lebens und der Vegetation wartet. Oder ist das Wesen des Selbstmords, wo auch immer im Schöpfungswerk er begangen wird, einer Liebe entsprungen, die sich in allem verbirgt, was sich bewegt, ob in einem selbst, in den Ideen der Menschheit oder der Botschaft der Religionen von ewigem Leben und Harmonie in der Liebe, die nach dem Tod von einer einzigen Art ist, und weshalb man ruhig fragen darf:

Findet sich die Liebe nur in der Liebe selbst wieder, die sich selbst verzehrt, und war sie ursprünglich eingeschlechtlich, auf dieselbe Art und Weise, wie das Leben aus einer einzigen Zelle entstand, die sich in alles Lebendige aufspaltete, das seither stets auf der Suche nach seinem Ursprung ist, indem es sich tötet?

*

Wir treffen uns und sind oft zusammen in einem Körper, ohne es im Geiste zu sein. Doch es kann sein, daß das Geistige etwas Körperliches ist und wir es bloß noch nicht kennen. Wir kennen einander nur auf diesem einen Gebiet, das ein kleiner Teil ist und nicht verwandt mit den anderen Teilen unseres täglichen Lebens und unserer Handlungen. Deshalb warte ich gespannt auf diesen Lichtblick in meinem Leben, wie nach Art des Jägers oder des neugierigen Menschen, der erwartungsvoll an der Tür zu dem wenig Gekannten in seinem Charakter lauscht und fragt: Begnügt man sich damit, mit einem anderen im Körperlichen verbunden zu sein, wenn dieses für sich allein steht? Kann uns die Berührung langfristig genügen, oder daß wir uns herumwälzen und ein Säugling sind, ohne Sprache oder andere Ausdrucksmöglichkeiten als die, welche im Betasten des Fleisches bestehen, obwohl wir wissen, daß es uns aus der heißen Leidenschaft des Schoßes in die Kälte der Menschen und die Kälte der Umgebung gebären muß?

Das meiste oder alles, was ich über meinen Gefährten weiß, ist etwas, das ich mir eingebildet oder zurechtgelegt habe. Vielleicht ist diese Art des Umgangs mit anderen am besten: schweigende körperliche Nähe zum eigenen Phantasiegebilde. Wir lernen uns vor allem kennen, wenn er anruft und ziemlich offenherzig spricht, da wir uns nicht in die Augen schauen, und das macht uns mutiger, während seine Frau gerade zum Kiosk gegangen ist oder hinunter in die Waschküche. Aus irgendeinem Grund glaube ich, daß sie dort viel öfter nur in seinen Worten ist als tatsächlich bei der Waschmaschine und am Trockner. Es ist mir schon in den Sinn gekommen, daß er nur eine imaginäre Frau hat, die er benutzt, um sich meiner oder einer denkbaren Aufdringlichkeit meinerseits zu wehren. Auf diese Weise könnte die Frau sein Phantasiegebilde sein, ähnlich wie er in meinen Tagträumen vorkommt. Nichts davon weiß ich mit Sicherheit. Vielleicht denkt er dasselbe von mir, daß Frau und Kinder Phantasiegebilde sind oder ein Mittel, um mich zu wehren, falls es ihm einfallen sollte, aufdringlich zu werden, weil er mein Schwäche spürt, harte Bedingungen zu stellen, Geld von mir zu verlangen oder ständig auf Bekanntschaft oder Freundschaft zu borgen oder etwas in der Art, wie Männer es bei anderen Männern anstellen, dann aber ganz andere Methoden anwenden, um Frauen ins Bett zu kriegen.

Aus dem Isländischen von Hans Brückner

Pentti Holappa

Porträt eines Freundes

(Auszug aus dem Roman)

Du verstehst gewiß, daß ich nicht länger Assers Geheimnis verbergen kann. Er selbst, glaube ich, fand es nicht so erschütternd wie ich.

Ich merke, wie ich eine falsche Zeugenaussage treffe.

Woher will ich das wissen? Der Fall – ob das wohl das richtige Wort ist? – in der frühen Jugend oder besser in der späten Kindheit war für ihn nicht einmal im Erwachsenenalter eine Sünde, obgleich er es als ungewöhnliche Erfahrung verstand. Ich vermute, glaube, bin mir fast sicher, er findet, daß das, was zwischen ihm und Selma geschah, schön war, unsagbar schön, und als er es mir eröffnete, reichte er mir gewissermaßen das heilige Sakrament mit derselben eidesstattlichen Verpflichtung, mit der er selbst sein Geheimnis bewahrte.

Und ich breche den Eid.

Jetzt allerdings befinden wir uns in jenen Tagen, in denen Asser und ich uns kennenlernten. Wir wußten nicht viel voneinander und dennoch genug, um eine Atmosphäre der Freundschaft zwischen uns aufzuspannen. Was wir kannten, hatten Gesten, Tonfall und Blicke vermittelt. Vielleicht auch der Geruch.

„Ich rieche bestimmt schlecht", sagte ich. „Meine Vermieter lassen mich nicht das Bad benutzen."

Asser kam näher und schnupperte halb scherzhaft an mir.

„Du scheinst nach Schweiß zu riechen", bestätigte er. „Du kannst hier baden."

Natürlich hatte ich keine saubere Unterwäsche bei mir. Er schlug vor, am nächsten Tag zum Bad zu kommen, zum Beispiel am Nachmittag um fünf. So vereinbarten wir es. Ich erzählte ihm, daß ich meinen Lebensunterhalt als Zeitungsausträger verdiente und beobachtete aus dem Augenwinkel, wie er reagierte.

Es war nichts Hochmütiges an ihm zu erkennen.

„Harte Arbeit", sagte er. „Wann schläfst du?"

Normalerweise schlief ich abends ein paar Stunden und begab mich nach Mitternacht auf meine Runde, die ich im allgemeinen bis fünf Uhr hinter mich gebracht hatte. Vor dem Morgen konnte ich dann noch zwei oder drei Stunden schlafen. Die frühesten Vorlesungen begannen um acht.

Ich zog Assers Wollstrümpfe aus. Meine eigenen waren schon trocken, ebenso die Schuhe. Ich reichte ihm die Strümpfe, und er legte sie in der Diele in den Schrank.

„Die warten hier auf dich", sagte er.

Die kleinen Handlungen, die flüchtig dahingesprochenen Worte, die schnellen Blicke oder Berührungen schufen um ihn eine Atmosphäre, an der man ihn auch erkannt hätte, ohne ihn zu sehen.

Ich ging. Mit großen Schritten lief ich die Treppe hinunter, eine Hand am Geländer, und auf jedem Treppenabsatz schleuderte ich mich um die Kurve, wobei ich nur mit einem Fuß den Boden berührte. Normalerweise benahm ich mich nicht so.

Auch ich war jung, auch mein Organismus glühte.

An jenem Oktoberabend unterlag ich dem Irrtum, glücklich zu sein, obwohl es keinen objektiven Anlaß dazu gab. Ich lächelte den Leuten, die mir mit düsterer Miene auf der Straße entgegenkamen, zu und erhielt boshafte Blicke als Gegengeschenk. Eine Frau mittleren Alters, die in einen Pelz gehüllt war, grinste.

Daran erinnere ich mich nicht etwa, weil ich die Pelze der Frauen gehaßt hätte. Sie tat es einfach, sie sah wohlhabend aus und trug Pelz. Damals verabscheute man noch nicht die Behandlung der Pelztiere. Vielleicht waren auch die Käfige größer – doch am Ende wurden die Tiere getötet.

Der Krieg lehrte zu töten.

Im Krieg dürfen die Männer ihrer natürlichen Grausamkeit freien Lauf lassen, und sie sind in der Tat gefährlicher als die Frauen.

Die finnischen Männer sind in den Nachbarländern berühmt für ihr Saufen und ihre Rauflust. Man macht einen weiten Bogen um sie. Und nicht mit einem Lächeln.

In meiner Wohnung standen fünf Möbelstücke: ein schmales Eisenbett, eine Kommode mit drei Schubladen, unter dem Fenster der Schreibtisch, und außerdem zwei Stühle. Falls jemand zu Besuch kam, dann hatte er auch einen Stuhl. Er mußte nicht auf dem Bettrand sitzen. Welcher Jemand?

Es gab auch zwei Lampen, die eine hing an der Decke und hatte eine Opalglashaube, die andere stand auf dem Schreibtisch, dekoriert mit einem Pergamentschirm. Die Grundfarbe der Vorhänge war ein unbestimmtes Braun. Auf dem Fußboden lag ein schmaler Flickenteppich.

Unter das Bett hatte ich den Pappkoffer geschoben. Darin bewahrte ich die schmutzige Wäsche auf, die einen schlichtweg ekelerregenden Geruch ausströmte. Durch Lüften wurde man ihn nicht los.

Etwa einmal im Monat schickte ich die schmutzigen Kleider in einem Paket nach Tampere, und von dort erhielt ich sie gewaschen, gemangelt und gebügelt zurück. Für die Wäscherei hatte ich kein Geld, so daß mir nicht viel anderes übrigblieb. Das Waschbecken in der Toilette durfte ich benutzen, das war alles, aber es gab keinen Ort, wo ich meine Kleider trocknen konnte. Das heißt, die Strümpfe trocknete ich auf dem Heizkörper, wenn ich sie im Waschbecken gewaschen hatte. Ich darf die Ärmlichkeit meines Lebens nicht übertreiben.

Einige aktivere Studienkollegen besorgten sich in Helsinki Freundinnen, die älter waren als sie selbst, und kümmerten sich mit deren Hilfe außer um andere Bedürfnisse auch um Sauberkeit. Das war die Sorte Männer, die später in der Gesellschaft Erfolg hatte, sie stiegen zu Machthabern des Wirtschaftslebens oder zu Sternschnuppen der Politik auf. Einige wenige leben noch. Die meisten hat der allzu große Ehrgeiz umgebracht.

Mit ihnen konnte ich nicht mithalten. Als größtes Verdienst ist mir anzurechnen, daß ich vorläufig noch am Leben bin.

Ich streckte mich sofort der Länge nach aus, um noch einen Mittagsschlaf halten zu können. Als Zwanzigjähriger litt auch ich noch nicht unter Schlaflosigkeit, also schlief ich ein. In meinem Traum war viel Licht. Und Asser.

Der Wecker klingelte, ich sprang unverzüglich auf, zog mich an und lief zum Zeitungsaustragen. Auch da regnete es, und meine Schuhe wurden wieder naß.

Zu jener Zeit las ich viele russische Klassiker, auch ich, aber außerdem moderne Romanautoren, Kafka natürlich vor allen anderen. Er war genauso deprimiert wie ich. Nachdem ich nach Hause zurückgekehrt war, versuchte ich mich mit dem Käfer zu beschäftigen – also dem in Kafkas Novelle –, aber diesmal schmeckte er mir nicht.

Ich bin doch jung, dachte ich.

Ich war ein wenig verrückt, zumindest zu Faxen aufgelegt.

Für ein paar Stunden schlief ich ein, und beinahe sofort nach dem Aufwachen stopfte ich die saubere Unterwäsche in einem Bündel in die Aktentasche und ging in die Welt hinaus. Der Nachmittag hatte erst angefangen. Aus einer bloßen Laune heraus machte ich einen Abstecher in den Milchladen, in dem die Verkäuferin, die mich früher so schlecht behandelt hatte, arbeitete. An der Tür kam mir eine alte Frau entgegen, die sich mühsam mit Hilfe eines Stocks voranschleppte. Ich hielt ihr die Tür auf, betrat den Laden, zog den Hut und sagte:

„Ich will gar nichts. Ich bin nur gekommen, um einen guten Tag zu wünschen."

Die Verkäuferin starrte mich verdutzt an, stützte sich dann auf den Ladentisch und – es war unglaublich – fing an zu weinen. Sie wischte sich die Tränen mit dem Ärmel ihres weißen Kittels ab und wandte mir den Rücken zu.

Eine Weile blieb ich wie angewurzelt stehen, dann ging ich ohne ein Wort davon.

Ich bummelte in Richtung Innenstadt und vergaß die Verkäuferin auf der Stelle. Ich war so erfüllt von mir selbst – und voller Erwartung. Ich ging in die Akademische Buchhandlung, blätterte in neuen Gedichtbänden, anschließend stieg ich ein Stockwerk höher. Dort gab es wunderbare ausländische Kunstbücher. Zu derartigen Druckwerken war man in Finnland in der schlechten Zeit nicht in der Lage.

Ich hätte zu Hause sitzen und Literaturgeschichte lesen sollen, hätte mir Goethes Lebensdaten und die Namen in der *Italienischen Reise* einprägen müssen, Schiller nicht zu vergessen. Ganz müßig war ich jedoch nicht. Im Geiste verfaßte ich ein Gedicht, während ich mir impressionistische Bilder ansah. Auf einem Verkaufstisch sprangen mir wieder Leonardo und Michelangelo ins Auge. Schon seit einiger Zeit kam ich von ihnen nicht los.

Die Renaissancegenies konnten fliegen, sie flogen. Ich meine, sie machten Dinge, zu denen ich nicht einmal durch mühsame Arbeit imstande gewesen wäre. Ich hätte mich natürlich damit trösten sollen, daß auch sonst nicht viele, so gut wie keiner, auf die gleiche Weise wie sie Luft unter die Flügel bekommen hatten.

Luft unter die Flügel – damit meine ich Leonardo. Michelangelo raste, kam aber nicht von der Erde los.

Indem ich an sie dachte, dachte ich an mich selbst. Als junger Mensch möchte man die Grenzen des Möglichen überschreiten.

Nicht alle, die meisten nicht, zu ihrem Glück, quält diese Unvernunft. Zwar ist es ein lächerlicher Ehrgeiz, also Eitelkeit, aber es ist auch etwas anderes daran: die Gewißheit, daß durch eine geringe Anstrengung, im Erwachen eines schlummernden Sinnes oder der Entschlußfähigkeit – in allen Geistesgaben – ich meine den Jüngling von damals, mich selbst – eine vielfache Kraft aufbrechen würde. Das, was jetzt – damals – die Unmöglichkeit der Unmöglichkeiten zu sein schien, wäre plötzlich leicht und auch schön, gerade so wie Leonardo phantastische Maschinen zeichnete und Michelangelo die Kuppel der Peterskirche.

Damals legte ich nicht viel Wert auf ihr Alter. Jetzt fällt mir auf, daß Leonardo schon 23 war, als Michelangelo geboren wurde, und im Alter von 67 starb. Von der Arbeit zermalmt lebte Michelangelo trotz seiner Gebrechen elf Jahre weniger als ein Jahrhundert, also noch 45 Jahre nach Leonardo.

Als junger Mensch schien es mir – ich dachte nicht nach –, als hätte das Schicksal Michelangelo schlecht behandelt und Leonardo bevorzugt. Michelangelo war häßlich und rabiat, Leonardo strahlte Harmonie aus. Ihn umgaben Jugend, Schönheit und Sinnesfreuden – bis das Alter und die Einsamkeit kamen. (Damals war ein 67jähriger sehr alt.) Sie schlagen ihre Krallen in jeden einzelnen, eines Tages auch in dich. Meine traurige Pflicht ist es, daran zu erinnern. Es ist eine selbstgeschaffene Pflicht, ich befolge sie nicht gern.

Die Kränklichkeit der anderen war für mich damals natürlich. Ich bedauerte die Alten nicht.

Leonardo wurde umgebracht. Ich meine, er starb. Michelangelo durfte weiterleben.

Ich glaube, als ich damals in der Buchhandlung in den Kunstbüchern blätterte, verglich ich in irgendeinem Winkel meines Geistes Asser mit Leonardo und mich selbst mit Michelangelo, nicht aufgrund der Begabungen, denn ich konnte nicht einmal zeichnen, sondern nach den Maßstäben von Glück und Schönheit.

Aus irgendeinem Grund fiel mir nicht auf, daß Asser auch gut und gern eine Inkarnation des anmutigen Rafael sein konnte. Asser verwirrte mich, darum fiel es mir nicht auf.

Leonardo war nicht so, auch nicht Asser und nicht Michelangelo. Auch ich nicht, ‚ich'.

Ich stellte mir vor, daß unsere Parallelitäten und Verschiedenheiten bestimmen würden, ob das Leben lebenswert wäre oder nur eine weggeworfene Chance. Asser wäre mir in jeder Hinsicht überlegen. Er hatte Flügel, ich nicht.

Es ist absolut möglich, daß ich erst jetzt, Jahrzehnte später, diese Gedanken in den Kopf des Jünglings meines Namens hineindichte, aber andererseits kennst du ja meine angeborene Neigung, die Dinge vor der Zeit in meiner Phantasie zu leben. Du hast mich dafür getadelt, aber was kann ein Mensch für seine angeborenen Gebrechen!

Manche haben einen Hüftschaden, andere eine Hautunregelmäßigkeit, ich habe einen Gehirnfehler, der den Reiz des Neuen in meinem Erleben tilgt. Darum sehne ich mich nach Menschen, die sich völlig unvorhersehbar verhalten. Ich sehne mich nach ihnen und habe Angst vor ihnen. Ich fürchte, in ihren Zauberkreis zu geraten, mein brüchiges Ich zu verlieren. Dennoch zieht es mich dorthin, mich zu verbrennen.

Die Stunden vergingen kriechend. Ich kehrte ins Erdgeschoß der Buchhandlung zurück, stand dort ein wenig herum, las eine Erzählung, wohl ein Stück aus Maxim Gorkis Kindheitserinnerungen, eine faszinierende, erschütternde Geschichte, die jener zum Aufsteiger und Verräter verkommene Mensch geschrieben hatte, als er noch lieben, lachen und weinen konnte.

Ein Mensch kann sich mitunter in sein genaues Gegenteil verwandeln. Man braucht die Taten nicht einmal zu bereuen, über die man sich eben noch entsetzt hat. Das Vergessen hilft, das Gedächtnis geht verloren.

Du wirst verstehen, daß ich eine solche Metamorphose nicht nachvollziehen könnte, wenn ich sie nicht als solche erfahren hätte. Eines Nachts wuchsen meine Eckzähne zu Stoßzähnen, aus meiner vorspringenden Stirn schoben sich zwei Hörner, die zu verdecken nicht ganz leicht war, zumal ich mein Haar bis zum Hinterkopf verloren hatte. Halte ich mich draußen auf, trage ich eine tiefsitzende Schirmmütze.

Schließlich mußte ich gehen. Die Leute in der Buchhandlung fingen an, mich anzustarren. Sie war ja kein Lesesaal. Eine Verkäuferin trat in zwei Metern Abstand neben mich und räusperte sich vielsagend.

Ich schaute sie mit gespielter Unschuld an, nahm meine Tasche und ging.

Schon um drei klingelte ich an Assers Tür, zwei Stunden früher als vereinbart.

Er war zu Hause und schien erfreut.

„Ich habe schon auf dich gewartet", sagte er.

„Es ist erst drei."

„Ja, aber ich habe gewartet."

Ich zog meine Überkleider aus. Er sagte, ich könne direkt ins Bad gehen. Dort lag ein Handtuch für mich bereit.

Neben dem Bett stand ein leerer Stuhl. Nachdem ich mich rasch ausgezogen hatte, legte ich dort meine Kleider ab. Asser stand mit dem Rücken zu mir an seinem Arbeitstisch.

Ich nahm die sauberen Kleidungsstücke vom Bett und stopfte die schmutzigen schnell in die Tasche. Ich fürchtete, sie könnten zu stark nach Schweiß riechen.

Dann schlüpfte ich ins Badezimmer und ließ Wasser in die altmodische Wanne laufen. Das große Leinenhandtuch lag schön zusammengefaltet auf dem Wannenrand. Ich hängte es an einen Haken. Seine beiden langen Ränder zierte ein schmaler, blauer Streifen.

Auch der Rand der Seifenschale hatte einen blauen Rand. Die Schale selbst bestand aus weißem Emaille. Die Seife duftete mild. Derart feine Badeseife bekam man in keinem Geschäft.

Oberhalb der hohen Wanne befand sich ein kleines Fenster, durch dessen mattes Glas man nicht hinausschauen konnte. Ich vermutete, daß es zum Hof ging.

Ich drehte die Hähne zu. Es war vollkommen still. Luxuriös.

Langsam ließ ich mich in das heiße Wasser, es reichte bis zum Hals. Ich genoß es. Ich betrachtete die Decke, die Risse im Putz, die weiß gekachelten Wände, Assers Zahnbürste und die Waschutensilien. Ich sah das Rasierzeug auf der Spiegelablage, dabei machte sein Kinn einen ebenso glatten Eindruck wie das meine.

Ich berührte meine Lenden und die Innenseite der Schenkel, meine Behaarung, zog die Beine an. Ich betastete meinen Bizeps, sogar ich hatte so etwas. Auch einen Nacken und reichlich seidenfeines Haar. Ich war jung, an sich schon unglaublich.

Und bei den Haaren fing ich mit dem Waschen an. Dabei benutzte ich die Seife. Muß ich eigens anmerken, daß man zu jener Zeit noch nichts von Shampoo wußte? War es denn überhaupt schon erfunden worden? Das Telefon war erfunden worden und das Radio, und während Hitlers Herrschaft begann man in Deutschland mit den ersten Fernsehübertragungen, aber ich erinnere mich nicht, von der Existenz des Shampoos gehört zu haben. Vielleicht benutzten es die feineren Klassen der Gesellschaft bereits damals, zumindest Haarseife, aber tief im Volk hatte sich diese Sitte nicht verbreitet. Ich lebte tief.

Während des Krieges kochte man Seife aus den Innereien von Schlachttieren. Man gewann Fett, dem man als Reinigungsmittel Ätznatron zusetzte. Damit wusch man sich, auch wenn es nicht gut roch.

Übertreibe ich? War nicht Kiefernseife immer erhältlich gewesen? Die gewann man aus Bäumen, und Bäume gab es. Als ich zum ersten Mal bei Asser badete, durfte ich mich mit wohlriechender Seife waschen. Das war neu, ja, neu. Sonst würde ich mich nicht so gut daran erinnern.

Ich spülte die Haare im Badewasser aus, stand auf, seifte meinen ganzen Körper vom Hals bis zu den Zehen ein, zog den Korken heraus und drehte die Dusche auf. Darunter wusch ich mir die Seife ab. Eine Handbrause gab es nicht, und das Wasser spritzte über den Wannenrand. Nachdem ich aus der Wanne gestiegen war, wischte ich den Boden auf. Ich bin immer sorgfältig in diesen Dingen gewesen.

Fällt dir auf, wie ich zögere? Ich scheute mich davor, das Badezimmer zu verlassen, obwohl ich mich längst abgetrocknet hatte, so gut es mit dem rauhen Leinenstoff gelang. Dann wickelte ich mir das Handtuch um die Hüften. Es bedeckte die Beine bis zu den Knien. Ich öffnete die Tür und ging hinaus.

Asser war noch immer an seinem Arbeitstisch mit etwas beschäftigt, er drehte den Kopf und schaute mich an. Über dem Tisch brannte eine Lampe. Über mir glänzte der Kronleuchter.

„Wunderbar", sagte ich. „Danke."

Ich ging zum Bett, um mich anzuziehen. Ich hatte bereits das Handtuch abgelegt und nach meiner Unterhose gegriffen.

„Warte", sagte Asser, „wirf dir das Handtuch über die Schulter!"

Ich begriff nicht und sah sicherlich verdutzt drein. Asser sagte, er wolle einige Skizzen anfertigen.

„Kommst du etwas näher?" bat er.

Man konnte ihm nicht widersprechen, und so stand ich nackt vor ihm, mit dem Badetuch über der Schulter, ein wenig wie die antike Skulptur eines Jünglings. Er faßte mich an den Schultern und korrigierte meine Haltung. Ich sah selbst, daß sich die Schatten auf meinem Körper verschoben. Schenkel und Unterleib wurden betont.

„Dir ist doch nicht kalt?" fragte er nüchtern.

Mir war nicht kalt, aber lächerlich kam ich mir vor. Das sagte ich, und er lächelte, während sein Bleistift über den Zeichenblock jagte.

„Ich treibe die Kosten für das Bad ein", sagte er. „Alles hat seinen Preis."

Er wurde ernst, zeichnete, änderte wieder meine Haltung und zeichnete weiter. Er zwang mich, den rechten Fuß auf einen Stuhl zu stellen, das Handtuch hing über der linken Schulter. Mit einem Ruck nahm er es weg und warf es aufs Bett. Er kniete sich vor mir hin, blieb so eine Weile und trat dann hinter mich.

Die festen Griffe seiner bloßen Hände hinterließen Engramme auf der Haut. Sie hielten sich tagelang in meinem Geiste. Die Berührungen dauerten unnötig lange und drangen zu tief.

Zum Schluß hielt Asser den Zeichenblock eine Armlänge von sich weg, schaute auf die Spur des Stiftes und zeigte sie mir. Auf dem Papier sog ein Wirbelsturm einen nackten Jünglingskörper in sich, ließ ihn tanzen, zwang Bewegungen und Haltungen aus ihm heraus, zu denen er von Natur aus nicht in der Lage gewesen wäre, ich jedenfalls niemals.

„Das bin nicht ich", sagte ich.

Lächelnd blickte er auf seine Zeichnungen. Immer lächelte er. Wäre es jemand anders als Asser gewesen, hätte er selbstzufrieden gewirkt.

„Was ist daran fremd?" fragte er.

„Alles."

Ich bemühte mich, wütend zu klingen, obwohl ich es nicht war. Ich tastete nach dem Handtuch. Auf einigen Zeichnungen war mein Geschlecht zu sehen. Es fiel kaum auf. Von hinten sah ich besser aus, recht gut, alles in allem.

So wie sie waren, sind die Skizzen in dem Buch *Blätter aus Asser Vahos Zeichenbuch* abgedruckt, das eine unschuldige Seele herausgegeben hat. „Engelsskizzen", wird in dem Buch behauptet. Fürwahr, ein rechter Engel!

Mir kommen – jetzt – die beim Bad überraschten Soldaten Michelangelos in den Sinn, ein ausgezeichneter Vorwand für Nacktdarstellungen, leider sind sie Skizzen geblieben.

Niemand weiß, daß ich für Zeichnungen Modell stand. Ich habe nicht vor, es preiszugeben. Das gäbe nur überflüssiges Gerede. Ich mache mir was vor, das böse Gerede ist längst in Umlauf. Sonderlich böse ist es nicht mal, finde ich, sondern lächerlich – mitunter schmeichelt es sogar meinem Selbstwertgefühl.

Asser versprach:

„So versetzt dich das Leben in einen Taumel, wenn du dich traust, mitzugehen."

Dann forderte er mich auf, ins Bett zu gehen. Er hatte es frisch bezogen. Ich sollte einige Stunden schlafen, dann würden wir etwas essen, bevor ich zum nächtlichen Zeitungsaustragen losmüßte.

Ich widersprach nicht, nackt legte ich mich hin, um mich von der frischen Bettwäsche streicheln zu lassen. Durch den Spalt meiner Augenlider beobachtete ich Assers Bewegungen, ich sah gewiß schlafend aus. Er redete. Ich hörte ihn sagen, in der Kunst müsse man die Berührung des Daseins spüren, durch die Vermittlung des Betrachters. Ich lächelte und schlief ein. Ich hätte einen poetischen Körper. So glaubte ich ihn sagen zu hören.

Ich erwachte durch den Duft von Kaffee.

„Du wirst erwartet."

Asser hatte mich beobachtet und gesehen, wie sich meine Augen öffneten. Sein Blick war es, der mich aufweckte, nicht der Kaffeeduft.

Ich stand auf. Langsam schob ich die Decke zur Seite, fuhr mir durchs Haar, und mein Blick suchte die Kleider. Sie warteten auf dem Stuhl neben dem Bett.

Ich präsentierte mich, zeigte, daß ich keine Scheu mehr hatte. Meine Haut war warm.

Du weißt über Asser mehr, als ich damals wußte. Das eidesstattliche Geheimnis war noch nicht ans Tageslicht gekommen. Hätte ich es gewußt, wäre ich vorsichtiger gewesen. In gewissem Sinn war Asser damals schon ein Mann, ich hingegen ein unerfahrenes Kind, leider. Das bedaure ich immer noch. „Alles bereut der Mensch, außer jung gefreit zu haben", sagt eine finnische Redensart. Und damit ist nicht die Ehe gemeint.

Ich zog mich an. Zuerst die Strümpfe und erst dann die Unterhose. Ich bedachte jede Bewegung. Nun waren Hose und Pullover an der Reihe.

„Du scheinst einen kleinen Auftritt zu absolvieren", sagte Asser, als wir am Kaffeetisch saßen.

„Niemals", behauptete ich.

Er schien nicht gehört zu haben.

„Das ist angenehm – und notwendig für die Kunst."

Er hatte Kartoffeln gekocht und den Schinken, den er von zu Hause bekommen hatte, in Scheiben geschnitten, ebenso das Brot. Es gab Butter und eben Kaffee, eine köstliche Mahlzeit. So etwas war ich nicht gewöhnt.

Ich mußte akzeptieren, daß er mir in jeder Hinsicht überlegen war. Auch ich bemühte mich um Reibung:

„Du zeichnest Bilder, aber eines Tages werde ich über dich einen Roman schreiben. Schließlich hast du gestern selbst darum gebeten."

So sagte ich es, und er lachte:

„Was siehst du denn in mir?"

„Du hast einen leicht frivolen Mund."

Ich hoffte, er wäre wenigstens ein bißchen beleidigt, aber offenbar hatte ich keinen Erfolg.

„Ich bin frivol", sagte er. „Du ahnst gar nicht, wie frivol."

Eigentlich meinte ich, daß er einen Mund mit vollen, glühenden Lippen hatte, deren Farbe die Zähne hervorhoben. Es fiel auf, daß sein ständiges Rauchen einen gelben Film auf dem Zahnschmelz hinterließ.

Von Anfang an, zunächst jedenfalls, drehte ich die Worte, mit denen ich ihn loben mußte, in Bosheiten um, aber er wurde darüber nicht ärgerlich. Nun, das war ja auch nicht die Absicht.

Außerdem verstand er, was sich hinter den Lästerungen verbarg. Es war ein gemeinsames Spiel.

Eine Frau darf man preisen, aber wenn ein Mann einen anderen Mann mit Komplimenten überhäuft, hört es sich scheußlich an. Ein Mann muß mit weniger auskommen, um zu begreifen. Unter Männern bedeutet selbst eine Beleidigung Aufmerksamkeit. Es bedeutet: du bist mir nicht völlig egal, ich habe dich bemerkt, vielleicht bist du ein Konkurrent, vielleicht ein Feind. Womöglich kannst du ein Freund sein.

Treiben Frauen untereinander ähnliche Versteckspiele? Ich weiß es nicht. Ich glaube, bei ihnen ist es anders. Sie umarmen und küssen ihre sogenannte Freundin, deren Leben sie noch vor einem Augenblick mit ihren Intrigen vergiftet haben.

Die Männer verhalten sich wie die Frauen. Allerdings küssen sie sich nicht gegenseitig. Sie stoßen einander den Dolch in den Rücken.

Vermutlich wird es nun heißen, ich verstünde die Frauen nicht. Möglicherweise wird behauptet werden, ich sei ein vom Leben verbitterter Misanthrop. Du bist schon lange dieser Meinung, falls du dir überhaupt die Mühe gemacht hast, dich an mich zu erinnern.

So kommt es, wenn man Romantiker ist. Ich bin einer. Ich bin ‚ich'.

Es ist sinnlos, zu erklären und zu erklären. Darum bemüht man sich, damit der Empfänger wenigstens annähernd erfaßt, welche Beklemmung den Erklärenden peinigt – oder weil man das vorüberjagende Glück teilen will, oder die brennende Sehnsucht – und so weiter.

Dennoch glaubt einem keiner, keiner kümmert sich darum, hält es für wichtig.

Wie sollte es auch gelingen, wenigstens eine zerbrechliche Ahnung davon zu vermitteln, was ich empfand, als ich jung war und in Asser Vahos Gesellschaft üppig speiste, während unsere Freundschaft erst am Beginnen war? Die Aufgabe ist unmöglich zu erfüllen, und außerdem führt es fortwährend zu Verzerrungen. Die Geschichte kreist um mich, obgleich an mir allein interessant ist, daß Asser Vaho mich seinen Freund nannte und es so meinte. Das ist das Beste an mir.

Befassen wir uns mit einem allgemeinen Problem, nämlich damit, wie man einer im Wohlstand aufgewachsenen und vom Frieden verwöhnten Generation überhaupt die Atmosphäre des Krieges und der Mangeljahre erklären kann, die Wirklichkeitserfahrung der damaligen geschädigten Menschen.

Es gelingt nicht, schon gar nicht, wenn der Erklärende selbst vergessen hat, wie es damals war, was man empfand, erwartete und befürchtete. Er hat es nicht passiv vergessen, er hat das Vergangene in seinem Inneren weggewischt, damit ihm leichter sei, damit er weniger Gepäck zu schleppen habe.

Aus demselben Grund machen gut erzogene Leute voller Eifer ihre Wohnung sauber. Die Spuren des Lebens verschwinden, das Gestrige gerät in Vergessenheit.

Manchmal versuche ich mir vorzustellen, in welcher inneren Landschaft die Menschen weitergelebt haben, die im Konzentrationslager waren und die alltägliche Grausamkeit, die Folter und die Gaskammern sahen. Ein Mensch, der einem nahestand, starb auf der Nachbarpritsche an Hunger oder Kälte. Und die Häftlinge kämpften um Nahrung, Schlafplätze und Decken. Derjenige, der überlebt hat, muß notwendigerweise Grund für Scham und ein schlechtes Gewissen haben.

Kalte Schauer laufen mir über die Haut, und ich breche diese Vorstellung ab. Sie nützt niemandem. Oder doch?

Finnland wurde im Zweiten Weltkrieg nicht besetzt. Unser Unglück war maßvoll. Allerdings starben junge Männer an der Front, fast Kinder noch. Sie hatten eine schimmernde Haut und helles Weiß im Auge.

Asser Vaho kam nicht mehr an die Front. Auch ich nicht!

Wir aßen also, und es gab sogar Kaffee.

„Bring mir eines von deinen Gedichten mit, dann zeichne ich dazu ein Bild", sagte Asser.

„Ich weiß nicht, ob ich überhaupt eines habe", zögerte ich, „ein passendes meine ich."

Ich machte ihm etwas vor.

Wir wußten beide, daß die bildenden Künstler zu Beginn des Jahrhunderts ihre Bilder mit Texten ihrer Dichterfreunde versahen oder Buchseiten darauf klebten. Die Dichter schrieben Kommentare für die Ausstellungskataloge der Maler.

Vermutlich besaß ich nur eine lückenhafte Vorstellung von jener Vergangenheit, eine Erinnerung, die ein Gerücht hinterlassen hatte. Vielleicht waren im Gymnasium in einem Nebensatz die Surrealisten oder die merkwürdigen Kubisten erwähnt worden, als von der Unordnung der Gegenwart die Rede gewesen war. Der Modernismus stand nicht hoch im Kurs, denn das Volk mußte für den Krieg zusammengeführt werden und danach für die Zahlung der Reparationen. Da konnte man sich keine Phantastereien leisten.

Mit den bildenden Künsten machte ich mich erst vertraut, nachdem ich Asser kennengelernt hatte. Mein Interesse für Leonardo und Michelangelo war literarischen Ursprungs und auch in der Beziehung aus heutiger Sicht lächerlich. Die Renaissancemeister wurden als Genies über die Sterblichen hinausgehoben, und damals verehrte man Genies und Helden. Das paßte so recht zu einem unschuldigen jungen Mann, der sich nach Vorbildern sehnte, nach unerreichbaren Idealen, nach einem Vaterersatz, wie die Psychologen meinen.

Im Krieg und während der Beseitigung der Kriegsruinen opfern sich die jungen Menschen den Ungeheuern der Ideale. Das ist edel und großartig.

Die freudigen Genüsse sind in schlechten Zeiten für die Salons – und die Schlafzimmer – der Elite reserviert, und erst, wenn im Frieden die Freude zur Ware wird, braucht man auch das ungebildete Volk als Käufer. Das Volk ackert und schwitzt, um sich etwas kaufen zu können. Es glaubt, es sei herrlich, sich zu erfreuen und zu genießen, es sei geradezu der Sinn des Lebens.

Wir leben gerade in einer solchen Zeit. Jetzt müßte man jung sein. Wäre ich es, dann würde ich mich für das Grau der Nachkriegsjahre entschädigen. Auch ich hätte etwas zu bieten, wenn ich meine damalige Physis zurückbekäme, und wenn ich mich traute, die unterdrückten Leidenschaften zuzulassen. Jetzt würde ich mich trauen.

Leider ist da diese schlimme Krankheit, Aids. Wäre es klug, ein paar Jahre abzuwarten, bis ein wirksamer Impfstoff oder ein hundertprozentiges Medikament entwickelt ist? Ich denke über eine Rückkehr in die Jugend nach, aber nicht blindlings, nicht Hals über Kopf.

Asser hatte keine Hemmungen, der graue Alltag deprimierte ihn nicht. Er mußte sich nicht nach einer verlorenen Jugend zurücksehnen.

Aus gutem Grund verabscheue und beneide ich die heutigen Jugendlichen, die auf den Gehsteig spucken und lauthals Obszönitäten von sich geben. Die mutigeren von ihnen klauen in den Geschäften – und schlimmer, verschandeln Wände, treten Schaufenster ein, verprügeln alte Leute und rauben sie aus.

Ich bewundere die Jugendlichen von heute nicht. Sie sind alle wohlhabend im Vergleich zu mir, neben dem vor langer Zeit verschwundenen Jüngling meines Namens. In den Arbeiterwohnungen bringt und brachte man den Kindern bei, die Ordnung zu respektieren, und aus dieser Zwangsjacke kommt man nicht einmal dann heraus, wenn der vom Alter ramponierte Körper kaum noch eine Hand heben kann. Boshaft kann ein alter Mensch allerdings sein, und dieses Privileg muß man ihm zugestehen.

Ich beneide die Verwegenheit zügelloser Menschen. Das ist jedenfalls wahr. Ich beneide Kunstspringer, Gleitschirmflieger, auf hohen Schlagwellen reitende Surfer. Die Trapezartisten im Zirkus sausen in ihren glitzernden Seidenkostümen im Glanz der Scheinwerfer durch die Lüfte: perfekte Körper, Meister der Sekunden dauernden Wundertaten.

Die Wörter führen mich auf Abwege.

Wegen Asser spähte ich in die geheimen Gärten der bildenden Künste.

Asser hatte einige große Kunstbücher in seinem Regal stehen. Später blätterte ich darin. Sie hatten eine Menge gekostet.

„Geschenke", erklärte er ohne längere Erklärungen.

An jenem zweiten Tag unserer Freundschaft bat mich Asser, ihm eines meiner Gedichte laut vorzulesen.

Wir hatten bereits gegessen und tranken Kaffee.

Als ich jung war, wußte ich meine eigenen Gedichte, und auch die von anderen, auswendig. Schon beim zweiten Lesen blieben sie mir im Gedächtnis haften.

Ich trug also dem jungen Asser Vaho, dem Licht unserer Bildkunst, Gedichte von Pentti Holappa vor.

Das war eine Ehre, und ich mochte meine Stimme.

„Du liest gut", sagte Asser.

Das hatte man mir zuvor auch schon gesagt.

Asser mochte besonders das Gedicht „Auf Flügeln".

Wenn die Gewitterwolke in der Landschaft aufsteigt,
führt sie den Falkenflügel am Wolkenrand entlang,
und der fliehende Vogel erstarrt.

Im Sturm kennen sie ihr Ziel nicht,
der Falke nicht und nicht der scheue Ackervogel.
Beide lenkt des Windes schwarze Faust,
höher den einen, den andern der Erde zu:
wirft den Falken zur Erde, den Ackervogel in die Wolke.

„Dazu möchte ich ein Bild machen", sagte er. „Darf ich?"

„Nur zu", gab ich die Erlaubnis.

Asser sah mich forschend an.

„Hast du je die große Leidenschaft erfahren?"

Ich wurde rot. Ich sagte nichts.

„Handelt das Gedicht davon?" insistierte er.

„Ja, doch", antwortete ich.

Ich fand, er war zu unbefangen. Von den Gefühlen ganz zu schweigen. So dachte ich damals, ich armer Mensch.

Den Anlaß zu diesem Gedicht entnahm ich einem wirklichen Ereignis. Ich erinnere mich noch gut an den Falken, den ich gesehen hatte, als er langsam am Rand einer Gewitterwolke entlangschwebte.

Den fliehenden kleinen Vogel hatte ich erfunden.

Ich hatte nicht die geringste Ahnung davon, was der Vogel in Freuds Traumbuch bedeutete. Und so entblößte ich mich in meiner Unvorsichtigkeit, aber niemand sog mich aus.

Wenn ich auch keine große Leidenschaft erlebt hatte, so hatte ich sie mir doch tausendmal gewünscht. Das war meine unerträgliche Mangelerkrankung.

Asser brauchte Freud nicht zu kennen, um mich zu durchschauen.

Bereits am nächsten Tag zeigte er mir seine erste Tuscheskizze. Etwas davon habe ich in Erinnerung behalten: die offene Landschaft, so weit, daß man die gebogene Form der Erdkugel erkennen konnte. Der Schatten des Raubvogels fiel nach unten, oder der Vogel selbst. Wo war das Opfer, der Flüchtling?

Aus dem Finnischen von Stefan Moster

Odd Klippenvåg

Body & Soul

Ich hätte nie gedacht, daß es so enden würde. Ist das gesagt, bleibt die Frage: Womit hatte ich gerechnet? Hatte ich überhaupt irgend etwas vorausgesehen? Luke Thompson betrachte ich nach wie vor als einen meiner besten Freunde. Wir lernten uns in dem Jahr kennen, in dem ich an der Columbia University studierte. In einem Jazzclub. Das war Ende der fünfziger Jahre. Luke ist farbig. Schwarz. Zu der Zeit arbeitete er als Bote bei einer Steuerberatungsgesellschaft am Herald Square. Heute hat er sein eigenes Büro bei derselben Gesellschaft, mit Vorzimmerdame. Keine Ahnung, wie er das geschafft hat. Es würde mich nicht wundern, wenn er einem der weißen Chefs einen geblasen hätte. Ich sage das ohne Hintergedanken. Ich habe ja gesagt, daß ich ihn schätze. In all diesen Jahren haben wir nämlich den Kontakt zueinander nicht abbrechen lassen. Ich meine: Männer begegnen sich, Männer gehen auseinander. Im Sommer 1983 hatte ich ihn das letzte Mal besucht, bevor er wollte, daß ich zu seinem Sechzigsten wieder rüberkomme. Ansonsten haben wir uns angerufen und den einen oder anderen Brief geschrieben. Es ist vorgekommen, daß ich mitten in der Nacht vom Telefon wach wurde. In der Regel war das dann Luke, der immer wieder vergaß, daß zwischen den Kontinenten ein Zeitunterschied von sechs Stunden ist. Das war der

Rückblick. Im übrigen gab es in meinem amerikanischen Zimmer einen großen Spiegel. Auf der Innenseite der Tür des Kleiderschrankes. Bevor wir in die Federn sprangen, machte ich immer diese Tür auf. Ich habe uns gerne zugesehen. Sein schwarzer Schwengel. Meine helle Haut. Jetzt kann ich nicht mehr sagen, daß Sex noch dasselbe für mich bedeutet. Vielleicht finde ich sogar, daß man das Sexuelle in einer Beziehung überbewertet. Außerdem gibt es andere und stillere Freuden. Die hat es immer gegeben. Ich habe mich dabei ertappt, daß ich galanter zu älteren Damen geworden bin. Ich helfe ihnen aus oder in die Straßenbahn. Ich halte ihnen die Tür auf. Oder ich führe sie über die Straße, wenn es auf dem Zebrastreifen glatt ist. Dann lächeln sie mich manchmal plötzlich an, und ihre Augen leuchten. Selbst an den kältesten Wintertagen vernehme ich noch den Hauch von einem Duft, der von ihnen ausgeht. Das macht die Kleidung. Das Jungmädchenhafte und die Mutterschaft. Alles, was nicht mehr ist. Ich denke an Mutter. Bei einer wohlüberlegten Replik meinerseits drücken sie den Rücken durch und heben das Kinn. Sollte ich ihnen das verwehren? Letztlich könnte man bestimmt darüber streiten, auf wessen Seite das Vergnügen größer ist. Ich verschwinde mehr und mehr in meinem Lodenmantel. In der letzten Zeit habe ich viel zu viel Haut bekommen. Besonders im Gesicht und an den Unterarmen. Und am Gesäß. Obwohl ich es vermeide, den Aufzug zu benutzen, und die Treppe nehme, atme ich schwerer. Vielleicht ist es dennoch nicht richtig zu sagen, daß es nur die alten Damen sind, die ich bezirzen kann. Trotz allem habe ich meinen Witz nicht verloren. Ich kann den kecken Ton spüren. Das bin ich. Und das ist ein anderer. Schließlich geht es um Energie. Wird man zu müde, geht es schnell bergab. Was hat Arild nur? dachte ich gestern, als ich vor den Studenten stand. Ich verstehe ihn nicht, dachte ich, habe ihn nie verstanden! Ich war mitten in einer Ausführung über das griechische Theater, hatte über die Masken und die Funktion des Chors gesprochen. Dann holte ich zu einem langen Exkurs über die alten Griechen und das Alter aus. Das war so gar nicht ich. Für gewöhnlich halte ich mich an das Manuskript. Nach all diesen Jahren kann ich übrigens das meiste auswendig. Fast unmerklich schiebe ich die Blätter zur Seite, lege sie schön aufeinander. Wenn die Stunde vorbei ist, stecke ich sie in die braune Aktentasche, bevor ich das Auditorium verlasse. Gelegentlich kommen danach noch ein, zwei Studenten zu mir und fragen nach etwas. Meistens ist es eine blauäugige Studentin. Die männlichen Studenten verstehen wohl schneller, worum es eigentlich geht. So sieht es aus. Jedenfalls bitten sie mich seltener darum, etwas zu erläutern. Aber glaub' mir, sie sind nur faul! Kommen sie, stehe ich mit der Tasche in den Händen da, halte sie an die Brust gedrückt, während ich zuhöre. Dann antworte ich so genau ich kann. Abschließend gebe ich ihnen meist noch eine derbe witzige Bemerkung mit auf den Weg. Ich kann der Versuchung nicht widerstehen. Es ist eine wahre Freude zu sehen, wie diese pickeligen Bengel rot werden. Ich liebe vor allem das wohlwollende Kichern, das manchmal ganz unerwartet über die Bankreihen schwappt. Dann liebe ich die Jugend. Im klassischen Griechischen, sagte ich gestern, gibt es keine eigenen Wörter für Frauen nach der Menopause, alle werden als *graus!* bezeichnet. Da brach das Gelächter los. Ich sagte: In einer der Komödien von Aristophanes, in der die Welt auf den Kopf gestellt ist und die Frauen die Macht haben, wird gesagt, daß ein junger Mann, der eine junge Frau begehrt, erst mit einer *graus* schlafen muß. Neues Gelächter! Vielleicht wurde das Komische noch dadurch verstärkt, daß ich einfach weitermachte, ohne von ihrer Ausgelassenheit Notiz zu nehmen. Ich erzählte von Sophokles, der 90 wurde, Platon 82 und Sokrates 70, bevor er den Giftbecher leeren mußte. Der Sophist Gorgias auf Sizilien soll 107 geworden sein, sagte ich. Aber als ich fragte, warum diese Liste mit Greisen ein total falsches Bild davon vermittelt, wie alt die Menschen im antiken Griechenland wurden, war es still. Das Gelächter hatte sich durch die Drehtür oben hinter den letzten Bankreihen verzogen. Natürlich weil alle, die ich genannt habe, frei und relativ wohlhabend waren, sagte ich, aber in erster Linie, weil sie Männer waren. Wir wissen wenig über die Sklaven und die Frauen, sagte ich, und das Kindbett war gefährlicher als der Krieg. Dann erinnerte ich sie wieder daran, daß das Hauptmotiv der griechischen Kunst der nackte junge Mann ist, nicht der weibliche Akt. Das Ideal ist eine gesunde Seele in einem gesunden Körper, sagte ich. Das führte mich weiter dahin, zu erwähnen, daß Platon und Aristoteles unterschiedliche Auffassungen vom Alter hatten. Platon, sagte ich, bittet uns, die Alten höher als ein Bildnis der Götter zu ehren, wohingegen Aristoteles äußerst negativ ist, wenn er behauptet, die Alten seien mißtrauisch, gierig, feig und egoistisch. Sie sind negativ, weil sie in ihrem langen Leben so oft betrogen worden sind, sagte ich, und selbst so viele Fehler gemacht haben. Als die Vorlesung vorbei war, kam selbstverständlich eine Studentin zu mir und fragte, ob man nicht wisse, wie alt die Frau von Sokrates, Xanthippe, geworden sei. Darüber hat niemand etwas geschrieben, sagte ich, leider. Dann nahm ich die Aktentasche und ging. Auf dem ganzen Weg nach Hause dachte ich an Arild und Luke. Trotz des feuchtkalten Windes entschied ich mich, zu Fuß zu gehen. Die Entfernung ist nicht so groß. Ich mußte auch nicht sofort zu Hause sein. Ich stellte den Mantelkragen hoch und band mir den Schal um den Hals, bevor ich ihn über die Schulter warf. Dann kommt Arild mit, erinnere ich mich, gesagt zu haben. *Sure*, sagte Luke, *sure!* Mit Arild lebe ich schon seit Jahren zusammen. Sobald ich mich an ihn gewöhnt hatte, wurde das Leben ein anderes. Ich glaube, daß auch er gern ein geordnetes Dasein führte. Arild ist aus dem Norden, aber nur ein einziges Mal haben wir die Gegend, in der er seine Kindheit verbracht hat, zusammen besucht. Er hat ein Haus da oben. Es liegt ganz weit draußen am Meer. Obwohl es Mitte Juli war, fror ich die ganze Zeit. Ich habe mich um das Essen gekümmert. So gut wie jeden Tag gab es frischen Fisch. Seelachs, der sich rollte. Herrliche Flundern und Steinbeißer. Arild hat die Holzverkleidung an der einen Wand erneuert. Er hat das Boot repariert. Wenn ich den Weg entlang spazierte, kam es mir so vor, als ob die Leute starrten. Vielleicht war das wegen des Lodenmantels. Glücklicherweise hatte ich genug Lesestoff dabei. Komisch war nur, daß ich auch über den Büchern kaum Ruhe fand. Kam jemand, legte ich die Bücher sofort weg. Es war, als ob ich mich schämen würde. Willst du mit der ins Boot? fragte Arild. Ich sah auf meine gebügelte Hose in den viel zu großen Gummistiefeln. Ingolf, sein schweigsamer Bruder, stand dabei. Ich habe keine andere, sagte ich. Ingolf spuckte aus. Du hättest eine von mir leihen können, sagte Arild und schüttelte den Kopf. Ich tat, als hätte ich es nicht gehört. Nur wenn Arild zu mir ins Bett kroch, fror ich nicht. Wenn er die Arme um mich legte. Wenn er mich keuchend ritt. Manchmal dachte ich: Was wissen sie darüber? Was weiß Ingolf über Arild und mich? Oft verließen die Freunde das Haus erst am Morgen. Die ganze lange, helle Nacht saßen sie da und spielten Karten. Das kleine Wohnzimmer war dann voller Tabakqualm. Sie tranken Selbstgebrannten. Weil ich nie besonders geschickt im

Kartenspielen war, machte ich selten mit. Ich saß dabei und sah zu. Wenn ich ging, um mich hinzulegen, beachteten sie das kaum. Ich lag da und hörte ihr rohes Lachen, bevor ich einschlief, und wie sie die Karten auf den Tisch knallten. Oft stieß irgendwer einen Stuhl um. Oder fiel selbst zu Boden. Ich konnte mit Arild nicht darüber reden. Zu Hause war er ganz anders. Ich meine: Vom Wesen her sind wir verschieden, aber wir hatten Gefallen aneinander gefunden. Dann kommen wir beide, sagte ich zu Luke. Arild war vorher noch nie in New York gewesen, obwohl wir eine Menge gereist waren. Im Sommer muß er immer ein paar Wochen nach Norden. Wie ein Zugvogel. Wir fuhren meistens an Orte, an denen ich auch fachlich interessiert war. Oder nach Valdres. An regnerischen Tagen konnte ich in der Hütte sitzen und lesen, während ich ihn draußen hörte. Das Geräusch von Säge und Axt. Hämmern. Wenn er hereinkam, strahlte er so eine Ruhe aus. Arild liest nichts außer Zeitungen. Am Anfang machte ich mir Gedanken, ob die anderen ihn mögen würden. Intellektuell, meine ich. Aber Arild ist nicht dumm. Das meiste kannst du mit ihm diskutieren. Außerdem sprechen Universitätsangehörige bei gesellschaftlichen Anlässen auch nicht immer nur über ihr Fachgebiet. Im Gegenteil. Das meiste ist dummes Geschwätz. Arild ist ein richtiger Mann. Ich weiß noch, einmal in Tunesien. Ich wollte ihm Karthago zeigen. Die Ruinen. In unserem Hotelzimmer in Sousse wechselten wir uns dabei ab, einen der Rezeptionsangestellten zu ficken. So war das. Unproblematisch. Wir hatten nicht viele Geheimnisse. Wir sprachen nicht darüber. Selten stritten wir uns. Arild ist im Grunde ein verschlossener Mann. Wortkarg, würde ich sagen. Das sind wir beide. Englisch spricht er schlecht. Am Flughafen merkte ich, daß er überhaupt nicht verlegen war. Ich hatte ein schönes Fahrtenmesser im Koffer. Ich versuche es mir vor Augen zu führen. Alles. Wie Arild Luke die Hand reichte. So geradeheraus. Ich stand irgendwie außen vor und sah zu. Luke hatte noch immer das gleiche Lächeln und sein etwas heiseres Lachen. Aber er war ganz grau geworden. Silbern. *Oh, man*, sagte er, *so good to see you!* Er umarmte mich, schlug mir kräftig auf den Rücken. Dann zog er für einen Augenblick mein Gesicht von sich weg, legte seine hellen Handflächen auf meine Wangen und küßte mich. Ich konnte direkt in seine etwas traurigen, braunen Augen sehen. Auf dem weißen Augapfel waren die dünnen, roten Äderchen deutlich sichtbar. Ich war froh.

Erleichtert. Trotzdem dachte ich: Wir haben uns verändert. Arild landete im Taxi vorne beim Fahrer. Der war auch farbig. Ein junger, kräftiger Teufel, dem ich nicht gern allein im Wald begegnet wäre. Oder gerade doch. Vielleicht hatte sich Arild rein zufällig da hingesetzt. Vielleicht wollte er, daß Luke und ich uns unterhielten. Ich weiß es nicht. Auf jeden Fall versuchte Luke die ganze Zeit, Arild mit ins Gespräch zu ziehen, so schwierig das auch war durch die durchsichtige Scheibe, die uns trennte. Luke gestikulierte und erzählte, während wir fuhren. Zeigte uns Gebäude, die wir auf der anderen Seite des Hudson River sehen konnten. Im Lincoln-Tunnel war Stau. Ich schwitzte und wünschte mir nur, anzukommen. Als ich mich geduscht und die Kleider gewechselt hatte, standen Luke und Arild am Wohnzimmerfenster und sahen hinaus. Von der bescheidenen Wohnung im East Village hat man eigentlich keine große Aussicht. Du kannst die Grace Church sehen und die Kreuzung zwischen der Fourth Avenue und der East 9th Street. Das ist alles. Im Grunde hätte ich mir gewünscht, wir hätten im Hotel gewohnt. Das gibt dir eine größere Freiheit. Man fühlt sich nicht so aufdringlich. Aber Luke bestand darauf. *Are you crazy, man?* rief er über den Atlantischen Ozean, *you'll get ruined!* Tagsüber machten wir auch so, was wir wollten. Luke hatte seinen Job. Abends aßen wir zusammen außerhalb, hörten Jazz. Wir zogen durch die Schwulen-Bars im Greenwich Village. Für mich waren natürlich die Museen wichtig, auch wenn ich das meiste schon gesehen hatte. Die Buchhandlungen von Barnes & Noble. Arild ging ein paar Tage mit, dann ließ er es bleiben. So ist das gewöhnlich. Er bummelte allein umher. Ehrlich gesagt, hatte ich ein wenig Angst um ihn. New York ist nicht Oslo. Aber er schlug sich durch. Natürlich tat er das. Einen Tag war er allein im National Museum of the American Indian gewesen. Das überraschte mich. Luke wollte, daß wir sein Schlafzimmer nehmen sollten. Das breite Bett. Das lehnte ich ab, obwohl sich zeigte, daß ihm das nur noch mehr Umstände machte. Deshalb schlief Arild im Wohnzimmer. Ich auf einer Matratze in einem kleinen Hudelzimmer direkt neben der Wohnungstür. Es war ziemlich hellhörig zum Treppenhaus hin. Ein paar Mal wachte ich davon auf, daß jemand gegen das schmiedeeiserne Geländer schlug. Jemand lachte. Es war nicht zu vermeiden, daß ich an die Vergangenheit dachte. Das ist automatisch so, wenn du an Orten landest, an denen du früher schon einmal gewesen bist. Aber ich wurde nicht melancholisch. Nicht mehr als sonst. Ich fühlte mich ganz im Gegenteil unberührt. Oder vielleicht sollte ich lieber sagen versöhnlich. Worte sind so entlarvend. Ich dachte an meine Karriere. An die jüngeren Kollegen, die mir im Nacken sitzen. Und es machte mir nichts aus! Ich dachte an meine Schwester. An Harriet. Unsere Beziehung zueinander. Nicht zu eng, nicht zu lose. Genau richtig. Wir rufen uns ein paar Mal im Monat an. Sie spricht über ihre Kinder. Über ihren Mann und die Arbeit. Meine Neffen sind schon große Jungs. Ich kenne sie kaum. Ich erzähle meinerseits über Reisen, die ich unternommen habe. Über Theaterstücke, die ich gesehen habe. Filme. Sie sagt, ich habe es gut, daß ich Zeit für so etwas habe. Es kommt darauf an, welche Prioritäten man setzt, sage ich. Dann lacht sie darüber hinweg. Ich dachte an Vater. Wie ich ihm mehr und mehr ähnlich werde. Nicht nur, wenn ich mich im Spiegel sehe, sondern die ganze Zeit. Wenn ich von einem Stuhl aufstehe, merke ich zum Beispiel manchmal, wie er in mir lebt. In meinen Bewegungen. In den Schritten, wenn ich gehe. Plötzlich kann ich ihn sehen. Ich dachte an meine Freunde. Und ich fühlte mich reich. Vielleicht ist das das beste Wort. Ich saß auf einer Bank am Turtle Pond im Central Park. Ich war gerade in der Frick Collection gewesen und hatte den „polnischen Reiter" von Rembrandt gesehen. Das mache ich öfter. Schon das erste Mal, daß ich das Bild sah, hatte es mich gepackt. Wo reitet der junge Mann hin? Wo kommt er her? Ich habe keine Ahnung. Möglicherweise kenne ich mich deshalb darin wieder. Warum polnisch? Ich stand auf und ging den ganzen weiten Weg durch Manhattan zu Fuß. Obwohl es erst zwei am Nachmittag war, war Luke schon da. Er und Arild saßen am Küchentisch. Sie tranken Bier. Ich erinnere mich an das graue Februarlicht, das durch das Fenster hereinfiel. Bill Evans auf dem Plattenspieler im Wohnzimmer. Daß Luke aufstand. Daß er auf mich zukam und mich in den Arm nahm. Daß er mit dem Fuß einen Stuhl vorschob. *Get your arse down, man*, sagte er, *and have a beer!* Es war der Tag vor seinem Geburtstag. Luke hatte einen Tisch in einem mexikanischen Restaurant in Chelsea bestellt. Sein Bruder Andy kam mit Frau und Kindern. Seine Schwester Celia mit ihrem weißen Ehemann aus Kanada. Ein paar Kollegen. Zwei lebhafte Frauen. Ein John Ellingham, der, soweit ich verstand, einmal sein Liebhaber gewesen war. Er war wirklich sympathisch, arbeitete in einem Architekturbüro. Ich mußte ziemlich viel mit ihm reden, weil er mir direkt gegenüber saß. Neben Arild. Es wurde richtig lustig. Ich fühlte mich gezwungen, auch etwas zu Luke zu sagen. Viel von dem, was ich sagte, hatte ich mir auf der Bank im Central Park überlegt. Ich erwähnte seine Ehrlichkeit. Großzügigkeit. Seine Anhänglichkeit und seinen Humor. Es wurde eine Rede über die Freundschaft. Als ich mich hinsetzte, küßte mich zuerst Celia auf den Mund, dann Luke. Arild und ich hatten eine Flasche norwegischen Aquavit für ihn gekauft. Ich wußte, daß Luke den mochte. Und das Messer. Was soll man sonst agilen Sechzigjährigen schenken? Keine Pantoffeln. Es waren noch drei Tage, bis wir abreisen würden. Ich entspannte mich. Ich dachte, Arild würde dasselbe tun. Aufgrund der Bettenkonstellation hatten wir uns nicht angefaßt, seit wir gekommen waren. Wir hätten das bestimmt tun können. Ich dachte nicht daran. Nicht da. Dann war da ein Morgen. Ein Sonntag. Ich hatte Kirchenglocken gehört. Ich mußte aufstehen, um zu pinkeln. Die Wohnung von Luke ist klugerweise so angelegt, daß sich die Toilette direkt neben der Wohnungstür befindet. Das Bad liegt neben der Küche ganz am anderen Ende des Flurs. Weil ich annahm, daß die anderen schliefen, bemühte ich mich, ganz leise zu sein. Ich mußte nur quer über den Flur gehen. Als ich fertig war, entdeckte ich, daß die Badezimmertür nur angelehnt war. Ich hatte die Tür zu mir schon aufgeschoben. Luke ist wach, dachte ich. Aber als ich über die Schwelle trat, hörte ich sie. Die Laute. Nicht vom Wasserhahn, nicht von der Dusche. Ein unmißverständliches gutturales Stöhnen. Wenn ich jetzt daran denke, kommt es mir wie eine Ewigkeit vor. Daß ich völlig überrascht da stand. Vermutlich vergingen kaum mehr als ein paar Sekunden, bevor ich über den Flur hinüber schlich. Eigentlich hätte ich das nicht tun müssen. Ich wußte es ja. Ich sah Lukes dunklen Rücken hinter dem fast durchsichtigen Plastikvorhang. Im Wasserdampf dahinter. Seinen lockigen, grauen Kopf, der sich bewegte. Arilds weiße Hände. Später wußte ich nicht mehr, ob Arild die Hände nach hinten gestreckt hatte, um Lukes Kopf festzuhalten, oder ob er sie nur vor sich hielt. Ich neige zum ersten, weil ich in der Erinnerung seine Daumen sehe. Ich meine, sie zeigten nach unten. Was ich dachte? Ich dachte überhaupt nichts. Fühlte mich nicht betrogen, war nicht böse. Nur leer. Ganz einfach leer. Auf einmal hatte ich Angst, daß *sie mich* bemerken könnten! Das ist das Blöde. Ich huschte schnell zurück in mein Zimmer und schloß die Tür. Während ich dort lag, fing ich an, mir vorzustellen, was ich hätte machen sollen. Statt mich zurückzuziehen, hätte ich zu ihnen reingehen sollen, dachte ich. Ich hätte den Vorhang zur Seite schieben und meine Hand auf Lukes Schulter legen sollen. Die Unterhose runterziehen sollen. Wahrscheinlich wäre das das einfachste gewesen. Aber ich tat es nicht. Ich lag da und wartete. Nach einer halben Stunde hörte ich ihre Schritte auf dem Flur. Türen, die sich öffneten und schlossen. Musik. Erst da stieg ein seltsames Gefühl in mir hoch. Eifersucht? Bitterkeit? Es war die bekannte Melodie von Coleman Hawkins. Dem Tenorsaxophonisten. Das Stück, das Luke und ich vor langer, langer Zeit immer hörten. Wie anders es klang! So wehmütig. Ich bekam eine Gänsehaut. Ich kniff die Augen zusammen. Als Luke an meine Tür klopfte und sagte, daß es Frühstück gebe, war ich aber schon darüber hinweg. Er war schon draußen gewesen und hatte Bagels gekauft. Keiner ließ sich etwas anmerken. Es gab Rührei mit Bacon. *Home fries*. Starken Kaffee. Wir hatten uns vorgenommen, über die Brooklyn Bridge zu spazieren. Das machten wir. Hin und zurück. Arild fotografierte Luke und mich mit den phallischen Wolkenkratzern im Hintergrund. Ich lächelte. Ich hatte Lukes Arm um meine Schultern. Den letzten Abend aßen wir in einem viel zu vollen und lauten Restaurant, in dem 99 Prozent der Gäste schwule Männer waren. Es war unmöglich, ein tiefergehendes Gespräch zu führen. Ich hätte gern etwas gesagt, wußte aber nicht was. Weil Luke und Arild nebeneinander saßen, war es leichter für sie. Ich sah mich um. Trotz der Vielfalt wirkten alle so gleich. Ich kann das nicht anders sagen. Die beiden gutgekleideten Männer mittleren Alters am Nebentisch. Die Zwanzigjährigen dahinter. In engen, kurzärmeligen T-Shirts. Alle solariengebräunt. Ich kam mir wie in einem großen Marionettentheater vor. Als hätte ich die Anweisungen vergessen. Ich sah wieder zu Luke und Arild hinüber. Sie lachten. Arild hatte seine behaarten Unterarme auf den Tisch gelegt. Es liegt an mir, dachte ich, es ist meine eigene Schuld. *Next year I'll visit you*, sagte Luke. Ich nickte. Fast das gleiche wiederholte sich, als wir wieder in der Wohnung waren. Es war Nacht. Ich war immer noch nicht in Stimmung. Ich wollte nicht mit ihnen trinken, nicht in demselben Tempo. Ich blieb beim Dosenbier, als sie auch noch den Aquavit aufmachten. Ich fand die Platte von Coleman Hawkins. Als sich mein und Lukes Blick trafen, wußte ich, daß er sich erinnerte. Aber er sagte nichts. Ich öffnete das Fenster. Ich erinnere mich an die kühle Luft im Gesicht. Ein armer Schlucker, der den Müll unten auf dem Bürgersteig durchwühlte. Ich dachte an den langen Flug nach Hause. Dann war Luke da. Sein steifer Schwanz an meinem Hintern. Durch den Stoff. *I'll come to your room and fuck you*, flüsterte er. Ich rührte mich nicht. Wurde nicht geil. Nicht die Spur. Er wiederholte, was er gesagt hatte. Ich zuckte mit den Schultern. Vielleicht war das viel später. Ich stand immer noch am Fenster. Luke ganz nah bei. Es war nur ein Rufen. Ein versoffenes Brüllen von Arild. Er stand schwankend mitten im Zimmer, als ich mich umdrehte. Ich erinnere mich an die weißen Lilien in der Vase auf dem Tisch. Schon verwelkt. Die roten Rosen und das zerknüllte Papier von den Geschenken. Goldene Bänder. Ich verstand nicht sofort, daß Arild wütend war. Aber als er zum Tisch rüber ging und das Fahrtenmesser packte, bekam ich Angst. Arild, sagte ich, was ist? *Don't do that!* rief Luke. Aber Arild hörte uns nicht. Es passierte so schnell. Plötzlich hob er den Arm und warf das Messer. Ich fiel zu Boden. Am Kopf tat es fürchterlich weh, weil ich gegen den Fensterrahmen stieß. Er traf glücklicherweise nicht. Ich sah, wie das Messer in der Wand stecken blieb und schlackerte. Er hatte auf mich gezielt, das wußte ich. Dann war Luke bei Arild. Hielt ihn. Sie stürzten zu Boden, wälzten sich übereinander. Arild fluchte und sagte etwas, das ich nicht verstand. *Let me take care of this,* sagte Luke, als ich aufstand. Er saß mit gespreizten Beinen auf Arilds Rücken. Arild sah mich nicht an. Ich ging ins Bad und ließ mir das kalte Wasser über den Hinterkopf und den Nacken laufen. Mein Hemd wurde ganz naß, aber das machte nichts. Ich dachte an das Haus von Arild. Das Haus ganz weit draußen am Meer. Die Tumulte dort. Vielleicht bringe ich alles durcheinander. Ich bin mir wirklich nicht mehr sicher, nach allem, was passiert ist. Ich meine, ich bin noch einmal zu ihnen hineingegangen, bevor ich mich hinlegte. Daß sie vom Boden aufgestanden waren. Daß Luke mich rauswinkte. Ich muß sofort eingeschlafen sein. Ich war bestimmt auch betrunken. Sonst hätte ich wohl angefangen zu grübeln. Weshalb hatte Arild das Messer geworfen? Und warum auf mich? Glücklicherweise kam Luke nicht. Es war so schon kompliziert genug. Er war schon ins Büro gefahren, als ich gegen Vormittag aufstand. Ich ließ Arild schlafen. Als er aufwachte, hatte er einen schrecklichen Kater. Wir sprachen nicht über das, was geschehen war. Ich dachte, er habe es vergessen. Das Messer war weg. Weil niemand in der Nacht das Fenster geschlossen hatte, war es kühl im Wohnzimmer. Ich räumte Bierdosen und leere Flaschen weg. Wir packten. *Take care*, sagte Luke, als wir fuhren. Er begleitete uns nicht zum Flughafen. Arild trug schon einmal beide Koffer die Treppe hinunter. Jedes Mal, wenn er gegen das Geländer stieß, hörte ich ihn fluchen. *No offence?* fragte Luke. Ich schüttelte den Kopf. Sein Gesicht war ganz verklebt von zu viel Alkohol und zu wenig Schlaf. Dann umarmten wir uns schnell und leidenschaftslos. Im Flugzeug schlief Arild die meiste Zeit. Ich konnte nicht. So sind wir. Gegenpole. Ich versuchte zu lesen. Ich spürte, wie meine Füße fast einschliefen. Mehrmals mußte ich aufstehen und den Mittelgang in dem nächtlich stillen Flugzeug entlang laufen. Ich sah den herrlichen Sonnenaufgang. Ich ziehe aus, sagte Arild. Das war nur ein paar Tage, nachdem wir nach Hause gekommen waren. Ich verstand nicht. Ziehst du aus? sagte ich. Wohin? Er antwortete: Müssen wir darüber sprechen? Ja, sagte ich. Ich brauche Zeit zum Nachdenken, sagte er. Jetzt bin ich seit fast zwei Wochen allein. Ich denke, daß ich derjenige hätte sein können, der ihn hinauswarf. Das hätte jedenfalls noch Sinn gemacht. Aber ich tat es nicht. Er war es. Immer noch hoffe ich, daß er irgendwann einmal anruft. Denn er hat nicht alles mitgenommen. An einem der letzten Tage fand ich sein Rasiermesser und den Pinsel mit dem glatten, runden Schaft. Es war zum Heulen. Das intensive Frühlingslicht ist so entlarvend. Wenn ich mich umsehe, ist hier so viel von *mir*. Nicht von ihm. Die Bücher und die Möbel. Wollte er das so? frage ich mich. Geschichte des Altertums! denke ich. Und er mit seinen Zahlenkolonnen in der Finanzverwaltung! Ich denke an seine Unordentlichkeit. Daß ich die dreckigen Socken aufheben mußte, die er einfach liegen ließ. Daß er beim Fernsehen die Beine auf den Tisch legte. Überall Tabakkrümel. Ich denke daran, wie er hier im Stuhl saß. Schweigend und in sich ruhend. Und ich vermisse ihn. Alles an ihm.

Aus dem Norwegischen von Raimund Wolfert

Frans Kellendonk

Die Idioten

(Auszug aus dem Roman „Mystischer Leib")

An der 18. Straße stieg Bruderherz aus. In seiner Hosentasche tastete er nach dem Schlüssel, den der Junge ihm mitgegeben hatte. Der mußte zu einem Zimmer in einem Gebäude gehören, das sich „Hotel Colchester" nannte; so jedenfalls lautete die Adresse, wo der Junge seit etwa drei Monaten wohnte. Hier, auf der Höhe der George Washington Bridge, befand sich Bruderherz schon im eigentlichen, leeren Amerika, mit seinem lauernden Licht und dem breitschultrigen Wind und Ziegelsteinmauern, so endlos, daß nicht einmal die Melancholie sie fassen konnte. Das Colchester war ein schwarzer, zwanzig Stockwerke hoher Sack Steine, mit einem Ventilator in jedem der staubigen Fenster. Es lag an der gegenüberliegenden Seite einer sechsbahnigen Straße, und um dorthin zu kommen, mußte er durch eine Schleuse von Drahtzäunen, wie eine Laboratoriumsratte über eine Baileybrücke.

Ein Hotel im üblichen Sinne war das Colchester nicht. Es war ein Haus für wenig begüterte alte Leute. Die sah man dort, gekrümmt unter der Last ihrer Gedanken, durch die Gänge irren, die meisten auf Pantoffeln, braune Papiersäcke tragend mit ihrer Diät aus Crackers und Dosenbier. In der monumentalen Eingangshalle aus schwarzem und sandfarbenem Marmor saßen sie, jeder für sich, starr vor sich hin mümmelnd. Ein dünnes Gelächter ohne Anlaß sickerte mitunter aus ihren Mündern, einfach so, als ob da drin die Dichtungen kaputt waren.

„Ich mag alte Menschen", hatte der Junge gesagt, als Bruderherz ihn fragte, warum er in dieser Vorhölle seinen Wohnsitz genommen habe. „Du hast alte Menschen nie gemocht." „Ich mag *jetzt* alte Menschen." Der Junge hatte immer Kinder gemocht. Es war für ihn einfacher, zu lehren als selbst etwas zu lernen. In Flushing, in Brooklyn, am anderen Ufer in New Jersey, überall, wo er gewohnt hatte, liefen Kinder herum, die Himmel und Hölle spielten und Boter-Kaas-en-Eieren. Er hatte einige Besonderheiten, die auf Kinder unwiderstehlich wirkten: die kleine Kuhle in seiner Brust, Ohren, mit denen er wackeln konnte, seine Schwimmhäute (in Holland war er eine Ente gewesen, er hatte aus eigener Kraft den Ozean überquert). Er zog ins Colchester, als er schließlich einsehen mußte, daß er krank war. Er hatte sich versteckt in dem verborgensten Winkel, den er finden konnte.

Billig war es da nicht, mußte Bruderherz konstatieren, als er beim Hausmeister zwei Wochen Miete vorausbezahlte. Das Männchen musterte ihn interessiert aus seiner Loge. „So you're that sick boy's buddy, are you?" Er trug eine zu große Hose, die er direkt unter seinen Achseln festgeschnürt hatte. Der Mund schien speziell für die Zigarre gemacht zu sein, die darin steckte. „How's he doing? Not very well eh? Is it true he's got that new disease? They say it's an affliction sent by the Good Lord as a punishment for your kind. You *are* his buddy or whatever you call yourselves, aren't you?"

Es gab eine gläserne Zwischentür, die sich mit leisem Summen erst öffnen würde, wenn der Hausmeister die Güte haben würde, auf einen Knopf zu drücken. Die hatte er erstmal noch nicht. „The old folks here may look pretty dumb, but they know what's going on." Bedeutungsvolles Tippen an die Schläfe. „They've been watching him. By the time he was ready to go into the hospital you could see right through him, like he was a lampshade and the bulb inside might give out any moment. Snap!" Die Pupillen verengten sich realistisch beim letzten Aufblitzen der imaginären Glühbirne. „Strange thing was, for a long time he didn't seem to know anything was the matter with him. And the people didn't ask him nothing. Just talked amongst themselves, about how strange it was that he didn't seem to know he was slowing down and becoming all pale and transparent. He must have thought the old folks were speeding up and recovering their strength. And so they were, in a way, they always get a kick out of somebody who's got the sign of death written all over him, especially if it's a younger person. Like they seen the Angel of Devastation go by and not notice them and they know it'll be a while before his next time around. Oh they're a mean and miserable old lot, clinging on to life for all they're worth, however little that may be. No teeth, but sharks all the same. So tell me, do you yourself expect to be among the numbered?"

Bruderherz fragte, ob Post da war. War da. Und ob die Tür geöffnet werden könnte. Aber natürlich. Im zwölften Stock, wo der Junge sein Zimmer hatte, kam ein nackter Mann aus dem Waschraum, Wülste hingen wie geronnenes Stearin um seinen ausgebrannten Körper. Er humpelte vor Bruderherz her durch den Irrgarten der Gänge, durch jeden Gang, den er einschlug, mußte Bruderherz ihm folgen. Zimmer 1242 war eine einfache Zelle, drei mal vier Meter, ein Holzfußboden, dunkel gebeizt. Eine überbelichtete Aussicht auf den Hudson River. Unter dem Fenster ein schwerer altmodischer Heizkörper, pockennarbig von den vielen Farbschichten. Die Sonne saß wie ein geflecktes faules Tier hinter der schmutzigen Scheibe, und es war staubig in der Zelle, in der schon mehr als einen Monat nicht mehr gewohnt wurde.

Hier hatte er gesessen und gewartet. An der Tür hing sein Boxerkimono aus Fallschirmseide, am Rücken zu tief eingerissen, um noch mit ins Krankenhaus zu können. Die baumwollene Tagesdecke, die über das Bett gebreitet lag, voller dünner Stellen, hatte fünf Mal den Ozean mit überquert. Der Junge hing wie ein Kind an seinen Lappen und Tüchern. In der Ordnung seiner Besitztümer waren seine Hand und seine Sorgfalt so lebendig anwesend, daß Bruderherz jeden Augenblick erwartete, er würde ins Zimmer treten, fröhlich die Zähne zeigend, die starken Finger auf seinen Schultern und die Stimme an seinem Ohr – „Da bin ich wieder!" Und während er sich selbst zurechtwies – denn nein, er kam nicht wieder –, sah er, was er vorher nie gesehen hatte: was für ein Elsternnest das Leben des Jungen gewesen war, was für eine zufällige Konfiguration von allerlei Kram.

Er betrachtete den Krimskrams, ohne etwas anzufassen. Manches hatte früher ihm selbst gehört. Ein Aquarelldöschen in Westentaschenformat. Ein Pfadfindermesser. Silbernes Feuerzeug. Albumblatt mit getrockneter Blüte. Ein blauer Achat. Der Junge hatte sie in seiner Wohnung befingert, zweimal, dreimal, und dann in die Hand genommen. „Kann ich das haben?" Dann hatte ihn eine Art Geiz erfaßt. „Warum willst du das haben? Alles was mir gehört, gehört auch dir." Während die wertlosen Nippesdinge in den greifgeilen Fingern gehalten wurden, hatten sie auch für Bruderherz einen neuen Glanz bekommen. Er selbst gab ihnen diesen Glanz, durch die Augen des Jungen. Sobald ihn sein Freund dann zum soundsovielten Male verlassen hatte, waren sie in aller Stille verschwunden und wurden devot mitgeschleppt von einem Unterschlupf zum nächsten, zusammen mit den Lappen und Tüchern. Am Unterschied zwischen dem Glanz damals und der Ernüchterung heute konnte Bruderherz ermessen, wie viel weniger er selbst wäre ohne seinen Freund. Auch sein eigenes Leben erschien ihm jetzt nur noch als ein vorübergehendes Kräuseln auf dem Erdball, eine Grille des Windes, ungeachtet all der Kostbarkeiten, die durch seine Hände gegangen waren. Hebe mich auf, betete er. Hebe mich auf, wie dort bei den stählernen Nachtgittern der Subway,[1] aber dann für immer.

Bevor er seinem reiferen Jungen begegnete, hatte er es praktisch gefunden, ohne Frauenfleisch auszukommen. So brauchte er zumindest keine Angst zu haben, daß er als Preis für die Befriedigung seiner Lust der Sklave einer Familie werden könnte. Sex war für ihn eine Freizeitbeschäftigung gewesen, ein umzäuntes Reservat, in dem er dann und wann als Tourist auf Safari ging.

Durch den Jungen wurde er fulltime-homosexuell. Der Kuß am Rande der Hochzeitsnacht in Brüssel hatte schließlich doch den Beginn einer Ehe bedeutet. In den ersten Wochen, nachdem sie sich kennengelernt hatten, war ihm vor lauter Verliebtheit ganz übel gewesen. Er aß nicht, schlief nicht, sein Skelett fing an, unverschämt durch sein Fleisch hindurch zu schimmern. Statt zu arbeiten lief er auf und ab, bis man einen Trampelpfad in der Farbe seines Fußbodens sehen konnte. Er redete sich selbst streng ins Gewissen, aber sein Herz gehorchte nicht. Zum ersten Mal schien er an diesem zuckrigen Gemeinplatz Herz zu leiden. Er konnte sich nicht mehr darauf besinnen, wofür er gelebt hatte, als er den Jungen noch *nicht* kannte. Seine vorige Existenz kam ihm dürr und unecht vor, sie war schon beinahe vergessen. Er verachtete sich wegen dieser Obsession, aber wofür sonst er leben und arbeiten sollte als zu Ehren seines Jungen, das wußte er nicht.

Seine Liebe machte ihn todunglücklich, und doch war sie nicht das, was man unter einer unglücklichen Liebe versteht. Sie wurde erwidert, mit selbstverständlicher, überwältigender Bereitwilligkeit. Das Mißtrauen, das von Anfang an in Bruderherz geschwelt hatte, loderte gelegentlich auf zu einem Großfeuer. Wie war es möglich, daß der Junge ihn liebte? Jemanden, der so mißtrauisch und unausstehlich war? Da mußte etwas dahinter stecken. Er war erleichtert, als sein Mißtrauen begründet zu sein schien. Der Junge schickte ihm Briefchen auf dem Papier von Drei-Sterne-Hotels – eine schlaue Weise, deutlich zu machen, wie er sein Geld verdiente. Es erwies sich, daß er für einen gewissen Ferry aus Dordrecht arbeitete, von den „Bel-Ferry"-Kontaktanzeigen. Drei oder vier mal pro Woche war er mit einem Aluminiumköfferchen voller erotischer Gerätschaften unterwegs zu seiner Kundschaft. Mit demselben Köfferchen kam er am Freitagabend zu Bruderherz.

„Jedesmal ist es die Frage, ob der Kunde überhaupt kommt. Die Hälfte der Zeit steh ich da für nix rum, neben dem Fotoautomaten in der immer gleichen Bahnhofshalle. Und wenn er kommt, dann ist er oft so nervös, daß ich eine Stunde brauche, um seine Nackenmuskeln zu lockern, ein einziges Bündel verknoteter Muskeln ist das dann." (Der Nacken von Bruderherz war oft so ein Muskelknoten.) „Samt und sonders haben sie *so* ein Mitleid mit mir. Alle fragen besorgt, warum ich das eigentlich mache – um sich selbst das Gefühl zu geben, daß sie jedenfalls besser seien als ich. Dann erzähle ich vom Gehirntumor meines Vaters und wie stolz ich als kleiner Junge war, daß ich der einzige war, dessen Vater einen Tumor im Kopf hatte." (Zärtlichkeit war unbezwingbar in Bruderherz aufgestiegen, als er selbst die Geschichte von dem Tumor zu hören bekommen hatte.) „Sie sind alle verheiratet. Frauen scheinen in der Ehe furchtbar taub und autoritär zu werden. Meistens geht es den Kunden nicht mal um Sex. Sie wollen nur Intimität mit einem Mann und sind oft unglaublich nett. Es ist nützlich, was ich mache, aber es schlägt mir wohl auf den Magen."

Bruderherz flehte ihn an, den Pfad der Sünde zu verlassen. Der Junge war sogleich einverstanden, achselzuckend. Dieser Ferry war ein Ausbeuter, fünfzig Prozent Kommission verlangte er für seine Telefonnummer, und soviel nette Kunden gab es nun auch wieder nicht.

Vor ungefähr fünf Jahren waren sie zusammen nach New York gekommen, weil ihre transzendente Liebe nur an einem transzendenten Ort gedeihen konnte. Bruderherz war es dort gut gegangen und dem Jungen – alles in allem – sehr schlecht. Er hatte keine Arbeit finden können und mit der Zeit entdeckt, daß er auch gar nicht arbeiten wollte. Es gab langwierige Probleme mit der Fremdenpolizei. Sein Magen machte ihm wieder zu schaffen. Er konnte nichts essen, trank nur warme Milch und schloß sich tagelang mit dem Fernseher in seinem Schlafzimmer ein. Es waren die alten kleinen Magengeschwüre, dachte er, aber er war sich dessen nicht sicher. Der Arzt, den man zu Rate zog, überwies ihn zur Untersuchung ins Krankenhaus. Bruderherz bezahlte die Rechnung – es war dem Jungen nicht eingefallen, eine Krankenversicherung abzuschließen. Aber als Bruderherz in das Taxi zum Flughafen stieg, nach dem ersten definitiven Krach, hatte er die Arztrechnungen im Koffer, um sie in Holland bei einer Versicherung einzureichen und so zu Geld zu machen.

Daß der Junge ein Dieb war, hatte Bruderherz immer gewußt, aber er hatte geglaubt, aufgrund ihrer Liebe selbst verschont zu bleiben. Der Junge stahl zwanghaft, aber diskret und mit einer Behendigkeit, die Bruderherz Bewunderung abgenötigt hatte, als sie zusammen einkaufen gewesen waren und die Taschen der Uniformhose zu Hause geleert wurden. Es war eine Art Zauberei. Dieser letzte Zaubertrick zeugte von derselben außergewöhnlichen Fachmannschaft, aber nun, da er selbst das Opfer war, wußte Bruderherz ihn nicht zu schätzen. Betrügerei und ideale Liebe, das paßte doch unmöglich zusammen.

Ein halbes Jahr nach ihrer ersten Trennung kam er mitten in der Nacht nach Hause, betrunken, wie das öfter vorkam, seit der Junge weg war. Hinter seinem Fenster sah er Kerzenlicht. Er rannte die Treppe hinauf, sein Herz raste vor Spannung und Verlangen, und er war direkt nüchtern, als er in der Realität genau das vor sich sah, wovon er während seiner Einsamkeit wider besseres Wissen geträumt hatte. Der Junge, der mit Hilfe seiner Sicherheitsnadel („meine Unsicherheitsnadel") eingedrungen war, lag bei bester Gesundheit im Kerzenlicht und wartete auf ihn, häuslich in seinem Boxerkimono, mit einer Neppzigarette und einem Glas Möhrensaft. „Da bin ich wieder!"

Das zweite Mal war es anders. Diesmal hatte er daran gedacht, eine Reiseversicherung abzuschließen, aber die wollte das Geld, das Bruderherz hatte vorschießen müssen (viel mehr Geld als das vorige Mal), nicht ausbezahlen, „weil die Kosten durch eine Krankheit verursacht waren, die schon vor dem Antritt der Reise bekannt war" (einem Schreiben zufolge, das Bruderherz nie zu sehen bekommen und das der Junge vermutlich erfunden hatte). Vermutlich war das ganze Magenleiden von ihm erfunden worden, auch wenn man sich nichts Überzeugenderes hätte vorstellen können als diese graue Hautfarbe, die klammen langen Hände auf dem Jammermagen, aus dem giftige chemische Geräusche zu hören waren, wenn man sein Ohr daran hielt. Dies „vermutlich" machte, daß Bruderherz sich jetzt wie ein viel hinterhältigerer Schurke vorkam als sein Freund es war, denn diesmal, das dritte Mal, gab es keinen Zweifel: der Junge war wirklich krank. Zu krank, um nach Holland zurückgebracht zu werden. Das Krankenhaus hatte den Illegalen nur aufnehmen wollen, wenn Bruderherz die Garantie für ihn übernähme, und das hatte er getan. Allein die Pflegekosten beliefen sich jetzt auf mehr als zehntausend Gulden. Er hatte nichts als die Wahrheit gesprochen, als er sagte, daß er pleite sei.

Ihre ideale Liebe hatte niemals eine Zukunft gehabt. Es konnte gar nichts aus ihr werden. Sie war notwendigerweise in sich selbst gekehrt. Nur in einer Sphäre höherer Verrücktheit konnte sie sich entfalten. Darum mußte sie so oder so zu einer Obsession werden. Im Bett glückte es noch am ehesten, die Aussichtslosigkeit zu beschwören. Nichts denken, nur die Betäubung durch dies Jungenfleisch, dies zarte und feste, fügsame Fleisch. Sie kamen fast nicht mehr aus dem Bett heraus. Es hatte auch seine Vorteile, mit einer Hure verheiratet zu sein, merkte Bruderherz. Wenn er sich an den Körper des Jungen schmiegte, sein Haar roch, wenn Haut über Haut glitt, leicht und angenehm schwitzend, dann war die Welt der Zeitlichkeit und des Verfalls, die Welt der Frau, nur Schein. Sein Wahn war dann felsenfest. Den Mund am Ohr des Jungen erläuterte er, daß es in einer die Zeit übersteigenden höheren Welt, wo Schönheit Wahrheit ist und umgekehrt, eine ewige Vase gebe, die von einer himmlischen Balustrade in dies Hier- und Jetztseits gefallen war, und daß sie beide zwei zeitlich-irdische Scherben dieser Vase waren. Die meisten Menschen ahnten nichts von dieser Vase, aber sie beide hatten scharfe Bruchflächen, die genau ineinander paßten, und konnten so zusammen teil an ihr haben. Sie konnten hier schon ein bißchen im Himmel leben, sozusagen.

Der Junge fröstelte von dem Atem auf seinem Trommelfell. Er schob das aufdringliche Kinn mit der Schulter weg. „Ich finde das nicht so'n tolles Bild", kicherte er. „Eine Vase... Man muß schon eine Bildungstunte sein, um sich so was auszudenken. Wenn wir doch im Himmel leben, nenn' uns dann lieber zwei Engel. Es gibt doch auch gefallene Engel?"

Aber es blieb eine Vase. Daß der Junge noch andere Bruchflächen hatte, in die wieder andere Scherben paßten, tat dem Bild keinen Abbruch. Darum war es nicht schief, meinte die Bildungstunte Bruderherz. Im Gegenteil.

Und daß ihre Liebe in einer anderen, unerreichbaren Welt wirklicher war als hier, stimmte auch. Sie gehörten zusammen, der reifere Junge und er, wie hartnäckig sie das in den fünf Jahren ihrer Ehe auch geleugnet hatten. Sie waren in dieser Zeit höchstens fünf Monate *nicht* von Tisch und Bett getrennt gewesen, aber das war lange genug, um ihrer *folie à deux* überdrüssig zu werden. Ihre Liebe war eine Geschichte von Trennungen nach dem Muster Tristan & Isolde oder Vater Geiselherz & Tochter, eine klassische, unpersönliche Leidenschaft. Sie sprachen über die große Tatsache ihres gemeinsamen Lebens, als ob es sich um ein Kunstwerk handelte, mit dem sie sich selbst übertroffen hatten. Es überschattete sie, es hatte sie nicht mehr nötig. Aus Künstlern waren sie zu Publikum geworden.

Selbst hatten sie über ihre Ehe nichts zu sagen. Sie war im Himmel geschlossen. Die Idee war stärker als ihr Fleisch. Bruderherz verfluchte diese in sich selbst gekehrte Männerliebe. Was war eigentlich so wunderbar daran, Scherbe einer idealen Vase zu sein? Man konnte leimen, soviel man wollte, das Ding fiel hier auf Erden doch immer in dieselben Bruchstücke auseinander. Warum liebe ich dich, wenn ich dich nicht ausstehen kann? Warum solche Schurkenstreiche, wenn du mich liebst? Warum trennen wir uns nicht wie alle anderen? (Scott und Liane waren inzwischen auseinander, trotz ihrer zwei Kinder.) In all den Jahren auf den Klippen ihres Hochmuts hatten sie es oft genug versucht. Nach jeder Trennung waren sie einander innerhalb eines Monats wieder begegnet, zufällig, zumindest wenn man nicht an Telepathie glaubte und nicht auf die Träume und die Unruhe achtete, die sie beide ja nun wirklich jedesmal neu gewarnt hatten, daß da etwas im Anzuge war. Es beängstigte sie, wie sie füreinander geschaffen zu sein schienen. Sie waren machtlos bei solchen Begegnungen. Sie wurden aus dem Himmel aufeinander zu getrieben, durch einen Allvater mit Lausbubennatur. Wie zwei Roboter nahmen sie Kurs aufeinander zu, mitten durch Fußgängermassen, Theaterbesucher, Partygäste, und wenn sie endlich – d. h. so gut wie sofort – einander gegenüber standen, dann trat Bruderherz den Jungen aus Versehen ins Schienbein, und der Arm des Jungen flog auf den Hals von Bruderherz zu und wurde auf halbem Wege erschrocken zurückgehalten, sie stießen das Glas aus der Hand des anderen, traten einander auf die Zehen, ergingen sich in Entschuldigungen. Die alten Gebärden schlugen und stießen, wo sie nicht liebhaben konnten, bis ihre alte Ordnung wieder hergestellt war.

Es war inzwischen einige Jahre her, daß der Junge in aller Frühe in der West 32nd Street vor der Tür gestanden hatte, mit seinem alten Instrumentenköfferchen. Während Bruderherz in der Küche ein Frühstück machte und nicht zu fragen wagte, ob er für eine weitere Folge ihres Ehedramas gekommen war, war der Junge durch das Appartement geschlendert, summend, hier und da besitzergreifend die stillen Zeugen ihres Zusammenlebens betätschelnd. Sie setzten sich an den Tisch, und dann erzählte er, daß er einige Tage im Krankenhaus gelegen hätte. Im Tonfall einer Teevisite, mit lakonischen, wegwerfenden Gebärden seiner langen Hände und mit einem automatisch sprechenden Mund erzählte er, daß man ihm seinen baldigen Tod angekündigt hatte. Bei einer Kontrolle hätte sich unlängst herausgestellt, daß mit seinem Blut etwas nicht in Ordnung war. Er hatte sich einer kleinen Operation unterzogen, eine Lymphdrüse unter seiner Achsel war entfernt worden. Am Tag nach dem Eingriff hatte um acht Uhr morgens der behandelnde Arzt an seinem Bett gestanden, mit unheilverkündendem Mitleid in den Augen. Das Drüsengewebe hatte unter dem Mikroskop des Pathologen „ein wildes Bild" gezeigt. Das hatte den Jungen, der noch etwas benommen war von der Narkose, nicht erstaunt, zeigte doch sein ganzes Leben ein wildes Bild; aber der Arzt habe dann den Namen einer fatalen Blutkrankheit genannt und gesagt, daß der Junge wahrscheinlich noch ein Jahr, höchsten anderthalb zu leben hätte.

„Bevor er ging, sagte er noch, daß es kein angenehmes Jahr sein würde, falls seine Diagnose zuträfe. Da lag ich dann. Ich betrachtete meinen Körper und versuchte, mir klarzumachen, daß ich todkrank war. Es glückte nicht, ich glaubte es nicht. Ich versuchte, diesem Körper böse zu sein. Sein Leben lang hat man ihm zu essen und zu trinken gegeben, ihn verwöhnt, ihn jeden Tag spazieren geführt, und dann dankt er einem das so. Insgeheim scheint er eine Milz zu beherbergen, Nieren, eine Bauchspeicheldrüse, ein Lymphsystem, ein ganzes Heer von meuternden blinden Passagieren. Undankbares Ekel!" Der Junge lachte hochmütig und ungläubig. „Als ich heute morgen aufwachte, habe ich einen Entschluß gefaßt: Ich mußte so schnell wie möglich weg aus dem Krankenhaus, sonst würde ich am Ende wirklich noch krank werden."

Um halb sieben hatte er sein Köfferchen gepackt und sich davongemacht. Die Krankheit war ein medizinisches Phantasiegebilde, so beruhigte er sich selbst. Er hatte keine Beschwerden, keine Schmerzen. Doch hatte er sich wie ein Paria gefühlt, als er durch Manhattan zur Wohnung von Bruderherz schlenderte, als ob man es ihm ansehen könnte, daß die Ärzte auf sein Los ein Datum gestempelt hatten. Unterwegs hatte er an einem Kiosk Zigaretten gekauft. Das Päckchen und das Wechselgeld wurden ihm aus dem Dunkel auf Quarantäne-Abstand zugeschoben. Die Geschäftigkeit rings um ihn lief wie hinter Glas ab, wie in einem anderen Medium, in einem anderen Rhythmus.

Seine Augen wanderten während dieser lakonischen Berichterstattung verlegen auf dem Tisch hin und her. Bruderherz war innen eklig kalt geworden. Da brach der Junge plötzlich in Schluchzen aus. Bruderherz bemerkte, daß dieser Ausbruch seiner Ungläubigkeit einen ziemlichen Stoß versetzte. Dieser unzuverlässige Körper: Wenn man unvermittelt zu schluchzen begann, während man nicht einmal glaubte, daß man krank war, dann konnte man natürlich auch unvermittelt hopsgehen. Der Junge stürzte zum Waschbecken und spritzte sich Wasser ins Gesicht. „Das bedeutet nichts, wirklich nicht!" schnodderte er mit dem Rücken zu Bruderherz. „Es gehört doch dazu, daß man heult, wenn man so was erzählt? Es ist nur meine konventionelle Außenseite, die gejammert hat. *Ich* glaube wirklich nicht, daß ich sterben werde. Ich kann es mir nicht vorstellen. Jeder stirbt, außer mir."

Darüber hatte Bruderherz lachen müssen. Ein nervöses Krähen war an jenem Morgen sein erster Gesprächsbeitrag gewesen. „*Ich* denke genau dasselbe", hatte er gekräht, und das war das erste Ansetzen des Brecheisens. Denn was hatten diese Worte anderes bedeutet als: von dir dagegen kann ich mir das *wohl* vorstellen? Daß Bruderherz sich durch eine so lächerliche Behauptung in die Enge hatte treiben lassen! Beschwörend nahm er den Jungen in die Arme und sagte: „Aber nein, natürlich stirbst du nicht, ich fühle das." Aber was er fühlte, war etwas, das den Jungen auf einmal sehr sterblich machte, ein sonderbar rundes Etwas an seiner linken Seite – „Was ist das?"

Der Junge zog seinen Pullover aus. Die Wunde in seiner Achselhöhle war mit einem großen Pflaster bedeckt, unter dem eine kleine Schlange hervorkam. An der Schlange hing eine Kugel aus Plastik wie ein Plastikapfel an einem Plastikstiel. Es war eine Drainage, um die Lymphflüssigkeit aufzufangen, die aus der Wunde floß. Ein Äquator lief um den Apfel, ein Schraubgewinde. Der Junge drehte den Apfel auf. Er hielt Bruderherz die untere Hälfte entgegen.

„Du kannst mir beweisen, daß du nicht an meinen Tod glaubst. Wenn du dies austrinkst."

Es war eine dickliche Flüssigkeit in der Schale, etwas blutig gefärbt. Sah aus wie rosa Champagner.

„Austrinken, dies hier? Spiel dich nicht auf."

„Tu's, mir zuliebe, trink. Es ist einfach eine Art Schweiß. Vor meinem Schweiß hast du dich doch nie geekelt? Oder hast du vielleicht Angst, daß hier Krebs drin ist?"

Es war obszön von dem Jungen, so mit einer Sterblichkeit zu fuchteln, die er mit jedermann gemein hatte. Das „bis der Tod euch scheidet" hatte doch nie für ihre ideale Liebe gegolten? Sie hatten doch immer gespottet über proletarische Sterblichkeit? Bruderherz nahm die Schale. Mit Todesverachtung leerte er sie in seinen Mund. „Gut so?" Die Schale flog an die Wand, sprang über den Fußboden. Etwas war hier ganz und gar falsch. „Hast du's gesehn? Glaubst du mir jetzt?" Absolut falsch. Der Liebestrank, der fettig, etwas bitter, aber hauptsächlich nach nichts schmeckte, entzauberte ihn. Er wurde von dem Jungen fortgejagt durch dieselbe Kraft, die ihn in Brüssel und so oft seither zu ihm hingetrieben hatte. Er stand vor einem Fremden. Die eingebeulte Brust, die schnurgeraden Schultern, die grünen Augen mit den dunklen Stellen, er konnte sich nicht mehr erinnern, warum er das alles geliebt hatte.

„Idiot!" sagte der Junge leise.

Er zog seinen Pullover und gleich auch seine Jacke an. Nahm das Köfferchen. An der Tür stellte Bruderherz ihm eine Frage, die er nicht zurückhalten konnte, wie unpassend sterbenseingedenk sie auch klingen mochte. „War ich gut zu dir?" wollte er wissen. Der Junge gab keine Antwort. Er hielt seine linke Handfläche hoch, eine Gebärde von früher, die er gemacht hatte, wenn er am Sonntagabend von Bruderherz zum Zug nach Den Haag gebracht worden war, worauf dann dieser seine viel kleinere rechte Hand an die andere Seite des Zugfensters gelegt hatte. „Siehste, paßt genau!" hatten ihre Lippen dann diesseits und jenseits der Scheibe geformt. „Siehste?" fragte der Junge jetzt.

Die medizinische Krankheit spaltete den Jungen. Er verhielt sich gegenüber seinem Körper, als ob er ihn mit einem siamesischen Zwillingsbruder teilen müßte, der krank war. Dieser andere müsse vernünftig sein, fand er, und das Jahr genießen, das ihm noch blieb, eine Weltreise machen oder angeln gehen in Kanada. Selbst wünschte er seiner Krankheit keinerlei Zugeständnisse zu machen.

In einem Punkte mußte er jedoch klein beigeben. Alle zwei Wochen machte er, nicht gern aber doch, einen Besuch in Klein-Transsylvanien, wie er die Blutkrebsklinik nannte. Beim behandelnden Arzt hatte das Mitleid Platz gemacht für Solidarität mit dem kranken Zwillingsbruder, für Verrat also. Wen sein Körper verraten hat, der hat keine Mitstreiter mehr. Der Arzt glaubte genau so hartnäckig an die Sterblichkeit seines Patienten wie dieser an ihr zweifelte. Die Kontrollbesuche waren Feldschlachten in einem Glaubenskrieg, wobei der Arzt die Realität der Krankheit und der Junge die der Gesundheit verteidigte.

Er kam jedesmal furchtbar angeschlagen vom Schlachtfeld. Er hatte nur subjektive Argumente. „Ich fühl' mich nicht krank" – das war seine einzige Verteidigung. Aber er fühlte sich auch nicht wohl, und die kleinste Ermüdung oder Erkältung brachte seinen Glauben ins Wanken. Der Arzt hatte seine wissenschaftliche Objektivität. Seine Meßlatte, die er an die knallharten Drüsenknoten legen konnte. Er hatte Stapel von Papieren voller Zahlen, die berichteten, was alles an Sedimenten und Lymphozyten und anderen Werten im Jungenblut sein Unwesen trieb. Er konnte ihm ordentlich auf seine Milz drücken und ihm so ein „Au!" entlocken, das außer objektiv zu sein auch ganz schön subjektiv war.

Es folgten neue Krankenhausaufenthalte. Neue Drüsenexstirpationen, deren Resultat jeweils eine neue Diagnose war, bis das Leiden des Jungen einen eigenen Namen bekam, ein bizarres Buchstabenwort. Da hatte er dann das Buchstabenwort, aber über dessen Bedeutung waren die Ärzte sich noch immer nicht einig. Wohl hatten sie inzwischen Prednison, Interferon, Corticosteroïde in sein Blut losgelassen, eine große Treibjagd auf die Otter abgehalten, die sich dort versteckt hielten, ohne sie zu fangen, eine Wüste gemacht aus dem Körperparadies. Sie hatten mit ihrer chemischen Kriegsführung gesiegt. Der Junge konnte es nicht mehr leugnen: er war krank.

Seit das Fieber das Werk der Ärzte übernommen hatte, und nachdem der Junge bereits seit einem Monat in Klein-Transsylvanien lag und bleich und durchsichtig wurde, wie der Hausmeister gesagt hatte, war es für Bruderherz die traurige Frage, wer von beiden der größere Dieb gewesen war: sein langfingeriger Freund oder er selbst mit seinen Spiegelchen und Glasperlen? Natürlich war es Unsinn, diese Krankheit zu moralisieren, die eine Angelegenheit von Viren war, die sich einnisteten, wo sie konnten, ohne Ansehen der Person, die in ihrer Millimikronenwelt keine Ahnung hatten von höheren Eitelkeiten wie „der Junge" und „Bruderherz", höchstens von Menschenfleisch – und doch konnte Bruderherz es nicht lassen. Denn sie standen beieinander in der Kreide. Sie hatten einen Tauschhandel betrieben, sie hatten sich voreinander ausgeschüttet und sich untereinander neu verteilt, in der Hoffnung, auch in diesem Hier- und Jetztseits ebenso passend und komplementär füreinander geschaffen zu sein, wie Mann und Frau das im Prinzip sind. Wer ist das Männchen und wer das

Weibchen? Vor jedem Aspekt ihres gemeinsamen Lebens hatten sie diese schreckliche Frage beantworten müssen. So war ein zerbrechliches und kompliziertes Netzwerk kleiner Yings und Yangs entstanden. War der Junge mager, dann war Bruderherz dick; war der eine weich, dann der andere hart; der eine spontan, der andere berechnend; und so weiter. Die ganze Skala der gängigen Gegensätze mußte verteilt werden, es war ein Liebeshandel ohne Ende. Sie wurden Karikaturen ihrer selbst. Sie wurden ein Duo, und ein Duo ist immer komisch. Ein Duo ist ein fleischgewordenes Paradox. Und ein Duo knallt immer auseinander, weil Gegensätze, die in der großen, weiten Welt nur sehr relativ sind, innerhalb des Duos extrem und absolut werden. In einer klassischen Ehe fangen Mann und Frau an, einander zu ähneln, aber bei zwei Männern, die so verkehrt gestrickt sind, daß sie zusammen durchs Leben wollen, wird einer des anderen Antipode und oft jeder des anderen Feind. Ich Kain, du Abel. Du Don Quichote, ich Sancho Pansa.

Wie Don Quichote lag der Junge jetzt auf seinem Sterbebett – *In den Nestern vom vorigen Jahre wird man im jetzigen keine Vögel gewahr; ich war ein Tor und bin jetzt vernünftig.* Im Kopf von Bruderherz hing eine lieblose Ikone des Jungen. Er lag auf dem Bett in einem Pyjama, einem Kleidungsstück, das er in gesunden Zeiten nie getragen hatte, in der Uniform der Moribunden. Die Decke war zurückgeschlagen, und man sah viel Pyjama und wenig Jungen. Die blaue Seide schlug Wellen mit schwarzen Schaumkronen, Kämme von purem Licht, blaue Täler. (TerBorch hatte die Ikone gemalt.) Unten in den Tälern zeichnete sich hier und da das Körperwrack ab, Rippen und Knochen, zwischen denen freßsüchtige Viren kreuzten. Die Hände und der Kopf lagen neben der blauen Seide, von den Wellen ans Ufer gespült. Die Haut saß straffer als in gesunden Zeiten, der Ansatz eines tödlichen Lächelns zog an seinen Lippen, die Falten, aus denen er sein Greisengesicht zu erraten versucht hatte (das Gesicht, das er nie haben würde), waren fast verschwunden.

Für Bruderherz war es die traurige Frage, ob er seinen Freund nicht belogen hatte, ob er für das Gold, das er bekommen, nicht nur wertlosen Kram hingegeben hatte, einen blauen Achat, ein Aquarelldöschen, ein Pfadfindermesser. Mit der verschlissenen Bettdecke und der Post, die er im Hotel Colchester abgeholt hatte, stürmte er die Krankenhaustreppe hoch, übertrieben federnd und gesund. Bei jedem Schritt hallten das Treppenhaus und die Gänge: er wohl, ich nicht, er wohl, ich nicht. Der Junge war krank und er nicht. Er war voll und der Junge war leer. Bald würde der Junge tot sein, und er durfte noch eine Weile leben. Er hatte ihn leer geraubt und zierte sich schuldbewußt mit der Beute. Vor dem Krankenzimmer zügelte er seinen Schritt, um zu Atem zu kommen, aber sein Herz wollte keine Ruhe geben. Schweiß brach ihm aus. Das Pflegepersonal hatte ein Pappschild an die Tür gehängt: WASH YOUR HANDS BEFORE YOU LEAVE THANK YOU.

Aus dem Niederländischen von Marita Keilson-Lauritz

1 Dort hatte der „Bruderherz" genannte Protagonist in einem vorhergehenden Kapitel ein mystisches Elevationserlebnis; Anm. der Übersetzerin.

Ádám Nádasdy

Englischer Walzer

„Ach, stell dir vor, das habe ich dir noch gar nicht erzählt. In der großen Pause haben sie mir gesagt, die Bella will mit mir sprechen, ich soll zu ihr hochgehen", sagte Dénes.

„In den Mädchenturnsaal?" fragte Lajos und kicherte kurz.

„Ja", sagte Dénes beleidigt, „wieso, wohin sonst?"

„Entschuldige, sprich weiter."

„Und überhaupt, ich mußte anklopfen, und sie kam heraus. Es war ziemlich peinlich, denn die Mädchen aus der elften haben sich hinter meinem Rücken lustig gemacht: wie jetzt, wie jetzt, habt ihr in der zwölften schon mit den Mädchen zusammen Sport? Blöde Gänse. Also, die Bella hat gesagt, daß sie einen, wie heißt das schon gleich, einen Kunstturnkurs für die Mädchen macht, für Geld, und da braucht sie eine Klavierbegleitung, und wie sie gehört hat, habe ich ja Jazzklavier gelernt."

„Und?"

„Es wäre dienstags und freitags, zehn Forint die Stunde, sie zahlt sofort. Die glaubt ja wohl nicht, daß ich mich für sie da hinsetze."

„Mach's schon, du Hund", sagte Lajos. „Zehn Forint die Stunde!"

„Ich brauch's nicht", sagte Dénes. „Ich bekomme genau so viel Taschengeld die Woche, damit geht's mir sehr gut, sogar uns beiden, denn auch für dich..." Er verschluckte den Rest. Mit dem

Finger strich er Lajos die Strähne aus der Stirn, die ihm immer in die Augen hing. „Pulihund", sagte er.

„Nenn mich nicht Pulihund, zum Geier", sagte Lajos, „und faß mich nicht an. Bildest dir wohl was drauf ein, daß du das Eis bezahlt hast?" Er begann, in der Tasche zu kramen. „Bitte, da hast du deine zwei Forint."

„Lajos, mach das nicht! ... Und laß mich dich anfassen."

„Na gut, faß mich an. Aber nicht so auffällig."

Sie saßen am unteren Kai, auf der Budaer Seite, in Höhe der Halász-Straße, wo oben die großen Kastanienbäume stehen. Die Kossuth-Brücke wurde gerade abgerissen, und sie sahen zu. Nach der Schule kamen sie oft hierher, sahen aufs Wasser und saßen eng nebeneinander. Hier mußte man wenigstens nicht mitten im Satz verstummen, wenn die Großmutter oder die kleine Schwester hereinkam. Manchmal legten sie sich den Mantel über den Schoß und hielten sich darunter die Hände, manchmal rückten sie einander Haare oder Kragen zurecht, bei einem solchen Kragenrücken war Lajos einmal in der Hose einer abgegangen, er war rot geworden und hatte sich geschämt wie ein Kind, Dénes hatte ihn getröstet und sich über ihn lustig gemacht, und er hatte ihn beneidet; er selbst hatte zwar die größere Phantasie, aber seinen Körper konnte er nicht wie auf Knopfdruck lockerlassen, Lajos jedoch hatte sich nur geniert, er hätte sich gern gewaschen; schließlich war er nach Hause gegangen und hatte Dénes ganz erregt und verwirrt zurückgelassen.

„Wir könnten davon einen Verstärker kaufen", sagte Lajos. „In ein, zwei Monaten käme das Geld zusammen. Zehn die Stunde, das sind zwanzig die Woche und achtzig im Monat."

„Neunzig", verbesserte ihn Dénes, „der Monat hat nämlich vier Komma..."

„Laß mich doch in Ruhe und verbessere mich nicht ständig. Das hatten wir schon so oft, daß mich dein Riesenverstand nicht interessiert, denn wenn jemand..."

„Liebst du mich?" fragte Dénes.

„Damit ist es auch nicht gelöst", sagte Lajos. „Überhaupt, nimm endlich zur Kenntnis, daß es zwischen zwei Jungen so was wie Liebe nicht gibt. Ständig fängst du damit an. Liebe! Dazu braucht es einen Jungen und ein Mädchen. Gut, bitte, wer von uns ist jetzt das Mädchen?"

Dénes schwieg. „Ich bin ein Junge", sagte er dann.

„Ich auch", sagte Lajos.

„Na, das hätten wir geklärt", sagte Dénes.

Lajos sah vor sich hin. „Aber trotzdem... ich mache es gern mit dir", brummte er.

„Ich auch mit dir", sagte Dénes. „Lieber als mit den Mädchen."

„Was redest du, du warst ja noch nie mit einer Frau zusammen. ‚Mit den Mädchen', auch noch mit mehreren. Du weißt ja nicht, wie... So 'ne Möse, mein lieber Dénes, ist halt doch 'ne Möse!"

„Dann geh doch weg, was sitzt du eigentlich hier mit mir, und was gehst du eigentlich mit mir... an die Donau und..." Der Hals wurde ihm eng, und er hätte ohnehin nicht gewußt, mit welchem Wort er fortfahren sollte.

„Weil es gut ist mit dir", sagte Lajos und faßte Dénes am Ellbogen. Seine Hand war verschwitzt und kräftig. „Aber 'ne Möse ist trotzdem 'ne Möse, auch wenn der Monat vier ganze und neunundzwanzig Prozent Wochen hat, du Superkluger."

„Hundertstel, nicht Prozent."

„Dénes, interessieren dich die Frauen überhaupt nicht?" fragte Lajos.

„Nein. Mich interessierst du."

„Ach, du bist ja blöd. So einfach ist das nicht. Was weißt du denn mit deinen achtzehn Jahren, was aus dir wird."

Das möchte ich auch gern wissen, dachte Dénes, sagte jedoch nichts. Darüber konnte man hier nicht reden. Eigentlich konnte man darüber überhaupt nirgends reden. Was werden würde. Nach dem Abi. Irgendwann würden sie darüber reden, in einem ruhigen Augenblick.

„Na gut, ich mach's. Aber werdet ihr mich nicht auslachen?"

„Ich sicher nicht. Die anderen auch nicht. Wieso eigentlich? Wir werden dich beneiden. Du kannst die Mädels ansehen."

„Und wir kaufen den Verstärker?"

„Ja."

„Darf ich dich küssen?"

„Ja."

Der „Kuß" war hier am Donauufer nur eine blitzschnelle Mundberührung, nach vorne gebeugt, als wollten sie einander die Schuhe zubinden oder zur gleichen Zeit einen interessanten Kieselstein aufheben. Aber es gehörte wahrhaftig Kühnheit dazu.

Am Dienstag um drei war die erste Kunstturnstunde. Dénes klopfte Punkt drei an der Tür des Mädchenturnsaales, Frau Bella rief nach hinten in den Umkleideraum: „Seid ihr fertig, Mädchen? Kann der Herr Begleiter kommen?" Ein paar Mädchen kreischten „Nein!", Dénes mußte warten; unruhig stand er draußen und genierte sich. Er hatte eigentlich nicht angeben wollen mit seiner neuen Arbeit, aber die Sache hatte sich herumgesprochen, die Bella hatte es den Mädels gesagt, die den Jungen, selbst der Klassenleiter wußte Bescheid, er hatte Dénes auf der Treppe verschmitzt auf die Schulter geklopft und gesagt: „Dann drück mal schön das Pedal, Dénes".

Endlich wurde die Tür geöffnet, und Dénes konnte eintreten. Natürlich war er schon im Mädchenturnsaal gewesen, im Sommer, als er leer war, und im ersten Schuljahr im Gymnasium waren sie vielleicht auch aus Spaß ein- oder zweimal hineingelaufen, aber solch kindischen Unsinn läßt man später bleiben. Es roch nach Frauen. Er setzte sich ans Klavier, Bella hatte die Mädchen schon in Schlachtordnung aufgestellt, erklärte irgend etwas über den Zusammenhang von Kunst und Turnen und über die neue Körperkultur (ich müßte abnehmen, kam Dénes in den Sinn), verteilte Hulla-Hopp-Reifen und gab das Kommando: englischer Walzer!

Dénes begann, „In achtzig Tagen um die Erde" zu spielen, die Mädchen machten allerlei Bewegungen und führten Figuren aus, er mußte anhalten und wieder weiterspielen, und wieder von vorn, und noch einmal ab „papammm"; es war keine schwere Arbeit, er mußte nur gut aufpassen, so sehr, daß er die Augen die ganze Stunde lang nicht von den Tasten hob. Um vier sagte Frau Bella: für heute sind wir fertig, nahm ihr Portemonnaie hervor und gab Dénes einen echten grünbäuchigen Zehner. Die Mädchen warteten. Dénes nahm seine Noten und zog hinaus, an der Reihe der Mädchen entlang, er winkte ihnen einen Handkuß zu, sie kicherten und klatschten und riefen: Bravo, bravo.

Langsam ging er die Treppe hinunter; das Treppenhaus war leer. Er sah zwischen den Geländern hindurch, und für einen Moment erblickte er im Erdgeschoß Lajos, wie er in den Keller hinabging. Er erkannte ihn an den Schultern und am Schopf. Lajos war groß und dünn, hatte lockiges Haar und sehr weiße Haut, auf der schon im Laufe eines Tages bläulich die Stoppeln zu sehen waren. Er mußte sich jeden Tag rasieren und wollte sich einen Schnurrbart wachsen lassen, aber das hatte ihm Dénes rundheraus verboten. Lajos wußte selbst nicht, warum er ihm gehorchte, schließlich war er ein erwachsener Mensch, was bildete sich Dénes überhaupt ein, überall reinzuquatschen. Dénes hatte die bessere Figur, breite Schultern, muskulöse Schenkel, er wäre ein richtig gutaussehender Kerl gewesen, aber er war ein wenig klein und hatte unscheinbare flachsblonde Haare. Der Lajos glaubte jetzt natürlich, daß er auch in den Keller gehen würde, in den kleinen Flur vor dem Kesselraum, wo sie während der Schulzeit und danach rauchten und manchmal ein bißchen knutschten; dort kam nur der Heizer vorbei und der Polytechnik-Lehrer, die es mit wohlwollender Komplizenschaft sahen, daß hier zwei Jungen aus der zwölften rauchten. Alle rauchten, sogar die Mädchenklassen, und Tomi Martin hatte einmal gesagt: „Was versteckt ihr euch eigentlich bloß wegen der dummen Zigaretten im Keller, ihr könntet doch auch hier oben auf der Toilette rauchen, da sagt sowieso niemand mehr etwas." Nicht wegen des Rauchens, dachte Dénes, aber wegen der Schwuchtelei? Denn das war es leider, egal, wie man es sah, egal, wie häßlich das Wort war, und egal auch, wie sehr ihm Lajos verboten hatte, es noch einmal auszusprechen.

Ich werde ihm nicht hinterhergehen, dachte er, das haben wir nicht verabredet, meinetwegen soll er doch im Dunkeln herumstehen, wieso ist er eigentlich noch hier, warum ist er nicht nach Hause gegangen, heute Abend kann er doch hochkommen, wenn er will, was schleicht er hier herum. Sie wohnten in demselben Haus, Lajos' Familie eine Etage tiefer; das Fenster von Dénes' kleinem Zimmer ging auf den Laubengang, man konnte über den Fenstersims hineinklettern, auf diese Weise kam dort jeden Abend Lajos mit seinen langen Beinen herein, wenn sich bei Dénes schon alle schlafen gelegt hatten. Dénes saß dann im Dunkeln in seinem zerschlissenen alten Sessel und wartete, daß es kratzte, dann sprang er auf und öffnete das Fenster, und bis Lajos im Zimmer war, begehrte er ihn schon so, daß er gar nichts sagen konnte. Es war auch nicht viel, was er hätte sagen können, Lajos verzog immer das Gesicht und sagte schmierig und romantisch und mach mir nicht den Hof, geh zu den Mädchen, wenn du schön reden willst. Also sprachen nur seine Haut und Hände und Arme, und er wußte, er hörte, daß Lajos' Haut nichts anderes sagte als seine und ihre Hände *unisono* sangen.

Heute war der Herbstabend noch lau, das Fenster war geöffnet, und Lajos stand plötzlich im Zimmer.

„Na, was war?" flüsterte er.

„Wo?" fragte Dénes.

„Wo schon, du Dussel, beim Kunstturnen doch. Ich habe danach am Kesselraum auf dich gewartet, ich dachte, du kommst runter. Wo warst du plötzlich?"

Schon saß er auf Dénes' Schoß in dem alten Sessel und machte es sich bequem. So saßen sie immer, flüsterten, leckten einander die Ohren, bis sie sich aufs Bett legten, denn das war die ganze Einrichtung: ein großer alter Sessel, der Schreibtisch und das Bett.

„Ach so. Nichts. Ich mußte die ganze Zeit englischen Walzer spielen, kompliziert war nur, daß ich oft mitten im Takt..."

„Mach keinen Blödsinn, Dénes! Sag was von den Mädchen!"

„Na ja, sie sind schön. Vielmehr: es sind schöne dabei. Und diese Übungen sind wirklich interessant, wie die Musik und die Bewegungen..."

„Welche hat die schönsten Beine?"

„Ähh... die Erzsi Czeglédi. So lange, und... scheiß drauf, Lajos, ich weiß es nicht, ich habe nicht hingesehen."

„Du hast nicht hingesehen?!"

„Also, nicht richtig. Ich bin froh, wenn ich mit den Tasten zurechtkomme. Und dann wäre es auch unanständig, Mißbrauch der Situation. Ich muß so tun, als würde ich sie nicht sehen."

„Du bist total bekloppt. Andere würden die Augen nicht wegkriegen von ihnen, und du... Ich dachte, du packst jetzt endlich mal richtig aus, wenn du schon heute Nachmittag so schnell verschwunden bist."

„Wenn du mit mir reden wolltest, warum hast du dann nicht oben auf mich gewartet, vor dem Mädchenturnsaal?"

„Ich bin doch nicht blöd. Damit sie über mich auch noch lachen!" Kaum hatte er das gesagt, da tat es ihm schon leid; er spürte, wie Dénes' Schoß unter ihm gefror. „Ich meine, sie lachen nicht über dich, sondern über die ganze verquere Situation. Daß du reingehen darfst und so. Wir beneiden dich. Verstehst du? Verstehst du nicht?"

Dénes schwieg. Verquer. Genau. Warum hatte er geglaubt, sie würden ihn nicht hinter dem Rücken auslachen? In der Klasse mochten sie ihn, er spielte gut Fußball, war stark und gut in Mathe, er half und sagte vor. Auch jetzt blödelten sie noch viel miteinander herum, aber er spürte, daß er zum Außenseiter wurde; manchmal wußte er nicht genau, wovon sie redeten – das war, seitdem Lajos und er so miteinander... na, egal. Seit sie angefangen hatten... er räusperte sich.

„Hör zu, Lajos, wenn ihr lacht, dann lasse ich dieses ganze verdammte Kunstturnen, und dann gibt es keinen Verstärker und nichts."

„Niemand lacht, nur ich lache darüber, daß du, der immer so klug redet, daß sie dich so nicht interessieren und anders nicht interessieren, daß ausgerechnet du so ein Ding an Land ziehst, und ich sehe dir an der Nasenspitze an, daß dich die Sache packt."

„Sieh mir mal nichts an", sagte Dénes, und überhaupt war es stockfinster, Licht durften sie nicht machen, denn vom Gang hätte man hineinsehen können. „Dich packt sie vielleicht, denn seither sprichst du nur davon. Besser du küßt..." Er konnte nicht weitersprechen, denn Lajos küßte ihn.

„Die Erzsi Czeglédi", sagte Lajos dann, „die ist eine gute Frau, finde ich. Das geht, du wirst sehen, du wirst auf den Geschmack kommen. Du hast doch Augen, Schlingel." Dénes liebte es, wenn Lajos ihn Schlingel nannte, davon wurde sein Schwanz sofort steif, egal, wo und wann, manchmal quälte ihn Lajos in der Straßenbahn damit, daß er ihm in die Augen sah und leise, langsam nur sagte: „Schlingel", und Dénes stand da, errötete, und ihm wurde schwindelig, aber jetzt freute er sich nicht richtig. Er sah Erzsi vor sich, wie sie ihm nach dem Turnen einen Moment lang zulächelte, als sie bemerkte, daß Dénes sie ansah, und es war auch zu sehen, daß Erzsi das nicht störte. Man müßte während des Klavierspielens mehr gucken, denn sonst heißt es noch, ich wäre frigide, dachte er. Lajos saß schon auf dem Bett, er zog Dénes zu sich. Dénes knöpfte sich den Schlitz auf, aber in Gedanken war er woanders.

Bis zur nächsten Stunde am Freitag kamen mehrere Jungen an, ob Dénes wohl dieses oder jenes Mädchen ansehen wollte, was für eine Figur sie hat, wie sie sich bewegt, ob ihre Schenkel behaart sind dort drinnen, wenn sie sie spreizt, und solche Sachen. Dénes nahm die Aufträge mit ernstem Gesicht an, gut, das werden wir uns ansehen, sagte er, obwohl ich nicht nur dazu dort bin, ich muß auch auf die Tasten sehen, mein Lieber. Lajos fing auch ständig von der Sache an, wie schade es doch sei, daß keine Gitarrenbegleitung gebraucht werde, und Dénes solle doch zugeben, daß er ihn nicht mehr so ansehe wie vorher. Außerdem kam er weder am Mittwoch noch am Donnerstag Abend zu Dénes herauf, er vergrub sich in irgendeinen Roman.

Freitag nachmittag ging Dénes ein paar Minuten später hin, damit er nicht draußen warten müßte. Alles lief wie geschmiert. Frau Bella war alt und häßlich, aber eine interessante Frau, und sie hatte Stil. Sie sprach mit tiefer, rauchiger Stimme und lachte viel. Ob sie die Mädchen liebte? Dénes machte sich Vorwürfe, daß er über die Bella nachdachte statt die Mädchen anzusehen. Er riß sich zusammen und sah sich während des Klavierspielens sorgsam portioniert die Mädchen an, weder zu viel noch zu wenig. Er mochte ihre Gesellschaft, bei ihnen fühlte er sich wohl, wohler vielleicht als bei den Jungs; manchmal bemerkte er, daß er diesem oder jenem Mädchen gefiel, aber vor so etwas wich er immer aus. In den Mädchen war etwas Heimisches, Gefahrloses, Vertrautes. Das spürte er auch hier, im Mädchenturnsaal. Er legte sein Jackett ab und machte es sich bequem: jetzt bemerkte er erst, daß er bisher gesessen hatte, als hätte er einen Stock verschluckt. Die Mädchen blinzelten auch nicht mehr so zu ihm hin wie beim letzten Mal, offensichtlich hatten sie gemerkt, daß er harmlos war. Das Klavierspiel machte ihm nun großen Spaß, er spielte sogar Verzierungen, Frau Bella lachte, das könne er sich für die Aufführung aufheben.

Er hatte genug von den „achtzig Tagen", so daß er zum Kerzenlichtwalzer überging. „Du wirst noch gedenken der glücklichen Jugendzeit." Das hatten sie an Lajos' Geburtstag gesungen, im Mai, als sie nachts mit der 58er Straßenbahn vom Zugliget herunterkamen; sie waren schon betrunken, andere Fahrgäste gab es nicht, sie boten auch dem Schaffner Wein an, aber der lächelte nur. Sie legten einander die Arme um die Schultern, damals sagte Lajos zum ersten Mal „Schlingel", und sie küßten sich, als der Schaffner hinausging, aber er mußte sie vom Bahnsteig aus beobachtet haben, er ging mehrmals hinaus und kam wieder herein wie jemand, der experimentiert. Dénes hätte Lajos auch gern einen Kosenamen gesagt, ihn mit allerlei Namen geschmückt, aber ihm fielen nur solche laschen Sachen ein wie „mein Lieber", „meine Blume" und „mein Kleiner", die wollte Lajos nicht. Dann einmal im Bett, als sein Herz schon überfloß und er es nicht mehr aushielt, nichts zu sagen, hatte er ihm zugeflüstert „dreckiger Lajos!". Er war erschrocken, was er da gesagt hatte, aber Lajos hatte ihn mit einem glücklichen Lächeln angesehen und ihn noch fester gepackt. Das sind also die Kosenamen der Männer, dachte Dénes, aber seither war es ihm unangenehm, daß ihm eine solche Dummheit entwischt war. Plötzlich schrak er hoch. Frau Bella klopfte energisch auf den Klavierdeckel. „Herr Begleiter, hören Sie nicht, es ist genug! Wo haben Sie Ihre Gedanken?" Dénes wurde rot und hörte auf zu spielen. Die Mädchen standen schon in Ruhehaltung und kicherten. Harmlos, wieder ging ihm dieses Wort durch den Kopf, und jetzt schien es ihm ein schlechtes Wort zu sein. Harmlos ist der, der ein und aus gehen darf, wo anderen der Zutritt verboten ist. Er holt und bringt Botschaften von den Männern. Wie im Harem der... Aber nein. Ich mache es nicht weiter. Er nickte wie einer, der mit jemandem fertig ist, und die häßliche Rózsi Sztrókay, die er gerade ansah, glaubte, die Betrachtung hätte mit positivem Ergebnis geendet.

Nach der Stunde ging er hinunter in den Kesselraum, um Lajos zu sagen, daß er mit der Klavierbegleitung aufhören würde, aber er fand ihn nicht. Auch beim Eismann war er nicht, die anderen hatten ihn ebenfalls nicht gesehen, offensichtlich war er nach Hause gegangen. Zu Hause angekommen, klingelte er bei Lajos; irgendwie wollte er ihm zuvorkommen, bevor er hinaufkäme, und er holte tief Luft, sagte ihm aber zum Schluß nichts. Eine Stunde lang redete er wie ein Wasserfall, über alles mögliche, ein wenig auch über das Kunstturnen, dann ging er nach Hause, weil er lernen mußte.

Am nächsten Tag, am Sonnabend, versammelten sich die Jungen in der ersten Pause auf dem Flur um Dénes, in erregter Erwartung stießen sie hervor: na sag schon! Sag!

„Mit wem soll ich anfangen?" fragte Dénes wichtig. Lajos war auch da, er aß ein Hörnchen.

„Mit der Klári Soós!" posaunte Tomi Martin. „Auf die stehe ich so."

„Klári ist nicht schlecht", sagte Dénes, „spitze Titten, bewegliche Beine, nur hat sie leider eine Spalte zwischen den Schenkeln, man kann zwischen ihnen durchsehen, wenn sie steht. Das mag ich nicht, ich finde, Frauenschenkel sollen voll sein und sich aneinanderschmiegen."

„Henrietta?" fragte ein anderer Junge.

„Kompakte Wonne", erklärte Dénes, „die klassisch schöne Figur hat sie nicht, aber viel Sex-Appeal. Breite Hüfte, großer Hintern, alles. Sie bewegt sich gut." Er seufzte. „Überhaupt, Alter, ich weiß gar nicht, wohin ich sehen soll, diese vielen Weiber bringen mich um den Verstand."

„Und die Erzsi Czeglédi?" fragte Lajos. „Erzähl von der. Was würde ich darum geben, die einmal im Gymnastikanzug zu sehen, wie sie in den Spagat geht und ihre Muschi aufs Parkett legt."

„Ähmmm...", sagte Dénes verwirrt.

„Oder hast du dir die ausgeguckt, Pimmel? Deshalb bist du so tugendhaft, wie?" Lajos' Stimme klang seltsam, beinahe metallisch. „Merkt ihr? Stille Wasser sind tief!"

Dénes schluckte. „Was wahr ist, ist wahr", sagte er, „an diesem Mädchen sind meine Augen so hängengeblieben, daß ich zum Schluß nicht einmal wußte, im wievielten Viertel der englische Walzer ist. Diese schlanke Taille!" Er suchte Lajos' Augen und versuchte, hinter seinen Blick zu kommen, aber vergeblich.

„Ich mach mir in die Hose, Dénes", sagte Tomi Martin, „am Ende gibst du zu, daß es dich auch mal erwischt? Du, der Superdiskrete? Wir haben schon geglaubt, du würdest deine Frauensachen nur mit Lajos beraten."

„Mit Lajos?" Dénes guckte. „Wir reden nicht über Frauen."

„Ach?" Der kleine Imre Czeller lachte auf. „Ihr sprecht wohl über Männer?"

Prusten brach los.

„Großartige Freundschaft, wohl wahr, wohl wahr." Tomi Martin nickte. „Also, wie ist das jetzt, Dénes? Uns kannst du doch gestehen, wenn dich ehrliche männliche Gefühle an unseren kleinen Lajos binden."

„Packt euch zum Teufel", sagte Dénes. „Eher ficke ich die Bella, als daß diese Schwuchtel mich anfaßt", und er wies mit dem Daumen auf Lajos. Imre Czeller pfiff anerkennend.

Lajos stand einen Moment mit zusammengekniffenen Lippen da, dann drehte er sich auf dem Absatz um und ging weg. Dénes erklärte den Jungen weiter ausführlich, welches Mädchen welche guten und schlechten Eigenschaften habe, streng anatomisch natürlich, bis es klingelte. Lajos saß schon auf seinem Platz, als sie hineingingen, er unterhielt sich mit jemandem und lachte. Den Rest des Tages sah er Dénes nicht einmal an, und nach dem Unterricht nahm er seine Tasche und ging so schnurstracks aus der Schule, daß Dénes nicht einmal wagte, ihm hinterherzulaufen. Er schleppte sich nur irgendwie nach Hause, setzte sich in den verschlissenen Sessel und starrte die Decke an.

Es war lange her, daß er an einem Sonnabendnachmittag so allein zu Hause gesessen hatte. Immer hatten sie etwas unternommen. Musik gemacht. Lange Spaziergänge in Richtung Sasadi út. Oder Donauufer. Brückendemontage. Kino. Was würde jetzt werden? Er war mordsmäßig übers Ziel hinausgeschossen. Wie sehr hatte er Lajos versprochen, dieses Wort nie wieder zu benutzen. Weder, wenn sie allein waren, noch vertraulich, noch auch mit Liebe. Und wenn, dann hätte er es zu allererst über sich selbst sagen müssen. Sogar: Eunuch. Der im Stillen rechnen mußte, ob er die Mädchen auch oft genug ansah. Wenigstens führte er keine Strichliste. Lajos war wenigstens ein normaler Mann. Es stimmte schon, daß Lajos seit einem guten halben Jahr, seit sie so zusammengekommen waren, auch mit keiner Frau zusammen war, aber vorher hatte er sogar mit drei Frauen geschlafen, so daß es bei ihm nur ein Übergang war, später würde alles wieder ins rechte Gleis kommen.

Nun hielt er es nicht mehr länger aus. Er zog die Schuhe an und schrieb auf ein Stück Papier „Schlingel!!!!". Er faltete es zusammen und ging hinunter zu Lajos. Die kleine Schwester öffnete die Tür und sah verlegen drein, als fürchte sie, gefragt zu werden, ob Lajos da sei. Dénes fragte nicht. Er gab ihr den Zettel, sie solle ihn Lajos geben. Dann ging er zurück und setzte sich wieder in den verschlissenen Sessel. Eine Stunde oder zwei mochten vergangen sein. Durch das offene Fenster hörte er plötzlich Lajos' Stimme: Ich bin kein Schlingel! – und bevor Dénes noch hinsehen konnte, traf ihn eine Papierkugel am Kopf. Dann Stille. Dénes rappelte sich hoch, kramte die Kugel aus der Ecke und strich sie glatt. Es war sein Brief. Das war's dann wohl.

Jetzt würde er erst recht nicht mit der Klavierbegleitung aufhören, dachte er. Einmal Eunuch, immer Eunuch. Die Mädchen waren weiß Gott netter als die Jungs, und die alte Bella war auch absolut in Ordnung. Richtig, richtig, gestern hatte er beschlossen, nicht weiterzumachen, scheiß auf den Verstärker, dieses blöde Kunstturnen war es nicht wert. Aber jetzt würde er erst recht nicht aufhören. Und er würde Geld haben. Wozu? Wofür? Für das Klavier...? Der Verstärker wäre für Lajos' E-Gitarre gewesen. „Wäre..." Jetzt überflutete ihn zum ersten Mal tiefe, lähmende Bitternis.

Stundenlang saß er dort, mit dem Rücken zum Fenster, seine Großmutter sah ein, zwei Mal hinein, ob er nicht etwas zu essen möchte und daß er ihr doch helfen solle, irgendeine Birne einzuschrauben, aber er rührte sich nicht. Es wurde dunkel, und zum Schluß saß er dort im Stockfinstern. Er hatte nicht einmal mehr Kraft, aufzustehen und das Fenster zu schließen, dabei fror er schon. Er warf eine schmutzige Unterhose gegen das Fenster, davon ging es ein wenig zu.

Er mußte eingenickt sein, denn er schrak hoch, weil jemand neben ihm stand. Es war Lajos. In seinem Schreck schrie Dénes auf:

„Nein, Lajos, tu mir nichts!" Schützend hob er den Arm über den Kopf.

„Ich tu dir nichts. Ich bin nur gekommen, um dir zu sagen, daß du recht hattest. Ich bin wirklich 'ne Schwuchtel." Und schon kletterte er aus dem Fenster. Dénes sprang ihm nach, er bekam noch Lajos' linken Knöchel zu fassen und zog ihn daran zurück ins Zimmer. Lajos schlug sich das Kinn am Fenstersims auf.

„Und ich liebe dich", flüsterte Dénes. „Ich bin verliebt in dich. Wie ein Junge in ein Mädchen. Verstehst du?"

„Wie ein Junge in einen Jungen, du Arschgesicht."

„Dreckiger Lajos."

„Süßer Dénes."

Aus dem Ungarischen von Christina Kunze

Miguel Vale de Almeida

Ich hoffe, es ist nichts Ernstes

Seit fünf Minuten läutete es ununterbrochen. Schließlich stand Paulo auf, schlüpfte lustlos in seinen Morgenmantel und ging zur Tür. Verärgert wollte er, um wen immer es sich auch handeln mochte, schnell wieder los werden. Sonntags um zehn in der Frühe („es muß ein Katholik sein, bestimmt ist er früh aufgestanden, um in die Kirche zu gehen"). Aber Paulo nicht. Um fünf Uhr morgens war er noch über den Markt von Ribeira gewankt, um sechs hatte er einen Tee getrunken, und erst um sieben war er eingeschlafen.

Er machte die Tür auf („Mal sehen, wer das ist"). „Guten Morgen", sagte der andere, „entschuldigen Sie, wenn ich Sie geweckt habe, es ist nur...". – „Schon gut, kein Problem." („Was für ein Gedanke, und obendrein ist es der Typ aus dem zweiten Stock links.") – „Also ich habe ein Problem, und es ist mir peinlich, Sie um diesen Gefallen zu bitten..." In der Tat schien er verschüchtert und peinlich berührt zu sein. Was ihn nicht daran hinderte, auf seine Art auch charmant zu wirken. Bis jetzt waren sie sich immer nur auf der Treppe begegnet, und Paulo hatte ihn ein wenig hochnäsig gefunden. „Aber nur zu. Wie kann ich Ihnen helfen..." – „Also, wissen Sie, ich weiß nicht, was mit dem Wasser los ist, jedenfalls habe ich keins, das heißt, bei mir in der Wohnung läuft das Wasser nicht, und zufällig muß ich unbedingt duschen, und da..." („Warum, zum Teufel, muß er nicht gleich baden?") „... und da wollte ich Sie fragen, ob es Ihnen denn etwas ausmachen würde, wenn ich bei Ihnen eine Dusche nehme?" Paulo wedelte mit den Händen und mühte sich ein Lächeln ab. „Ja, klar, selbstverständlich, bitte..." – „Hervorragend! Vielen Dank! Ich hole nur noch ein paar Sachen und bin gleich wieder zurück. Es wird nicht lange dauern, versprochen. Sie wissen gar nicht, was für einen großen Gefallen Sie mir tun." Damit verschwand er die Treppe nach oben. („Ok, er ist krank, er muß eine schreckliche Krankheit haben und deswegen jeden Tag ein Bad nehmen, er kann keinen einzigen Tag ohne ein Bad auskommen... wahrscheinlich wird meine ganze Badewanne hinterher infiziert sein...")

Als sein Nachbar zurückkam, zeigte ihm Paulo das Badezimmer. Er solle sich nehmen, was er brauche. Er selbst würde wieder ins Bett gehen. Er solle nur die Tür hinter sich zumachen, wenn er ginge. Und nein, es bereite alles überhaupt keine Umstände. Er schlüpfte wieder unter die Bettdecke, die nur noch lauwarm war. Hinter ihm schloß sich die Badezimmertür. Dann das Geräusch des Wassers, wie es auf das Email prasselte.

Weil er beim Schlafen gestört worden war, blieb Paulo nicht einmal mehr so lange im Bett liegen, wie sein Nachbar für die Dusche brauchte. Er zog seine Sonntagskleidung an: seine ältesten Jeans, Tennisschuhe, ein weites und abgewetztes Sweatshirt. Er setzte Kaffee auf, machte den Kühlschrank auf und betrachtete abwesend seinen Inhalt. („Wenn er schon mal da ist, warum soll er mir nicht auch beim Frühstück Gesellschaft leisten?") Er klopfte an die Badezimmertür, die Dusche lief bereits nicht mehr. „Herein", sagte der andere. „Nicht nötig, ich wollte Sie nur fragen, ob Sie vielleicht zum Frühstück bleiben möchten?" Sein Nachbar erging sich in Dankesbekundungen durchsetzt mit Entschuldigungen. Das Übliche. Die Antwort lautete letztendlich „ja". („Das hätte er auch gleich sagen können.")

Nach einigen Minuten öffnete er die Tür. Der heiße und wohlriechende Dampf mischte sich mit dem Duft der Rühreier. „Ich hoffe, Sie mögen es. Echter Orangensaft, frisch gepreßt, Toast, Rühreier, Obst. Wenn Sie möchten, habe ich auch noch einen Rest kalten Braten da. Möchten Sie?" Der andere lächelte: „Ich bin schon völlig platt von den Sachen, die Sie hier haben! Wissen

Sie, ich bin der Typ Milchkaffee und Zigarette, und nicht einmal das mache ich zu Hause." Ach, wirklich? schien Paulos Lächeln sagen zu wollen, während er die Eier noch einmal durchrührte. Der Nachbar redete weiter: „Stimmt es, was man im Haus sagt, daß Sie im Ausland gelebt haben?" – „Mhm, mhm", antwortete Paulo. – „Aha, es ist ganz offensichtlich. Mhm machen doch die Engländer immer..." – „Die Amerikaner. Aber ich bin waschechter Portugiese. Aus Lissabon. Ich habe ein paar Jahre in Amerika gelebt, das ist alles." – „Lange genug, um auch hier eine Stunde aufs Frühstück zu verschwenden..." – „Zu verschwenden?" fragte Paulo.

(„Der Typ hat einen ganz schönen Appetit! Na ja, mit so einem Körper...") Für jemanden, der sich von Milchkaffee und Zigaretten ernährte, fand Paulo ihn gar nicht übel. Dunkler Teint, breites Lächeln, schwarzes, loses Haar. So gesehen, ziemlich umwerfend. Paulo aß seine Eier langsam, beinahe widerwillig. Er benutzte dabei nur die Gabel und die rechte Hand. Der andere hatte zu Messer und Gabel wie ein Hufschmied zum Hammer gegriffen. Und aß. („Und wie er reinhaut! *Breakfast of the Champions!*") „Es sieht so aus, als müßten Sie Ihre Frühstücksgewohnheiten ändern", wagte Paulo zu sagen, mit einem Lächeln, das aus seiner spitzen Bemerkung einen Scherz machte. „Und das ist gut so. Ich bin heute ein bißchen nervös. Diese ganze Geschichte mit dem Bad, das ist nur wegen dem, was heute mit mir geschieht..." – „Ich hoffe, es ist nichts Ernstes." – „Ach nein, ich bin eben nervös. Ich bin von der nervösen Sorte." Er schluckte einen weiteren Happen. Einen Schluck Saft. Sein Adamsapfel hob sich, senkte sich, hob sich wieder. „Ich werde heiraten. Heute."

(„Er ist verrückt. Mein Nachbar ist verrückt.")

Paulo schaute ihn verblüfft an, legte die Gabel hin, schlug seine Ärmel um und stützte die Ellbogen auf den Tisch: „Sie werden heiraten? Na dann, Glückwunsch... Nicht wahr? Ich gebe zu, ich dachte, das sei ein Tick von Ihnen, das mit dem Bad." Der andere lachte, er prustete richtiggehend los. „Nein. Es ist nur, weil ich heute heirate, und zwar ohne gebadet zu haben...! Es ist schon in einer Stunde, ich muß mich noch umziehen, dann nehme ich die Straßenbahn. Es ist gleich drüben in der Allerheiligen-Kirche. Aber ich bin ein bißchen nervös. Ansonsten hätte ich nie die Frechheit besessen, Sie zu fragen."

„Lassen Sie doch, das hat mit Frechheit doch nichts zu tun." Paulo blickte ihn an, das war letztendlich sogar eine angenehme Überraschung. Der Mann verfügte nicht nur über Witz, in seiner ganzen Haltung lag auch eine gewisse Schönheit. „Nein, das hat mit Frechheit überhaupt nichts zu tun. Außerdem finde ich Ihr *fair play* nett, weil Sie mir das mit der Hochzeit erzählt haben", und Paulo lachte zum ersten Mal ganz entspannt. „Was finden Sie nett? Die Hochzeit?" – „Nein, nein, Ihr *fair play*. Das heißt, sozusagen Ihre Lässigkeit..." – „Ich wollte es Ihnen unbedingt sagen. Es ist nichts dabei. Um die Wahrheit zu sagen... Sehen Sie, um die Wahrheit zu sagen, eigentlich wollte ich gar nicht heiraten. Aber sonst wäre ich in einen ziemlichen Schlamassel geraten. In einen ziemlich tiefen Schlamassel sogar." – „Soll das heißen, daß Sie nur unter Zwang heiraten?" – „Ja, mehr oder weniger. Es ist traurig. Ich wäre gerne hier geblieben. Ich mag das Haus und bin gerne unabhängig." Eine kurze Weile schwiegen sie. Paulo schenkte Kaffee ein. „Und jetzt eben, wissen Sie, als ich die Eier auf dem Tisch und das alles hier sah, da habe ich kurzfristig meine Hochzeit vergessen und dachte sogar, daß es ganz toll wäre, in Zukunft so zu frühstücken. Und daß ich Sie einladen könnte. Manchmal. Das heißt, wenn Sie wollen. So an Sonntagen." – „Klar, ich glaube, das würde mir sehr gefallen", Paulo lächelte ihn dabei an und fürchtete, rot geworden zu sein. Der andere erwiderte sein Lächeln. Ohne es verabredet zu haben, hoben sie synchron ihre Gläser mit dem Orangensaft und stießen an.

Paulo spülte das Geschirr und tat ein bißchen zu viel Spülmittel auf den Schwamm. Sein Nachbar war schon gegangen („nervöser geht kaum, der Arme"). In was für einen Schlamassel wäre er geraten, und woher nahm er gleichzeitig diese Gutmütigkeit? Paulo spielte die Möglichkeiten durch: Geschichten von unerwünschten Schwangerschaften, tyrannische Eltern, das gehörte doch einer anderen Zeit an, oder nicht? Er spürte, wie er plötzlich traurig wurde, der Vorschlag, gemeinsam zu frühstücken, war richtig nett („Verdammt, immer sonntags diese nostalgische Scheiße. So ein Mist!"). Er ließ das restliche Geschirr einweichen, trocknete sich die Hände, schlüpfte im Flur in einen Blouson und ging nach draußen.

Unvermeidlich kam er an der Allerheiligen-Kirche vorbei. Und unvermeidlich stellte er fest, daß dort eine Hochzeit stattfand: ein schwarzer Wagen vor dem Eingang. Frauen in Pelzjacken. Einige mit einem Prinzessin-Anne-Hut. Ein dicker Mann, der die Braut eingehakt hatte. Der Aufstieg über die Treppe mit der ungelenken Feierlichkeit von Leuten, die Feierlichkeit nur aus dem Fernsehen kennen. Paulo beobachtete alles, während er hinter einem Baum stand. Oben an der Treppe, am Kirchenportal, stand sein Nachbar, bereits korrekt gekleidet und fummelte mit seinen Händen. Verschränkte sie vor dem Bauch wie ein Politiker, wenn er an die Macht kommt, oder auch hinter dem Rücken wie irgendein armer Tropf, bevor er ein Geschäft abschließt.

Paulo begriff noch nicht recht, was in den gerade mal zwei vergangenen Stunden geschehen war. Dieser Mann war in seine Wohnung gekommen, hatte mit ihm gegessen, nachdem er bei ihm geduscht hatte, und heiratete nun, gezwungenermaßen, aber widerwillig. Und Paulo war ihm monatelang im Treppenhaus begegnet, finster dreinschauend, und hatte gedacht, er sei irgendein Blödmann. Während er sich schließlich als freundlich, ja, hübsch und attraktiv herausstellte („Aber verdammt nochmal, der Typ heiratet!").

(„Aber verdammt nochmal, der Typ heiratet!")

Natürlich immer noch Sonntag. Auf dem Wohnzimmerboden ordnete Paulo hunderte von Fotos nach Themen, Zeit oder Bedeutung zu kleinen Gruppen. Seine Sonntagsbeschäftigung. Diese oder jene Person, die in seinem Leben eine wichtige Rolle gespielt hatte, dieser oder jener markante Ort. Lissabon, New York. Courtney. Die Fotos von Courtney traten in Konkurrenz zu allen anderen, übertrafen sie an Zahl und erlangten den ersten Platz. Courtney am Strand oder Courtney beim Geschirrspülen. Oder Courtney, der für Paulos Kamera Erotik-Model spielte. Courtney, der vor dem Weißen Haus einen Purzelbaum machte. Oder der einer Nancy Reagan aus Pappe, die ihm auf dem Foto als Gattin diente, seine Zunge ins Ohr steckte. Und Courtney zwei Tage, bevor er in ihrem Urlaub in Vermont, dem letzten, mit der Italienerin verschwand.

Paulo verlor die Lust, Fotos-Ordnen zu spielen.

Courtney-zwei-Tage-vor-der-Trennung hatte einen bestimmten Ausdruck, der ihm Gänsehaut machte („Sie ähneln einander ja!"). Für eine Sekunde hatte sich Courtney in seinen Nachbar zwei Stunden vor der Hochzeit verwandelt. Paulo sprang auf („Verfluchte Sonntage!"). Er wühlte nicht mehr in den Fotos und ging daran, das restliche Geschirr zu spülen, das schon kalt war und vom schmutzigen Spülwasser wieder dreckig wurde. Den Rest des Tages versteckte er sich dösend unter der Bettdecke und wartete, daß es Montag würde. Gegen zehn Uhr abends schlief er fest ein, um nur zehn Minuten später wieder zu erwachen, weil es an seiner Tür läutete, als sei die Klingel außer Kontrolle geraten.

(„Bitte, bloß keinen Besuch.") Er fuhr sich kurz mit der Hand durchs Haar, nur um nicht den Eindruck einer zum Leben erwachten Leiche zu machen. Er machte die Tür auf. Es war natürlich sein Nachbar. Jetzt mit einem ziemlich ernsten Gesicht. Er entschuldigte sich nicht mehr, und ebensowenig lächelte er auf diese unschuldige Art. „Hallo", murmelte Paulo.

„Hallo", sagte der andere und zog mit einem verräterischen Zögern die Brauen hoch. Dann atmete er durch und sagte hastig: „Also, ich will keine Umschweife machen, ich wollte Sie fragen, ob nicht vielleicht ich sonntags zum Frühstücken hierher kommen könnte? Jeden Sonntag, meine ich."

Aus dem Portugiesischen von Sven Limbeck

Klaus Händl

Hochamt

Hochamt. ...Der Brief schlug an meiner Brust wie ein anderes Herz. Gottlieb schrieb darin unter anderem von seiner Heirat mit Rifka, die mir verhaßt ist. Rifkas kaltblütigem Einfluß zufolge hatten sie vom Feiern abgesehen, in aller Stille war die Vermählung am letzten Sonntag hinter sich gebracht worden; Gottlieb erwähnte mit keinem Wort den Ort oder den Namen der Kirche, denn die...gläubige Rifka muß auf kirchlicher Trauung ebenso bestanden haben wie auf dem Aussperren sämtlicher Freunde. Ich vermutete, daß sie nicht in Sankt Georg heirateten, denn von solchem Bruch mit unserm Ministrantenglück hätte ich durch meine Familie, die nach wie vor diesen grünen Berg bewohnt, noch am selben Tag erfahren. Wenigstens aber nun und mich, den frühen Geliebten, lud mein Gottlieb zu einem...gemeinsamen Sonntag. Ich beriet mich mit meiner alten Lehrerin und brachte keine Blumen, um den Verdacht zu ersticken, ich wolle das Brautpaar feiern oder ihm Glück wünschen. Ich bat um Entschuldigung für die beschämende Tatsache, daß mir Blumen fehlten. Gottlieb getraute sich, mich zu umarmen, denn als Gatten konnte ihm nichts mehr geschehen. Er sagte mir, ich hätte ein paar Tulpen aus dem Park stehlen können, wenn ich ihn liebte. Ich liebe dich, sagte ich. Ich überreichte Gottliebs Frau ein halbes Kilo Butter aus Ziegenmilch und…erwähnte wider mein…besseres Wissen, daß darin…wertvolle ungesättigte Fettsäuren…enthalten seien. Rifka bedankte sich und bat mich herein. Sie führte mich in Gottliebs Küche und zog einen Kuchen aus dem Backrohr, das längst erkaltet war. Sie bat mich, einen Teller, den sie mir zuschob, gut festzuhalten, und stürzte den Kuchen aus der Form auf den Teller, den ich mit beiden Händen festhalten mußte. Der Kuchen erinnerte mich an einen Gugelhupf, wie ich sagte, aber Rifka erklärte, daß sie leider keine Rosinen vertrage, die ja dem echten Gugelhupf eignen. Gottlieb stand seitab und rührte in einem goldgelben Napf an der Soße, die zum Kuchen gehöre. Das wird Vanillesoße! hieß es. Ich konnte nichts riechen. Da nahm er eine Schote, schnitt sie auf, höhlte sie aus und schlug mit seiner Messerspitze das duftende Mark unter die schneeweiße Masse. Er goß die Vanillesoße in eine geflügelte Schale, die er von meiner Großmutter erhalten hatte. Die Butter muß in den Kühlschrank, mahnte er seine Frau. Rifka bat mich, den kalten Kuchen mit Staubzucker zu bedecken. Sie reichte mir ein kleines Sieb…mit schneeweißem Griff, einen kleinen Löffel und eine Zuckerschachtel, die ich erst erbrechen mußte. Sie ihrerseits nahm die Butter und stellte sie, wie sie war, in den Kühlschrank. Ich an Rifkas Stelle hätte die Butter aus dem Papier gewickelt und nach einer Dose gesucht, in der die Butter hätte atmen können. Ich aber siebte den Zucker auf den Kuchen. Gottlieb sah mir zu. Es ist genug, meinte er und nahm mir das Sieb aus der Hand. Dabei berührte sein Ellenbogen meine Seite. Rifka wusch nun…endlich ihre Hände, die vom Butterpapier fettig waren wie meine Hände, die ich gleich nach der Übergabe der Butter an Rifka unverhohlen, um mich zu säubern, an meiner Hose gerieben hatte. Rifka seifte die Hände mit Spülmittel ein, Gottlieb hielt noch immer das Sieb und drehte zugleich den Wasserhahn auf. Ich stellte mich hinzu, auch ich seifte nun meine Hände ein, und während Rifka jetzt zu einem Geschirrtuch griff, um ihre Hände abzutrocknen, und offensichtlich darauf vergaß, mir als dem Gast das einzig vorhandene Tuch zu geben, ließ ich das Wasser von den Fingern auf den fleckenlosen Fußboden der Küche tropfen. Gottlieb warf endlich das Zuckersieb ins Becken mit dem schäumenden Wasser, das den Zucker sofort schluckte und die gröberen Knollen davontrug; die Wasserkraft drückte das Sieb an den Rand des Beckens. Rifka hob erstmals den Kopf und blickte meinem Gastgeber geradewegs ins Gesicht mit den Worten: Gottesgabe, Gottlieb. Ihr Gesicht klarte auf. Ich dachte mir mein Teil. Sie wandte sich an mich. Den Kuchenteig hat Gottlieb gemacht. Ja, lachte mein Gottlieb. Ich drückte meine nassen Hände in die Hose; und ich rutschte mit dem rechten Mittelfinger in einen Butterflecken...im Stoff. Rifka drehte am Wasserhahn, der Strahl versiegte, und sie legte das Zuckersieb, naß, wie es war, auf das große Wiegbrett neben dem bescheidenen Herd. Ich habe Backpulver...mit dem Teig verschlagen, der Kuchen muß aufgehen, sagte Rifka, Doch sein Geschmack ist vergangen, sagte Gottlieb, ich verstand ihn. Ich räusperte mich, wie es in den Filmen geschieht, sofort sah mir Gottlieb in die Augen und erriet die Sehnsucht, diesen Ort zu verlassen. Er nahm mich mit sich, seine Hand umfaßte meinen Ärmel, er führte mich in den Garten hinaus, seine Frau ließ er in der Küche stehen, und wir gingen im Garten auf und ab und erfrischten uns an der reichen Luft, und er bückte sich und pflückte ein Maiglöckchen für mich und drückte es mir in die Hand. Er bat mich,...zu warten, und kam bald wieder. An der Hand zog er Rifka, seine Frau, und mit ihr kam er auf mich zu und trat neben mich und stellte die Frau vor mich hin. Wir wollen trinken. Er hatte einen mohnroten Krug kalten Wassers im Schatten...verborgen; im Krug schwamm eine Biene um ihr Leben. Rifka tauchte ihre Hand hinein und errettete die Biene! Wir verzichten auf Gläser. Ich schluckte vom Wasser, und Gottlieb sagte...der Krug der lebhaften Biene, ehe er trank, ich nahm den Krug und stellte ihn auf den Tisch, und ich wünschte mir Tee. Beide nickten sie, Rifka schlich von dannen, um Wasser aufzusetzen, Tassen zu holen und den Tee einzugießen. Eine armselige Magd fand eine Handvoll getrockneter Lider, hielt sie für Kraut und reichte den Absud davon ihrer Herrschaft, so wurde der Tee geboren. Russischer, prahlte Rifka. Ich lauschte wie Gottlieb dem bebenden Gesang der Vögel im Garten. Ich zuckerte, rührte um und kostete. Er schmeckt, sagte ich freundlich. Er schien zu schlafen. Er lauscht. Ich packte ihn und küßte seinen Scheitel, er sah mich...dankbar an und murmelte...seinen Dank, er lächelte und hielt...mich fest, als ich ging, er duckte sich, er murmelte, Leide. Auf stob ich und...ich schwieg. Rifka entstieg ihren...feinen Schuhen, sie blutete, sie griff mit bloßen Händen in ihre Schürze und streute die Zehen über dem Rasen aus. Ich schwieg. Ich jagte um die eigene...Lunge, sie fingen und hielten und drückten mich... nieder, ich lag still. Ich schöpfte... Atem und sank erfrischt in tiefen Schlaf, ich erhob mich, ich schwieg und... schloß noch die Augen darin, ich träumte vom Wesen der Liebe, ich war sehr durstig, und ich pries die Klarheit des Schnapses, den ich trank. Meine Knöchel glühten auf, und ich bewegte mich nicht. Gottlieb zog mein Taschenmesser und kerbte die Rinde der Birke. Er nahm seine Tasse und trank. Er rieb Spucke in die Kerbe. Mein Blut floß. Ich fuhr fort, ihnen Glück zu wünschen...

Jonas Gardell

Berg der Versuchung

(Auszug aus dem Roman)

Als Johan das erste Mal in die Klara Norra Kyrkogata kam, war er vierzehn oder fünfzehn Jahre alt.

Daß er dort landete, war so zufällig wie unausweichlich. Alle Wege führten dorthin. Ich höre etwas gehen und flüstern, gehen und mich locken und bitten: Komm zu uns, denn diese Erde ist nicht Dein Reich!

Doch, er hörte, wie sie ihm zuflüsterten, hinter Sternen, hinter seinem heißen Herzen: „Komm zu uns! Hier sind wir!"

Und er suchte in allen Straßen der Stadt, ohne überhaupt zu wissen, was er suchte, lief und lief, eingeschlossen in seine einsame Jugend.

Doch eines Abends im Juni, als die Sonne wie ein roter Stein durch die Wolken sank und den Himmel purpurn und orange färbte und ihre letzten goldenen Strahlen in die Scheiben eines Geschäfts in der Klara Norra Kyrkogata warf, geschah es, daß Johan vorbeiging und das Schaufenster in Gold leuchten sah. Und als er sich davor stellte und hineinschaute, erblickte er hinter dem Gold einen Zeitschriftenumschlag, auf dem nackte Jungen einander umarmten, und er fing an, nach Luft zu schnappen, und konnte den Blick nicht mehr losreißen.

Auf dem Bürgersteig hinter ihm näherten sich gleichzeitig aus verschiedenen Richtungen zwei Männer. Als sie aneinander vorbeigelaufen waren, hielten beide wie auf ein Zeichen hin an und schauten dem anderen nach. Der eine zog eine Zigarette heraus und fragte nach Feuer. Der andere holte ein Feuerzeug hervor, und der eine legte seine Hände schützend um die Flamme. Es war etwas in den Bewegungen der Männer, in ihren Gesten zueinander, in ihrer Nähe, das in Johan eine Flamme auflodern ließ. Er beobachtete sie im goldenen Zauberspiegel des Schaufensters, und er wußte sofort, daß er angekommen und zu Hause war, sofern denn jemand wie er überhaupt ein Zuhause haben konnte.

Hier waren sie, die geflüstert und ihn angelockt hatten. Hier war es, wo sein Herz am heftigsten schlug. Johan schluckte vor Erregung, seine Augenlider zitterten, als er sie verschloß, und er betete zu Gott und dankte ihm, daß er hierher finden durfte.

***

Zwischen Kungsgatan und Mäster Samuelsgatan war Klara Norra Kyrkogata die Pornostraße. Alles in allem nicht mehr als ein paar Blocks. Kleinlich, es als Sünde zu betrachten, aber es war dennoch legendär. Klaro Porno.

Einige Clubs mit Live-Show und Go-Go-Tänzern, ein paar Hetero-Kinos sowie einige Geschäfte, die Magazine und Sexartikel verkauften. Die Geschäfte hatten in der Regel auch eine Anzahl Videokabinen mit dünnen Wänden aus Hartfaserplatten, in denen man Filme sehen und sich einen runterholen konnte. Man nannte es Privatvorstellung, und sie bestand aus einem Fernsehschirm, einem Hocker, einer Klopapierrolle und einem Aschenbecher.

Die Clubs und Kinos waren nur für Heterosexuelle, aber in den Zeitschriftenläden trafen sich alle. Dort durfte man sein, was man wollte – hetero, homo, transsexuell. Für den Einsamen gab es abgeschnittene Frauenköpfe aus Gummi, in die man sich entleeren konnte, Gummifotzen, Gummischwänze oder was man haben wollte.

In den Geschäften verachtete man keine Neigung, jeder Geschmack wurde befriedigt: Männer, die wie Babys verkleidet waren und von ihren Müttern gewickelt wurden, Bilder von drallen Frauenbrüsten, aus deren Warzen Milch spritzte. Es gab eine ganze

Abteilung mit Zeitschriften, in denen Frauen Männer und Männer Frauen anpinkelten, in denen sie sich gegenseitig in die Münder kackten, in Münder, aufgerissen wie Vogeljunge, die darauf warteten, gefüttert zu werden, mit Bildern, auf denen man an einem schön gedeckten Tisch saß, sich erhob und in Kristallgläser pinkelte, auf Silbertabletts kackte, Prost und Willkommen, dies ist die Menschheit, eine hochschwangere Frau mit Kleid und Brautschleier, die von drei Männer gleichzeitig gefickt wurde, eine andere Frau, die es in beide Löcher besorgt bekam, während sie heftig kotzte, ein Mann, dem die Eichel mit Nägeln durchbohrt wurde, ein weiterer Mann mit Netzstrümpfen und hochhackigen Schuhen, der ein kleines Mädchen mit seinem riesigen Penis in den Hintern fickte, eine Reise, eine Reise in das dunkle Herz der Mittelklasse.

Klara Norra Kyrkogata wurde Johans Zuhause als Jugendlicher. Hier lernte er, daß der Mensch viel mehr ist, als er zu sein vorgibt.

In der schönsten Villa in Enskede gibt es eine Folterkammer im Keller.

In Küchenschubladen liegen Hundeleinen auch bei denen, die keine Hunde haben.

Wenn Johan heute, fünfzehn Jahre später, irgendwo in Mittelschweden bei Geschäftsessen sitzt, geschieht es, daß er sich fragt, ob die Mittagsgäste Spitzenunterwäsche unterm Anzug oder einen Cockring aus Metall tragen. Johan lächelt die ganze Zeit und läßt sie nie aus den Augen.

Er weiß, daß man nie weiß, welche heimlichen Träume der Mensch mit sich herumträgt.

In der Klara Norra Kyrkogata hat er sie kennengelernt.

Still waren die Männer, die in den verschiedenen Magazinen blätterten, still und ernst, als wären sie in der Kirche. Niemand verachtete seinen Nächsten, aber alle verachteten sich selbst.

Dafür, daß sie dort waren. Dafür, daß sie von ihrer Begierde dorthin getrieben wurden.

Draußen fuhren die Autos langsam vorbei. Die Straße war eine Einbahnstraße in südliche Richtung, so daß die Autos auf die Vasagatan fahren mußten, um zurückzukommen. Die Autos fuhren Runde um Runde. Auf dem Bürgersteig standen Männer und warteten darauf, aufgerissen zu werden.

Vom Anbruch der Dunkelheit bis zur Morgendämmerung.

Die Zeit der Vampire.

Und dort stand Johan, tausend Jahre alt, lehnte sich an die Hauswand, spähte die Straße hinauf, steckte sich eine Zigarette an und wartete auf das, was kommen sollte. Es lag nur ein Jahr zwischen dem Jungen, der nach einem freikirchlichen Jugendlager im Meer getauft worden war, und dem Jüngling, der Männer auf der Klara Norra aufriß.

Sie waren beide gleich – blond, dunkle Augen, unsterblich.

Stille, stolze Jungen, samtweiche Männer, fallt auf die Knie für alle, die fallen.

In Anbetung auf den Knien und mit offenen, hungrigen Mündern, Mündern, die beten: „Stille unseren Durst! Verwandle Steine in Brot und gib es uns! Heilig, heilig ist der Herr Zebaoth."

Dies war der Berg der Versuchung.

Fallt auf die Knie für alle, die fallen.

***

Wer bekam seine Unschuld? Er erinnert sich nicht mehr genau. Vielleicht war es der Lokführer, der ihm im Aufzug des Hauptbahnhofs einen geblasen hatte, vielleicht war es der Vater dreier Kinder, der ihn mit den einfachen Worten „Komm mit!" aufgerissen hatte, vielleicht war es der Besitzer der Pornoladens, der ihm hinterm Tresen einen geblasen hatte, nachdem er zufällig den Laden abgeschlossen hatte. Einer von denen war es wohl gewesen, und er weiß nicht mehr welcher.

Er stemmte sich mit den Händen gegen die Schultern des anderen, während der Mann, wer es nun war, sich festsaugte und seinen Samen schluckte, der viel zu schnell aus seinem Teenagerschwanz schoß.

– Nein, hör auf! winselte er, und dann war es vorbei.

Der Lokführer hieß Danne. Das behauptete er jedenfalls. Danne ging auf den Strich, verkaufte sich an die alten Kerle am Hauptbahnhof, besorgte es ihnen mit seinem gewaltigen Glied, danach betrank er sich so viel wie es ging. Er war fast ständig voll und rief unaufhörlich „Gott aber auch!" auf Norrländisch.

Johan und er hatten sich nichts zu sagen, aber wenn er in der Schule gefragt wurde, ob er eine Beziehung hatte, antwortete er Ja und dachte an Danne. Oder wie auch immer er hieß.

Der Vater dreier Kinder hatte in Vasastan eine kleine Bude zum Übernachten, in die er Jungs mitnahm, je jünger desto besser.

– Obwohl ich nie etwas mit einem gemacht habe, der er es nicht selbst gewollt hat, erklärte er bestimmt.

Sein jüngster Liebhaber war zwölf gewesen. Wie alt waren seine eigenen Kinder? Johan hatte ihn nie gefragt. Es gehörte auch zu den Spielregeln, nicht zu fragen.

– Du bist so schön! hatte der Vater dreier Kinder gesagt und Johan zwischen den Beinen gestreichelt.

Und Johan mußte dringend hören, daß er schön war, und ließ den Vater dreier Kinder machen, was er wollte.

Der Besitzer des Pornoladens trug immer ein schmutziges kariertes Sakko, rauchte Kette, hatte häßliche Finger und einen kleinen Hitlerschnäuzer. Er ließ Johan sich in eine der kleinen Kabinen verdrücken und einen der Filme gratis ansehen.

– Hier kriegst du was zu sehen, das dich heiß machen wird, hatte er versprochen und eine Kassette eingelegt.

Wenige Minuten später hatte er sich selbst in die Kabine geschlichen und Johan einen geblasen. Er hatte die Zigarette aus dem Mund genommen und die paar Sekunden, die es dauerte, in der Hand gehalten.

So hatte Johan seine Unschuld verloren.

***

Es war eine Vielzahl von Abenden und Nächten, die er auf der Klara Norra Kyrkogata verbrachte.

In der Brust klopfte sein neu erwachtes Herz. Langsam vergingen die Stunden der Nacht. Er mußte bald nach Hause. Nur noch eine Viertelstunde, und noch eine Viertelstunde. Nächstes Mal, wenn genau dieser blaue Saab wieder vorbeikommt, würde er gehen. Aber er blieb dort, ging nicht.

Oft machte er nicht mehr, als dort zu stehen, dennoch erstickte er fast an Schuldgefühlen, wenn er sich in den Bus zurück nach Sollentuna setzte. Er versprach sich selbst und Gott, nie wieder. Nicht mehr dem Drang nachgeben, nicht mehr so etwas Niedriges und Schmutziges tun.

Und er wusch sich und putzte die Zähne und kroch in die kühlen Decken seines Kinderbetts, und mit den heruntergezogenen Rollos konnte er kaum die Morgensonne erahnen, und in der Dunkelheit des Zimmers konnte er so tun, als sei es Abend, und daß er schlafen müsse, und er betete wie jemand, der glauben möchte, daß er noch immer seine Unschuld hat.

Denn er war ein Kind der Freikirche, und auf eine Welt wie diese war er nie vorbereitet worden.

Niemand hatte ihm von Plätzen wie Klara Norra erzählt, niemand hatte ihm von dem Fieber, das dort brannte, erzählt.

Johan war mit Gott aufgewachsen. Gott war in mehreren von Johans frühesten Erinnerungen: im Abendgebet, in den Psalmen, im Weihnachtsevangelium. Gott war Liebe und Himmelreich. Von der Hölle hatte Johan nichts gewußt.

Nun da er erwachsen wurde, stellte die Kirche eine Menge Forderungen an ihn, so wie sie es zuvor nicht getan hatte.

Es war nicht wahr, was er gelernt hatte, daß Gott ihn so liebte wie er war. Gott liebte ihn nur, wenn er so oder so oder so war, Gott liebte Johan nur, wenn er so einer war, wie er es nicht war.

Wenn er sich selbst verstümmelte und verneinte, würde Gott ihn lieben. Gott würde seine Arme ausbreiten und die Kirche die Türen öffnen, und Johan dürfte dabei sein und vorgezeigt werden als Beweis für die Güte Gottes und der Kirche.

Gott haßt die Sünde, aber er liebt den Sünder.

So hatten diejenigen, die sich Christen nennen, ihre Lieblosigkeit, ihre Angst, ihre Vorurteile, ihre Feigheit erklärt.

Sie schoben Gott dafür die Schuld zu.

Sie stahlen Gott und zwängten ihn in die Kirche, sie erhoben ihre langen Zeigefinger und schlossen ihre Türen und ließen Johan einsam zurück.

Hier in der wirklichen Welt gab es Plätze wie Klara Norra, Plätze, von denen sie glaubten, daß es Gott dort nicht gab. Aber er war dort, und er war ständig bei Johan.

Gott haßt die Sünde, aber er liebt den Sünder – so eine Heuchelei. Wußten sie denn nicht, daß die Sünde und der Sünder eins sind!

Johan war seine Sünde, sie war in seine Haut eingeprägt, in sein Fleisch eingeritzt, sie war er!

Ihre Sünde, ihre Schande, ihre Erfindung. Sie konnten ihre Kirche behalten. Johan wollte nicht so werden wie sie. Er wollte sich nicht in ihre Reihen einordnen, nicht ihren Kaffee trinken, nicht zu ihren Ausbildungszentren fahren, nicht ihr Lächeln lächeln, nicht im Gleichtakt klatschen.

Johan wollte nicht so untergehen, wie sie gerne wollten, daß er es täte.

Er war mit Gott aufgewachsen. Er war in der Kirche aufgewachsen.

Aber die Kirche versuchte Gott zu verbergen. Hinter Flügelaltären, Gewändern und Kirchenkaffee versuchten sie ihn zu verstecken. Danach blockierten sie Johan den Weg und schrien, daß Gott ihn haßt.

Deshalb stellte Johan sich draußen vor die Kirche. Und dennoch liebte Gott ihn maßlos.

Doch schon bald war er wieder zurück in der Klara Norra Kyrkogata, egal was er sich zuvor selbst versprochen hatte.

Langsam verhärtete sich sein Gesicht.

Er begann, in die Läden zu gehen und in den Magazinen zu blättern. Beim ersten Mal war er zutiefst geschockt. Nicht mal in seiner Fantasie hatte er sich vorstellen können, daß man solche Sachen machen konnte wie die auf den Bildern, und schaute die Männer an, die diese Magazine kauften, um zu sehen, ob sie Ungeheuer waren.

Aber sie waren keine Ungeheuer. Sie waren wie er.

Er ging hinaus auf die Straße und nahm die Witterung auf.

Ein Auto drosselte die Geschwindigkeit, jemand auf dem Fahrersitz glotzte ihn an, jemand lehnte sich vor, um ihn besser sehen zu können. Einige Sekunden trafen sich ihre Blicke. Johan war fünfzehn und wurde das erste Mal bewertet. Der andere Mann drückte aufs Gas, um weiterzufahren. Johan war zurückgewiesen worden. So waren die Spielregeln.

Langsam verhärtete sich sein Gesicht, und er lernte die Spielregeln.

Die Spielregeln. So nannte er sie.

Einige Wochen später – vielleicht auch ein halbes Jahr, Johans Erinnerungen waren ein dicker Brei – konnte er selbst die Autotüren öffnen, den Kopf reinstecken und mit gekünstelter Stimme sagen: „Zweihundert Kronen für Wichsen, dreihundert für Blasen, für fünfhundert kriegst du, was du willst."

Obwohl, er tuckte eigentlich nie. Stolpernd lernte er die Spielregeln und tat das, von dem er glaubte, daß man es tun müßte.

Holte für fünfzig Mäuse einem alten Kerl einen runter, lernte die Spielregeln.

Er war gerade auf dem Sprung, mit einem Auto mitzufahren, als er auf dem Rücksitz zwei Äxte bemerkte, die nachlässig verdeckt worden waren.

Nicht getötet zu werden, die Spielregeln zu lernen. Mit der Schuld zu leben lernen. Zu wissen, daß die Erinnerung an die Sünde verblaßt, zu wissen, daß man sich daran gewöhnt, daß man es immer weniger spürt, und zum Schluß gar nicht mehr.

Er fickte in Autos, außerhalb von Autos, in Industriegebieten, Parks, auf Friedhöfen, in billigen Hotels, in heruntergekommenen Schlafkammern.

Die Männer immer älter, nie schön, immer ausnutzend.

Johan schwach, anscheinend stark, immer ausgenutzt.

Die Morgendämmerung grau und kalt.

***

Die Geschichte über Klara Norra ist die Geschichte über einen Mann ohne Namen, der Johan an einem Augusttag aufriß, als Johan sechzehn, fast siebzehn war.

Warm und feucht klebte die Luft die Kleidung an den Körper. Der Schweiß rann aus den Achselhöhlen und von der Stirn. Am Himmel verdichteten sich die Wolken immer mehr, wurden dunkel wie Geschwüre.

Unten auf der schmalen Straße drehten sich zwei Männer nach einander um. Der eine war von mittlerem Alter, der andere ein Jüngling. Der eine war erregt, der andere willenlos.

Johan stand still und ließ den anderen zu sich kommen. Der Mann war groß und kräftig, vielleicht vierzig, vielleicht fünfzig, aber erschien mehr wie ein zu groß geratenes Kind. Jeans und Trainingsjacke, auf dem Kopf eine Baseball-Kappe.

Sah nett aus. Wollte Johan haben. Also ging Johan mit, weil er noch nie zu irgend etwas hat nein sagen können. Der Mann stoppte ein Taxi.

– Wohnst du weit von hier entfernt? fragte Johan, der in der Regel nie mit in die Vororte hinaus fuhr.

– Nein, überhaupt nicht! versicherte der Mann, und sie fuhren hinaus in die Vororte.

Johan dachte, daß er nicht so weit raus fahren wollte, und das Taxi fuhr weiter, und er saß still, während der Mann vor sich hin summte und ab und zu Johan ansah und lächelte.

An einem Häuserblock mit Mietwohnungen, die Johan noch nie zuvor gesehen hatte, stiegen sie aus. Der Mann bezahlte das Taxi, das daraufhin wegfuhr. Dort standen sie nun allein, irgendwo einige Meilen außerhalb der Stadt.

Der Mann legte die Arme um Johans Schultern und schob ihn in ein Haus und die Treppen hinauf.

Jetzt bin ich ihm ausgeliefert, dachte Johan.

Danach fand der Mann die Schlüssel für die Wohnung nicht, von der er behauptete, daß er darin wohnen würde. Johan dachte, daß er sich nicht im entferntesten zu dem Mann hingezogen fühlte, daß er nur mitgekommen sei, weil der andere eine Baseball-Kappe aufhatte und nett aussah.

– Es ist wohl besser, wenn ich gehe, sagte Johan.

– Du darfst nicht gehen! antwortete der Mann.

Um die Tür aufzubekommen, ging er plötzlich so gewaltsam gegen sie vor, daß Johan instinktiv zurückschreckte.

Ich krieg uns schon rein, warte nur! schnaufte der andere und warf sich gegen die Tür und trat und riß am Türgriff bis der Türrahmen brach und die Tür aufging.

Draußen begannen die schwarzen Wolken, sacht zur Erde zu sinken.

Drinnen in der Wohnung roch es muffig-süß nach etwas, das vor sich hin gammelte. Auf einem schmierigen Linoleumboden lagen Zeitungen ausgebreitet wie ein Teppich.

Der Mann führte Johan ins Schlafzimmer. Aus irgendeinem Grund bemerkte Johan sofort, daß es dort keine Lampen gab. Von der Decke hingen ungenutzte Kabel. Die Wände waren kahl, und die Fenster hatten keine Gardinen.

Auf einem Tisch, neben dem schlampig gemachten Bett, lag ein Schreibblock, in den jemand ausgeschnittene Pornobilder geklebt und mit einer kindlich gespreizten Handschrift Sprechblasen hinzu geschrieben hatte: Schwanz! Schwanz! Schwanz! Schwanz! Schwanz! Schwanz! Schwanz! Schwanz!

Hundertfach wiederholt. Schwanz! Schwanz! Schwanz! Schwanz! Schwanz! Schwanz! Schwanz! Schwanz!

Wie eine Beschwörung, wie ein Mantra.

„Schluck meinen großen Schwanz!" „Ich ficke dir den Arsch kaputt mit meinem Riesenschwanz!"

Seite um Seite mit Pornobildern und Sprechblasen und Schwänzen.

Aus irgendeiner Ecke des Schlafzimmers kam der süße Gestank von Verwesung.

Er ist geisteskrank, dachte Johan, ich bin geisteskrank. Wir sind die Geisteskranken. Er und ich. Wir.

Und in einem Augenblick rissiger Zärtlichkeit ging Johan zu dem anderen hinüber, der sich aufs Bett gesetzt hatte und wie ein Hund wartete. Vorsichtig nahm ihm Johan die Sportmütze ab und strich mit der Hand über die dünnen Strähnen, die seine Haare waren.

Damit sie für eine Weile weniger einsam wären.

Dann zog ihn der Mann aufs Bett und wälzte sich auf ihn, und im selben Augenblick prasselten die ersten Regentropfen leise gegen die Fensterscheibe, so als ob die Engel im Himmel angefangen hätten zu weinen.

Der allzu Hungrige stürzt sich auf das Essen. Der Herr teilte das Brot und sprach: „Nimm und iß. Dies ist mein Leib. Mein Fleisch, für dich gegeben." Johans Leib war für den Mann gegeben, denn der andere hatte lange gehungert. Bald wurden seine Liebkosungen gewaltsamer, und er begann, Johan zu umarmen, so daß sich Johan nicht länger bewegen und atmen konnte.

– Warte! versuchte Johan, warte!

– Nicht warten, murmelte der andere und riß an Johans Kleidung, um sie herunter zu bekommen.

– Warte! schrie Johan, du tust mir weh! und versuchte, den anderen zur Seite zu schubsen. Tu mir nicht weh!

Da hörte der Mann auf und winselte ängstlich.

– Ich werde es nicht, ich werde es nicht! wimmerte er und sah aus wie ein kleines Kind, das von der Mama ausgeschimpft wurde.

– Nicht so heftig, bat Johan und legte sich wieder hin, immer mit der Ruhe.

– Ruhe, antwortete der andere, immer mit der Ruhe, ich bin so froh, daß du hier bist! Ich bin so froh.

Er legte sich über Johan mit seinem gewaltigen Körper und umarmte ihn. Härter und härter preßte er sich auf ihn und winselte, daß er so froh sei, so froh, so froh.

Wie ein geistig Zurückgebliebener, der sein Stofftier in den Händen kaputt drückt.

– Hör auf, bat Johan, ich kann nicht atmen!

– Ich bin so froh! murmelte der Mann und drückte Johan noch fester.

Johan dachte: Ich werde sterben.

Der andere riß ihm das Hemd auf und biß in seine Brustwarzen, schob seine Hand in Johans Hose und knetete seine Hoden, riß mit den Nägeln blutigen Striemen in Johans Bauch und Rücken, während er gleichzeitig heftig keuchte:

– Ich liebe dich, ich liebe dich, ich liebe dich!

– Runter von mir! schrie Johan, und es gelang ihm, sich zu befreien und aufzustehen, was zum Teufel erlaubst du dir!

Im selben Augenblick wurde der Mann wieder zu einem kleinen Jungen, der nicht versteht, was er falsch gemacht hat.

– Entschuldige! wimmerte er, du hast doch wohl nicht vor zu gehen? Geh nicht! Du darfst nicht gehen!

– Ich bin schon mal vergewaltigt worden, O.K.? Ich will nicht vergewaltigt werden, O.K.? Ich gehe jetzt! Du mußt mich rauslassen!

– Du darfst nicht gehen! Du darfst nicht gehen! Du darfst nicht gehen! schrie der Mann. Du mußt mir glauben! Ich werde dich nicht vergewaltigen! Du bekommst, was du willst, wenn du nur bleibst! Ich werde dir nichts tun! Du mußt mir glauben!

Und er riß die Schranktür auf und warf einzelne Penisse und Massagestäbe und Lederpeitschen und Pornozeitschriften und Cockringe und Ledergürtel und Handschellen heraus, und er schrie:

– Du darfst nicht gehen! Ich werde dir nichts tun!

Verzweifelt zog er seine Jacke und seinen Pullover und seine Jeans aus und stand in Unterhosen da. Sein Körper war weiß und teigig und völlig unbehaart.

– Du darfst nicht gehen! Du darfst nicht gehen! Ich werde dir nichts tun...

Er zog seine Unterhosen herunter.

– Ich kann dir nichts tun...

Und er stand da, mitten im Raum, in einem Durcheinander von Gummischwänzen und Massagestäben und Pornozeitschriften und Sexhilfsmitteln, mit den Unterhosen bis zu den Knien heruntergezogen, und sein Körper war fett und glänzend und zitterte, und seine Augen waren ängstlich und flehend, und er hatte keinen Penis.

Wo sein Penis hätte sein sollen, war nur eine kleine runde Kugel, einen Zentimeter groß.

Besiegt flüsterte er:

– Ich habe es noch nie gekonnt.

Auf dem Tisch lag der Schreibblock mit ausgeschnittenen Pornomodels und den Sprechblasen, die er selbst dazugeschrieben hatte: Schwanz! Schwanz! Schwanz! Schwanz! Schwanz! Schwanz! Schwanz! Schwanz!

Wie eine Beschwörung, wie ein Mantra, wie das, was ihm immer verwehrt worden war.

„Schluck meinen großen Schwanz!" „Ich ficke dir den Arsch kaputt mit meinem Riesenschwanz!"

– Ich kann es nicht, flüsterte er, während ihm die Tränen über die Wangen liefen und die kleine Kugel, die sein Geschlechtsteil war, vibrierte, ich habe es noch nie gekonnt.

Dann, kaum hörbar:

– Geh nicht! Du darfst nicht gehen!

Und Johan verschwand aus dem Zimmer und ging.

Das letzte, was er von dem Mann hörte, der im Raum seiner Niederlage stehenblieb, waren die Worte:

– Du darfst nicht gehen!

Als Johan vom Haus weglief, schlug der erste Blitz wie ein strafender Finger aus dem dunklen Himmel nieder. Und der Donner, der folgte, war erschütternd.

Aus dem Schwedischen von Sven Rohde

Gino Hahnemann

Keine Gerüchte, keine Tragödien

Ich wollte mir keine Gedanken mehr machen, mit denen ich nichts anfangen konnte. Der Geschichte fehlte ein logischer Vorgang. Spurlos sind sie verschwunden. Nie gehört von jemandem, dem es gelang, seine eigenen Spuren zu verwischen. Sie können nicht spurlos verschwunden sein. Schwer vorstellbar, weshalb sie mich ahnungslos zurücklassen sollten. Ich erinnere mich nicht, Anzeichen für eine bevorstehende Veränderung in ihrem Leben beobachtet zu haben. Ich hätte ihren Weggang verhindert, hätte ich welche bemerkt. Das wird auch ihnen klar gewesen sein. Bisher wurden sie nicht gefunden. Auch als tote Körper nicht.

Meine Mutter, eine begüterte, aber dennoch unbeschwerte Frau, war ein unterhaltsamer Mensch. Vielleicht ein wenig berechnend in der Art, wie sie sich arrangierte, aber auch darin doch nützlich für ihre Zeit, wie man in der Präsidialloge sagt. Unsere letzte Begegnung war in einer Nacht, als ich noch treu & brav mit Santana di Notre zu Bett ging. Sie kam rauf und begann, ohne ihn zu beachten, ein Gespräch mit mir, aus dem aber nichts wurde. Ein stilles Mondscheinlicht lag auf der Lauer, vor dem sie das Fenster schloß. Sie sagte: „Für die Welt ist das Höchste vollkommen gleichgültig. Man muß auf die Menschen Rücksicht nehmen. Nur so kann man sich vor ihrer Bosheit schützen." Diese Manipulation von Erfahrung wäre weder mir noch Santana di Notre eingefallen. Nicht mit, nicht ohne Mond. Ich tat es ab als gallischen Humor ihrer aus Gallien stammenden Mutter, die in Jerusalem begraben liegt. Ausnahmsweise kein Satz von Blut & Eisen, sondern einer von Galle.

Santana di Notre hat kein Interesse am Verschwinden meiner Mutter haben können. Er lebte von ihr. Sie hatte ihn aus dem Gefängnis freigekauft, weil sie ihn als Schriftsteller schätzte. Sie hätte dafür ihre Weinberge gegeben, oder die Weiden an den Ufern der Donau, wenn es der Preis dafür gewesen wäre.

Die Weinberge hat später in ihrem Auftrag der gewisse Herr Dr. Marti verkauft, deren Verwalter er geworden war. Die Ländereien links und rechts der Donau wurden auf Santana di Notres Idee mit Rüben bebaut, als der Freistaat nach der Wende davon abgekommen war, neben das alte Bett eine lange geplante, zweite Fahrrinne bis Esztergom zu bauen, der sagenhaften Festung König Etzels, von der die Vernichtung der Nibelungen des Burguntherkönigs ausgangen war. Also lange bevor sich das Geschäft mit den Rindern oder den Ländereien nicht mehr lohnte und der Preis für Zucker hochging. Mutter war beeindruckt von Santana di Notres vorausschauenden Begabungen. Dabei verstand er weder etwas vom Geschäft noch von der Natur. In seinen Augen besaß beides etwas Irrationales, für das es keine Erklärung zu geben brauchte. Womit, wenn nicht durch Phantasie sollte man einem Menschen den Zwiespalt auffüllen können zwischen seinem, für logisches Denken luxuriös ausgestatteten Hirn, das ihn zum Universalgenie machte, und der Veranlagung, es innerhalb seines Handlungsbedarfes völlig unberücksichtigt lassen zu können? „Der Kopf besteht aus mehreren Halbkugeln. Nur eine wahrt das Gesicht. All die anderen kennen wir nicht." So ungefähr reimte er sich sein Thema zusammen. Jetzt ist er verschwunden. Was ihm auch zugestoßen ist, es sollte sich aufklären lassen.

Meine Mutter schenkte Santana di Notre das Castello auf der Steilküste bei Triest, das sie *Pavillion* nannte, weil ihr die Silbe *Lion* am Ende gefiel. Mit dem ersten Buch, das Santana di Notre dort schrieb, hatte er seinen Durchbruch in Amerika. An den Lagerfeuern des Mississippi knisterte das Echo von Geschichten. An denen der Donau reichte das von Geschichte. Meine Mutter glaubte, mich mit seiner Hauptfigur identifizieren zu können. Es war ihr dringlichster Wunsch, er solle mich kennenlernen. Sie aber bekam mich erst nach der Wende aus dem Straflager frei. Und das mit Sicherheit, weil selbst die Braunkohle, in der ich steckte, zu diesem Zeitpunkt keine politische Zukunft mehr hatte. Unser erster, gemeinsamer Sommer in Triest. Meiner Mutter tat es gut. Es hätte keine wünschenswertere Beziehung zwischen uns geben können.

Ich kannte Santana di Notre aus der Landesbibliothek. Da war er schon im Knast. Wegen zweier unerlaubter Veröffentlichungen im Ausland. Die aber nach einem aus dem Rokoko stammenden Statut der Bibliothek angekauft wurden, soweit es sich um einen in der Gegend gebürtigen Autor handelte. Ganz gleich, ob sie schließlich zu den verbotenen Büchern geschlossen und unzugänglich gemacht werden mußten oder nicht. Ich war noch weit entfernt von achtzehn, als ich mir die Genugtuung gönnte, die Genehmigung zu fälschen, um verbotene Bücher lesen zu können. Es war kein Geheimnis, daß jeder verbotene Bücher las. Sie sollten bereits als solche geschrieben sein, wollte ein Schriftsteller als etwas Besonderes gelten. Machte nicht erst das Verbotene Spaß? Vielleicht war der Direktor, Landesbibliothekskonservator Dr. Marti, selbst auf die Idee gekommen, sich ein Sortiment dieser Bücher zu halten. Um seine Position nach zwei Lagern zu stützen. Vielleicht auch, weil er in seinem Inneren ein spießiger Spaßmacher war. In der Stadt konnte einer wie er bereits als ehrenwert gelten, wenn er eine als Paar verstandene Ehe einmal im Monat im Sinfoniekonzert zeigte und sonntags, soweit ich mich erinnere, drei oder vier Töchter in der katholischen Messe. Die Kinder trugen gestärkte Petticoats unter ihren Röcken, obwohl das lange aus der Mode war.

Auf seinem Arbeitstisch häuften sich die Genehmigungen, gefälschte und ungefälschte, wer wollte das prüfen? „Halten Sie sich für etwas Besseres, um nicht wie jeder normale Bürger die empfohlene Literatur auszuleihen?!" begrüßte Dr. Marti die Schwarzleserschaft. Sein Satz war durch zwei Interpunktionen so entstellt, daß er sich weder mit einem Kopfschütteln noch mit einem Nicken beantworten ließ. Eher mit Kopfschütteln. Doch zuvor war es kurzzeitig angebracht, entehrt zu Boden zu blicken und aus der hohlen Hand zu argumentieren, die verbotenen Bücher seien in einem besseren Zustand, gut gebunden, weder zwischen den Zeilen, noch an den Rändern beschmiert, wie jene aus der gewöhnlichen Ausleihe. Im Katalog seien sie darüber hinaus mit einer ins Auge stechenden, leuchtenden Markierung wie selbstverständlich als etwas Besonderes kenntlich gemacht.

Darauf lockerte er sich mit einer ihn entschuldigenden Geste, und man wurde mit dem Belastungsmaterial für Stunden in einen neben der Direktion liegenden, baufälligen Saal gesperrt, der sonst nicht öffentlich zugänglich war. Es war ein rechteckiger Raum, der über drei Stockwerke ging. An den Stirnseiten runde-te eingeschränkte Bewegungsfreiheit die Ecken ab. Über der Mitte des Saales gläserne Ampeln mit durchgebrannten Glühbirnen. Ockerfarbener Stuck auf Marmorbüsten ohne Unterleib und ebenholzgerahmten Porträts, der aus einem imaginären Stundenglas zu rieseln schien. Zwischen kapitellköpfigen Pilastern handbeschriftete, braune Folianten. Beim Umblättern knarrten die Seiten, wie ein angeschlagener Baum vor dem Fall. Unter einem ausgemalten Himmel eine Galerie. Dr. Marti sah von Zeit zu Zeit über die Balustrade, damit ich aus den Büchern keine Abschriften machte. Ich gewöhnte mich an das jünglingshafte Trappeln seiner Kontrollgänge. Auf diese Weise erschloß sich mir die Raumfolge des Saales akustisch, der mir sonst unbekannt gebliebenen Treppen, Wandelgänge, Doppelböden und Buchrücken, hinter denen sich Geheimtüren öffnen ließen. Eines Tages, nach Ende meiner Lesezeit, war die Tür zum Ausgang nicht verschlossen. Statt den Saal zu verlassen, wartete ich ab. Schon bald glaubte ich aus einem Raum in den oberen Etagen Dr. Martis gockelnde Stimme zwischen anderen Lauten zu hören. Es klang, als sei jemand unter einem anderen eingezwängt, ein weiterer bilde dazu eine Klammer in entgegengesetzter Richtung, ein vierter bekämpfe gurgelnd eine Bedrückung, und ein fünfter empfände einen Schmerz zwischen den Beinen. Eine ganze Weile ging das so. Als es vorüber war, hörte ich Dr. Marti von einer Empore meinen Namen rufen, da er mich nicht mehr im Lichtkegel der Schreibtischlampe sah. Ich hatte mich unter einem Postament versteckt und konnte nicht sprechen. Er verschwand durch den Ausgang. Neugierig kletterte ich über eine wacklige Wendeltreppe zur Galerie hinauf. An deren Ende eine aufgeschobene Buchrückentür. Ich trat in eine gewölbte, sakristeiartige Kammer. Es war ein Raum ohne Bücher. Hier stand nur ein Tisch, auf dem Kerzen in Messingleuchtern fackelten. Es war gewittrig-warm und roch nach Anis. Vor mir eine unbekleidete, dunkelhäutige Gestalt, die sich etwas über den Rücken zog, ohne sich umzusehen, als sie die Bewegung der Tür registrierte. Etwas in mir tastete sich an ihre Schulter heran, obwohl ich mir grundsätzlich sicher war, daß sich nichts an meinem angewurzelten Körper bewegen ließ. Die unbekleidete Gestalt erschrak, da ich nicht Dr. Marti sein konnte, sprang auf und drehte sich zu mir um. Ich erkannte den Sohn des kambodschanischen Dirigenten. Hinter verbotenen Büchern lagerten also ganz andere Bücher.

Der beeindruckendste Satz alles bis dahin Gelesenen kam mir in den Sinn: „Ab einem bestimmten Punkt gibt es keine Rückkehr mehr." Aber auch kein Vorwärts, dämmerte es meiner Erkenntnis. Das konnte unmöglich der Punkt sein, der erreicht werden mußte. Bevor meine Erregung etwas zum Fortgang der Szene hätte beitragen können, öffnete lautlos Dr. Marti die Tür. Ich hatte seine zurückkehrenden Schritte nicht gehört. Flucht war aussichtslos. Der Kambodschaner, wahrscheinlich um etwas Hilfreiches zu unternehmen, zertrümmerte einen der Leuchter auf meinem Kopf. Das Bild meiner Hinrichtung durch eine Freiheitsstatue war das letzte, das mein angeschlagenes Bewußtsein wahrnehmen sollte. Ich erwachte in einer Strafkolonie mitten im Braunkohlegebiet, dem ich zehn Jahre lang nichts abgewinnen konnte. Zehn Jahre für nichtausgelesene, verbotene Bücher.

Erst nach meiner Entlassung hörte ich, zeitgleich zu meiner Verhaftung kam auch Dr. Marti im Gefängnis zur Welt. Er wurde vom fürstbischöflichen Ostkommissariat freigekauft und auf dessen Empfehlung erster Bibliothekar der Loge der Literarischen Liga, dessen Präsidentin meine Mutter war. Später wurde er ihr Verwalter und übernahm den Herzogstuhl zur Pacht, einen unbenutzten Wildhüterturm im Donauwald aus dem achtzehnten Jahrhundert. Er baute ihn aus mit eigener Hand. Es hieß, er arbeite etwas ab. Niemand half ihm, obwohl zu vermuten war, daß er den Ort nicht allein bewohnen konnte. Die Anlage war bis fünfundvierzig eine gewinnbringende Jagd. Dann fiel sie wegen ihrer imponierenden Vergangenheit in die Hände der U.S.Army. Erst zweiundachtzig, nach der Charta von Ruhpolding, ging sie verwahrlost in den Besitz meiner Familie zurück. Aus den Gehegen, Hetzgärten und unterirdischen Gängen war nichts mehr zu machen, aber den Turm hat Dr. Marti so gut wie erneuert. Im Winter soll von der oberen Loggia durch das gelichtete Astgitter Walhalla zu sehen sein. Es wurde gemunkelt, Dr. Marti halte im Turm Thais eingesperrt. Mutter wollte das nicht bestätigen. Gesehen hat sie sie nie.

Wenn Santana di Notre betrunken war, fluchte er in verzweifelten Sprachen, Dr. Marti habe ihn reingelegt. Anfangs habe er geglaubt, er könne sich auf den Vertrauten meiner Mutter verlassen. Vertraute sie ihm? Gemeinsam hätten sie den Schwimmenden Zirkus von Setheja kaufen wollen. Es scheiterte an der Ausfuhrgenehmigung des königlich-thailändischen Tierarzneiamtes. Als die Absage kam, war das Geld aufgebraucht und neues nicht mehr in Aussicht. Dr. Marti behauptete, es habe nie ein Interesse an einem Zirkus gegeben. Sie hätten sich so lange wie es ging in Setheja ein besseres Leben gemacht, nach allem, was sie in ihrem bisherigen hinter sich hatten. Das hieß, nach Dauer des Glücks, in weißer Weste im Casino gewinnen, und die Nachfrage nach einem House of Lords mit opferbereiter, immerlächelnder Dienerschaft steuern. Das teure Vergnügen am Ertrag zusammengelegter Einnahmen in der billigen Fremde hielt ein dreiviertel Jahr. Von ihren Eltern verkaufte junge Malayen, Thais und Khmers, an denen sie ihr Geschäft machen wollten, hatten die Lage längst zu ihren Gunsten geklärt und Santana di Notre und Dr. Marti als Betrüger selbstbewußt reingelegt, die sich nun ihrerseits ihrer Pleiten beschuldigten. Nachweisen konnten sich beide nichts. Dr. Marti bestritt, er betriebe noch auf dem Herzogstuhl einen Handel mit ihnen, aus offenen Rechnungen. Um einem aufziehenden Unwetter aus dem Wege zu gehen, schickte meine Mutter Santana di Notre nach Triest. Und mich, drei Wochen nach meiner Entlassung, hinterher. Ich glaube Santana di Notres Version mit dem Zirkus, der in jedem seiner Romane eine Rolle spielt.

In *Keine Gerüchte, keine Tragödien* schreibt er: „Der Zirkus lag inmitten der Stadt. Nicht irgendwo auf einem zufällig unbebauten Gelände am Rande. Tagelanger Regen hatte das Stadtzentrum zum Überschwemmungsgebiet gemacht. Autos mit erleuchteten Buddhafiguren auf dem Amaturenbrett pflügten aus der untergegangenen Hauptstraße senkrechte Wasserschollen auf. Hinter ihnen tänzelten Rikschas rutschend im Schlamm, mit Plastikfolien zugebunden. Schwimmende, gelbe Hunde schluckten treibendes

Kokosfleisch bei geschlossenen Augen. Aus der Wildnis eines Sportstudios mit ausgetrockneten Ventilatoren der Ruf der Freiheit der Fernseher. Die Bäume davor krümmte der Sturm. Er hatte die Zirkusmasten bis auf ihre bizarre, innere Konstruktion niedergedrückt. Die Plane, einst Form einer Blüte aus mehreren übereinander liegenden Pagodendächern, hatte sich, wie Fleisch, von den Knochen gelöst, und flatterte jetzt in zerrissenen, unzähligen Fetzen an ihnen. Ein anatomisches Bild. Der Zirkus war in einem wirklich miserablen Zustand. Und mußte doch funktionieren. Wie jeder andere Laden. Mußte etwas verkaufen. Aber das war nicht die Sensation. Gefangene als ästhetische Existenz suchte man hier vergebens. Es war nicht nötig, als Eskimo aufzutreten oder als Eisbär. Auf den Rücken im Wasser watender Moschusochsen waren Planken zusammengebunden, die die schwankenden Sitzreihen trugen. Porzellanäugige Elefanten tauchten unter ihnen auf. Sie konnten ebensogut schwimmen wie aufzehenspitzengehen. In rumpelnden Kehlen erfanden sie Melodien zu ihrer Verständigung. Es gab fliegende Drachen, die niemand das Fliegen gelehrt hatte. Sie waren leichter als Luft. Krachendes Feuerwerk entzündete sich. Jeder Laut ist auch brennbar. Diese Heiterkeit war ergötzlich und ungebrochen, so als ob es keine Wirklichkeit gäbe. Das Unwirkliche wurde zur Wirklichkeitsform. Der Rausch der Entlarvung war das Geheimnis. Meine Vorstellung, die ich von den Begriffen hatte, fiel zusammen mit der zentralen Erregung eines neuen Handlungsimpulses. Einer Entscheidung, zu handeln. Ein Gefühl von etwas unmittelbar Bevorstehendem, das meinem Leben Bewegung verlieh. Ich empfand eine innere Ruhe, als folge ich einer Spur zu etwas. Das sich mir außergewöhnlicherweise entzieht, wonach ich aber zeitlebens gesucht haben mußte. Als Mensch mit einer unzerstörbaren Sehnsucht bleibe ich auf der Suche, auch wenn ich es nie erreichen werde. Ob ich es erreiche oder nicht, spielt keine Rolle. Orte sind Zeiten und werden wieder zu Zeit."

Santana di Notre ist vergessen.

Nirgends eine emaillierte Fotografie.

Ich werde sein Buch als Beweisstück ins Ministerium mitnehmen. Seit auch die Stelle meines Körpers in seinem Bett nackt geblieben war, interessierte ich mich für Dr. Martis Wohnung. Aus einer Telefonzelle am Parkplatz unterhalb von Walhalla begann ich, mit den Bewohnern des Herzogstuhls in Kontakt zu kommen. Stundenlang hätte mich nichts und niemand aus der Zelle bringen können. Eines nachts endlich die Antwort vom anderen Ende des Telefons, mit einer Schutz gewährenden Geste der Furchtlosigkeit: „Hier spricht Tao Thai King!"

Ich nannte meinen Namen, und rief wie verzweifelt:

„Wieviele seid ihr?"

„Zwölf", antwortete er zackig, als beherrsche ihn das Gemüt des Überblicks. Mir reichte das als Beweis: Dr. Marti hielt Menschen gefangen. Ich überlegte, wie ich den Eingeschlossenen zu Hilfe kommen könnte. Ich ersann Pläne zu ihrer Befreiung, sprach zu keinem davon. Wiederholte wöchentlich meine Telefonate. Notierte ständig wechselnde, einander widersprechende Angaben. Bis ich merkte, wir redeten aneinander vorbei. Er hatte stets die Leute gemeint, die im Herzogstuhl übernachteten, wenn es das Wetter auf den Treppen von Walhalla nicht zuließ.

Eines Tages klagte Tao Thai King, Dr. Marti sei von seiner letzten Reise nach Setheja nicht zurückgekehrt. Er könne nun das Haus nie mehr verlassen. Ich legte den Hörer auf. Ich spürte den Kraftakt des buckligen Bugatti unter meinem Fuß. Mit siebzig die ungeschotterte Straße hinauf. Die Fenster des Wagens waren runtergerutscht. Ich roch die Staubwolke, die hinter ihm aufstob. Die Auffahrt führte in einer Schleife um den Jagdsitz herum. Ein Sockel aus Sandstein. Etage um Etage überstehendes Fachwerk. Eine hochgekurbelte Zugbrücke. Über dem Eingang der steinerne Kopf einer pannonischen Bärin, aus deren Maulöffnung eine Zunge von gelbgewordenem Leder hing. Als Zeichen, daß jemand im Haus war. Ich hangelte mich an einer Dachrinne bis zu dem Fenster, an dem ich die Person mit dem Leuchter gesehen hatte, die Tao Thai King sein mußte, und stieg ein. Er zog seine Shorts runter, als ich auf die Dielen sprang. „Etwas stimmt mit Deinem Gesicht nicht", sagte er. Bevor ich mir noch den Zusammenhang zwischen Bild und Text erklären konnte, erkannte ich in ihm den Kambodschaner aus der Landesbibliothek. Doch da schwang bereits durch unsere gemeinsamen Bewegungen die Kette aus getrockneten Malvasiertrauben und Algarobo, dem Samen des Affenbrotbaums, an seinem Hals hin und her. Klar stimmte etwas nicht mit meinem Gesicht, wenn ich daran dachte, daß alles ablaufen würde wie immer. Daß entweder ich oder er eines Tages unauffindbar weggehen würden.

In der gleichen Nacht war er verschwunden. Noch bevor ich am nächsten Morgen mit ihm über unsere Biografien nachdenken konnte. Wahrscheinlich über die Geheimtreppe, die vom obersten Raum direkt in die Pirschgräben führte. Orte sind Zeiten und werden wieder zu Zeit. Ich verfluchte Wölfe wie Bären, zog die gelbe Zunge ein, verschloß das Haus und bat, ohne noch einen weiteren Tag abzuwarten, um einen Termin beim Innenminister.

Tao Thai King, Dr. Marti, Santana di Notre, meine Mutter – bis heute alle nicht mehr auffindbar. In dieser Gegend wird ihr Verschwinden keine Panik auslösen. Durch ständiges Kommen und Gehen sieht es aus, als würden immer Leute vermißt. Am Ende ist eine Sache vergessen. Unmerklich werden wir ganz andere geworden sein.

Was ich dazu zu sagen hätte, daß von jeder der vermißten Personen ein weißer Gedankenstrich direkt zu mir führe, war alles, was der Ministerialrat von mir wissen wollte. Dieser Mensch würde nie aufhören, sich immer nur aus der Vergangenheit die Gegenwart zu erklären. Spurlos sind sie verschwunden, das ist für mich schwer zu begreifen. Keine Gerüchte, keine Tragödien. Was für eine Zukunft war da bereits im Gange? Morgen früh, wenn ich mich gefaßt haben würde, werde ich wieder vor ihm erscheinen. Statt Frage und Antwort zu stehen, läse ich ihm besser diese Aufzeichnungen vor. Eine Gedächtnisstütze, um mir jede weitere Verwirrung zu ersparen. Es sind alltägliche Beobachtungen, dennoch sollte er vertraulich mit ihnen umgehen. Natürlich werde ich sagen, was ich weiß. Das ist alles, was ich sagen kann. Mehr weiß ich auch nicht über mich.

Luis Antonio de Villena

Das Erscheinen Cupidos

(aus den Erinnerungen „Vor dem Spiegel")

Ich habe bereits voller Melancholie von meiner großen platonischen Liebe am Gymnasium erzählt. Oder, um genauer zu sein, von der wichtigsten jener Lieben, jenem drängenden Verlangen nach Kameradschaft. Denn es gab in der Schule noch den einen oder anderen, den ich begehrte, wie auch unter den Söhnen von Freunden meiner Eltern oder den Sprößlingen benachbarter Familien, die des Nachmittags gelegentlich zum Spielen kamen... Von den letzteren erinnere ich mich in ganz besonderer Weise an Alfredo. Als wir kleiner waren, spielten wir gemeinsam mit römischen Soldaten, Indianern oder wilden Tieren, und wir verstanden uns blendend... Wir wuchsen heran (wir waren im gleichen Alter, er vielleicht ein Jahr jünger), sahen uns nur mehr selten, entwickelten aber eine Art unbestimmten Respekt voreinander, so als ob etwas nicht mehr wie früher wäre. Damals begann ich, Alfredo zu begehren, ihn zu lieben und Gefallen an ihm zu finden. Er hatte dunkles Haar, in seinen von langen Wimpern gesäumten Augen lag ein überaus sanfter Ausdruck, er war von ebenmäßigem Wuchs, und eines Tages bemerkte ich (und fühlte es in meinem tiefsten Innern), daß ein ungeheuer zarter Flaum seine Lippen und seine Knöchel zu umschatten begann... Er spielte an seiner Schule (er ging nicht auf meine) Fußball, und gerade zu jener Zeit, als wir bereits nur noch wenig Kontakt miteinander hatten, wünschte ich ihn mir am sehnlichsten in meiner Nähe. Ich fragte wiederholt meine Mutter, ob sie seine sehe, in der Hoffnung, eines Tages auf ihn zu treffen... Ich, der ich damals schon (ich glaube in der Proust-Biografie von André Maurois) gelesen hatte, daß Marcel die Namen seiner Helden in Heldinnen änderte und daß die *Schatten junger Mädchenblüte* eigentlich Schatten von Jungen waren, ich also wandte die gleiche Strategie auf Alfredo an, dem ich wohl eine Erzählung und verschiedene Gedichte mit dem liebevollen Schriftzug *Für Alfredine* widmete. Ein komischer Name, gewiß. Aber wohl nicht viel anders als Albertine. Das ändert jedoch nichts daran, daß es mit keinem, mit absolut keinem, dieser platonischen Geliebten in körperlicher Hinsicht auch nur zum leichtesten Kontakt, zur geringsten Erfahrung, zur zufälligsten Berührung oder Andeutung einer Berührung kam: nichts und nochmals nichts. Mein Sexualleben – mit anderen – existierte nicht. Da ich ein Einzelkind war und noch dazu ein sehr nachdenkliches und zurückhaltendes, lernte ich nie jene Nächte jugendlicher Komplizenschaft mit Cousins oder Freunden kennen, jene Nächte, in denen man mit der bedingungslosen Einwilligung der Familien beim anderen übernachtet, oder jene trägen Sommerabende, in denen die Hitze und das Alter zu einem ausgelassenen Spektakel der eigenen Körper verschmelzen... Ich wiederhole: nichts davon. Obwohl mir, wenn ich es recht bedenke, Cupido eines Nachts erschien, ein nicht mehr kindlicher, anmutiger Cupido, und mich versuchte und mich einlud, seinem Pfad zu folgen, frohen Mutes seinen Weg einzuschlagen...

Es war selbstverständlich ein außergewöhnlicher Tag. Pablo war das dritte Kind einer engen Freundin meine Mutter, die ich Mercedes nennen werde. Diese Kindheitsfreundin meiner Mutter hatte vorteilhaft geheiratet, einen Anwalt mit bestens laufenden Geschäften, und lebte nun ein blühendes großbürgerliches Leben. Sie hatte vier Kinder (zwei Mädchen), und Mutter besuchte sie oft. Bis hierhin ist alles sehr klassisch. Diese Familie war mir jedoch nie wirklich sympathisch gewesen, und ich besuchte sie daher so selten wie möglich. Nichtsdestotrotz bemerkte ich gelegentlich, daß Pablo – der älteste Sohn, das Erstgeborene war ein Mädchen – mit seinen grünen Augen und seiner sehr sportlichen Figur ein attraktiver Junge war. Pablo ging auf die gleiche Schule wie ich, wenn auch drei Klassen unter mir, und ich sah ihn, hauptsächlich nachmittags, beiläufig in der einen oder anderen Pause oder wenn er sich auf den Heimweg machte... Einmal (aber das war vor dem, was ich erzählen werde) fuhr uns sein Chauffeur, der bei einer der Firmen seines Vaters angestellt war, oder auch meiner nach Hause. Damals war er zehn oder elf Jahre alt; aber später bemerkte ich zu meiner Überraschung, wie schnell und wohlgeformt er heranwuchs. Und eines Tages, ich war fünfzehn und er zwölf oder dreizehn, teilte mir meine Mutter mit, daß Pablo am darauf folgenden Tag bei uns übernachten werde. Seine Mutter sollte an irgend etwas operiert werden (nichts Ernstes, natürlich), und weil dies ein Durcheinander in der Familie auslöste – was ich heute, wenn ich es recht bedenke, nicht verstehen kann, da sie eine Menge Personal hatten – sollte der Junge bei uns bleiben. Kurzum: Die genauen Gründe, warum es nur für einen Tag war, kenne ich nicht oder erinnere ich nicht mehr, aber es war so. Sein Chauffeur sollte uns am Nachmittag von der Schule abholen und uns zu mir nach Hause (in die Stadtwohnung) fahren, wo schon das Essen auf uns wartete. Am Morgen sollte Mama, die wie immer im Landhaus schlief, kommen und uns wieder zur Schule bringen. „Da ihr ja schon groß seid, könnt ihr auch sehr gut allein bleiben", sagte sie zu mir. Ich vermute, meine Mutter wollte uns (besonders mir gegenüber, ihrem Schützling) ihr Vertrauen zeigen. Ich war immerhin ein ernster, ruhiger Junge. Als ich von dem Plan erfuhr (ich zeigte nicht die geringste Begeisterung), geriet ich innerlich in Aufruhr. Ich verblieb in einem Zustand sehnenden Begehrens, anschwellend vor Jubel. Ich würde Pablo bei mir haben und ihn nackt sehen können. Das war es, was ich dachte. Pablo mit seinen grünlichen Augen und seinem jungen, aber, da er seit frühester Kindheit eifrig schwamm, gut gebauten Körper... Pablo, Pablo! Sein Name erklang in meinem Innern voller Wärme, voller Musik, wie das Auftauchen eines (ich sagte es bereits) jungen Liebesgottes im Frühling...

Und der Tag kam. Pablo und ich stiegen ins Auto. Ich weiß nicht mehr, worüber wir sprachen, habe ihn aber eigenartigerweise als etwas schüchtern in Erinnerung, was er nicht war. Vielleicht weil er zum ersten Mal bei uns schlafen würde. Der Chauffeur setzte uns vor der Haustür ab, und wir gingen hinauf. In der Wohnung war, wie versprochen, niemand. In der Küche zwei Tabletts mit bereits angerichtetem kalten Abendessen und vornweg, so glaube ich mich zu erinnern, eine Brühe, die nur noch aufgewärmt werden mußte. Und in meinem Schlafzimmer (wenngleich Pablo in einem anderen Zimmer schlafen würde) sein Pyjama und ein Morgenmantel, die man wohl am Vormittag gebracht hatte. Sobald wir da wären, sollte er im Krankenhaus anrufen, um sich nach seiner Mutter zu erkundigen, und dann bei mir zu Hause in Chamartín, um meiner Mutter mitzuteilen, daß wir angekommen seien. Ich sagte ihm, er solle dies besser gleich tun, um dann Ruhe zu haben, und während Pablo im Wohnzimmer telefonierte, entkleidete ich mich, zog meinen Schlafanzug an und ging kurz ins Bad, um mich zu waschen. Ich war gerade fertig, als Pablo nach dem zweiten Anruf den Hörer auflegte. Ich setzte mich auf einen Stuhl und bedeutete ihm, daß seine Sachen auf dem Bett lägen. Ich weiß nicht mehr, wovon wir sprachen, aber ich weiß, daß wir es taten, und sogar mit einer gewissen Feierlichkeit. Um ehrlich zu sein, rechnete ich nicht mit der kleinsten Abweichung von meinem Programm. Denn er hätte, wie mir jetzt klar wird, seine Kleider nehmen und mit ihnen ins Bad oder in das Zimmer gehen können, wo er schlafen sollte. Aber nein, ich wußte (und hoffte), daß Pablo sich hier, vor mir, ausziehen würde. Und so geschah es. Schüchtern, aber ohne zu zaudern, legte er allmählich seine Kleidung ab, während wir weiterhin plauderten oder scherzten, wobei ich heute nicht mehr weiß worüber. Und als er endlich, nach dem langwierigen Prozeß, nur noch in Unterhosen vor mir stand, erhob ich mich wie durch eine magische Macht getrieben und sagte etwas zu ihm, was einen spielerischen Kampf zwischen uns heraufbeschwor. Vielleicht nannte ich ihn mickrig oder dürr oder sagte ihm, daß er sicher nicht einmal die Kraft einer Fliege hätte... (Irgend etwas Dummes in der Art.) Jedenfalls wälzten der halb nackte Pablo und ich uns im nächsten Moment ausgelassen auf dem Bett, packten uns, preßten uns eng aufeinander und versuchten lachend, den anderen zu besiegen. Natürlich war das Feuer meines Eifers geringer als das seine. Das heißt das Feuer beim Kampf, denn mein anderes Feuer war ungeheuerlich. So ungeheuerlich, daß ich glaube aufgehört zu haben, damit er nichts merkt. Als wir uns aus der Umklammerung lösten, fiel mir selbstverständlich auf, daß auch Pablo brannte, leicht zwar nur, aber deutlich wahrnehmbar. Er stand vor mir mit seinen halb heruntergerutschten Unterhosen, dem zerzausten Haar, den Funken sprühenden Augen und dem so straffen, den zukünftigen Athleten andeutenden Körper und lächelte mich an, ein Komplize in diesem Moment und wie immer schon seit alters her... Er entledigte sich des letzten Kleidungsstückes, das er noch trug, und zog sich ganz schnell den Pyjama über (womöglich damit mein Blick nicht wahrnähme, was er bereits erspäht hatte). Nach dieser, sagen wir, Einleitung ging er sich waschen, während ich die Brühe aufwärmte und die Tabletts ins Wohnzimmer trug. Wir aßen, und danach ging ich mich duschen. Später setzten wir uns aufs Sofa, um uns einen Film im Fernsehen anzuschauen. All dies trug sich innerhalb von zwei oder drei Stunden zu, aber ich nahm kaum wahr, wie die Zeit verging. Ich weiß, daß ich noch etwas anderes erhoffte, obschon ich natürlich nicht wußte, was. Auf jeden Fall merkte ich, daß Pablo, der wahrscheinlich den ganzen Tag herumgetollt hatte, nach und nach von der Müdigkeit überwältigt wurde. Und da ließ ich, erneut magisch von dem meinem Cupido geschuldeten Schicksal angetrieben, meine Hand unter seinen aufgeknöpften Pyjama gleiten, zu seiner Brust, seiner Taille, und während ich meine Fingerspitzen über ihn gleiten ließ, sagte ich zu ihm: „Na du Schlafmütze, bist wohl nicht kitzlig?" Und der halb eingeschlafene Knabe schüttelte träge den Kopf, während ich, kühner noch, meine Hand weiter hinunter gleiten ließ und zu ihm sagte: „Hier aber schon", und seinen Bauchnabel berührte und, kurzzeitig, zur Achselhöhle auswich und er immer weiter den Kopf schüttelte. Auf diese Weise, gerahmt von dem stets gleichen Dialog, gelangte die Hand dahin, wo sich das allererste Schamhaar zeigte, und zum Geschlecht selbst. Und jener knabenhafte, schläfrige Penis begann sich unter der Berührung meiner heißen Hand zu entzünden und anzuwachsen – langsam, fest, deutlich –, während Pablo, dessen Kopf gegen meine Schulter gesunken war, nein schnurrte, nein, er sei nicht kitzlig...

Mein Leser wird denken, wunderbar, also hast du es doch geschafft, nicht wahr? Und natürlich täuscht er sich erneut. Denn kaum einen Augenblick später zog ich meine Hand von jener heißen und gütigen Innenseite seines Oberschenkels zurück. Und sogleich überkam mich (den so großen Heiden!) ein Anfall schlechten Gewissens. Ich bin immer sehr religiös gewesen, aber nur ein mittelmäßiger und oberflächlicher Katholik (kaum zwei Jahre später hörte ich schließlich ganz auf, in die Kirche zu gehen);

in jener Nacht jedoch stieg plötzlich der Gedanke in mir hoch, daß das, was ich oder was wir gerade taten, eine große, eine ungeheuerliche Sünde sei. Und ich, der ich vor Verlangen zum Bersten gespannt war, rührte mich nicht, schaltete den Fernseher aus und sagte Pablo, daß es spät sei und wir ins Bett gehen müßten... Jeder in seinem Zimmer, versteht sich. Der Junge erwiderte nichts, und wenig später war alles dunkel. Natürlich sprach ich mit Pablo nie darüber (oder auch nur über irgend etwas in der Richtung), aber ich bin mir sicher, daß er in jener Nacht mein Komplize war und daß er sich am sanften Wein seines Körpers labte und daß ihm all das schmeichelte...

In der grausamen Aufstellung der Beträge, die das Christentum uns schuldet, ist einer der ersten und einer der schwerwiegendsten Posten der, uns unseres eigenen Körpers beraubt zu haben; die Tatsache, uns die sexuellen Freuden versagt zu haben sowie jene süßen Momente, die wir uns so oft gegenseitig aus Zuneigung, wenn nicht aus Liebe, ohne schlechtes Gewissen mit unseren armen glorreichen Körpern hätten schenken können...

Wie traurig muß ich in jener Nacht gewesen sein! Noch trauriger wäre ich jedoch gewesen, hätte ich gewußt, und natürlich wußte ich es nicht, daß fast zehn Jahre würden vergehen müssen, bis ich wieder so etwas wie mit Pablo erfahren würde, nur besser und ohne die dummen Vorstellungen von Sünde, mit einem anderen Körper, ebenfalls ein dunkler Typ und sehr jung... Wie vermisse ich doch diese Zeit des Heranwachsens, die ich nicht hatte, in der der Sex, jener sanfte, gütige Sex für mich leicht erreichbares Trinkwasser gewesen wäre! Indes, nichts trank ich, und allein die Selbstbefriedigung war mein Trost.

Es gibt in meiner Jugend eine weitere erotische Versuchung, von der ich (da ich schon einmal dabei bin), wenn auch kurz, berichten möchte, weil in ihr die Verführung greifbar aufschien. Es geht um Mario, meinen Cousin. Mario ist der ältere Bruder Claras. Deshalb war er, als ich noch ein Kind war, für mich nur eine entfernte Figur, die zu alt (vier Jahre älter als ich) war, um mit mir zu spielen. Man kann nicht wirklich sagen, daß Mario schön gewesen wäre, aber er hatte ebenmäßige Gesichtszüge, einen beeindruckend gut gebauten Körper und seine ganze Person strahlte Männlichkeit aus. Er war ein kräftiger Bursche, der sich in Spielen und Gesten gefiel, die ihn als Macho auswiesen. (Dabei fällt mir auf, daß Mario fast genau der Typ Sohn war, den sich mein Vater gewünscht hätte.) Er erinnert mich heute wegen seiner, mir im Gedächtnis haftenden, knabenhaften Gestalt sofort an das Cocteausche Bild des Schülers Dargelos, so attraktiv und rauh mit seinen aufgeschlagenen, runden und festen Knien und dem Haarflaum auf den Beinen. Ich weiß nicht, was er wohl von mir gedacht haben mag; ich fürchte, er muß mich für ein verweichlichtes und eigenartiges Jüngelchen gehalten haben, das er aus Gründen der Familienzugehörigkeit zwar natürlich mochte (Mario war in dieser Hinsicht sehr traditionell), als Junge aber ein wenig verachtete... Aber obwohl wir in unserer Kindheit viele Sommer gemeinsam verbrachten, wovon ich einen ganz besonders in Erinnerung habe, war ich doch noch zu jung, und seine Gegenwart, sein Handeln waren für mich wenig mehr als ein Mysterium, das allmählich begann, meinen Unterleib in Unruhe zu versetzen, wenn auch auf unbestimmte und verworrene Weise.

Nach dieser Zeit hatten wir nur noch wenig Kontakt, aber wenige Jahre später, bedingt durch zufällige Umstände, wovon einer der Tod meiner Großmutter war, kam Mario einige Male zu uns nach Hause und übernachtete bei mir. Mama hielt es für besser, daß ich mich aus dem Umkreis der Krankheit entfernte, aber sie wollte nicht, daß ich zu solch schmerzhaften Zeiten allein in der Wohnung schliefe, obwohl mir das wenig ausgemacht hätte. Deshalb bat Mama Mario, den sie sehr schätzte, in jenen Nächten bei mir zu schlafen. Und er, dessen *Solidarität* in Familiendingen ich bereits erwähnte, sagte sofort zu. Bei der dritten oder vierten derartigen Gelegenheit, müßte ich, wenn ich mich recht erinnere, etwa 15 Jahre alt gewesen sein und Mario dann um die 19. Warum er jene Nacht bei mir verbrachte, weiß ich nicht mehr zu sagen, und möglicherweise vermische ich in dem, was ich gleich erzählen werde, drei oder vier verschiedene Nächte, aber es war wohl wegen einer Reise oder wegen der Krankheit eines nahen Familienangehörigen... Jedenfalls kam Mario spät nach Hause, wobei spät für mich damals zehn Uhr abends bedeutete, ließ mir gegenüber in seiner chauvinistischen Art irgendeine Bemerkung fallen, ging zum Kühlschrank, nahm sich Milch oder eine Cola, trank und aß etwas (Brötchen, Käse) im Stehen und gab sich dabei stets überlegen und lässig... Dann studierte er das Fernsehprogramm, fragte mich nach Süßigkeiten (bei uns gab es normalerweise immer Pralinen), machte sich über sie her und nahm gelegentlich sogar einen Schluck Alkohol.... Wir sprachen wenig miteinander, und es waren sicherlich belanglose Unterhaltungen. Aber ich betrachtete ihn mit einer Mischung aus Verzückung und Neid. Denn wenngleich mich Mario nicht unmittelbar anzog, so schien er mir doch die Verkörperung einer bestimmten zutiefst männlichen Sexualität, an der ich, im Geiste, gern teilhatte... Ob nun der Heizung oder des schönen Wetters wegen, Mario zog sich normalerweise aus und sah in Unterhosen fern. So schlief er dann auch... Machte er dies zu Hause ebenso – was ich nicht glaube – oder wollte er jene rauhe Atmosphäre männlich-kämpferischer Kameradschaften auf mich übertragen, auf mich, der ich mit einem Pyjama bekleidet war? Ich weiß es nicht. Aber er bewegte sich so halb nackt mit erstaunlicher Ungezwungenheit. Er öffnete und schloß seine Beine, setzte sich anders hin, lachte, aß, kratzte sich und all das mit einer unvergleichlichen (und sehr männlichen) Eleganz... Ich will nicht sagen, daß es mich erregte, aber dieser Anblick, den mein Cousin darbot, nährte meine innere Hitze, meine Unruhe und mein Begehren... Nach dem Fernsehfilm gingen wir ins Bett, jeder in das seine. Und Mario bat mich immer um Zeitschriften. Und als wir ein Mal, ich weiß nicht warum, einige amerikanische „Porno"-Magazine zu Hause hatten (wohl nichts Schlimmeres als den *Playboy*, der damals in Spanien verboten war), gab ich ihm diese und sagte ihm, ein Freund habe sie mir geliehen, obwohl sie wahrscheinlich Enrique gehörten, und daß er sie am nächsten Morgen an einem vereinbarten Ort verstecken solle. Er sagte, er sei einverstanden, und legte sich ins Bett, um sie sich anzusehen. Der Leser wird sich vielleicht denken, daß ich ihm diese Magazine nicht aus uneigennützigen Gründen gab. Natürlich hat er recht. Ich wußte, daß sie Mario gefallen würden, und hatte, frühreifer Voyeur, der ich war, vor, ihn dabei zu beobachten, wie sie ihn erregten und wie ihn dieses Feuer zur Selbstbefriedigung hinreißen würde, deren Gipfelpunkt bei ihm, wie ich mir vorstellte, gigantisch sein müßte. So zog ich mich also, nachdem ich ihm die Glut überreicht hatte, in mein (angrenzendes) Zimmer zurück und löschte sofort das Licht. Von meinem Bett aus hörte ich, wie mein Cousin die Seiten umblätterte. Sowohl der Gelegenheit als auch der Situation wegen erregt, glitt ich aus meinem Bett über den Teppich, wobei ich darauf bedacht war, nicht das kleinste Geräusch zu verursachen, erreichte den Türrahmen zu Marios Zimmer, von wo aus ich im Schutze der Dunkelheit des Korridors ihn sehen konnte, wie er mit brennendem Licht im Bett lag... Was konnte ich erspähen? Mario blätterte durch die Magazine, betrachtete (gelegentlich) eine Seite genauer und rührte sich natürlich das eine oder andere Mal (legte seine Beine anders hin), schob ab und zu seine Hand unter die Bettdecke, bewegte sich erneut, blätterte eine weitere Seite um... aber das war alles. Müde und enttäuscht ging ich wieder ins Bett. Schwach drangen die Geräusche eines Körpers, der sich im Bett bewegte, bis zu mir, aber daraus ließ sich nichts schließen. Wenig später hörte ich, wie die Magazine zu Boden fielen, und Mario löschte das Licht. Kurz darauf schlief ich ein.

Am nächsten Morgen wachten wir fast gleichzeitig auf, und mein Cousin ging zuerst ins Badezimmer. Wahrscheinlich würden Mama oder das Dienstmädchen in Kürze kommen. Und ich wußte, daß sie beim Bettenmachen selbstverständlich immer die Laken wechselten, wenn jemand *Fremdes* bei uns geschlafen hatte. Daher rannte ich wie angestochen zu Marios Bett und untersuchte kniend seine Laken, während seine Duschgeräusche zu hören waren. Natürlich suchte ich nach meinem eigenen Verlangen. Und da war es. Auf dem weißen Laken (aber nur ein aufmerksamer Betrachter wie ich konnte dies entdecken) war ein einziges gekräuseltes Härchen und ein leichter weißlicher Fleck, groß und bereits eingetrocknet... Das, was die Franzosen *une carte de France* nennen. Mario hatte sich in jener Nacht (natürlich) selbst befriedigt. Und seine pralle, schöne Männlichkeit hätte – allein mit seiner Hand – jedes dieser aufreizenden, amerikanischen Mädchen, die im Magazin abgebildet waren, mit Lust erfüllt. Ohne zu zögern vergrub ich meine Nase in jenem weißen Rund und sog gierig die Luft ein. Hier war all das, wonach ich mich sehnte und was mein Cousin verschwenderisch über seine Tage auszugießen schien: die Kraft, die Freundschaft, die Kameraderie, die Begeisterung, die Lust, zwischen angehenden Machos zu leben, die die Mädchen vergöttern und die sich ebenso selbst vergöttern...

Cupido schwebte also in meiner Nähe, flatterte um mich herum, er führte mich in Versuchung, doch ich (Unfähiger) folgte ihm nur sehr unbeholfen auf seinem Pfad. Die Liebe war doch nur eine virtuelle Größe für mich, und Sex (außer mit mir selbst) war es auch. Und all die Unmöglichkeiten, all die kleinen, aber hartnäckigen Enttäuschungen leben noch immer in mir fort und scheinen mich nicht in Ruhe lassen zu wollen. Wenn ich auch Details erwähnen müßte, die hier nicht weiter von Bedeutung sind, so mache ich kein Hehl daraus, daß meine Sexualität, mein (fast unerfüllbares) Verlangen nach freundschaftlicher Nähe und Kameradschaft heute noch immer mit starken Banden an die geflügelten Cupidos meiner Jugend gebunden sind...

Die Erwachsenen sind nicht Teil meiner Gefühlswelt.

Aus dem Spanischen von André Otto

Christoph Geiser

Où vont mourir les oiseaux oder The Empire strikes back

Da lag sie ja wieder, La Reine Mère, das Bümmeli! In ihrem Krankenbett, plötzlich. Kein Wunder, dachte ich. Wenn man doch immer wieder ins Cásino geht, als wär' nichts geschehen! Nur nichts sagen jetzt, sagt Mama, sehr leise: kein Fall für die Medizin – – –

Papa ist Arzt, so herrschte nie Ratlosigkeit. Doch seine Schwiegermama war schon immer etwas eigenwillig gewesen.

Ratlos machte uns jetzt eher diese Unrast. Was soll ich noch länger in dem Cásino? Es war nicht der Augenblick das Bett zu verlassen – saukalt! Januar. Schnee und Eis! Und überhaupt hatte sie sich ja das Becken gebrochen. Ein Beckenriss. Nichts wirklich Schlimmes. Gschäch nüt Ergers, sonst hätt' ich ihr doch nicht dieses Buch eingepackt, auf die Reise mitgegeben, sozusagen. Aber die Beine vom Arsch schmeissen, wie sie's gelernt, mit Tschindra! und Hurra! – davon konnte unter diesen Umständen die Rede nicht sein. Schon lang nicht mehr, eigentlich. Es ging süfferli fürschi … schier gar nicht, schien mir. Ein beinah stehendes Bild: gestützt von den Ihren, umringt von ihren Lieben, eingekreist von der Familie, nicht wirklich getragen, nein: mit beiden Füssen pro forma am Boden. Im Schnee und auf Glatteis. Aber fest im Pulk der Herde – die Sandsteinfassade des Cásinos im Hintergrund.

Gewohnheitsmässig war ich es, seit Jahren, der dem Bümmeli die kleinen Wünsche des Alltags erfüllte, es war schliesslich mein Bümmeli, das von mir so genannte. Das Zigarettenetui! Das schwarze, mit dem Monogramm aus Brillianten. Es durfte nicht fehlen. Im Wagen, auf dem Parkplatz, vor dem Cásino. Überhaupt schien dieser Wagen das Ziel der Reise zu sein. Oder ein Depot zum mindsten (wie man im Militär oder im Zivilschutz sagt). Das Zigarettenetui war schnell gefunden, doch jetzt fehlte das Brike. Le Briquet. Nicht das Handfeuerzeug, mit dem meine Grossmutter, das Bümmeli!, an Pfingsten gelegentlich den Heiligen Geist auf ihr Haupt beschwor, wer bin ich?, und: vor den Pforten des Strassburger Münsters!, so dass der HERR sie sogleich bestrafte, auf der erstbesten Treppenstufe, Hochmut kommt vor dem Fall! – um Himmels Willen keine Stufen jetzt, keine Schwellen! jede Bodenerhebung war ja zur Fussangel geworden – nein, das Tischfeuerzeug aus Schildpatt, das so angenehm in der Hand liegt: dass man es dem Bümmeli reichen kann, als wär's der Reichsapfel.

Inzwischen schien's etwas ermattet. Oder es war einfach Zeit für die Zigarettenpause – wie im Garten, wenn man einen Morgen lang gewärchet hatte, gehäckelt, gejätet, umgestochen; wenn die Anbauschlacht geschlagen war, oder irgend eine Schlacht ... endlich durfte sie ja wieder! Keine Woche hatte sie es ausgehalten, ohne Zigarette! Und das hatte man nun davon ... Schlechte Wirtschaft dort! Schon am ersten Tag hatte sie sich über die Spitalkost beklagt, kein Wunder. Und so musste man nun das berühmte Bümmeli auf dem berühmten Mäuerchen landen, hier gibt's ja überall so Mäuerchen, ein berühmter Vorgang. Umringen musste man es, das Bümmeli, das Mäuerchen, vor dem Mäuerchen, hinter dem Mäuerchen, als gälte es, für ein Familienphoto zu posieren: damit's geschützt wäre, falls es das Gleichgewicht verlöre, das seit Jahren prekäre – – –

Das Bümmeli als Humpty Dumpty. Was fehlte nun noch? Fehlt dir noch was, auf deinem Mäuerchen, Bümmeli, damit du vollständig wärst ... Ja, natürlich!

Als ich zurückkam, war's nicht mehr da. Im Kreise der Seinen, die das Mäuerchen fürsorglich umringten, klaffte ein Loch, wie auf einer Photographie nach der Retusche. Wegretuschiert! – Ja, wo bist du denn?

Mops! – tönte es, von oben.

In der Baumkrone! Die Arme auf einen Ast gelegt, das Kinn auf die Arme gestützt: Das Lächeln meiner Grossmutter im Baum, ohne Zigarette. Zwischen Blattwerk, hochsommerlich dicht. Ja … und ich soll dir jetzt deinen Vermouth Gin sans Glace dort oben kredenzen?! Das geht zu weit … auch wenn ich, gewohnheitsmässig, dein Mops bin … da hinauf komme ich nicht! Nur wegen deinem Vermouth Gin womöglich … und überhaupt … wo ist der Rest, wie man sagt? Es ist ja niemand mehr da … nun, die waren wohl schon vorgegangen, zum Wagen … doch da war kein Wagen mehr auf dem Parkplatz: nur noch Schnee. Meterhoch Schnee! Ich musste die Bahn nehmen. Den letzten Zug erwischen – heim! Den Haushalt in Ordnung bringen, die Schränke ausräumen, den Sekretär leeren, Herr Haldi war doch schon bestellt; und die Stukerin; und der Silberjunge: wegen Rehfues, Samuel Dick oder Papus Dautun … die halbe Firma.

Und – immer ich. Der Mops vom Dienst, quasi. Als gehörte auch ich zum Inventar … aber ich lass mich nicht …

Wo war ich denn da? Am Bahnhof. Doch, doch. Am Bahnhof von B… aber das war nicht der Bahnhof von Bern. In B… wie Bahnhof … wo war das nur? … eine kleine Station im Finstern. Es war ja schon Nacht! Und ich musste den letzten Zug erwischen, einfach den nächsten Zug, den richtigen Zug … den Zug erwischen! den richtigen! … und es ist bitter kalt! … wo war das nur gewesen? … eine Station, an der ich schon einmal hatte umsteigen müssen, nichts als eine Station zum Umsteigen, mit B… wie … Bischofshofen? Aber … das liegt nicht bei Bern, ganz und gar nicht. Und ich musste nach Bern – wegen der Firma. Wegen Dick oder Rehfues. Wegen Hopfengärtner oder Funk. Von wegen Funk-Uhr: Da louft ja dr Liim überabe …

Eine eiserne Passerelle über den Geleisen, im Finstern. Kein Zug und kein Mensch. Wie heisst denn der Bahnhof mit dieser eisernen Passerelle, das ist nämlich nicht Bischofshofen … wen könnt' man jetzt fragen? Mal rübergehen, und sehn, was da drüben eigentlich los ist … Eine Passerelle? Es führte immer höher hinauf, von den Geleisen weg, über eiserne Stufen … in die Falle gelaufen?! Weil's nicht verzichten will? Ich war nicht mehr allein. In einem langen Zug junger Sträflinge, in gestreifter Kleidung, und bei zunehmendem Flutlicht, von überallher, stieg ich über Wendeltreppenwindungen empor, auch ich hatte meinen Kübel in der Hand: einen Eimer aus Blech. Wie 'n Chüderchübu. Für d' Ghüdermanne. Das Licht gleisste und blendete immer stärker, als stiegen wir diesem Flutlicht, das nirgends her kam, entgegen. Es wird immer güldener!, sagte der Junge schräg hinter mir, und – den kannte ich doch! Den rötlichen Haarschopf vom plötzlichen Licht überkupfert, als glömme das Licht in dem Haarschopf kupfern – – –

Den Blick zu Boden gerichtet. Als wär's eine Strafe. Und als wisse er nichts von dem Glanz!

Ein farbloser Arbeitsanzug, ein sogenanntes Überkleid. Kein Eimer: ein Reisigbesen. Und wischte das Laub von den Wegen, in dem kahlen Spitalgarten, als ich am späten Nachmittag den obligaten Krankenbesuch absolvierte, um der Familie Bericht erstatten zu können über den Zustand unserer Patientin, als einziger über die Festtage verfügbar.

Der einzige Mensch in der aperen Einöde, vor dem Bettentrakt im Hintergrund. Das war doch er ... dieses plötzliche Aufflammen des kupfernen Haars, von der späten Sonne getroffen ... ich blieb stehen, war aber zu weit weg. Ich hätte ihn rufen müssen ... ja, wen rufen?! Hingehn ... und's wär' eine Täuschung gewesen? Er sah nicht auf, von dem Besen. Dem Laub. Nur das rötliche Haar, das weggeräumte Gesicht: als wäre er unansprechbar ...

Und ich wurde erwartet. Dort oben.

Als ich zurückkam, nach der obligaten Stunde, war er weg.

Niemand im Garten. Nicht einmal Bäume, wenn ich mich recht entsinne. Nur der Weihnachtsbaum, vor dem Haupteingang, entzündet.

Ich hatte bloss ausharren müssen, rücklings gegen das Eisengeländer gelehnt, in der eisigen Kälte, auf dem Heimweg, ich kam aus dem Kino. The Empire strikes back. Star Wars hatte ich in Hollywood gesehen, in jenem berühmten Kino mit den Fuss- oder Handabdrücken der Stars auf dem Pflaster, weiss nicht mehr, wie's heisst, unter Hunderten von Kindern und Jugendlichen, im Knistern von Pop-Corn ringsum. Fern-Weh – Fern-Weh von Bern – Fern-Weh nach Übersee, nach diesem Knistern, nach den Skate-Boardern vom Stillen Ozean, den pazifischen Engeln, den Ausserirdischen, den Sternen, den Galaxien, diesen himmlischen Milchstrassen ...

Muss man gleich so weit gehen, vor lauter Bern-Weh?

Es war mein natürlicher Heimweg, kein Umweg – und: die Hohe Zeit des Ölbergs! (Höchste Zeit war's, doch das wussten wir ja noch nicht). Als kennte der Ölberg keine Stunde, keine Saison – die Zeit, meine ich, da wir uns nicht mehr so kümmerten, um Witterungen. Um die Zeit. Welches Ding nun grad seine Stunde hatte und welches nicht, ob's nun nichtig war oder wichtig ... irgend'n Ding war da immer los; immer hatte da irgendwer grad seine Hohe Zeit im Gebüsch; oder hohe Not; das grosse Reissen, wie man sagt, oder Bern-Weh. Wenn's nicht grad aus Kübeln schüttete, wie hier leider so oft. Gegen die Kälte konnte man sich ja warm anziehen! Ds Schnäbi verpacken, dass es einem nicht abfror wie dem Gödu selig ... Ich hatte mein Lammfell. In den Schneestürmen von Ohio erprobt.

Der Ölberg lag in tiefem Schnee; entlaubt; kahl; gleissend von dem indirekten Licht, für das Bern, nachts, so berühmt ist ... aber nicht in tiefem Schlaf! Eine Treibjagd schien da im Gang, über gnadenlos reflektierendes Weiss, das Wild, Rotwild wär's zu nennen, stolperte schon; rutschte, in mutmasslich untauglichen Schühchen, den weissen Hauch der Atemlosigkeit vor dem Mund, dieses Gleissen im kupfernen Haar – und hinterher: die Meute! Das war mir eine Hatz ... über das sanft ansteigende Schneefeld hinan ... her zu mir. Her zu mir! Die Rosse scheuen schon ... Ich war der einzige da am Geländer, eine weisse Gestalt, in meinem Schafspelz, vor den glimmenden Leuchtpunkten der Nacht.

Wo, genau? Wo dieses regelrechte Schnee-Feld, leicht ansteigend, denn genau läge, in der Topographie des Ölbergs (für den Bern so berühmt ist, nachts) – fragen Sie mich nicht! Ich hab's nicht geträumt. Das ist nur schon so lange her ... Sechzehn, nein, siebzehn Jahre! Ja. Die wären jetzt eben reif für den Ölberg. Ideal für den Ölberg! Der Ölberg ideal für das Alter. Mit sechzehn, siebzehn allenfalls, geht man doch zunächst auf den Ölberg, müssen Sie wissen, falls Sie's nicht wissen, was denkbar wäre: denn den Ölberg gibt's ja nicht mehr! – wohin sonst?! Der Club, den's auch nicht mehr gibt, war zugänglich erst ab achtzehn.

Der war etwas älter ... neunzehn, allenfalls zwanzig. Und ... völlig entnervt. Dermassen übern Schnee gehetzt! von fünf oder sechs wildfremden Männern jeglichen Alters – wenn man's noch nicht so gewöhnt ist! – und: in den Schühchen! spitz vorne, Ledersohlen!

Als hätt' er 'n grossen Schrecken gekriegt – und: als wär'n wir verabredet. Nein – bei mir heisst's nicht unbedingt: hic! et nunc! Rhodos – und: salta! Womöglich im entlaubten Gestrüpp, zwischen der hechelnden Meute, mit 'nem Eiszapfen als Schnäbi. Bei der Entnervung der ganzen Person – oder der ganzen Entnervung der etwas enthirnten Person: in den Schühchen! Ich verabrede mich gern. Dann spielt meine Einbildungskraft mit der Erwartung des Möglichen; nicht alles Mögliche wär' da zu erwarten, schon gar nicht das Unmögliche, du bist ja unmöglich, Mann! – bei einer noch derart misstrauischen Person!

Hesch mer e Schnägg – als fürchtete er, ich überliess' ihn der Meute.

Was nun ein Schnägg wäre?

Eine veritable Anzahlung ist es nicht. Fünf Prozent des Üblichen? Nein. Ein Obolos eher. Ein pfundiges Pfand, warm aus der Gesässtasche, in die erhitzte Hand gedrückt, wie zum kameradschaftlichen Handschlag – heiss von den Handschuhen. Immerhin Handschuhe. Ganz enthirnt war die Person nicht.

Doch die Schühchen waren auch anderntags nicht tauglicher – hatte wohl schlicht keine andern: als gäb's im Unterland keinen Schnee! – und die Nerven nicht erheblich entspannter – kein Wunder: schon wieder waren drei hinterher. Und man war das nun wirklich noch nicht gewöhnt. Ganz und gar nicht, wie's schien. Weiss nid – und: schmuse mani nid verlide! – und: diese verdammten Schühchen rutschten auf dem verdammt abschüssigen, eisigen Weg – und so traute ich mich nicht, als wär's eine Unsittlichkeit!, den Arm hinzuhalten, wosch di häbe?, hielt aber beide Arme diskret in Bereitschaft – alte Gewohnheit im Umgang mit Personen von prekärem Gleichgewicht –: für den Fall, dass die sich rutschend und stolpernd, still aber zunehmend über diesem Rutschen und Stolpern, diesem weiss nid und ma nid verlide nervende und entnervende Person, urplötzlich und in ihrer stattlichen Länge – – –

Uff!! Sicher auf der Bettkante gelandet. In der erträglichen, schier entspannenden Wärme.

Eine rötlich schimmernde Schulter – subkutan wie ent-zündet – warme Haut! – Äbe. Mach dä Lappe fürä, de zieni mi ganz ab.

Gespannt war es schnell; Entspannungsprobleme, nach der Nervenanspannung: kein Wunder – – –

Wie mit roten Kerzen bestückt. Sehr entzündet. Von dem Polieren und Frottieren, der Schwerarbeit, in altmodischer Manier, bis es endlich glitzert und glänzt, endlich genug Milch da ist, für die Nachpolitur quasi – doch da dachte ich noch nicht an Bergamottöl. Oder an Alufolie gar: in Salzwasser; und: kochen! diese neumodische Methode – – –

Ein namenloser Geruch. Und das weggeräumte Gesicht: wie in einem traurigen Traum; oder als wär's eine Strafe. Tonlos. Unansprechbar.

Das het itz guet taa! Als überrasche es ihn. Keine Spur mehr von Irritation. Freundschaftlich plötzlich! kollegial, quasi. Noch keine Kollegen hier, frisch zugezogen in die vergleichsweise grosse Stadt: so wollte er wiederkommen. Am Silvesterabend gar – – –

Das Unmögliche zu erwarten, hatte meine Einbildungskraft längst verlernt, mit dem Womöglichen zu spielen, lässt sie sich nicht verbieten. Hätt' ihn einfach fragen mögen, dort in der Einöde, kommst du wirklich?

Doch in der An-Spannung hatten wir ganz vergessen, uns einander vorzustellen, wie artige Jungs.

„Un peu superficiel", fand meine Grossmutter, nachdem sie Jacques Chessex' „Où vont mourir les oiseaux" gelesen hatte, das Buch, das ich ihr geschenkt und in der Eile, nachdem sie gestürzt war und in Spitalpflege verbracht werden musste, eingepackt hatte – ohne mir *irgend* etwas zu denken.

Man sollte nie Bücher verschenken, die man selber nicht gelesen hat.

Danach las sie nicht mehr. Lag nur noch, dem Fenster zugewandt, Grau in Weiss, ungeschminkt: ich durfte sie, zu Begrüssung und Abschied, nicht mehr küssen. Nur noch die Zigarette anzünden durfte ich ihr ...

Du sollst doch wieder gehen lernen!

Turnübungen in meinem Alter? Kann man nicht wenigstens Schmerzmittel geben – – –

Nach Schmerzmitteln hatte sie noch nie verlangt. Als wolle sie den seit Jahren gewohnten Rückenschmerz jetzt ein wenig vergessen. Wie Weihnachten. Nachdem man ein Leben lang Weihnachten gefeiert hat! Oder das dringend notwendige Streichen der Felläden, woran nun wir denken sollten, und zwar im Frühjahr.

Oder das Bestellen von Tulpenzwiebeln, im Oktober – doch das erfuhren wir erst hinterher. Als keine Tulpen mehr wuchsen – – –

Ja, ja. Mach dir jetzt keine Sorgen!

Noch erwartete meine Phantasie Besuch; nichts Phantastisches; nur ein Kerzen-Licht in der Silvester-Nacht, und: dass es knallt und schäumt – – – Was will man mehr?

Vergiss es ... Meine Flute genoss ich allein, wie jedes Jahr, um Mitternacht, wenn alle Glocken läuten.

Danach war für eine Weile an den Ölberg nicht mehr zu denken.

Sie war sehr unruhig gewesen; sagt man im nachhinein.

Als zerrte es an ihr, nach hierhin, nach dorthin; als risse es an ihr; von allen Seiten; als wär's Ungeduld; Bern-Weh.

Was soll ich noch länger in dem Cásino? Und: Ist der Weihnachtsbaum da draussen endlich weg?

Wir hatten ihr dreimal bestätigen müssen, dass der Weihnachtsbaum vor dem Lindenhof – eine Klinik, kein Casíno – nun weggeräumt war.

Die Festtage waren vorüber. Die Familie bekümmert. Nach dem ersten Infarkt hatte meine Grossmutter, auf Bitten der Oberschwester, auch das Rauchen vergessen.

Der Anruf, den man ja eigentlich kennt – Krankenschwestern dürfen doch nie was sagen –: Es geht ganz schlecht.

Im Flur erwartete uns ein beleibter Herr im blauen Blazer, in grauer Flanellhose, der sich unablässig die Hände rieb, als wär' er der Wirt dieser Wirtschaft. Soll er doch Glycerin-Seife verwenden, der Herr!, am besten von Mettler: „Die Seife für den Arzt", gut gelagert!, mit Jahrgang!, dann braucht's keine Handcrème danach.

Der Countdown, quasi.

Um zwanziguhrnulldrei sei Reanimationsalarm ausgelöst und er von zuhause gerufen worden. Um zwanziguhrelf sei er am Bett der Patientin eingetroffen. Er habe sofort eine Herzmassage versucht, doch die Patientin habe rasch das Bewusstsein verloren. Zur Zeit werde die Patientin gewaschen. Wir möchten doch bitte warten.

Übern Flur kam uns graues Rollmaterial entgegen, samt Krankenschwestern: wie Abschussrampen, dachte ich, die man nach dem Start wegräumt – und: den Maschinen ein Schnippchen geschlagen, Bümmeli!

Nie habe ich sie auf dem Rücken liegen sehn, flach; erstens wollte sie Aussicht, sobald sie die Augen aufschlug, zweitens hätte es ihr weh getan, wegen der Bandscheiben.

Iris und Osterglocken, zu beiden Seiten des ungeschminkten Gesichts, die heraldischen Farben der Familie.

Zu den Ahnen eingehn – keine verlockende Wendung. Wenn ich an den Herrn denke, der mir seither ins Bett schaut. Der erste – und letzte. Die andern hatten wir der sogenannt minderen Linie verkauft, der es notorisch an Ahnenbildern mangelt.

Teilen, sagt man in Bern.

Zuvor aber: schätzen!

Stukern, könnte man auch sagen. Summa summarum, quasi quasi.

Bis zum Frühjahr war mein Haushalt reichhaltiger geworden. Ich hatte ja bis dahin kaum Silbergegenstände besessen, und meinen Taufbecher, Bestandteil des obligaten Minimums sozusagen, hatte ein Junge vom Ölberg, ich sage nicht: Strichjunge, denn die Übergänge sind fliessend, fliesst's erst mal!, mitlaufen lassen. Geschenkt! – im Nachhinein – für den einen Augenblick, der glänzt im Gedächtnis, als wär's eine Antiquität aus einem anderen Siècle, und: frisch poliert – denn poliert glänzt's noch immer stärker als gekocht.

Es war der letzte veritable Ölberg-Frühling – und ich hatte nichts als Girandolen im Kopf! Da standen sie, beinahe alle, nicht die Person, die hatte mutmasslich eine Kollegin gefunden, aber dafür noch 'n paar Neulinge dazu, Frischlinge quasi, wie jedes Frühjahr, als wäre noch auf die Jahreszeiten Verlass! –: gegen die Mäuerchen und Geländer gelehnt standen sie; beim Ententeich; beim Weltpostdenkmal; beim Turnvater Niggeler oder wie der heisst; auf Golgatha standen sie – verwirrend schier – sie säumten meinen Heimweg im Abendlicht täglich und warteten nur darauf, dass man sie schätzt, aus dem Augenwinkel, bevor man sie anzündet ... nicht unbedingt Papus Dautun, dachte ich, muss ja nicht sein, Froment-Meurice eher, Weltausstellung!, üppig!, neobarock – – –

Barfuss der eine oder andere, und lächelnd ...

Als wär's zum Abschied gewesen.

Wo die jetzt geblieben sind, fragen Sie?

Disco Queen, die besonders die Novembernebel auf Golgatha mochte … Georgy … das Probaton, eine Mobilie … davongebeinelt …

Zum Bümmeli gegangen, der eine oder andere.

Nicht die schlimmstmögliche Wendung, vergleichsweise. Hatte ja nichts gegen Girandolen! Ganz im Gegenteil. Gschtukeredoder-o-nid.

Patrick Gale

Alte Knaben

für Susanna Martelli

Die letzte Strophe der Internatshymne war rührender Unfug über das Anschnallen von Brustpanzern, die Wacht an gefährdeten Küsten und das Schulter-an-Schulter-Stehen gegen irgendeinen nicht identifizierten Feind. Ausländer mutmaßlich, oder Die Sünde. Die Jungen auf der Empore, denen die Peinlichkeit erspart geblieben war, bei ihren Familien sitzen zu müssen, brüllten die vertrauten Worte mit der männerbündlerischen Inbrunst von Rugby-Fans. Unterhalb der Empore ließen vierzehn winzige Chorsänger einen Diskant ertönen, kaum vernehmbar gegen die Anstrengungen der beherzteren Elemente oben. Ehefrauen, duftend und sorgfältig für einen langen Sommertag gekleidet, entzückten sich, ihre Gesichter über die Gesangbücher erhoben, an der mehr oder weniger vorhandenen Zartheit ihrer eigenen Stimmen.

„Aber natürlich ist das sexy. Es ist *unglaublich* sexy!" hatte Elsa mit Nachdruck behauptet, als sie sich an diesem Morgen ankleideten. „Du kannst dir das nicht vorstellen. Dort zu stehen, umgeben von all dieser jungen Männlichkeit. Der Geruch von Testosteron ist geradezu überwältigend. Ich würde *so* gern die Frau eines Schuldirektors sein. Ich gäbe ein schreckliches Luder ab, das die Jungen heiß macht, Unmengen von Parfüm benutzt und raschelnde Seidenwäsche trägt."

Der Kaplan beorderte sie zum Gebet, und die Kapelle füllte sich in kurzer Zeit mit den Geräuschen anstoßender Knie, fallengelassener Liederbücher und rutschender Lederpolster. Colin blickte zu Elsa hinüber. Ihr reizendes Gesicht lag teilweise im Schatten einer Hutkrempe, die dezent geschminkten Lippen waren ein wenig geöffnet, die Augen keusch geschlossen. Er konnte sie sich hier als Gattin eines Direktors vorstellen, mit rabenschwarzem Haar, das über ein hinunter geglittenes Seidenkopftuch fiel, wie sie sich gegen die Kälte am Spielfeldrand selbst umarmte, mit einer schönen Geste der Verbundenheit die Spieler anfeuernd, „Nun macht schon!", und wie sie dann den Blick eines in der Nähe befindlichen Präfekten auf sich zog und den Jungen zum Erröten brachte. Sie wäre bezaubernd und schamlos, und die Jungen würden sich anrempeln, um beim Lunch den Platz an ihrer Seite zu ergattern, von dem aus sie ihr Dekolleté bewundern könnten. Alles in allem, entschied er, war sie in ihrem Kämmerchen beim World Service der BBC sicherer aufgehoben; zu lange in eine Umgebung wie diese versetzt, würde sie immer mehr wie die junge Elizabeth Taylor werden und sich als treibende Kraft in einem Drama von furchterregender erotischer Gewalt erweisen.

Zwischen ihnen preßte Harry seine Hände fest zusammen und betete das Vaterunser ein wenig zu laut. Er war erkältet, und vor kurzem hatte sein Konfirmationsunterricht begonnen. Elsa sah zuerst auf ihn, dann auf Colin, und lächelte maliziös über den Kopf ihres Sohnes hinweg.

Das hier war, natürlich, ihre Idee gewesen. Sie hatte häufig gesagt, daß Harry ihrer Meinung nach in die Fußstapfen seines Vater treten sollte, und Colin war erst vor kurzem klargemacht worden, daß sie es ernst meinte. Er hatte sich selbst versprochen, daß kein Kind von ihm jemals auf ein Internat geschickt werden würde, aber Elsa hatte ihn bereits dazu überredet, Harry auf eine ungemein reputierliche private Vorbereitungsschule im tiefen Süden zu verfrachten, wo der kleine Junge bei Vor-Frühstückslatein allem Anschein nach prächtig gedieh. Daß Colin die faulen Samstagmorgen im Bett noch in einem Alter genießen konnte, in dem die meisten seiner Generationskollegen abrupt um neun Uhr geweckt wurden und sich dann aus dem Haus schleppen mußten, um Drachen steigen zu lassen oder Rugbybälle zu werfen, begann ihm das Ausmaß des vergleichbaren Verrats zu verdeutlichen, den seine

Eltern an ihm verübt hatten, als er in Harrys Alter war. Jedenfalls war eine Privatschule anders. Er hatte sich stets geschworen, daß er hier eine Grenze ziehen würde, daß Harry eine exzellente öffentliche Tagesschule besuchen sollte, mit Mädchen in jedem Jahrgang, nicht erst in den oberen Klassen. Eine Schule, in der er Latein zu Gunsten von Spanisch oder Italienisch abwählen könnte. Und trotzdem nahm er nun hier an einem Ehemaligen-Treffen teil – zum ersten Mal, seit er diesen Ort vor achtzehn Jahren verlassen hatte –, mit der Absicht, für Harry „die Lage zu sondieren", wie Elsa es ausdrückte.

„Laß dir eines gesagt sein, wenn er es hier nicht mag", hatte er verlangt, „wenn er den geringsten Vorbehalt hat..."

„Dann muß er nicht gehen", unterbrach Elsa, ihn mit einer sanften Berührung seines Handrückens beruhigend.

Und Harry betete sie an. Colin erinnerte sich daran, wie sehr er selbst seine Mutter in diesem Alter verabscheut hatte, weil er ihr niemals vergab, daß sie ihn weggeschickt hatte. Aber Harry schien Elsa immer noch mit den Augen aufzufressen. Sie behandelte ihn einfach gut, erklärte sich Colin die Sache. Sie wußte, wann sie freundlich, wann sie jungenhaft albern, wann sie sexy sein mußte. Und sie *war* sexy im Umgang mit ihm. Colin war die Sorgfalt aufgefallen, mit der sie an den Sonntagen, an denen Harry nach Hause kam, ihre Kleidung auswählte. Sie neigte dann dazu, feste Büstenhalter und eng anliegenden Kaschmir für ihn zu tragen.

„Kleine Jungen lieben Titten, Dummkopf", erklärte sie. „Wußtest du das nicht? Die berühmten Jungen haben alle Mütter, die ein bißchen, nun ja...", und sie strich zur Veranschaulichung ihren Pullover glatt und lächelte vor sich hin.

„Na?" fragte sie, als sie aus der Kapelle kamen und einen gepflasterten Hof ansteuerten, in dem Schwalben auf der Jagd nach Fliegen durch das Sonnenlicht herabstießen. „Kommen die glücklichen Erinnerungen zurück?"

„Nicht wirklich", sagte er. „Gott sei Dank scheinen die meisten meiner Lehrer nicht mehr da zu sein."

„Wahrscheinlich tot", meldete sich Harry zu Wort.

„Danke, Harry", erwiderte Colin.

„Was ist mit Freunden? Bestimmt hast du jemanden wiedererkannt?"

„Nein", sagte Colin, einigermaßen erleichtert. „Noch nicht. Laß uns schauen, ob wir etwas zu essen bekommen."

„Zuerst der Sherry mit dem Direktor", erinnerte sie ihn.

„O Scheiße."

„Harry!" Elsa schien, auch wenn sie ein Lächeln nicht verhindern konnte, aufrichtig überrascht über den sich in Harrys Gesicht abzeichnenden Stolz, in der Gesellschaft von Erwachsenen einen Kraftausdruck der Erwachsenen benutzt zu haben. „Schatz!" fügte sie hinzu und kicherte, während sie ihm einen Klaps auf die Schultern gab.

Sie verließen mit der plappernden Menge den Hof, und Harry äußerte den Wunsch zu pissen.

„Ich warte hier", sagte Elsa und drapierte sich auf einer Bank unter einer hoch aufragenden Roßkastanie. „Macht nicht so lange. Ich habe Durst."

Den Bahnen unwillkürlicher Erinnerung folgend, führte Colin seinen Sohn einen Gang entlang, über einen anderen Hof, in eine schäbige, grün gekachelte Toilette hinein, wo sie nebeneinander in eine Rinne pinkelten und sich dann – ausschließlich deshalb, weil einer den anderen dabei hatte – umständlich die Hände wuschen.

Die alten Graffiti-Schichten waren übermalt und die Rollhandtücher durch Heißluftgeräte ersetzt worden, aber die nicht zu beseitigende Feuchtigkeit und eine Atmosphäre drohender Gefahr waren dem Raum erhalten geblieben. Zum ersten Mal an diesem Tag wurde Colin von Erinnerungen überfallen, keine von ihnen heiterer Art. Er wich instinktiv zurück, als drei hochgewachsene Jungen lautstark durch die Schwingtür in den Raum brachen. Er war beunruhigt, daß Harry so lange brauchte, um sich die Hände zu trocknen. Dann fiel ihm ein, daß er einundvierzig war, und diese massigen Rüpel wurden zu Kindern. Die Jungen verstummten respektvoll und verrichteten ernst ihr Geschäft, als er Harry zurück ins Sonnenlicht geleitete.

„Woher wissen die Leute, ob es für Damen oder Herren ist", fragte Harry. „Es sind keine Schilder an der Tür."

„Hier gibt's keine Damen", sagte Colin. „Und wenn es welche gäbe, dann würden sie es vermutlich aufhalten, bis sie irgendwo einen sichereren Platz gefunden haben."

Elsa kam lächelnd unter dem Baum hervor, um sich zu ihnen zu gesellen.

„Ich habe gerade Keith Bedford getroffen", sagte sie.

„Das ist ein Nachrichtensprecher", erklärte Harry ruhig.

„Du hast mir nie gesagt, daß du mit ihm zusammen hier warst", fuhr sie fort.

„War ich nicht."

„Er sagt, du warst."

„Dann muß er jünger sein als ich. Man erinnert sich nie an die jüngeren Schüler, weil sie unwichtig waren. Sie zählten nicht."

„Ihr Jungs seid ganz schön hart und merkwürdig."

Elsa nahm seinen Arm, als sie über den ersten Hof zurückgingen und sich einem breiten Pflasterweg näherten, der zur Seite einer riesigen Rasenfläche lag, die mit alten Platanen bestanden war und von einer hohen Steinmauer begrenzt wurde. Colin war überrascht, daß Harry seinen üblichen Platz an Elsas anderer Seite aufgab und an die Seite des Vaters wechselte, womöglich berührt vom exklusiven männlichen Charakter dieses Ortes. Wieder suchte Elsa Colins Blick und schenkte ihrem Mann ein heimliches Lächeln. In solchen Zeiten, in denen manche Eltern über ihre Ohnmacht im Angesicht der Natur betrübt wären, schien sie besänftigt zu sein und nahm die kleinen Mahnungen, die sie an die biologische Bestimmung erinnerten, als Zeichen einer Vereinbarung, daß sie, nachdem sie einen in jeder Hinsicht stabilen Mann produziert hatte, nun bald alle Verantwortung für ihn abgeben konnte. Colin seufzte.

„Was ist los?" fragte sie.

„Ich hatte vergessen, daß es so schön ist. Es ist idyllisch, wirklich. Gefällt es dir, Harry?"

„Es ist okay", sagte Harry. „Es ist sehr groß. Gibt es hier keinen Spielplatz?"

„Das alles hier", sagte Colin und zeigte auf die gewaltigen Bäume, die alten schmiedeeisernen Bänke, die etwas entfernten Kreuzgänge, „ist der Spielplatz".

Wie aufs Stichwort trottete ein Trupp Jungen in Militäruniform hinter dem Schießstand hervor und kam, prustend und puterrot, in dichter Formation an ihnen vorbei. Harry drehte sich um und starrte sie an.

„Müßte ich so was auch machen?" fragte er.

„Nur, wenn du es willst. Na ja, genau genommen muß jeder das ein Jahr lang machen. Danach kannst du, wenn dir das lieber ist, damit aufhören und statt dessen Sozialdienst ableisten."

„Sozialdienst?"

„Gartenarbeiten für alte Damen erledigen, das Flußufer von Unkraut säubern, in einer Behindertenschule aushelfen, solche Sachen. Es gab sogar eine Gruppe, die half dabei, in so einer Art von Siedlung für die Unterprivilegierten hier irgendwo Häuser zu bauen."

„Du machst natürlich Witze", sagte Elsa.

„Die lautere Wahrheit."

Sie gingen vorbei an der Kunstgalerie, dem Theater-Workshop, der Musikschule, den geschlossenen Reihen von Gedenktafeln für die tapferen Gefallenen des Krieges und dem Gruppenhaus, das berühmt dafür war, einen prominenten Faschisten, zwei Gewerkschaftsführer und wenigstens drei russische Spione hervorgebracht zu haben.

„Und das sind nur die, die sie geschnappt haben", kicherte Elsa. „Vielleicht könnte Harry ja Spion werden? Er ist so gut in Fremdsprachen geworden."

„Da ist es", sagte Colin und streckte seinen Arm aus.

Sie waren jetzt auf einer öffentlichen Straße, aber jedes Stück Land und jedes Gebäude in Sichtweite war immer noch Internatseigentum. Vor ihnen ragte bedrohlich Colins altes Gruppenhaus auf. Es war eine steile Angelegenheit aus rotem Backstein mit Türmchen, eigenartigen Flintzähnen rund um jedes Fenster und einer derartigen Menge an Feuerleitern und Anbauten, daß es schwer war zu entscheiden, wo die Vorder- und wo die Rückseite war. Ein Schwarm gut gepolsterter weiblicher Bediensteter, die zu dieser Gelegenheit nicht ihre üblichen Nylonkittel trugen, sondern sich betrügerisch in schwarz und weiß geworfen hatten, war abwechselnd damit beschäftigt, die Gäste in die Garderoben zu dirigieren, ihnen Sherry auszuschenken oder sie zu der Menge im Garten durchzuwinken, wo ihre Schwestern mit Canapés-Tellern kreisten.

„Schau mal, Schatz. Das war Daddys Gruppenhaus. Du könntest dort auch hin."

„Wozu?" fragte Harry, außerordentlich unbeeindruckt.

„Eine Schönheit ist es nicht", gab Colin zu. „Falls du in dem wirklich alten Teil bei der Kapelle wohnen und Unterricht haben willst, mußt du an den Prüfungen für das Stipendium teilnehmen."

„Das ist nicht dein Ernst", sagte Harry, und jäh versank in Colin die ihm kurz vor Augen stehende Aussicht auf jährliche Ferien in heißen Gegenden, die ein Stipendium ihnen ermöglichen würde. Elsa führte ihre beunruhigende Fähigkeit vor, seine Gedanken zu lesen.

„Wir könnten damit anfangen, uns Mummys Cottage in Devon auszuleihen", sagte sie mit einem raschen Lächeln ins Ungefähre. „Oh, schau mal, Harry, sie haben ein Trampolin in den Garten gebracht. Willst du das mal machen?"

Und dann, gerade als er sich zu ihrer Abwesenheit gratulierte, begann Colin Altersgenossen aus seinen Schultagen zu treffen. Sie waren alle keine Freunde – Sex, die Geographie, Geld und, in einem Fall, der Tod hatten ihre Schülerfreundschaften abbrechen lassen. Die dichter werdenden Silhouetten vor ihm waren lediglich Schattenbilder alter Bekanntschaft. Er ertappte sich dabei, in jedem einzelnen Fall nicht nur den Namen, sondern auch den Spitznamen und mindestens einen verrückten Tatbestand erinnern zu können, der sie verwundbar machte. Ein Munitionslager für psychologische Stiche – Plattfüße, kupferrotes Schamhaar, eine Anlage zum Stottern, tote Väter, alkoholkranke Mütter –, auf das er aus einem lange schlafenden Instinkt heraus zurückgriff, der ihn veranlaßte zu verletzen, bevor man ihn verletzte.

Sie standen auf dem Rasen herum und hielten die Karrieren gegeneinander, um ihre Größe zu vergleichen, inspizierten die Ehefrauen der anderen und boten eine gutgelaunte *bonhomie* auf, die Colin in neun von zehn Fällen als unecht veranschlagte. Akutes Unbehagen veranlaßte sie alle, die Sprachschablonen von zwanzig Jahre älteren Männern zu übernehmen, tatsächlich waren es die ihrer Väter.

„Du hast den Mann *alter Bursche* genannt", sagte Elsa erschrocken, als sie gerade durch eine Eingangshalle – sie war so düster, wie Colin sie in Erinnerung hatte – getrieben wurden, weil im schlammgrünen Speisesaal ein „Gabelfrühstück" auf sie wartete. „Du redest sonst nie so."

„Ich weiß", sagte er. „Tut mir leid. Ist mir so rausgerutscht. Ich glaube, es ist ansteckend."

„Der Direktor ist ein Schatz."

„Tatsächlich? Wir haben nicht miteinander gesprochen."

„Wirklich, Colin, deshalb sind wir hergekommen. Geh hin und stell dich vor. Es ist der Mann dort am Kamin, der mit dem kleinen Kind auf dem Arm und mit diesem Lächeln."

„Aber der sieht aus wie fünfundzwanzig."

„Ist er auch. Viel besser in Schuß als diese mürrischen Typen, die du damals hattest. Und seine Frau ist ebenfalls kein Hausdrachen."

Colin tat, was sie ihm sagte, und sprach mit dem Direktor, der wirklich ein Schatz war. Er hatte etwas von Peter Pan an sich, und Colin begriff, daß er deshalb so gut war in seinem Beruf. Ein Teil seiner Entwicklung schien angehalten worden zu sein. Er hatte es nicht geschafft, sich diese harte Schale zuzulegen, die jeden anderen Mann in diesem Raum kennzeichnete. Er sprach zu den Jungen mit der Autorität eines sanften älteren Bruders und zu den Vätern mit dem heiteren Respekt ihres idealen Sohnes. Ihn begeisterte alles, von den Krabbenpastetchen bis zum schulischen Geigenverein. Seine Ironie beruhte eher auf natürlichem Witz als auf bitterer Erfahrung. Er war vollkommen ungeeignet für ein Leben in der Gesellschaft von Erwachsenen. Colin war überrascht, als er den Mann – nachdem er ihm zuerst Harry vorgestellt und danach einen kurzen Plausch über nichts von auch nur einiger Bedeutung mit ihm gehabt hatte – sagen hörte: „Nun, wir wären entzückt, ihn an dieser Schule zu haben, vorausgesetzt natürlich, er besteht die Prüfungen."

„Oh", sagte Colin. „Nun, gut. Vielen Dank. Ich werde die gute Nachricht gleich Elsa überbringen."

Sie gaben sich die Hand, und Harrys kleines Schicksal war besiegelt. Colin blickte aus dem Fenster und sah seinen Sohn auf einer niedrigen Mauer sitzen, krümelnd ein Baiser mampfend und damit beschäftigt, einigen vergleichsweise riesigen Jungen zuzuschauen, die einen Fußball über ein eingezäuntes Spielfeld kickten. Er war verwundert, wie schnell und natürlich der Junge seinen Platz fand, dem gerade entwöhnten Nachwuchs irgendeiner wilden hierarchischen Tiergesellschaft vergleichbar.

Elsa war eine dieser seltenen Frauen mit einem echten Interesse an Kricket. Sie stammte aus einer lange Reihe von Kricketspielern, und als Einzelkind war sie in den vollen Genuß der väterlichen Unterweisungen gekommen. Sie liebte Wissen, besonders wenn es derart wenig praktischen Nutzen hatte. Es gefiel Colin, ihr dabei zuzuschauen, wie sie die Gönnerhaftigkeit der Kricketmänner mit ihren umfassenden Kenntnissen konterte; es gefiel ihm nicht zuletzt deshalb, weil er selbst keine einzige sportliche Ader in seinem Körper hatte. Als er ihr eine Tasse Kaffee brachte, diskutierte sie gerade die Feinheiten der Geschichte internationaler Kricketmatches mit einem großen wuschelköpfigen Jugendlichen, der die Art von Kricketpullover trug, die den Mitgliedern des führenden Schulteams vorbehalten ist; ein Gott, nach den Begriffen der Schüler, und doch war sie es, die aus dem Disput als Siegerin hervorging.

„Aber schließlich", seufzte sie und stubste, nachdem sie ihre siegreiche Ansicht mit Nachdruck vorgetragen hatte, mit einem langen Finger auf die breite Brust des Jungen, „sind *Sie* der Experte, wie ich bemerkt habe. Was weiß *ich* schon? Ich habe das Spiel ja nicht einmal gespielt."

Der Junge errötete, als Elsa sich an Colin wandte. „Kaffee. Wie lieb. Schatz, darf ich dir Hargraves vorstellen?"

Hargraves gab Colin die Hand. „Wie geht es Ihnen, Sir?"

„Wunderbar, wenn man Sir genannt wird", sagte Elsa. „Madam klingt immer so hochmütig und matronenhaft."

„Er hat Harry einen Platz angeboten", berichtete Colin ihr. „Vorausgesetzt natürlich, er besteht die Prüfungen."

„Natürlich hat er ihm einen Platz angeboten."

„Ich denke, ich schau mich hier mal ein bißchen um. Guck mir an, wie die Dinge sich verändert haben. Willst du mit?"

Sie kräuselte ihre Nase.

„Umkleideräume besichtigen und gucken, was sich verändert hat? Muß das sein? Ich wollte den Beginn des Matchs mitbekommen. Hargraves kann mir ja den Weg zeigen."

„Selbstverständlich kann ich das", sagte Hargraves.

Froh über die Möglichkeit, seine Erkundungen auf eigene Faust unternehmen zu können, holte Colin sich einen zweiten Kaffee und marschierte los. Das Gruppenhaus zeigte sich von seiner besten Seite. Die übliche Rüpelhaftigkeit war lahmgelegt durch die Anwesenheit der Eltern, aber an der einen oder anderen Stelle durchdrang doch die wahre Natur jene dünne Haut des Anstands mit einem beruhigenden Furz. Colin nahm den Umkleideraum in Augenschein, der übel nach Schweiß und süßem Shampoo roch, die bemitleidenswert schlecht ausgestattete Bibliothek, den Aufenthaltsraum und den neuen Block mit Studierzimmern, wo er einigen kurzfristig feindlichen Blicken ablesen konnte, daß er bei irgend etwas gestört hatte, und sich zurückzog. Hier und dort waren Jungen, unbehindert durch die Familie, mit kleinen Akten des Vandalismus oder der Selbstvervollkommnung beschäftigt. Einer, ein wenig älter als Harry, versenkte sich in eine überraschend wenig bemerkenswerte Zeitung und starrte finster auf die Brüste eines schmollmundigen Models, als habe er eine Seite algebraischer Berechnungen sorgfältig zu überprüfen. Unsicher, wonach er eigentlich suchte – irgendeine Bestätigung vielleicht, daß diese vertrauten Szenen nicht so unwichtig waren, wie sie jetzt erschienen –, ging Colin zum Treppenhaus zurück und dann auf die Schlafsäle zu. Hier hatte sich ebenfalls wenig verändert. Es gab immer noch keine Heizkörper und Vorhänge, aber die alten, dünnen Matratzen mit der Kuhle in der Mitte waren ausgetauscht worden. Er setzte sich auf ein Bett und war glücklich zu entdecken, daß es noch immer die kleinste Bewegung durch ein Knacken verriet. Er ging zu einem der großen Fenster, die gnadenlos waren bei kaltem Wetter, und sah eine Gruppe Besucher über die Sportbahn unten zu den Kricket-Spielfeldern in der Nähe des Flusses zockeln. Eine Frau drehte sich um und rief etwas. Es war Elsa. Er sah Harry losrennen, der versuchte, sie einzuholen. Der Junge blickte zu ihr auf, um mit ihr zu schwatzen, während sie weitergingen. Wenn er sich hier wohlfühlte, hatte Colin dann das Recht, ihm diese Erfahrung vorzuenthalten?

Es schien ihm richtig, sich den beiden jetzt anzuschließen. Er stellte seine Kaffeetasse auf einer Kommode ab und ging den Schlafsaalflur zurück. Er kam an einer offenen Tür vorbei und blickte eben lange genug in den Raum hinein, um das Gesicht eines großen Mannes erkennen zu können, der die Balken anstarrte. Er lief schnell weiter, hielt an, als er Leute hörte, welche die Treppe heraufkamen, kehrte um und verschwand rasch in der Wäschekammer. Er setzte sich auf eine Bank, wo er von der Tür aus nicht sichtbar war. Er mußte sich erholen. Sein Herz schlug, als habe er gerade die Treppe im Lauf genommen. Auf seiner Stirn bildeten sich Schweißperlen, und er wischte sie mit einem Taschentuch weg. Das war *er* gewesen, eindeutig *er*. Das schwarze Haar war grauer, die straffe Figur ein bißchen schmaler geworden, aber die starken Augenbrauen und die große, früher einmal gebrochene Nase waren sofort wiederzuerkennen gewesen. Colin berührte mit dem Taschentuch seine Oberlippe und rief sich ins Gedächtnis zurück, wie der Blick des Mannes für den Bruchteil einer Sekunde den seinen getroffen hatte, bevor Colin davongelaufen war.

***

Der Aufenthaltsraum war der Ort, wo alle außer den ältesten Schülern ihre Freizeit und die Abende verbrachten. Er hatte eine hohe Decke und die Form eines L. Die Wände entlang drängten sich hölzerne Alkoven. Jeder der Jungen hatte so einen Alkoven. Er enthielt einen Tisch, einen kleinen Schrank, eine Sitzbank und eine Lampe, alles uralt. Dieses kleine Territorium – die Größe der Alkoven variierte, und die etwas weniger engen waren hoch begehrt – war der einzige Raum im gesamten Internat, in dem die Schüler einigermaßen für sich sein konnten. Der Neuzugang hatte eine geistige Anpassungsleistung zu vollbringen, die darin bestand, die Anhäufung von Zimmern, Garten, Haustieren und Familie, die er sein Zuhause nannte, auf die Größe eines Raumes zusammenzupressen, den ein viktorianischer Straßenjunge verachtet hätte. Hier konnte er seine Individualität ausdrücken in Form von Postkarten, Nippes, Spielzeugen, der Wahl von Vorhang- und Kissenstoffen, einem Nahrungsmittelvorrat und sogar einem gewellten Plastikdach. Und hier würde er auch seine ersten brutalen Lektionen über die Gefahr erteilt bekommen, die es bedeutete, Individualität der falschen Art auszudrücken.

Colin und, was noch wichtiger war, Colins Mutter waren von einem älteren Cousin energisch in diese Verhältnisse eingewiesen worden. Der Cousin war immer noch Internatsschüler, hätte sich aber – bei seiner Ehre – entschieden, im Ernstfall verhindert zu sein, Colin zu Hilfe zu kommen, und würde ihn auch keinesfalls beachten, falls Colin ihm in der Schule begegnen sollte. Colin war gewissenhaft vorgegangen. Sein Vorhang und sein Kissen waren aus einem absolut unauffälligen grünen Stoff. Er hatte keine Fotografien seiner Eltern, wohl aber – darauf hatte er plötzlich bestanden – ein Foto seiner älteren Schwester mitgenommen, übellaunig dreinschauend, in einem Badeanzug. Das pinnte er neben einen Kalender, der jeden Monat eine andere Hunderasse zeigte. Er hatte kein Spielzeug mitgebracht, nichts von besonderem finanziellen oder sentimentalen Wert, außer einem Transistorradio aus Blech. Aber irgendwie, aus undeutlichen Gründen, war er durchgefallen.

Zuerst wurden ihm geringfügige Gewalttätigkeiten angedroht, um ihn zu einer Reaktion zu verleiten, die dann die Entschuldigung für härtere Repressalien abgegeben hätte. Die Jungen stellten ihm von hinten ein Bein – „In-die-Knöchel-Gehen" wurde das genannt –, sobald er auf dem Weg vom Speisesaal auf dem Korridor vorbeiging. Er wurde mit nassen Handtuchecken geschlagen, wenn er am Waschbecken anstand. Sie unternahmen auch kleine verbale Attacken, verspotteten ihn, verließen sich auf die Unterstützung der anderen, die um sie herum standen.

„Hey!" riefen sie. „Hey, du!"

„Ja?" antwortete er und drehte sich um.

„Gar nichts!" kam blöde grinsend die Antwort. „Gar nichts!"

Und unter allgemeiner Zustimmung wurde erst „Garnichts", dann „Blödmann" sein Spitzname, und blieb es bis lange in eine Zeit hinein, als schon niemand mehr den Grund dafür wußte.

„Vor allem mußt du lernen, nicht zu reagieren", hatte sein Cousin ihm eingetrichtert. Jeder, so schien es, ging durch eine Phase, in der man es auf ihn abgesehen hatte, aber diese kurze Initiationszeit konnte zu unendlicher Verfolgung ausgedehnt werden, falls der vermeintlich Initiierte den anderen diese falsche Art der Bestärkung vermittelte. So begegnete Colin den Peitschenschlägen, Beingrätschen und Verhöhnungen mit höflichem Gleichmut, wenn auch nicht gerade mit Dankbarkeit.

Er schrieb nach Hause, teilte mit, wie sehr er sich vergnügte. Und es *gab* Dinge, die Vergnügen bereiteten. Er fand es schön, im Chor des Internats zu singen, allerdings ohne große Finesse. Er begann mit dem Töpfern und machte einen Aschenbecher für seinen Vater. Er gewann als Steuermann im Ruderteam der unteren Jahrgänge ein bißchen Popularität unter seinen unmittelbaren Mitschülern – auch wenn das bedeutete, bei jeder verlorenen Regatta in eiskaltes Flußwasser geworfen zu werden. Aber ebenso wie das Sozialsystem der Schule dazu gemacht war, den Respekt aller von den Erwachsenen – die kurz nach achtzehn Uhr aus dem

Blick und folglich aus dem Machtbereich verschwanden – auf die Präfekten zu übertragen, war es auch dazu gemacht, bei den Schülern ein peinigendes Gespür dafür zu wecken, daß es unaussprechliche Erwachsenenfreuden zu entdecken gab, falls einer nur zufällig auf das geheime Losungswort stieß.

Vor Verzweiflungstaten bewahrte ihn allein das heilsame Schauspiel anderer Jungen, oft genug schon in ihrem zweiten Jahr, die für immer aus der Gemeinschaft ausgestoßen waren und sogar für „Frischlinge" wie ihn zu Freiwild für Spott und Hohn wurden. Da war einer mit grotesk abstehenden Ohren, der immer so wirkte, als habe er das Waschen aufgegeben, ein anderer, den man leicht zu spektakulären Wutanfällen provozieren konnte, in deren Verlauf er tatsächlich mit den Füßen stampfte und schrie, und ein dritter, Bollocks genannt, weil seine Eier sich immer noch nicht gesenkt hatten, der mit hoher Stimme selbst dann noch von den Tröstungen des Christentums brabbelte, als ein anderer seine Aufsätze zerfetzte und seine Schulbücher in dreckige Pfützen schmiß. Bei dem mit den Ohren und dem säuerlichen Geruch wurde später Schizophrenie diagnostiziert, aber nur ein einziges Mal wurde er als Schizophrener auch erkannt, in einer Gesellschaft mit geringfügig kleinerem Appetit auf Abweichungen, in seinem ersten Jahr an der Universität.

Colins Initiation kam sechs Wochen nach Beginn seines ersten Trimesters, in einer Sonntagnacht. Sonntage waren immer eine gefährliche Zeit. Mißgunst lag in der Luft, weil einige Jungen abgeholt worden waren, um bei ihren Eltern zu essen. Eine trügerische Feiertagsstimmung tendierte dazu, ohne Vorwarnung zu verhärten. Ein paar Jungen versuchten immer noch, ihre Samstagnacht-Aufsätze zu beenden, aber die meisten waren unbeschäftigt, gelangweilt und reizbar; ihre Unzufriedenheit entzündete sich beim gewissenhaften Studium jener anderen Welt des Luxus und der Freiheit, die so gefühllos durch die farbigen Beilagen der Sonntagsblätter stolzierte. Sonntags hatte der Direktor seinen freien Abend, was bedeutete, daß er noch gründlicher abwesend war als sonst, ansprechbar nur *in extremis*. In einer Sonntagnacht war einmal ein Schüler mit einem Florett um sein Augenlicht gebracht worden. Und erst letzten Sonntagabend war im Aufenthaltsraum eine albtraumhafte Stimmung aufgekommen, als jemand einen Satz Darts hervorholte, die er im Pub gestohlen hatte, und begann, sie zum Spaß nach den Knöcheln der anderen zu werfen. Colin war von seinem Cousin vor den Sonntagnächten gewarnt worden. Er lag pünktlich in der Tiefe seines Alkovens hinter seinem untadeligen Vorhang, las Balzac und versuchte, nicht bemerkt zu werden. Eine Schlacht mit Tüten voller schlecht gewordener Milch war aufgeflackert und wieder abgeebbt. Ein Tischtennismatch drohte ins Gehässige umzukippen. Jemand spielte schon wieder *Dark Side of the Moon*, im Beisein der üblichen Traube von religiös gestimmten Jungen, die sich versammelt hatten, um den Texten mit stiller Lippenbewegung zu folgen und imaginäre Gitarren zu zupfen. Jeden Augenblick würde der jüngste „Frischling" gerufen werden, um die Glocke zum Abendgebet zu läuten. Nur Minuten lagen zwischen Balzac und der relativen Sicherheit eines kalten Bettes.

Es war ein schurkischer Angriff, von Bollocks gestartet in einer extravaganten Bemühung, von der Menge akzeptiert zu werden. Colin wurde aufgeschreckt, als der andere Junge den Vorhang zurückriß und kläffte: „Glaubst du an Jesus Christus als an deinen Erlöser?"

Ein paar Jungen johlten aus Gewohnheit auf, äfften die quiekende Stimme und das Stottern nach, die anderen standen nur herum und gafften.

„Ich bin nicht sicher", gestand Colin ein.

„Glaubst du an Jesus Christus als an deinen Erlöser?" fragte Bollocks erneut, und Colin entschied sich, auf den höheren Rang zu setzen, den er als Beinahe-Initiierter im Vergleich zu einem Paria einnahm.

„Warum sollte ich?" höhnte er. „Spa-spa-spastische Fresse!"

Für einen Moment war unklar, welche Wendung die Szene nehmen würde, da begann Bollocks in seinem Sportjackett herumzukramen. Dann holte er eine Büchse mit Feuerzeugbenzin hervor, kippte es großzügig über den Vorhangstoff und verkündete: „Dann, Häretiker, brate."

Und er zündete ein Streichholz an. Colin fluchte und zog sich erschrocken in den Alkoven zurück, während die Luft sich mit Rauch füllte und das untadelige Grün von den Flammen verschlungen wurde. Jetzt entschied einer aus dem dritten Jahr – dem sein Status als brauchbarer Fußballer und Zwanzig-am-Tag-Raucher Sicherheit verschaffte –, daß Bollocks zu weit ging. Unter lautem

Jubel setzte er einen Feuerlöscher in Betrieb, erstickte erst die Flammen und richtete den Strahl dann auf den Paria. Die Gelegenheit ergreifend, holte Colin aus und landete einen kräftigen Tritt in Bollocks' Hintern – aber er hatte die Gefühle der Menge falsch eingeschätzt.

Er wurde ergriffen. Seine Hose und die Unterhose wurden unter schadenfreudigen Bemerkungen bis zu den Knöcheln heruntergezogen. Man beugte ihn über den Pingpong-Tisch, während seinem Arsch eine brennende Dusche aus den Resten verpaßt wurde, die noch im Feuerlöscher waren. Nachdem das nicht länger als amüsant betrachtet wurde, hoben ihn heiße, knochenharte Hände in einen der großen Plastikmüllkübel, und ein Teller stark ranziger Butter wurde ihm in die Haare gedrückt. Als er versuchte, sie abzulösen, folgten eine Ladung längst vergammelter Milch und etwas Nasses und Namenloses und flossen den Rücken seines Hemdes hinunter. Blind und gegen den Würgereiz kämpfend, schlug Colin in seinem Bemühen, die Balance zu halten, wild um sich, da hoben seine Peiniger den Müllkübel in die Höhe. Sobald seine Augen wieder klar genug waren, um sehen zu können, wohin sie ihn trugen, erstarrte er und fluchte erneut. Die Wände über den Alkoven hatten eine schöne Holzvertäfelung, die vier Meter oder mehr nach oben reichte. Die Vertäfelung war sehr dick – vielleicht deshalb, um Rohrleitungen zu verstecken –, und es war möglich, auf ihrem Oberteil im Raum herumzukraxeln. Colin und sein Müllkübel wurden nach oben gehievt und unter großem Hallo dort heikel auf Kippe gestellt, wo zwei Teile der Vertäfelung eine Ecke bildeten. Dann ertönte die Glocke zum Abendgebet, und der Raum leerte sich, weil alle über den Korridor rannten, um bei ihren Stühlen im Speisesaal zu knien. Apathische Schüler der Abschlußklasse, die von ihren Studien kamen, bummelten hinterher. Die meisten ignorierten ihn. Einer spuckte einen Brocken Kaugummi in seine Richtung, und ein anderer rief ein paar geistreiche Bemerkungen auf Deutsch, die wissendes Gelächter hervorriefen.

Dann war er allein. Behutsam versuchte er aufzustehen, aber der Kübel schaukelte gefährlich, Colin fiel zurück und hockte wieder im Müll. Wenn er hinunterstürzte, da hatte er keinen Zweifel, würde er sich auf dem schmutzigen Parkettboden das Genick brechen, mindestens den Schädel zerschlagen. Er stellte sich seine Beerdigung vor. Da würden weiße Lilien sein, und der Direktor spräche zürnend und ausdauernd, er würde die Mörder bei ihren Namen rufen und sie veranlassen, an seinem Sarg zu beten. Es käme zu massenhaften Schulverweisen, über welche die nationale Presse berichten würde, und sie würden ein neues, scharfes Disziplinarregime errichten. Die Schüler der Unterstufe würden Colins Andenken unter Tränen der Dankbarkeit lebendig halten.

Zum ersten Mal seit sechs Wochen, als er, auf einem Koffer sitzend, von seinem Vater an der Waterloo Station verlassen worden war, lockerte Colin den Griff seiner Selbstbeherrschung und erlaubte sich den Luxus von Tränen des Heimwehs.

„Ach du Scheiße!"

Er blinzelte und guckte über den Rand seines Kübels. Es war Hardy, einer der Präfekten und Senior Officer im Korps der Schularmee. Groß, dunkel, furchteinflößend. Hardy sprach selten zu den Jüngeren, er schuf Disziplin durch die bloße Autorität seiner Anwesenheit. Wenn er sprach, neigte er zu vernichtendem Sarkasmus.

„'Tschuldigung, Hardy", stammelte Colin, der erwartete, daß man ihn, wie es üblich war, für das Unrecht bestrafte, das man ihm angetan hatte.

„Kannst du nicht runter kommen?"

„Ich...ich glaube nicht."

„Dann halte dich um Gotteswillen ruhig."

Hardy warf den Roman, den er bei sich trug, auf den Pingpong-Tisch, kletterte dann über die Alkoven unter Colin und hielt den Kübel fest. „Nun los. Steig raus."

Hastig Unterhose und Hose hochziehend, krabbelte Colin auf den Sims. Hardy ließ den Kübel auf den Boden fallen, beeindruckend gleichgültig gegen die Schweinerei, die er anrichtete. Er sprang dem Kübel nach. Colin folgte vorsichtiger. Hardy sah ihn an und verzog die Nase.

„Herrgott, du stinkst!"

„'Tschuldigung, Hardy."

„Nicht deine Schuld. Wie heißt du?"

„Cowper."

„Unter die Dusche, Cowper. Jetzt."

„Aber was ist mit den Abendgebeten?"

„Ach, die Scheißgebete. Mach schon!"

Hardy ging den Weg zum Umkleideraum voran und dann durch den Raum hindurch zu den Duschen, wo noch immer dicker Zigarettenqualm in der Luft hing. Während Colin sich eilig auszog, stellte Hardy eine Dusche an. Als Colin an ihm vorbei hineinschlüpfte, schloß Hardy von innen die Tür hinter ihm. Dann lehnte er sich gegen die Wand, lässig rauchend, während Colin sich im Strahl des heißen Wassers wusch. Als er seine blasse Haut einseifte, entdeckte er überall Stellen, die durch den Angriff zerkratzt und voller blauer Flecken waren. Er sah sich nach einer Shampoo-Flasche um und begann, sich die Butter aus den Haaren zu waschen.

„So wird das nichts", sagte Hardy und warf seine Zigarette in eine Wasserlache, wo sie verglühte. „Komm. Laß mich." Er stand jetzt so nahe, daß das Duschwasser auf seine Jeans und sein Leinenjackett spritzte und dunkle Flecken hinterließ. Colin fragte sich, ob er betrunken war.

„Gib her!" sagte Hardy, und Colin gab das Shampoo an ihn weiter. Hardy füllte seine Handfläche mit der dunklen grünen Flüssigkeit und begann sie auf Colins Kopfhaut zu verreiben. Seine Stirn war vor Konzentration in Falten gelegt.

In der Vorbereitungsschule pflegten die „Hilfsschwestern" – gelangweilte höhere Töchter, deren Leben ein wenig auf der Stelle trat – Colin ins Badezimmer zu führen, um ihm die Haare zu waschen. Sie verspotteten forsch seine Schüchternheit, und es war alles unglaublich peinlich. Dies hier war ganz anders. Hardy war im Pub gewesen, und sein Atem war bittersüß von Bier und Tabak. Ihre Hände hatten hektisch auf seiner Kopfhaut herum gekratzt, als wollten sie einen Juckreiz bekämpfen, aber Hardys Hände bewegten sich langsam. Seine Berührung war nicht weniger fest, aber er benutzte seine Fingerspitzen und nicht seine Nägel. Er umfaßte Colins Hinterkopf, während er mit seinen Daumen kräftig Colins Schläfen bearbeitete. Er wurde immer mehr durchnäßt. Colin fühlte nassen Jeansstoff an seinen Schenkeln. Er empfand einen unbändigen Drang zu pinkeln und stellte fest, daß er, zu seinem Entsetzen, eine Erektion bekam. Verzweifelt bemüht, sie vor Hardy zu verbergen, versuchte er es mit der erprobten Technik, tief Luft zu holen und sich vorzustellen, daß seine Hand mit einem Brotmesser abgeschnitten wird.

Draußen schlug die Glocke wieder und rief die Unterstufe zu Bett. Auf dem Flur gab es einen Massenansturm von Jungen. Jeden Moment konnte einer auf eine Zigarette hereinkommen. Schmunzelnd, wie über einen privaten Witz, drückte Hardy Colins Kopf zurück in den Wasserstrahl und begann, den Schaum mit seinen Fingern auszukämmen. Durch nichts würde Colin die Erektion wegbekommen. Panik schien die Sache nur noch schlimmer zu machen. Colin fühlte, daß sein Schwanz jetzt wirklich Hardys Jeans berührte. Hardy bemerkte es und lachte leise.

„Was ist das denn, hm?" Er tippte versuchsweise mit einer großen, nassen Hand dagegen. Colin verkrampfte. Er schloß seine Augen.

„Es...es tut mir leid, Hardy."

Er versuchte sich wegzudrehen, aber der ältere Junge hatte noch immer eine Hand in seinem Nacken. Das Wasser, das gegen seinen Rücken schlug, schien heißer zu werden.

„Verdammt noch mal, hör auf damit, dich zu entschuldigen", sagte Hardy. „Schau mich an."

Colin öffnete seine Augen, gerade noch rechtzeitig, um zu sehen, wie Hardy sich hinunterbeugte, um ihn zu küssen. Er stieß einen kleinen Laut aus, dann wurde sein Mund zum Schweigen gebracht von einem rauhen Mund, der sich gegen ihn preßte – und von der außerordentlichen Empfindung, die ihm eine Zunge verschaffte, die zwischen seine Lippen eintauchte, um nach der seinen zu suchen. Die Hand, die in Colins Nacken gewesen war, rutschte nach unten, und schließlich umfaßte ihn ein Arm quer über die Schulterblätter, während eine Hand zwischen seine Beine glitt und ihn zu wichsen begann, sehr heftig.

Colin hatte erst ein paar Wochen zuvor gelernt, sich einen runterzuholen. Das Alter, in dem derartige Kenntnisse erworben wurden, hing vollständig von der Gesellschaft ab, in die der Zufall einen Jungen hineinwarf. Er war rasch in der Hierarchie seiner Vorbereitungsschule aufgestiegen, und so fand er sich, in einem Alter, in dem er hätte lernen können, wie man es macht, als Captain eines vergleichsweise präpubertären Schlafsaals wieder – und dies brachte ihn um exemplarische Vorführungen. Er wurde von schmerzhaften Erektionen gequält und dem gelegentlichen feuchten Traum, und er sah sich gezwungen, in die dreckigen Aufschneidereien seiner Kameraden einzustimmen, hoffend, daß viele von denen genauso unerfahren waren wie er. Es war undenkbar, selbst einen guten Freund zu fragen, wie man masturbiert, und so litt er schweigend. Als er auf das Internat wechselte, wurde er endlich in einem Schlafsaal für Jungen unterschiedlichen Alters untergebracht und mußte nur ein paar Wochen warten, bis man ihn zum Teilnehmer einer lautstark vergleichenden Diskussion der verschiedenen Techniken machte. Linke Hand, rechte Hand, unter Wasser, bäuchlings gegen die Bettdecke – plötzlich hatte er nicht nur Kenntnisse, er hatte auch Wahlmöglichkeiten. Seine Erfahrungen mit dem bewußt herbeigeführten Orgasmus waren noch neu, und das Erlebnis eines von fremder Hand herbeigeführten Orgasmus war für ihn, buchstäblich, umwerfend. Nachdem er ein paar Sekunden mit reglosen Armen dagestanden hatte, bemerkte er, daß seine Knie einknickten und warf seine Arme um Hardy, als taumelte er auf einer Kliffkante. Er wollte pissen. Er wollte kommen. Er wollte aufschreien. Und er war sich überhaupt nicht sicher, ob er das nicht alles schon in der Zeit getan hatte, als Hardy es mit ihm machte. Hardy nahm sich einen letzten, langen Kuß, drehte dann die Dusche ab und hielt das schluchzende Gesicht Colins an seiner Brust.

„Mensch", sagte er sanft, als habe die ganze Sache auch ihn überrascht.

Plötzlich waren da Schritte und Geplapper im Umkleideraum, und die Tür zu den Duschen wurde aufgestoßen. Zwei ältere Schüler standen im Eingang. Das Lachen blieb ihnen im Halse stecken. Sie starrten einen Moment. Colin versuchte sich loszumachen, aber Hardy hielt ihn fest.

„Verpißt euch!" sagte er zu ihnen.

„Entschuldigung, Hardy", sagte einer der Jungen. „Das Licht war aus, und wir wußten nicht..."

„Verpißt euch einfach."

„Entschuldigung, Hardy." Sie schickten sich an zu gehen. Hardy rief ihnen nach.

„Gilks?"

„Ja?" Einer drehte sich um.

„Laß deine Zigaretten auf der Stufe liegen, und wir reden nicht mehr davon."

„Natürlich. 'Tschuldigung, Hardy." Gilks legte seine Zigaretten hin und schloß leise die Tür hinter sich.

„Ahnungslose, *nouveau-riche* Wichser", murmelte Hardy und begann zu kichern. Colin sah ihn verunsichert an, als das Gekicher in ein herzhaftes Gelächter überging. Wie konnte er diese Krise nur so leicht nehmen? Sie waren jetzt garantiert verloren. Hardy zerwühlte seine Haare.

„Wie, sagtest du, war dein Name?" fragte er.

„Cowper, Hardy."

„Das hier ist nicht gerade ein Todeslager. Ich meinte deinen Vornamen, deinen christlichen Taufnamen." Er legte eine verächtliche Betonung auf das Beiwort „christlich", wie auf eine Obszönität.

„Oh, 'tschuldigung. Der ist Colin."

„Colin", murmelte Hardy vor sich hin, als wollte er diesen Namen ausprobieren. Er griff sich von den heißen Rohren ein fremdes Handtuch. „Colin Cowper." Er legte es um Colins Schultern. „Nun, ich heiße Lucas." Er streckte eine Hand aus, und Colin schüttelte sie gehorsam. In der Dunkelheit sah er Hardy lächeln.

„Äh. Hallo", sagte Colin.

„Weißt du, wie man Rühreier macht?"

„Ja."

„Gut. Du kannst mir morgen welche machen."

Mit diesen Worten stieg Hardy aus der Dusche, seine durchweichten Kleider hinterließen eine Wasserspur. Er nahm sich im Vorbeigehen ein anderes Handtuch und ging hinaus, kräftig seine Haare rubbelnd.

Es gab keinen Skandal am nächsten Tag. Obwohl Gilks und seine Freunde zweifellos jedermann erzählt hatten, was sie gesehen hatten, gab es weder eine Anspielung auf die Müllkübel-Episode noch darauf, daß Colin in der Umarmung von Hardy entdeckt worden war. Weit davon entfernt, seine Aufnahme in die Gemeinschaft des Gruppenhauses gefährdet zu finden, sah Colin sich plötzlich und mit Behagen aufgenommen in die Reihen derer, die dazugehörten. Er wurde niemals wieder geneckt oder schikaniert, und wenn ihn ein Außenseiter bedrohte, bildeten die Älteren des Hauses eine Mauer, um ihn zu beschützen. Ebenso ein Intellektueller wie ein Sportler, extravagant hip, aber nicht so aufrührerisch, daß er das System beschädigt hätte, mit dem er sich anlegte, war Hardy der Held des Hauses. Als sein stillschweigend akzeptierter „kleiner Mann" erlangte Colin über Nacht eine inoffizielle offizielle Position, nicht unähnlich dem hübschen Sträfling, dem es das Leben rettet, daß ein respektierter Mörder ihn zum Zellengenossen wählt. Eingeschüchtert bezahlte Bollocks einen neuen Vorhang für den Alkoven, sinniger Weise aus einem unchristlich roten Samt.

Hardy bestellte Colin regelmäßig in sein möbliertes Zimmer im Präfektenflügel, wo sie hinter verschlossener Tür – ihr Keuchen und Stöhnen verschluckten Gitarrenklänge und die bedeutungsschweren Texte der neuesten Konzeptalben – Sex hatten. Sich vielleicht sogar liebten. Rückblickend betrachtet waren ihre Bettspiele anfängerhaft, beinahe unschuldig, und bestanden aus nichts anderem als stundenlangem wangenrötendem Küssen, das gelegentlich gipfelte in eiliger wechselseitiger Masturbation. Im Laufe der Wochen jedoch wurde das einfallslose Herumgemache unterbrochen von Augenblicken grenzenloser Romantik, denen, jedenfalls, soweit es Colin betraf, niemals wieder etwas gleichkam. Hardy besorgte sich irgendwo ein Auto für den Abend und kutschierte Colin zum Dinner nach London. Er mietete einen Stocherkahn und entführte ihn zu Picknicks am Fluß. Er bat ihn zu köstlich sündhaften Stelldicheins im Kricketpavillon – wobei sie sich einmal das große Vergnügen machten, den heiligen Rasen des Kricketfelds zu besudeln. Er machte ihn mit Portwein bekannt, las ihm Kavafis vor, und einmal, sie waren beide betrunken vor Kummer, daß es die letzte Nacht des Trimesters war, stahl er einen Schlüssel und führte Colin die Wendeltreppe hinauf auf das Dach der Kapelle, wo sie dann fröstelnd lagen und die Sterne betrachteten.

Wenn er zurückblickte, nach den Jahren einer schmerzhaften Ausbildung in der schwierigen Kunst, Frauen zu verführen, dann begriff Colin, daß sich ähnliche Szenen mit vergleichbarer Lust nicht wiederholen würden, wie wundervoll seine Partnerinnen auch immer wären, denn bei Lucas hatte er die Rolle eines Mädchens gespielt, eines altmodischen, politisch inkorrekten, allesbegehrenden Mädchens. In der ritualisierten, hermetischen Welt des Internats war auch Lucas fähig gewesen, eine Rolle zu spielen – die des allmächtigen Helden –, die in der Welt außerhalb der ehrwürdigen Grenzen dieser Institution lächerlich nervtötend gewesen wäre.

So, wie es war, hatte ihre Beziehung keine Wirklichkeit außerhalb der Trimester. In den Ferien kehrte jeder zu seiner Familie zurück, was in Lucas' Fall den Iran bedeutete, wo sein Vater für eine Ölgesellschaft arbeitete. Keiner von beiden wäre auch nur im Traum darauf verfallen, dem anderen Briefe zu schreiben. Zum letzten Mal sahen sie einander etwas mehr als ein Jahr nach ihrer ersten Begegnung. Lucas hatte in Cambridge ein Stipendium erhalten und verschwand in den Glanz eines freien Jahres außerhalb der Universität, Colin mit einer kurzen Folge von Postkartengrüßen beehrend, die vom Mittelmeer kamen und irgendwo auf dem Peloponnes ihr Ende fanden. Danach hatte Colin im Internat sexuelle Begegnungen nur noch mit seiner Faust. Alle Angebote, die man ihm machte, wies er brüsk zurück. Lucas hatte ihm Ansehen verliehen, beschützte ihn vor dem System. Er hatte befürchtet, daß er mit Lucas' Abgang wieder verwundbar werden würde, aber seine Ängste waren unbegründet. Weil der Respekt der Jungen für den, der weggegangen war, auf ihn abfärbte, blieb er sicher, beschützt *in absentia*.

***

„Colin? Du bist doch Colin, oder?"

Er hatte ihn entdeckt. O Gott, er hatte ihn entdeckt! Colin stand ruckartig auf und wischte sich die Hände an der Hose ab, bevor er ihm die Hand gab.

„Lucas!"

Er fühlte sich wieder wie vierzehn. Lucas überragte ihn immer noch. Sein Händedruck war so fest wie früher. Seine Unterarme umhüllten nun schwarze Haare. Er trug eine schwere goldene Uhr. Er stank nach Geld.

„Was zum Teufel hast du *hier* gemacht?"

„Ich hab nur, äh..."

„Du hast dich versteckt. Ist schon in Ordnung. Ich habe mich auch versteckt."

Sie lachten. Lucas schlug ihm auf die Schulter und hielt ihm die Tür zum Flur auf. Sein Akzent hatte eine amerikanische Tönung angenommen. Wie Sonnenbräune. Es stand ihm.

„Die alten Knaben sind ein ganz schön trostloser Haufen, was?"

„Ja", stimmte Colin zu, und in stillem Einverständnis steuerten beide die Treppe und das Sonnenlicht an. „Entsetzlich."

„Also, was machst du denn nun hier?"

„Die Lage für Harry sondieren. Meinen Sohn. Er ist fast dreizehn. Ich war mir nicht sicher, ob er hierher kommen soll. Ich bin es immer noch nicht, aber Elsa hat mir in den Ohren gelegen. Meine Frau."

Lucas nickte grinsend, und dabei zeigte sich ein Fächer kleiner Fältchen um seine Augen.

„Ich weiß."

„Du hast sie getroffen?"

„Nein, ich meine, ich weiß, daß du geheiratet hast. Es stand in der Zeitung."

„Aha."

Lucas hielt ihm die Tür zum Hof auf, und Colin konnte nicht anders, als zu bemerken, daß auch er einen schlichten Goldring trug.

„Du bist ebenfalls gebunden?" fragte er, unsicher, was er dabei empfinden sollte.

„Und wie. Zehn Jahre schon. Ist doch komisch, daß wir jetzt auch hier herumschnüffeln und nach einem Internat suchen, auf das wir Willy schicken können."

„Es könnte schlimmer sein."

„Es könnte besser sein. Mein Gott, die haben hier immer noch Zinnbadewannen! Ich weiß, Amerika hat mich verdorben, aber die sanitären Anlagen hier sind sogar nach englischen Standards mittelalterlich."

„Gut, aber die akademischen Standards..."

„Ja, ich weiß, ich weiß. Ich habe davon gehört. Es sind immer jene, die nie an solchen Orten waren, die sich dafür einsetzen, daß die ganze Sache so bleibt, wie sie ist. Überließe man es uns, würde hier die Koedukation einkehren und das Internat dem Staat überlassen werden. Richtig? Ich sag dir, Colin, Nacht für Nacht habe ich nichts anderes zu hören bekommen als ‚die Qualität der Lehre', ‚die schätzenswerte Vernetzung', ‚das kulturelle Erbe'. Ich mußte mein Einverständnis geben, wenn ich ein bißchen Frieden haben wollte. Wo ist – Elsa, sagst du, war ihr Name?"

„Beim Kricket. Sie ist ein Fan."

„Dort habe ich meine Leute auch verloren. Wir haben ein Picknick vorbereitet. Die Alma Mater sehen ist eine Sache – aber den Sherry mit dem Direktor habe ich vereitelt. Nun. Es ist lange her."

„Wohl wahr."

Wieder spürte Colin Lucas' große Hand auf seinem Rücken, nur daß sie diesmal nach oben wanderte, zu seiner Schulter, und dort liegen blieb. Was zum Teufel? Nein, es schaute keiner her. Sie waren jetzt zwei verheiratete Männer. Zwei sehr offensichtlich verheiratete Männer. Er bekämpfte ein verstörendes Verlangen, ihn mitten auf den Mund zu küssen, jetzt und hier, und zwang sich, über seine Vergangenheit zu sprechen. Bis das Kricketmatch in Sicht kam und das dichte Band der hell gekleideten Zuschauer, die sich rund um das Getränkezelt versammelten, hatte er Lucas alles erzählt. Das Jahr, das er im Sudan unterrichtet hatte. Oxford. Die juristische Fakultät. Die Kanzlei. Der Tod seiner Mutter. Elsa. Harry.

„Da sind sie", sagte er und erwiderte mit männlicher Hand Elsas mattes Winken aus einem Liegestuhl heraus. „Und, was ist mit dir? Du warst in Amerika?"

„Die ganze Zeit, seitdem ich aus Cambridge weg bin. Ich habe an der UCLA Film studiert und einige Zeit damit verschwendet, brotlose Kunst zu inszenieren. Dann habe ich mit dem Drehbuchschreiben angefangen und hatte Glück. Hollywood winkte. Die Hölle auf Erden, aber obszön gut bezahlt. Außerdem ist mir Fran dort begegnet, also ist es jede Minute wert gewesen."

„Deine Frau."

„Mein *Mann*, Colin, mein *Mann*", lachte Lucas und gab Colin einen freundlichen Knuff in die Rippen. „Gott, und da ist er schon, der unglaublich süße Typ dort, der mit deiner Frau flirtet. Er ist natürlich verheiratet gewesen, aber sie ist ein wilder Feger und sehr verständnisvoll, und so hat sie uns die Vormundschaft für das Kind übertragen. Fran hat sowieso in jeder Hinsicht mehr Zeit mit ihm verbracht. Jedenfalls bin ich jetzt Produzent, und Fran wurde von seiner Firma nach London versetzt, und deshalb...", er zuckte mit den Achseln und wedelte ihnen mit seiner freien Hand zu, „sind wir nun hier, um Willys Zukunft zu organisieren. Gott, ich hoffe, er kommt durch die Aufnahmeprüfungen. Amerikanische Schulen sind dermaßen rückständig, du machst dir gar keine Vorstellung."

„Schatz!" Elsa streckte eine Hand aus, in der unübersehbaren Absicht, sie Colin zum Kuß zu reichen. Der ergriff sie aber lediglich, seine Panik mit einer Art wohlwollend lasziven Blicks tarnend. Sie trank Pimms. Der fragwürdig blonde Amerikaner an ihrer Seite setzte gerade dazu an, sie einander vorzustellen.

„Elsa, das ist Lucas."

„Freut mich."

„Hallo."

Sie schüttelten sich die Hand.

„Und der hier ist *meiner*", lachte Elsa. „Schatz, du mußt Fran kennenlernen. Es ist so komisch. Die beiden ziehen nach England, und ich habe versprochen, ihnen dabei zu helfen, ein schönes Haus zu finden. Fran habe ich gerade von dem hübschen Anwesen erzählt, das bei uns in der Nähe zum Verkauf steht. Du weißt doch? Das mit dem alten Wintergarten. Lucas, setzen Sie sich hierher. Ich glaube nicht, daß diese alten Böcke sich trauen zurückzukommen. Schatz? Kannst du mal schauen, ob mit den Jungen alles in Ordnung ist? Ich habe Harry sein Taschengeld gegeben und fürchte, er könnte versuchen, davon Pimms für sich und Willy zu kaufen."

Colin schlenderte in den Schlund der Zeltes hinein. Die Luft drinnen kochte, war schwer von Alkohol, Blumen und dem Geruch von frischem, feuchtem Gras. Er überzeugte sich, daß Harry, unschuldig genug, Eiskrem kaufte für sich und einen Jungen mit weizenblondem Haar, Jeans und einer Baseball-Kappe. In Anzug und Krawatte sah Harry neben ihm wie ein Bankangestellter aus. Plötzlich durstig, ging Colin zurück, um die anderen zu fragen, was sie trinken wollten. Sich mitten in einer Anekdote befindend, tätschelte Elsa das Knie von Lucas, der sich auf seinem Liegestuhl ausstreckte. Sein – Colin suchte nach einem unverfänglichen Wort – Freund lachte lärmend. Sich selbst mit einem eleganteren Lächeln bescheidend, sandte Lucas über Elsas Kopf hinweg einen Blick, der dem Blick Colins begegnete, und Colin fühlte eine gewaltige, beängstigende Veränderung der Szene, als ob sich der Boden aus seinen Angeln gehoben hätte oder alle Bäume plötzlich einen Meter gewachsen wären. Vielleicht war es nur die Hitze.

Aus dem Englischen von Dirck Linck

László L. Ladányi

Ein spätes Geständnis

Teils aus Pflichtgefühl, teils aus Neugier war Tamás zum 50jährigen Klassentreffen des Vereinigten Staatlichen Jungengymnasiums mit ungarischem Sprachunterricht in Klausenburg erschienen.

Der übliche Bericht des eigenen Werdeganges war ein kniffliger Programmpunkt, da es darum ging, wer es wozu gebracht hatte. Genau aus diesem Grunde war ein Teil der Klassenkameraden nicht angereist. Schließlich war es beschämend einzugestehen, daß einigen nach Abschluß der Oberschule statt der Karriere nur ein kleines Angestelltendasein, statt Wohlstand lediglich Elend vergönnt gewesen war. Anderen wiederum hatte die vermeintlich leuchtende Zukunft familiäre oder gesundheitliche Schicksalsschläge gebracht.

Im Klassenzimmer angekommen, setzte sich Tamás an seinen altgewohnten Platz in der dritten Reihe, links neben Feri Kozák, seinem ehemaligen Tischnachbarn, welcher ihn überschwenglich begrüßte: „Tamás, das ist die Sensation unseres Treffens schlechthin, daß wir dich nach so vielen Jahren hier wiedersehen können! Komm, komm, ich habe schon auf dich gewartet! Laß uns miteinander reden wie damals. Heute vergessen wir das vergangene halbe Jahrhundert!"

„Das wird schwer fallen, wenn ich nur daran denke, wie sich unsere Reihen gelichtet haben, und wir sehr wir Übriggebliebene uns äußerlich und innerlich verändert haben."

„Du kannst dich nicht beschweren", sagte Feri, „wie ich sehe, hast du dir weder eine Glatze noch einen Bauch zugelegt. Deine Beine tragen dich mühelos, zudem hast du geschrieben, daß du eine private Arztpraxis in England dein eigen nennst."

„Nun, finanzielle Probleme habe ich nicht..."

„Ich weiß es zu schätzen, daß du wegen dieses Treffens die lange Reise auf dich genommen hast. Allerdings höre ich aus informierten Kreisen, daß man dich nicht gerade bedauern muß. Der Flug war nicht sehr lang, und das Geld für die Flugkarte konntest du auch aufbringen. Insbesondere aber hast du meine Hochachtung dafür, daß du mit deiner finanziellen Unterstützung die Teilnahme von zwei armen, unglückseligen ehemaligen Klassenkameraden ermöglicht hast."

„Diese alten Männer reden viel Unfug."

Tatsächlich gab es einige, die entweder aus Geldmangel oder aus Schamgefühl nicht teilnahmen. Für die Mittellosen hatte der Organisationsausschuß wohltätige Geldgeber gesucht. Tamás hatte die Unterstützung zweier ehemaliger Klassenkameraden auf sich genommen, wobei er deren Auswahl dem Ausschuß überlassen hatte, mit dem Hinweis, daß die Organisatoren die Situation sicherlich am besten einschätzen könnten.

Einer der von ihm unterstützten Klassenkameraden war einmal der Schulmeister im Turnen gewesen. Wegen seines anziehenden muskulösen Körpers und seines gutgelaunten, humorvollen Auftretens waren damals alle Mädchen auf ihn geflogen. Heute war es ein offenes Geheimnis, daß er später Spitzel des Geheimdienstes geworden war. Sie hatten ihn erpreßt, ihm gedroht, sie würden seine Frau in Kenntnis setzten, daß er seine Arbeitsstelle nur seinem jahrelangen heimlichen Verhältnis mit der Abteilungsleiterin zu verdanken hatte. Er fing an, sich selbst zu hassen, begann zu trinken. Seine Frau verließ ihn mit den zwei Kindern. Danach trank er noch mehr, bis auch die Liebhaberin nichts mehr von ihm wissen wollte und er entlassen wurde. Er wurde zum chronischen Alkoholiker und landete schließlich im Obdachlosenasyl.

Für den heutigen Anlaß hatten sie ihn in einen schwarzen Anzug gesteckt, ihm ein weißes Hemd und eine Krawatte verpaßt. Er wurde in einem Rollstuhl ins Klassenzimmer geschoben. Man konnte sich noch mit ihm unterhalten, aber seine geistigen Fähigkeiten hatten stark nachgelassen. Wie furchtbar. Bemitleidenswert.

Der zweite Klassenkamerad, dem das Schicksal übel mitgespielt hatte, war jener, der nach dem Abitur in den Westen flüchten wollte. Er wurde geschnappt, ins Gefängnis gesteckt und gefoltert. Die jahrelange Haft hatte ihn die Leber und die Nieren gekostet. Wieder auf freiem Fuß, konnte er nur noch einfache Tätigkeiten als ungelernter Arbeiter verrichten. Als wäre das nicht genug gewesen, war er vor kurzem in angetrunkenem Zustand von einem Auto angefahren worden. Die traurige Bilanz waren Knochenbrüche von Unterschenkel, Oberschenkel und Rippen. Er lief immer noch an Krücken. Tamás hatte ihn im Taxi mitgenommen.

Feri knüpfte mit einem Augenzwinkern an das begonnene Gespräch an und sagte: „Nur eine Sache kann ich gar nicht gutheißen: daß du nicht geheiratet hast. Du gehörst zu den wenigen Leuten, die weder Kinder noch Enkel vorweisen können. Man sagt, die große Enttäuschung darüber, daß Zsóka Török nach dem Ende des Studiums ganz unerwartet diesen rumänischen Filmregisseur geheiratet hat, habe dich dazu gebracht, in deiner Verzweiflung auszuwandern."

„Ich wurde als junger Arzt in ein weit entferntes kleines Dorf versetzt. Zsóka stand am Anfang ihrer Karriere als Schauspielerin, und sie war nicht bereit, sie mir zuliebe aufzugeben. Im nachhinein betrachtet, ist das durchaus verständlich."

„Die Arme, auch sie ist gestorben, Gott hab sie selig... noch so jung... an einem Herzinfarkt..."

Domokos, der Hauptveranstalter, aus dem ein Professor geworden war, thronte mit entsprechend wichtiger Miene und Selbstbewußtsein am Lehrerpult. Mit dieser Überheblichkeit hatte er bei seinen ehemaligen Kollegen schon viel Neid und Mißgunst geerntet. Jetzt nahm er die Ehrfurcht seines alten Zeichenlehrers entgegen, der neben ihm saß und mit gelegentlichem Murmeln und zitterndem Kopf seine Bemerkungen billigte.

Mit gemischten Gefühlen ließ Tamás seinen Blick über die Versammelten schweifen. Es war beeindruckend, daß sich noch genügend alte Männer mit soviel Ansporn und Energie gefunden hatten, daß es möglich war, ein solches Treffen zu organisieren. Am meisten interessierte ihn, wie die vergangenen Jahre und Jahrzehnte die ehemaligen Hoffnungsträger verändert hatten. Es gab Teilnehmer, die er seit dem Abitur nicht mehr gesehen hatte. Ob er sie erkennen würde? Und diese ihn? Schließlich war gewiß niemand in der Lage, ihn anhand seiner Photographie wiederzuerkennen, die auf dem Abiturposter prangte. In der Schulbank saßen auch alte Männer, die ihm weder anhand ihrer Gesichtszüge noch ihres Namens bekannt vorkamen. Da kam ihm allerdings das Vorlesen der Namen zu Hilfe. In alphabetischer Reihenfolge stand jeder auf und erzählte kurz seinen bisherigen Lebenslauf.

Wie auch schon ein halbes Jahrhundert zuvor, wurde als erster Laci Andics aufgerufen. Ein für sein Alter gutaussehender, hochgewachsener Mann stand auf, dessen längeres Haar erst jetzt zu ergrauen begann. Seine Nase war vielleicht ein wenig plumper geworden, aber seine braunen Augen hatten ihren innigen, samtigen Blick bewahrt. Er war der Poet der Klasse gewesen. Heute war er ein erfolgreicher Schriftsteller. Er hatte es verstanden, viel von seiner damaligen vergeistigten Erscheinung und von seinem gepflegten Äußeren zu bewahren.

Mit lebendigem Interesse verfolgte Tamás die unterhaltsame, geistreiche Schilderung von Andics. Nachdem dieser geendet hatte, flüsterte er Feri zu: „Wie ich höre, ist Béla Balogh, der ehemalige Busenfreund von Andics, noch in jungen Jahren dahingeschieden. Woran ist er denn gestorben?"

„Die Leute reden viel, und jeder hat Mutmaßungen parat. Die wegen ihrer Romantik beliebteste Erklärung ist die einer unglücklichen Liebe. Unklar ist allerdings, wer ihn enttäuscht haben könnte. Von Frauenangelegenheiten ist nichts bekannt. Im Grunde genommen weiß niemand etwas Genaues. Béla hat keinen Abschiedsbrief hinterlassen."

„Wie hat denn Andics reagiert?"

„Es hat ihn sehr mitgenommen. Angeblich hat er deshalb in seiner Verzweiflung so plötzlich geheiratet, eine Apothekerin; du kannst sie morgen abend beim Bankett kennenlernen. Jetzt aber still! Wenn wir noch lange tuscheln, gibt es noch Ärger mit Domokos! Du weißt, wie streng er ist."

Es folgten einige mehr oder weniger zufriedene Rentner, bis Pista Szekeres aufgerufen wurde. Eine hochgewachsene, bis auf die Knochen abgemagerte Gestalt stand auf. Der für den feierlichen Zweck gewählte Anzug hing herunter, der Hemdkragen war zu weit, man sah, daß er vom Hals abstünde, wenn die Krawatte nicht wäre. Seine Stimme war so dünn und entstellt, daß man kaum verstehen konnte, was er sagte.

Tamás stieß Feri an: „Was ist denn mit Pista los?"

„Er hat Kehlkopfkrebs."

Als Zoli Váradi aufgerufen wurde, versuchte er, einen witzigen Ton anzuschlagen. Die tiefe Falte im Mundwinkel neben seinem weit herunterhängenden Schnauzbart sprach jedoch von Widrigkeiten und Verzweiflung.

„Wie ich höre, ist Zoli als Bildhauer so berühmt geworden, daß seine Werke auch im Ausland ausgestellt werden."

„Es stimmt. Leider kommt er über den Tod seiner Frau und seines Sohnes nicht hinweg."

„Was ist denn mit ihnen passiert?"

„Hast du denn nichts davon gehört? Sie sind im Erdbeben von Bukarest umgekommen."

***

Am nächsten Vormittag machte die Gruppe der alten Knaben einen Ausflug zum Házsongárder Friedhof, um die Gräber der verstorbenen Klassenkameraden mit Blumen zu schmücken. Der ungarische Name des Friedhofes stammt ursprünglich aus dem Mittelalter, als noch viele Deutsche in der Stadt wohnten: *Hasengarten*. Der Friedhof ist zu dieser Zeit, im Juni, am allerschönsten. Die Bäume und Büsche tragen bereits ihr grünes Gewand in voller Pracht, und das Ungeziefer hat den frischen Blättern noch nicht zugesetzt. Hier und da schillert eine Blume durch das dichte Grün. Sähe man die Grabsteine und Trauergewächse zu beiden Seiten des Weges nicht, so könnte man meinen, in einem Bergpark unterwegs zu sein.

Eine samtene Stille, die das Gesicht streichelte, erfüllte die Luft unter den Laubkronen. Unter dem Eindruck der beruhigenden Stimmung dachte Tamás tief bewegt zurück an die Jahre, als er und andere Schüler sich in der Prüfungszeit regelmäßig zum Lernen hierher zurückgezogen hatten.

Am Grab von Béla Balogh stellte sich Tamás bewußt so in den Kreis, daß er Andics gegenüberstand; er wollte beobachten, welchen Eindruck die kurzen unverfänglichen Worte des Klassensprechers auf den ehemals besten Freund machten. Domokos ließ sich über die Umstände des Selbstmordes nicht aus. Mit hölzerner Starre sprach er nur von Baloghs „extremer Tat" und nannte das plötzliche Dahinscheiden des jungen hochbegabten Ästheten „tragisch". Tragisch... tragisch, hallte es wider. Tamás sah die Tränen in den Augen von Andics, der sich als erster wegdrehte, die anderen mit einer Handbewegung zum Weitergehen auffordernd.

Nachdem sie zwei weiteren Gräbern die Ehre erwiesen hatten, traten sie den Rückweg an. Tamás ging zu Andics: „Laci, hier in der Nähe sind meine Eltern begraben. Würdest du mich begleiten, damit wir die zwei Blumen, die mir noch geblieben sind, dort ablegen?"

„Wenn es um eine solch ehrenhafte Sache geht, stehe ich dir stets zur Verfügung."

Am Grab angekommen, legte Tamás die letzten zwei Nelken auf den schwarzen Marmor und schlug vor, auf der Bank unter der Tanne Platz zu nehmen.

„Béla Balogh war der Klassenbeste und intelligenter als wir alle. Wie kann ein so begabter Mensch sein Leben so leichtfertig wegwerfen?"

„Er war jung. Unerfahren."

„Du weißt doch mehr als die anderen Jungs. Ihr wart sehr eng befreundet."

Andics lehnte sich zurück, legte den Kopf in den Nacken, und blickte zum hohen Baum hinauf. Den Tannennadeln entgegen stieß er hervor:

„Es ist sehr schwer, darüber zu reden, auch nach Jahrzehnten."

„Weißt du denn, was die Polizei festgestellt hat?"

„Ja. Denn ihre wichtigsten Informationen haben sie von mir erhalten. Sie haben mich verhört."

„Und?"

Andics lehnte sich nach vorne. Die Augen auf die Schuhspitzen gerichtet, mit verschränkten Händen flüsterte er den Kieselsteinen zu: „Sie haben ihn als Zeugen zu einem Homosexuellen-Prozeß geladen. Er hatte nicht die seelische Kraft, damit an die Öffentlichkeit zu treten. Und er hatte Angst, sie würden auch ihn ins Gefängnis werfen, und wenn nicht, dann würde regelmäßige Informationsbeschaffung der Preis sein. Es hatte bereits Andeutungen in dieser Richtung gegeben."

Mit belegter Stimme fragte Tamás: „Woher weißt du das alles?"

„Von ihm. An seinem letzten Abend war er bei mir, fragte mich um Rat. Er gab auch zu verstehen, daß er keinen Ausweg mehr sehe und nur eine Lösung hatte: den Selbstmord."

„Und du?"

„Natürlich habe ich mit all meiner Kraft versucht, ihn von seinem Vorhaben abzubringen. Ich ließ mir sogar von ihm versprechen, daß er von seinem wahnwitzigen Plan abläßt. Im Morgengrauen hat er es dann doch getan! Bis heute mache ich mir Vorwürfe, daß ich ihn in jener Nacht nicht bei mir behalten habe."

„Wahrscheinlich hätte das auch nichts geholfen."

„Möglich, aber vielleicht doch..."

Andics reichte neben der Bank herunter und pflückte einen Grashalm. Seine Ellenbogen auf die Knie gestützt, betrachtete er nachdenklich den Halm zwischen den Fingern.

„Seit Jahrzehnten beschäftigt und quält mich dieser Gedanke. Zum Glück mit nachlassender Intensität und immer seltener. Mein Geheimnis habe ich in meinem Innersten eingemauert. Selbst meiner Frau habe ich es nicht erzählt. Nun hast du es aus mir herausgemeißelt. Nimm es mit dir nach England!"

Mit einer heftigen Bewegung, die sein Alter Lügen strafte, sprang Andics von der Bank auf. Tamás, der sitzen blieb, blickte ihn tief bewegt an.

„Laci, ich schulde dir auch ein Geständnis..."

Andics schrie auf: „Nicht jetzt! Jetzt nicht! Ich kann dir jetzt nicht zuhören!"

Und etwas leiser fügte er hinzu: „Bitte sei mir nicht böse, aber meine Nerven sind schon stark angegriffen. Schon wieder habe ich die Geduld verloren. Laß uns schnell in die Stadt zurückkehren! Ich weiß, daß du eine Einladung zum Mittagessen hast, und auf mich wartet meine Frau zu Hause."

***

Am nächsten Tag hatte Tamás im Festsaal den Eindruck, daß ihm Andics aus dem Wege ging, das Gespräch mit ihm mied. Es konnte aber auch sein, daß er als Mitveranstalter tatsächlich viel zu tun hatte und aus diesem Grund ständig im Saal hin und her lief. So verschob Tamás die Hoffnung auf ein persönliches Gespräch auf später, insbesondere, da man ihnen zwei Plätze an den entgegengesetzten Enden des Saales zugewiesen hatte.

Die Gäste waren damit beschäftigt, einander mit übertriebenem Freudengeschrei zu begrüßen und ihren Ehefrauen die ehemaligen Klassenkameraden vorzustellen. Die Stimmung stieg weiter, als das Kommen und Gehen abebbte, die meisten an ihren Tischen Platz genommen hatten und als man begann, mit dem in Siebenbürgen sehr beliebten Pflaumenschnaps gegenseitig auf die Gesundheit des anderen zu trinken. Es war schon sehr komisch, wie diese greisen Frauen und Männer versuchten, Nettigkeiten auszutauschen und sich zu amüsieren. Gelegentlich machte die gute Laune einen etwas übertriebenen Eindruck: Einige Frauen lachten zu schrill, einige Männer sprachen zu laut. Der überwiegende Teil der Anwesenden hatte nicht nur die Last vieler Jahre, sondern auch vieler sehr ärgerlicher überschüssiger Pfunde zu tragen, die, zumeist an den Hüften angesammelt, sorgsam verborgen werden mußten. Diese Gäste schwitzten übermäßig in der Sommerhitze; die Damen in den Samtkleidern, die Herren im Festanzug. Oft mußte die Schminke erneuert, der Schweiß abgewischt werden.

Vor dem Abendessen kamen einige Sprecher zu Wort. Die Festrede wurde von Andics gehalten. Es war eine schöne und intelligente Rede, er vermied die Gefühlsduselei, die die Reden der nachfolgenden Klassenkameraden kennzeichnete. Er erntete großen Beifall, was sich zum Teil auch durch den Respekt vor dem Schriftsteller erklärte.

Auf das mehrgängige Menü folgte der Tanz. Als erstes forderte man natürlich die eigene Gattin auf, falls man denn so einen „Anhang" besaß und ihn mitgebracht hatte. Tamás blieb sitzen und vergnügte sich damit, die Tanzenden zu beobachten. Ein Teil dieser Leute konnte bereits zu Gymnasialzeiten nicht tanzen, so daß es ihnen auch jetzt kein Vergnügen machte. Inzwischen übergewichtig und meist auf wackeligen Beinen stehend, ließen sie sich nun, vor allem wegen der gesellschaftlichen Konvention, dennoch auf diese „Kraftprobe" ein. Sie gaben sich redlich Mühe, die Kopf- und Kreuzschmerzen, den hohen Blutdruck und die Gelenkbeschwerden zu ignorieren. Auch an die Herz-, Nieren-, Leber- und Gallenprobleme durfte man lieber nicht denken. Es galt, seinen Mann zu stehen, sich in guter Form zu präsentieren. Es gehörte sich einfach, daß jeder strahlte, lachte, Walzer, Tango und Csárdás mit einer die sieben Jahrzehnte Lügen strafenden Leichtigkeit hinlegte.

Zwei oder drei Paare waren dieser Prüfung tatsächlich gewachsen. Die Darbietung der anderen hingegen löste in Tamás Mitleid, im besten Falle ein inneres Schmunzeln aus, denn er wußte, daß er damals als bester Tänzer der Klasse gegolten hatte und sich auch heute nicht zu verstecken brauchte. Er hatte einiges von seinem Rhythmusgefühl und seiner Beweglichkeit in die Tage des Alters hinübergerettet. Erst nachdem er mehreren ihm bekannten Ehefrauen die Ehre erwiesen hatte, wagte er es, an den Tisch von Andics zu treten: „Laci, wärest du so nett, mich deiner Ehefrau vorzustellen?"

„Selbstverständlich."

Nach diesem formalen Akt des Kennenlernens forderte Tamás die Frau von Andics zum Tanz auf. Es war eine blonde, hochgewachsene Frau. Sie trug eine ovale goldberänderte Brille und ein grünes, bis zum Boden reichendes Brokatkleid, das mit Goldfasern durchwirkt war. Die Konversation gestaltete sich flüssig.

„Ich bewundere Ihren Mann, wieviel Energie noch in ihm steckt."

„Er versucht zu retten, was zu retten ist. Er treibt regelmäßig Sport und turnt viel. Wir spielen gemeinsam Tennis, damit wir nicht zu dick werden. Überwiegend ist Laci natürlich mit seiner Schriftstellerei und mit der Redaktion beschäftigt. Ich wiederum arbeite neben dem Haushalt gelegentlich noch in der Apotheke. Was das anbelangt, brauchen Sie sich aber auch nicht gerade zu beschweren. Sie bewegen sich noch immer phantastisch auf dem Tanzparkett, und nicht nur dort, wie ich feststellen konnte."

Seine Tanzpartnerin wurde bald von einem anderen aufgefordert. Tamás setzte sich zu Andics an dessen Tisch. Niemand saß in ihrer Nähe, der Moment schien gekommen für eine intime Unterhaltung.

„Morgen früh fliege ich über Bukarest zurück nach Hause. Dies ist für mich die letzte Gelegenheit, dir etwas anzuvertrauen, was ich seit 55 Jahren in mir trage und worüber ich seither mit keiner Seele gesprochen habe: Laci, zu unserer Gymnasialzeit war ich in dich furchtbar verknallt!"

Fassungslos riß Andics den Kopf zwischen Weinflaschen und Gläsern hoch. Mit zusammengekniffenen Augen stieß er mit vor Verwirrung erstickter Stimme hervor: „Ach, was für einen alltäglichen Ausdruck du benutzt!"

„Laci, sei mir nicht böse, es mußte einfach raus."

„Mensch, machst du dir überhaupt eine Vorstellung, in welche Verwirrung, in welche peinliche Lage du mich bringst?"

„Es tut mir leid, aber in meinen Jugendjahren hatte ich keinen Mumm, Farbe zu bekennen. Jetzt, als alter Mann, als ausländischer Staatsbürger, habe ich ihn. Ich habe dich bewundert, dich vergöttert..."

„Von all dem habe ich damals gar nichts bemerkt."

„Du konntest es auch nicht, denn für mich versperrte Béla Balogh den Weg zu dir. Aber es war nicht nur die Scham, die mich hinderte. Unter dem Einfluß unserer Pfarrlehrer und der öffentlichen Meinung habe ich meine Gefühle selber für unnatürlich gehalten. Ich habe furchtbar gelitten, denn einerseits konnte ich dich täglich in der Schule sehen, andererseits war es mir unmöglich, dich überhaupt nur anzusprechen, geschweige denn, dich zu berühren oder gar zu umarmen."

„In unserem Alter ist diese Unterhaltung geschmacklos!"

„Béla Balogh hast du verstanden, während du mich verurteilst! Ich spielte damals auch mit dem Gedanken, mich umzubringen, und das sogar wegen dir!"

„Hör schon auf! Der Tanz ist zu Ende, meine Frau kommt zurück!"

„In Ordnung. Zum Abschluß noch soviel: Du bist herzlich eingeladen, mich in London zu besuchen. Dort werden wir in Ruhe über alles sprechen können. Wenn du es für richtig hältst, kannst du deine Frau gerne mitbringen."

Andics klammerte sich an den Tischrand: „Das können wir noch besprechen, wenn wir diesen Ort verlassen. Wir werden dich mit dem Auto ins Hotel fahren, ist das in Ordnung? Aber jetzt laß mich allein, ich flehe dich an!"

Nach Ablauf einer halben Stunde sah Tamás, daß einige Gäste bereits erste Vorbereitungen für den Aufbruch trafen und sich unter großen Umarmungen und Abschiedsworten auf den Heimweg machten. Da es bereits nach Mitternacht war, beabsichtigte er, sich ebenfalls bald hinzulegen. Er wollte Andics und seine Frau fragen, ob sie nicht auch schon jetzt gehen wollten, sah sie aber nirgends. Er geleitete die kleine dicke Frau, mit der er gerade getanzt hatte, zu ihrem Platz, und begab sich dann an den Tisch von Feri Kozák, seinem ehemaligen Schulbank-Nachbarn.

„Hast du Laci Andics irgendwo gesehen?"

„Du brauchst ihn nicht zu suchen. Er hat dem Klassensprecher gesagt, daß seiner Frau schlecht geworden sei und daß sie gehen wollten, ohne Aufsehen zu erregen."

Aus dem Ungarischen von Thomas Ladányi

Desmond Hogan

Eine seltsame Straße

(Auszug aus dem Roman)

Der Lehrer in der Schule nannte ihn Cissy Mulvanney. Die Jungen rümpften die Nase, wenn sie ihn sahen. Sie sagten, er habe einen kleinen Penis. Das könnte ein Mythos gewesen sein. Alan reiste zu einer Tante, die ihm dabei half, die Welt zu verstehen. Es war in den zwanziger Jahren, da gab es eine sehr gute Bäckerei in Athlone. Ihr Besitzer war ein Jude. In Wirklichkeit war er gar kein Jude, aber er besuchte Symphoniekonzerte in Dublin ohne Begleitung, und die Leute wollten ihn einfach für einen halten. Er war ein Ausländer. Alans Mutter war mißtrauisch gegen das Brot aus seinem Geschäft, aber wenn Alan Geld hatte, kaufte er Bagel. In der Schule dort hatte er die ersten Geschichtsstunden. Geschichte ereignete sich überall in seiner Umgebung. Protestantische Damen begingen Selbstmord, schnitten sich die Kehle durch, Blut tropfte auf Fußbodendielen, lief bis auf die Straße. Man nahm Alan mit in den Zoo von Dublin.

Was war das für ein Schatten in der Kindheit? Was bedeutete er? Warum mußte man auch an einem Tag wie heute daran denken? Jetzt war Alan in Fairview. Vor ihm lag das Meer. Er setzte sich auf eine Bank neben einer Palme, als sich ein kleines Mädchen zu ihm setzte.

Draußen auf diesem Meer war Krieg. Alan, der Student, starrte hinaus, genau wie das kleine Kesselflickermädchen, bevor ihre Unterhaltung begann. Sie erzählte ihm, sie sei eine Waise; ihre Mutter und ihr Vater seien gestorben. Sie beschrieb ihre Reisen, und Alan sah es vor sich, ganz Irland, exotische, großartige, verhexende, bezaubernde Orte, Donegal, Skellig Michael. Das Mädchen war überall herumgekommen. Sie hatte Irland in seiner Länge und Breite gesehen. Alan dachte an die Plätze Irlands, die er gut kannte, an Galway, besonders Roscommon. In Roscommon hatte er Irland zum ersten Mal in seiner ganzen Weite erlebt. Man konnte das Getreide wieder riechen, die Haut eines Jungen fühlen, der aus England zurückgekehrt war und neben einem lag, konnte hören, wie Butter geschlagen wurde, wie eine Frau etwas über Dullaháns, Banshees, Pookas brummelte. Man stand wieder in häßlichen protestantischen Ruinen. Hier empfand man Schatten, wie man sie in seinem Schlafzimmer empfand. Etwas fesselte und beunruhigte dich. Was, wußtest du nicht.

Das Kesselflickermädchen hieß Alice, „Miss Alice Ward", verkündete sie stolz. Sie wollte von Alan etwas über Athlone erfahren. „Die Leute dort sind 'ne miese Bande", erklärte sie. Der junge Mann und das Mädchen nahmen Abschied und versicherten einander, sich wieder zu treffen.

In Roscommon fielen dir alle mißratenen Ernten Irlands ein, aber da war noch etwas anderes: Hoffnung, Erfüllung, junge Männer, heimgekehrt aus England, Gelächter, Zigarettenduft, rote Seidenkrawatten, Papierblumen. Einige dieser Burschen würden von einstürzenden Mauern auf Baustellen zu Brei geschlagen werden; einige würden im Krieg sterben. In Roscommon hatten sie Porter getrunken und gelacht. Alan ging weiter auf seinem Weg, die Annesley Bridge Road hinunter.

Was Alan auf seinem Gang erfahren wollte, war, wer er denn als Kind gewesen war und warum es gerade die Familie war, in der er aufwuchs. In seiner Familie gab es kein Mitgefühl für ihn, keine Liebe. Ihn hatten sie immer fallen lassen. Eine Tante nannte ihn einen Wechselbalg. Woraus war er hervorgegangen? Er erfand sich also seine Ahnen und sah zum erstenmal Lorcan O'Mahony vor sich, der durch ganz Europa wanderte, vorbei an flackernden Feuern, auf der Suche nach dem Bild eines jungen Mannes und Erinnerungen an warme, prasselnde Feuer.

Auf eines stolzen Helmes Kamm gereckt,
Ein Haarbusch, wundervoll von Edelstein
Und Perlen und von Gold gefleckt,
Bauschte zum Tanz vor lauter Heitersein
Gleich einem Mandelbaum sich, der allein
Hoch auf dem Gipfel des Selinus steht
Im Glanze seiner Blüten zart und fein,
Durch dessen jede Lock' ein Zittern geht
Bei jedem Windhauch, der vom Himmel weht.

Eines Tages zitierte ein Lehrer in der Schule aus Versehen Spenser. Ein Priester kam aus Sevilla und blieb bei ihnen als Gast. Im Bett, neben Alan, liebte er Alan. Es würde Alans letzte sexuelle Erfahrung mit einem anderen Menschen sein, bis er meiner Mutter begegnete. Im Bett, neben dem Priester, erblickte er die Orangenbäume und purpurfarbenen Judasbäume Sevillas. Als der Priester wieder fort war, blieb etwas zurück, ein Vermächtnis von Düften, Visionen. Lorcan O'Mahony wurde in einem Garten von Sevilla inthronisiert. Der Marktplatz von Sevilla war voller Leben. In England trug Queen Anne ihr Totenzepter.

Auf der Schule der Christian Brothers gab es auch Jungen, die ihm mit Wohlwollen begegneten, aber es waren immer diejenigen, die im Begriff waren, wegzuziehen und nach England zu gehen. Exil war der Stoff, aus dem sich Sympathie bildete. Alan entwickelte eine Beziehung zum Shannon. Am Shannon bekam er zum erstenmal die Idee, ein Mädchen oder einen Jungen zu lieben. Er war hochgeschossen, ein großer, schlaksiger Bursche. In Athlone war kein Platz für ihn. Bei seinen ersten Besuchen in Galway fiel ihm auf, wie sich Religion mit den alten Riten vermischte, mit denen man den Sommer feierte. Leere Augenhöhlen schauten durch ihn hindurch. Er war in Spanien.

Sein erstes Gedicht hatte er vor Jahren geschrieben, und jetzt schrieb er seine erste Prosa. Manchmal machte er sich Notizen. Er war jetzt in andere Jungen verliebt. Er saß in den Rugby-Umkleideräumen und betrachtete die Hintern. Er wollte einen anderen Jungen lieben. Pokale wurden überreicht. Er war allein.

Ja, mit fünfzehn entdeckte er, daß er einsam war. Das war das entscheidende Wort. Im Mai in Dublin, am Rande der Armut, dachte Alan darüber nach, wie einsam er, seit dieser Feststellung, wirklich war. Er hatte wenige Freunde – niemand, der ihn berührte –, also wandte er sich seinen Geschichten zu.

Um ihn herum war die ganze Nation in Aufruhr; in den Zeitungen Schlagzeilen wie Sturmböen. Mitten in diesen aufwühlenden Zeiten wuchs Alan heran. De Valera versprach den kleinen Bauern ein Schlaraffenland. Der erste päpstliche Legat traf ein, ein krötenartiger Mann mit einem krötenartigen Hut, der seine kleine dicke Hand stolz senfduftenden Küssen darbot. Mussolini marschierte in Abessinien ein. In Spanien begann der Bürgerkrieg. Bischöfe segneten die ehemaligen irischen Hurlingspieler, die auszogen, um für Franco zu kämpfen. Und immer noch gab es die I.R.A. Ein Mann auf einem Fahrrad in der Nähe von Athlone jagte sich mit seiner eigenen Bombe in die Luft, die er in einer Schachtel Kellogg's Cornflakes versteckt hatte. Alan las die Russen. Mädchen wurden auf sein düsteres, andersartiges, überschattetes Gesicht aufmerksam. Man sprach von Krieg. Alan wurde jetzt mehr von sexuellen, als von historischen Phantasien ergriffen. Am Shannon stellte er sich einen männlichen Geliebten vor. Diese Liebesaffäre fand in Berlin statt. Warum ein männlicher Liebhaber? Vielleicht war die Erklärung ganz einfach. Er hatte vier Brüder, aber keine Freundschaftsgefühle für sie. Er sehnte sich nach Nähe zu einem anderen männlichen Wesen, suchte Ersatz für den Mangel in seinen eigenen familiären Beziehungen. Im Berlin seiner Phantasie trug er eine schwarze, weißgepunktete Krawatte. Ein Jugendlicher beugte sich über ihn und küßte ihn. In Dublin kam Alan an einer Toilette vorbei. Er ging hinein. Eigentlich ging er hinein, um die Graffiti zu betrachten. Es war eine Zeit homosexuellen Sehnens in Dublin. „Ich bin Priester. Ich mag kleine Jungs." Beim Blick auf die Toilettenwände sah Alan die Wand aus seiner Jugend, eine Gefängnismauer, in die jetzt unentzifferbare Botschaften eingeritzt waren. Aber dort war niemand, absolut niemand. Also fuhr er fort, sich literarisch auszudrücken.

Eines Abends ging er tanzen, tanzte mit einem Mädchen aus Dublin, ging später mit ihr am Shannon spazieren. Sie kam aus einer piekfeinen Familie. Sie erwähnte, daß sie hinter ihrem Haus in Dublin einen Tennisplatz hatten. Damit war Alans Interesse für sie auch schon beendet.

Sein Körper war in Aufruhr gewesen; er hatte einen reinen, weißen Körper, der in seiner Nacktheit engelhaft, hager wirkte. In einem Spiegel in seinem Geist sah Alan diesen Körper. Die Glastür eines Pubs in Dublin wirkte neben ihm geradezu ornamental. Er sah sich selbst, einen Jugendlichen, der sich selbst berührte, empfand die Verneinung. Es war eine Zeit, in der sein Körper außerordentlich lebendig und zärtlich war. Anstatt also eine andere Person zu berühren, übertrug er diese Augenblicke der Selbstverneinung in Dichtung. Es war eine fremdartige Dichtung. Sie handelte von Beziehungen in einer Welt erinnerter Kindheit, einer Welt der Geschichte.

Geschichte ereignete sich rings um ihn herum. Britische Diplomaten eilten mit wachsender Beunruhigung nach Deutschland und wieder zurück. Alan lernte für seine Abschlußprüfungen. Er schrieb einen Essay über Red Hugh O'Donnell.

Als er an den roten Backsteingebäuden von Summerhill vorbei ging, dachte er über Red Hugh O'Donnell nach, was er damals im Abschlußexamen über ihn geschrieben hatte, den rothaarigen Jugendlichen, der mit neunundzwanzig Jahren gestorben war, vergiftet von dem Verräter James Blake in Simancas, und fern der Heimat aufgebahrt wurde. In jenem Jahr war Alan zur Erntezeit mit dem Zug nach Dublin gefahren. Es gab Ringelblumen. Er trug seinen langen Mantel. Er hatte Athlone Lebewohl gesagt und war nach Dublin gegangen, um zu studieren, unter anderem Geschichte. Zuerst war Dublin ein Zimmer, aber das Zimmer weitete sich aus und wurde zur Welt. Heute schritt Alan voller Zuversicht dahin. Aus den Umkleideräumen des Rugbyclubs von Athlone, aus den Geschichtsstunden über Red Hugh O'Donnell, aus den leuchtenden Erntefeldern um Athlone, war er zu einer Erklärung vorgedrungen. Als er die O'Connell Street erreichte, war er sich sicher. Er würde einen Roman schreiben mit dem Titel „Ein Kavalier gegen die Zeit" und dann den Gestaden dieses Landes für immer den Rücken kehren. Er sagte jetzt schon Lebewohl zu den Rugby-Umkleideräumen von Athlone, den Toiletten-Graffitis von Fairview, dem Bull Wall. In diesem Augenblick traf er einen Schulkameraden und sprach über die Prüfungen.

Ich bin Alan Mulvanney. Einundzwanzig. Schwarzhaarig. Gutaussehend. Alan stellte sich vor, in New York zu sein und umlagert von jungen Frauen.

[...]

II.

Alan war sich nicht sicher, seit wann er Geschichte mit Sexualität verband, aber er wußte genau, daß nach der Niederschrift seines Essays über Red Hugh O'Donnell für sein Abschlußzeugnis dieser Red Hugh – der junge Mann, der in Simancas durch Gift gestorben war – zu einem Bestandteil seiner sexuellen Phantasien wurde. Red Hugh O'Donnell wurde sein Gefährte.

Alan trug ein sauberes weißes Hemd, als er seine Prüfung in Geschichte ablegte. Er trat hinaus ins Sonnenlicht. Lang würde dieser Sommer sein. Am Ende des Sommers würde er hoffentlich unterwegs nach Dublin sein. Ein Christian Brother, der gerade Aufsicht führte, aber keinen Rohrstock dabeihatte, machte eine grobe Bemerkung. Alan ging am Shannon spazieren. Es war ein grauer stürmischer Nachmittag – mit Augenblicken, an denen die Sonne durchkam – das Wasser war bewegt. In jener Nacht stellte Alan sich vor, wie Red Hugh O'Donnell in seinen Armen schlief, und in den Wochen danach wurden diese Phantasien immer hitziger und sexueller. Der Sommer in Athlone war träge. Mädchen standen zwischen den einzelnen Tennisspielen herum. Die Wände der Toiletten waren mit Graffiti besprüht, „Ich will mein Ding 'nem kleinen Jungen reinschieben." Es pißte auf die Rugby-Umkleidekabinen. Die Graffiti aus der letzten Spielzeit waren anders. „Bernie McLoughlin hat haarige Eier." Nach den Tennishüpfereien verschwanden die Bankierstöchter mit Burschen, die gerade im Begriff waren, aufs College zu gehen, am Shannon. Aus den Fenstern spähten alte Jungfern, deren Keksdosenaugen vor Entsetzen glänzten. Nonnen begleiteten einander auf ihren Spaziergängen vor der Strumpffabrik. Ein Graffiti in der Stadt, nach welchem es Hitler mit Deanna Durbin trieb, war mit Kreide auf eine graue Steinmauer am Shannon hingefetzt. Alan und Red Hugh wurden immer vertrauter miteinander. Red Hugh O'Donnell hatte ein Gesicht wie aus getriebenem Kupfer – die Sommersprossen darin flossen ineinander über. Sein Haar hatte die Farbe von Karotten; seine Brustwarzen waren matt. Zwischen den Regenschauern stellten sich Mädchen in vanillefarbenen Tennispavillons unter. Alan berührte den zweigähnlichen Arm von Red Hugh. Eine Nonne lief hinter einem vom Wind fortgewehten Marshmallow her. Alan küßte Red Hugh auf die roten Lippen. Der Dalmatiner einer Protestantin kopulierte auf offener Straße mit einem Foxterrier. Nach der Umarmung blickte Alan in Red Hughs Augen und Red Hugh wurde modern, wurde ein Zeitgenosse. Er trug eine gepunktete Fliege und führte einen Steptanz auf wie Fred Astaire. In der Kirche machte das Heilige Herz Jesu Alan Vorwürfe. Das einzige Mal, daß Alan wirklich Sex mit jemandem hatte, war mit einem Priester. Der Priester hatte seinen kleinen Penis genommen. Alan bedauerte es nicht. Religion verband sich mit Sexualität, und Alan sah in der Sexualität einen Weg zu Gott. Aber er hatte keinen Gefährten. Nur in seiner Phantasie. Und mit fortschreitendem Sommer – auf der Brücke schauten sich die Mädchen nach ihm um – erzählte Red Hugh O'Donnell Alan immer mehr von sich selbst, seiner Kindheit in Donegal, seinem zahmen Huhn, das er einmal hatte, den Festgelagen seines Vaters – in Kuhhaut geröstete Eingeweide von Kühen – und von einer Nonne, die er in einer Wiese voller Butterblumen am Rande des Atlantiks geliebt hatte. Und Alan erzählte von sich, und im Reden verflüchtigte sich sein Phantasiebild, und Alan mußte sich eingestehen, daß er Sex haben wollte mit seinen Brüdern, Sex mit Rugbyspielern und die ganze Zeit in Wirklichkeit sich nichts anderes wünschte, als einen Bruder, einen männlichen Freund. Er hatte Entbehrungen erlitten. Alan war einsam gewesen. Deshalb wurden sexuelle Phantasien ein Ersatz, und schienen jetzt ein Schlüssel zu sein; aber ein Schlüssel wozu? Eines Tages verstand Alan. Kinder. In Ansätzen konnte er ein bestimmtes Bild von sich selbst erkennen als Kind, aber das Bild entzog sich ihm wieder.

In jenem Sommer gaben sich Mädchen zum ersten Mal hin. Auf dem Shannon ruderten junge Männer. Die Arbeiterklasse verschwand nach England, und die Röcke der Nonnen wurden kürzer. Gerade auf dem Höhepunkt der Ernte in den Bergen über dem Shannon kehrte Red Hugh O'Donnell in Alans Träume zurück, die diesmal aber anders waren, mehr vom Gehirn gesteuert, nüchterner. Der Ausbruch des Krieges stand unmittelbar bevor. Sie hatten das Verhältnis zweier junger und höchst intellektueller Seminaristen zueinander, das aber deshalb keineswegs weniger leidenschaftlich war. Sie diskutierten über Weltprobleme. Ihre eigenen ließen sie dabei ziemlich außer acht. Ein, zweimal aber erwähnte Alan die Kindheit und wie die Kindheit uns verfolgt. Warum sollte Kindheit uns heimsuchen unmittelbar vor dem Ausbruch des Zweiten Weltkriegs? Warum das Traumbild eines Kindes, wo Millionen von Menschen bereits todgeweiht waren? Der wilde Wein an der Strumpffabrik verfärbte sich; Alans Prüfungsergebnisse trafen ein und die Mitteilung, daß er zum Lehrerausbildungsseminar in Dublin zugelassen war. Alans Brüder machten Nachtarbeit und Alans Mutter entdeckte Alan nackt auf seinem Bett, wie er sich den Penis hielt am Tag, als der Krieg ausbrach. Eine Dame, die Masken herstellte, gab einigen Kindern welche, und die Kinder zogen damit über die Brücke über den Shannon, Ghulmasken auf den Gesichtern und weiße Tücher um die Körper. Alan sagte Lebewohl zu Red Hugh O'Donnell, weil er wußte, daß er wegging. „Du hast mir Gesellschaft geleistet." Die ersten Rugbymatches wurden gespielt und Red Hugh verwandelte sich in eine Frau oder verschwand ganz. Dies war das Ende der Jugend, der Tag, an dem Red Hugh fortging, aber die Erinnerung an ihn nahm immer breiteren Raum ein: ein unwirklicher junger Mann, der Ersatz für einen echten Jugendgefährten war, dessen Haar mit dem Schnitt eines mittelalterlichen Mönches karottenrot war und mit Augen so grün wie die Karte Irlands in der Schule. Alan nahm den Zug nach Dublin, aber eine Erinnerung begleitete ihn, ein Schatten, und die einzige Richtung, in die dieser Schatten wies, würde die Kunst sein, die Erschaffung von Dingen aus dem Stoff der sexuellen Phantasien eines Sommers, die Auflösung der Verneinung ins Konstruktive, eines Abgrundes von Einsamkeit in Wörter auf einer Seite Papier. Im Zug saß ein Priester neben Alan, und Alan dachte an jene Zeit mit dem Priester im Bett, als er neun war; und war hinterher erstaunt darüber, wie sich das Sakramentale mit dem Lüsternen und Niedrigen verbinden konnte. In Alans Phantasie machten die roten Röcke von Ministranten einem Priester tanzend ihre Aufwartung und der Zug eilte über die Ebenen der Midlands von Irland nach Dublin.

Aus dem Englischen von Joachim Utz

Henrik Bjelke

Fahrplan für Otto

(Auszug aus dem Roman)

Boys will be boys

Es war im Sommer, als Otto einen Unterschied zwischen Arnold und Edel[1] und allen anderen Erwachsenen zu bemerken meinte. Das Lotteriehaus war zu klein geworden, aber am Strand weiter abwärts wohnten die Familien Barth und Weddecke in zwei benachbarten Häusern, die vollständig gleich konstruiert waren, denn damals hingen die beiden Familien noch wie Kletten zusammen. Neben Weddeckes lag ein weiteres Haus, in einem anderen Stil, das angeblich einem Pfarrer gehört hatte, dessen Sohn auf See umgekommen sein und der sich deshalb im Hause erhängt haben soll. Seitdem stand das Haus leer und verfiel. Herr Barth gab Arnold einen Wink, und Arnold kaufte das Haus für 'nen Appel und 'n Ei, und so geriet die Familie Weddecke zwischen ihn und ihre guten Freunde. Direktor Barth war genauso cholerisch wie sein Foxterrier, den er mit einem Knochen lockte, welchen er ihm dann vor der Nase wegzog, so daß der Hund bissig wurde. Aber wenn Barths Sohn Aage, der sich im Schlaf die Haare ausrupfte und verspeiste, seinen Zerstörungstrieb nach innen richtete, dann richtete Eberhardt, der Junge des ungemein netten Herrn Weddecke, den seinen nach außen, was den pfadfinderinteressierten Herrn Barth zusätzlich erregte. An einem stillen Sommerabend, als das Wasser ruhig war und die Stimmen vom Ufer her deutlich bis zu den Häusern drangen, zankten sich Aage und Eberhardt unten am Strand, und Eberhardt schleuderte eine Limonadenflasche nach Aage, die an einem Stein zerschellte. Oben im Haus hatte Herr Barth die Zankerei der Jungen mitverfolgt, und als er das Geräusch des Glases hörte, stapfte er, wie von der Tarantel gebissen, geradewegs übers Feld und versetzte Eberhardt eine saftige Ohrfeige, der darauf wie ein gestochenes Ferkel zu heulen begann. Über die Wiesen strömten nun alle Familien aus ihren Häusern, um dem Skandal beizuwohnen, daß Herr Barth das Kind einer anderen Familie gezüchtigt hatte, und durchdringende, empörte Stimmen, die alle für die Weddeckes Partei ergriffen, näherten sich. Auch Arnold und Otto kamen nach draußen und gerieten zufällig neben den friedlichen, entsetzten Herrn Weddecke, der zu ihnen sagte: „Unverschämt, finden Sie nicht auch, Herr Rybalt?" Arnold schwankte zwischen den Möglichkeiten, Herrn Weddecke recht zu geben und Herrn Barth gegenüber loyal zu bleiben, spitzte seinen kleinen, wie zum Amorbogen geformten Mund, straffte ihn wieder und spitzte ihn aufs neue und sagte nichts, und Otto konnte der Frage anhören, daß die richtige Antwort ungefähr so hätte lauten sollen: „Doch, doch. Barths sind zwar unsere Freunde, aber er hätte Ihr Kind nicht schlagen dürfen, Herr Weddecke", aber die Antwort kam über Arnold Rybalts Lippen nicht. Wenn Otto Arnold mit anderen Erwachsenen reden sah, sei's mit Eltern anderer Kinder, sei's mit Firmenkunden, kamen ihm die anderen immer befreiend lebendig vor, wie Leute, die etwas sagten und taten. Arnold dagegen war stumm, wußte nicht, was Handeln hieß, und bildete sich deshalb auch ein, nie etwas Verkehrtes getan zu haben. Aber die Memme weiß nicht, vor welchen Prügeln sie davonläuft.

Nie hörte Otto, daß Arnold zur Geige griff, und auf dem Klavier konnte er mit einem Stück beginnen, wonach dann Jahre vergehen konnten, ehe er sich wieder zum Spielen hinsetzte. Arnold nahm seinen Mut zusammen und dachte an eines von Onkel Ludvigs Liedern, *Spindeln* von Sibelius, und schlug Edel vor, sie beim Singen zu begleiten. Aber da Arnold bei der Begleitung durcheinanderkam, wurde Edel unsicher, sie zerfetzte die Noten und lief weinend aus der Stube – sie konnte die Verse sowieso nicht leiden, weil sie von einer Spinne handelten.

Arnold sagte nie etwas, nahm nie Stellung, äußerte sich zu nichts. Und langsam durchschaute ihn Otto. Genauso wie er kam ihm Edel neben den anderen, wirklichen Menschen unwirklich vor, gekünstelt und falsch, „uneigentlich". Er war bei ihnen völlig abgekapselt, er lernte, daß das Wirkliche außerhalb war. Alles war außerhalb, das Wirkliche war außerhalb, das, wonach man strebte, war außerhalb, und die Sehnsüchte waren nach außen gerichtet – und unbefriedigt. Und Otto wurde hinausgeschickt, denn auf die Art schien es Arnold und Edel, sie könnten selbst hinaus in das wirkliche Element kommen, nach dem sie sich so sehnten. Aber sie vergaßen, daß Otto nicht blind war, daß er zum Beispiel sah, daß Arnold und Edel unwirklich waren, aber nicht, daß er es selber auch war. Also war es wieder nur eine neue Begegnung des Unwirklichen mit dem Wirklichen. Für eine Weile wurde Otto vom Wirklichen eingefärbt, und wenn er nach Hause in das Unwirkliche zurückkehrte, schwand die Farbe.

Feigheit äußert sich oft als Verlegenheit. Die Verlegenheit hat viele Kinder, und eines von ihnen ist die Angst des Kindes. Und die Tugend der Selbstentäußerung kann eine Phrase sein, aber im zweiten Glied wird sie zu Fleisch und Blut.

Als in einem Hinterhof in Frederikshavn einmal ein Kleinkind gebrüllt hatte, hatte Arnold dem damals fünfjährigen Otto gesagt: „Geh raus und sag ihm, er soll still sein, das hört sich ja an, als steckte er am Spieß!" Arnold hatte sich geniert, hinauszugehen und um Ruhe zu bitten, weil sich das Gebrüll anhörte, als steckte der Kleine am Spieß – und Otto wagte nicht hinauszugehen, wenn ein anderer am Spieß steckte.

Wenn man behaupten darf, daß der spiritistische Glaube, mit dem Edel aufgewachsen war, in seiner erschreckenden und vulgären Form schwerlich eine Religion war, dann darf man um so weniger behaupten, daß Arnold überhaupt mit irgendeiner Religion aufgewachsen sei, denn Muttchen hatte Johannes V. Jensen gelesen und jeglichen Gedanken an ein Leben im Jenseits warmherzig, aber entschieden zum frommen Betrug erklärt. Nichtsdestoweniger ließen es sich Arnold und Edel angelegen sein, Otto 1951 zur Konfirmation zu schicken, aber nicht wie die Bengel der Klasse beim örtlichen, versoffenen und eher schöngeistig als evangelisch orientierten Pastor Kanning, sondern beim frisch gefönten, weißhaarigen Stiftspropst Kai Hafen, dessen sonntägliche Dompredigten etwas nebulöse Anschauungen verrieten, so daß er in einer Mischung aus französischer Filmromantik und gewohnheitsmäßigem Provinzspott „Hafen im Nebel" genannt wurde. Obwohl das Schulgeld dafür gespart wurde und keiner die Prügel rechnete, die Otto auf der schon damals anachronistischen Jungenschule einsteckte, etwas ermöglichten Edel und Arnold mit der Konfirmationsvorbereitung doch: den Verkehr mit den gutgekleideten, wohlbehüteten Knaben einer weiteren attraktiven, wohlhabenden Gesellschaftsschicht, denn wie in Elise Schmidts Privatschule und bei den Pfadfindern in der Vorstadt stand Otto wieder einem Menschenschlag Auge in Auge gegenüber, dem es nachzueifern galt und dem er in der Tat mehr und mehr ähnelte. Beim Festessen der Familie im Schlafzimmer, das zum Versammlungssaal umgestellt worden war, hielt Otto der Kluge eine Rede, die er aus dem goldbraunen Buch in der Stadtbibliothek abgeschrieben und die es in sich hatte, wie er bemerkte. Und der eine oder andere smokinggekleidete unbekannte Verwandte oder Fremde aus Rybalts Bekanntenkreis hob nun in seiner Rede an den Konfirmanden hervor, wie sehr Otto an den alten Onkel Ludvig erinnere, und der Vierzehnjährige kriegte so manch einen Stubs auf seine immer größer werdende – geerbte – Familiennase, was Otto satt hatte und ihn wütend machte, denn in der Schule hatte man schon angefangen, ihn wegen seines wenig arbeiterklassenmäßigen Kolbens, mit dem er herumlief, zu hänseln. Andererseits wurde er hier in Dinge eingeweiht, die ihm auf privaten Schulen wohl verwehrt worden wären.

Eine kleine Pappscheibe verbarg hinter einer Scheibe Zelluloid eine Dame im langen Kleid, und schob man eine weitere Pappscheibe ein, rutschte das Kleid hinunter, und die Dame hatte nur noch Höschen und Büstenhalter an, und wenn man dann – was man vor allem tat – langsam und erschaudernd und mit so vielen Pausen, wie man wollte, eine dritte Pappe einführte, beraubte man die Dame der allerletzten Kleidungsstücke. Als Otto dieses Anblicks zum ersten Mal gewahr wurde, war er schrecklich erregt und höllisch hingerissen, und die Worte „eine wie Mutter" hallten ihm durchs Hirn und lösten endgültig ein Gefühl der Trance aus.

Aber als Otto eines Nachts durch etwas Feuchtes, Kaltes in der Schlafanzughose aufwachte, war er derart entsetzt über diese Sache, die doch mit Sjüls schlechter Angewohnheit keine Ähnlichkeit hatte (Edels Strafe dafür kannte er), sondern etwas viel Schlimmeres war (Edels Strafe *dafür* wagte er sich gar nicht vorzustellen), daß er sich ins Badezimmer stahl, etwas Klebriges aus der Hose spülte, sie auf dem Badewannenrand ausbreitete und im Schutz des unendlichen Schlafs der anderen, der lang wie der Tod war, wartete, bis sie getrocknet war. Es war dies fast schlimmer gewesen als die Geschichte mit der Tinte. Als Kind war Otto regelmäßig an Bronchitis erkrankt, und Edels und Großmutters Gestalten waren wie große besorgte Gestirne über der Bettkante aufgestiegen, dann standen sie am Himmel, in den Händen die Bratpfanne, in der ein Pfannkuchen aus Watte in Öl brutzelte. Das bedeutete ein sengendes, brennendes, glühendes Gefühl, wenn dann der Kuchen ihm auf die nackte Brust gelegt wurde, und das bedeutete Seligkeit, wenn er trotzdem noch am Leben war und einfach im Bett liegen durfte, wo er zeichnen und schreiben konnte. Doch eines Tages war die Tinte umgekippt, und ein landkartenähnlicher, dunkelblauer Kontinent hatte sich auf dem gelbgeblümten Bezug ausgebreitet und paßte sich nicht den Formen an, und eine insektenhafte Angst bekroch ihn – was würde Edel jetzt sagen. Aber Otto der Schlaue drehte die Decke um, war am nächsten Tag gesund und ging in die Stadtbibliothek, wo er Svend Holms Fleckenbuch auslieh. Er kaufte Essig- und Salpetersäure in der Drogerie und schaffte es mit Hilfe einer Wunder wirkenden Chemie, den unheilschwangeren, verbotenen Fleck zu entfernen, bevor Edels prüfende Inspektion sein fabrikats- und naturwidriges Vorhandensein im Stoffmuster entdeckt hätte.

Doch die Bilder von Damen wanderten durch schweißfeuchte Pubertätsfinger auf der Knabenschule wie Fischschwärme durch allzu große Netze, und über die Kinoleinwände tanzten in jenen Jahren Nackttänzerinnen aus großen französischen Cabarets, und Otto kriegte Freikarten, weil Edels Chorfreundin an der Kasse saß, und Otto saß in Folies-Bergères-Filmen, mal mit dem einen, mal mit dem anderen der Schulkameraden, die er am liebsten mochte, und schließlich mit Arnold, der, leicht verlegen kichernd, auch eine Mannestugend darin sah, in moderne französische Filme zu gehen. Doch damals – in Anwesenheit von Ottos Vater – war der Erguß nicht bei den erstbesten entblößten Brüsten erfolgt, sondern bei einer orientalischen Szene, in der eine Schar von Haremsdamen von einem muskulösen Burschen bewacht wurde, der nur mit einem Lendenschurz bekleidet war, der dann ebenfalls vor den Augen der Zuschauer fiel. Der Umstand, daß selbst der Wächter dieser vielfältigen Reize sich als Nackter darbot, machte die Unanständigkeit komplett, und daß es nun nichts mehr gab, über das das Auge nicht herrschte, versetzte Otto in die sonderbare Erregung, jenseits des rein Optischen das Totale zu erblicken.

Einige von Onkel Carls khakifarbenen Uniformhosen wurden für Otto zu Knickerbockern umgenäht und verschafften ihm unter den Rabauken in der Klasse ein gewisses amerikanisches Ansehen, während Vetter Victor wirklich in Amerika gewesen war, ungefähr ein Jahr lang, denn Onkel Georg verdiente dort Geld, und Tante Yrsas linker Unterarm war knackig braun, weil man drüben mit heruntergekurbelter Scheibe und dem Arm auf der Fensterkante herumfuhr. Als sie zurückkamen, sollten die beiden fünfzehnjährigen Vettern über Ostern bei Vatter und Muttchen wohnen, um deren Garten herzurichten. Die Vettern schliefen in einem großen, alten Bett in der ungeheizten, weiß gekalkten, frischen Kammer unterm Dach, und Victor hatte zwei abgetragene, verwaschene und eine Spur zu enge Paar Jeans, die sie zur Arbeit anzogen, und das war 1952 ein unbekanntes Gefühl, was besonders Otto wie eine Reise nach Amerika vorkam, und er liebte Victor beinahe ebensosehr, wie Arnold Carl liebte, denn Otto war nur selten dem Gefühl so nahe gewesen wie in diesem keimenden, lausig kalten Frühling, daß er und Victor zueinandergehörten wie der Deckel auf den Topf. Aber als Ostern vorüber war, war auch dieses Erlebnis vorüber und wurde zu einer Erfahrung, die in vielen anderen Erfahrungen unterging.

In verlassenen Wohnungen haben wir vor Angst geschrien

Einem Gefangenen, der nach langer Zeit auf freien Fuß gesetzt wird, schwindelt es, sagt man, wenn er zwanzig Meter geradeaus gehen soll. Aus der Knabenschule kam Otto auf das Gymnasium Marselisborg, von dem stickigen Pflaster in das große, weiße Gebäude in dem grünen Wald, von 28 Jungen zu 28 Mädchen und drei Knaben in der neusprachlichen Klasse, und ihm schwindelte von diesem Mädchenschwarm mit weichen Wangen, schmaler Taille und rauschendem Rock im *new look*. Doch als die erste Zeit vergangen war und Otto sich verliebt gefühlt hatte, hier in die Rundung eines Ohrs, dort in eine Stirnlocke, da drüben in ein Augenpaar, links in ein Paar Arme, rechts in einen Mund, der süßen Himbeerodem verströmte, in einen flaumigen Nacken vor ihm und eine perlende Stimme hinter ihm – wurde ihm wieder schwindlig, und er hatte Schwierigkeiten, sich zu orientieren.

In der Mathematikklasse dagegen saßen überwiegend Jungen, und in sie hätte Otto selbstverständlich, wenn seine Fähigkeiten nur gereicht hätten, gehen sollen, aber mit seinem Talent zu Zahlen und Geometrie war es nicht so weit her wie zu Grammatik und Latein. Während also die kleinen Mathematiker großmäulig und unbehelligt in ihrer Herdenmännlichkeit durchs Gymnasium zogen, waren Otto und seine beiden einsamen linguistischen Geschlechtsgenossen – inmitten der Schar ablenkender, hypnotisierender und uniformierender Mädchen – in ihrer bloßen Individualität exponiert. Nur in der Sportstunde wurden die drei von den anderen assimiliert, allerdings unter spürbarer Diskriminierung, die Ottos Bewunderung für die kleinen Mathematiker nur noch verstärkte, die in seinen Augen insofern richtigere Jungen waren, als sie denen von der Knabenschule glichen, von denen er nun getrennt war. Es war vermutlich nichts dagegen einzuwenden, daß die paar Vertreter des sprachlichen Zweigs auch die Sprache benutzten und in einem notwendigen Überlebenskampf der Geschlechter (oder sagen wir: aus Profilierungsgründen) einen Schutzpanzer undurchdringlicher „Verbosität" um sich herum schufen, aber sein Preis war hoch: Er machte sie unverzeihlich unerträglich, was die Isolation bloß verstärkte, die jede Profilierung mit sich führt.

Arnold und Edel fanden jedenfalls nicht viel Ähnliches zwischen Otto und seinen beiden wichtigtuerischen Klassenkameraden und ihrer eigenen Jugend vor drei Jahrzehnten: Sie waren gesunde Kinder mit einem schlichten Wortschatz gewesen und mußten notwendigerweise von diesem fremdartigen Verbalismus abgestoßen sein. Im Gegensatz zu früher hatten sie nun keine Vorschläge mehr, wie aus Otto ein richtiger Mann zu machen sei, aber sie sehnten sich doch danach, und es wurde bei ihm allmählich chronisch, sich selbst danach zu sehnen. Otto entwuchs ihnen im

Laufe dieser drei Gymnasiumsjahre und siedelte sich in einem weglosen und einsamen, menschlich hohlen Terrain an. So war es fast symbolisch, als er sich 1956 im Sommer ihres Abiturs mit den beiden anderen Klassenkameraden eines Angebots der Schwedischen Eisenbahn bediente, die anläßlich ihres hundertjährigen Jubiläums eine Netzkarte für ganz Schweden für nur hundert Kronen offerierte, und die drei jungen, nervösen Sprachäquilibristen in ihrem geographischen Übermut unter einer unablässig brennenden Sonne die Mückenschwärme und wüsten Steppen Lapplands durchwanderten.

He would make but a sport of it

Die Geschichte von Otto Rybalts unzähligen Versuchen, zu lieben und geliebt zu werden, würde davon handeln, wie die Begeisterung für ein Mädchen nach dem anderen auf dem Gymnasium oder in den Jahren, die dem Gymnasium folgten, teils wie eine Kipplore voller Gefühle in seinem pochenden Herzen und pulsierenden Hirn lastete, teils sich auf Geleisen befand, die ein ums andere Mal an einen andern Ort als an den der Geliebten führten, oder einfach bewegungslos stillstand. Und durch den geistigen Stillstand verging die Zeit, und der geistige Schnee deckte alles zu. *Covering earth in forgetful snow.* Ihm, der in seiner Phantasie aufrecht auf dem Schneepflug der Lokomotive gesessen hatte, war nicht bewußt, daß er bei einem plötzlichen Halt des Zuges vornüber auf die Gleise fliegen oder gar überrollt würde, wenn sich der Zug wieder in Gang setzte, ja, daß ihn sogar die füllfederartige Spitze des Schneepflugs aufspießen würde, statt ihn in die Geheimnisse der langen, labyrinthischen Hochzeitsnächte der Schienen unter dem unermeßlichen Laken des Schnees einzuweihen.

Es folgten einige schmerzhafte Jahre mit Fluchtversuchen von zu Hause, mit Umzügen, probeweisen Rekonziliationen während kurzer Weihnachtsaufenthalte bei den Eltern, die immer wieder abgebrochen werden mußten und schließlich aufgegeben wurden.

Bei einem künstlich idyllischen Besuch zu Weihnachten 1958 verließ Edel das Wohnzimmer, und Arnold lud Otto zu mehreren Kognaks ein. Aber dann hörten sie Edel über dem Abwasch weinen, und Otto ging in die Küche. Sie schluchzte auf und warf sich plötzlich in die Arme des 21jährigen Sohnes und rief in ihrem Dialekt, der die Ausdrücke „einen Fehler begehen" und „etwas verkehrt machen" miteinander vermengte: „Wenn ich was verkehrt begangen habe, mußt du mir verzeihen!" – „Ja, ja", sagte Otto der Ungläubige, so etwas hatte er sie nie zuvor sagen hören, und sie umarmte ihn und weinte und küßte ihn mit ihrem nassen Gesicht und ihren alten, weichen, geschminkten Lippen auf den Mund und wollte alles wieder gutmachen, und sie war betrunken, und sie übertrieb und gab ihm einen tiefen Zungenkuß und fuhr mit der Zunge in Ottos Mund herum, und er mußte sich wehren und sie dadurch enttäuschen, und währenddessen marschierte Arnold – was Otto die ganze Zeit bemerkte – auf und ab und beobachtete sie und konnte seine Neugier und diverse andere Gefühle nicht verbergen, die bei der heftigen Szene in ihm hochstiegen und wieder abebbten, und blitzartig erinnerte sich Otto an eine Szene in einer anderen Küche vor vielen Jahren in Frederikshavn, wo Arnold alles zerstört hatte, aber hier war bereits alles zerstört.

Es sollte der letzte Heilige Abend sein, den Otto in diesem Haus verbrachte. Im Jahr darauf machte Mutter, also Edels Mutter, einen Versuch, Otto doch noch zum Kommen zu überreden, aber er schrieb ihr aus Kopenhagen, er habe einen (nicht näher definierten) Schichtdienst, worauf er von Großmutter eine Postkarte erhielt, auf der unter anderem stand: „Da muß man sich e'em mit abfin'n."

Das ist ein schlechter Sohn, der als Kreisel nur so lange schnurrt, wie er geschlagen wird. 1959 zog Otto Rybalt nach Hamburg, wo er in einem großen Friseursalon an der Alster in die Lehre ging. Er schnitt Bubiköpfe und legte großen, einsilbigen, wohlhabenden, deutschen Damen Dauerwellen und verliebte sich in Günther Frock, dreißig Jahre alt, einen athletischen, dunkelhaarigen Universitätslektor für Altenglisch mit Geschmack am Nachtleben und an zweifelhaften Vergnügungsklubs auf der Reeperbahn, der hochhackige Stiefel trug und einen kleinen, harmlosen und besteigbaren Arsch in stramme schwarze Lederkluft zwängte. Hier traf er Baron G., der enterbt worden war und als Bühnenmeister an der Hamburger Staatsoper arbeitete und Otto eine Stelle als Herrengarderobier verschaffte.

Vetter Victor war 1956 Lehrling in der Ostasiatischen Kompanie geworden. 1975 starb Edel, nicht an Krebs, wie sie so oft verkündet hatte, sondern aufgrund einer jahrelangen Vergiftung, die von einem ziemlich gerecht verteilten Mißbrauch an Pillen und Alkohol herrührte. Arnold trank sich zu Tode, schaffte aber zehn Jahre mehr als sie. Otto hatten die beiden 1958 zum letzten Mal gesehen. 1980 wurde Vetter Victor Abteilungsleiter in der Ostasiatischen Kompanie. 1988 wurde Otto Rybalt nach 29 Jahren Dienst als Garderobier und Friseur an der Hamburger Staatsoper in Frührente geschickt und lebt heute in Los Angeles, wo er eine Sammlung schimmernder, diamantschwarzer Modell-Lokomotiven aus Blech besitzt.

Aus dem Dänischen von Peter Urban-Halle

1 Stiefvater und Mutter des Protagonisten Otto; Anm. d. Hg.

Murathan Mungan

Veronica Voss der Sehnsucht

„Eigentlich hat Huren doch viel mit Gefühl zu tun..."

Dieses Lied auf den Lippen.

In mir diese Gefühle. In meinem Herzen diese Empfindlichkeit. Im Kopf der Preis, den ich dafür bezahlt habe, in die Raffinessen des Gewerbes eingeweiht zu werden... Das erhabene Licht eines finsteren Lebens. Lyrische Schmerzen, gloriose Zusammenbrüche, prächtige Abgänge und ähnliches...

Was ist Hurerei anderes, als einsam in der Menge zu sein? Wie kann man das einem anderen Menschen überhaupt erklären?

Zu vorgerückter Stunde, fast schon am Morgen, gehe ich einsam eine nasse, beleuchtete Straße entlang. Ich höre die hohen, dünnen Absätze meiner spitzen Schuhe aus Schlangenleder, wie sie zierlich und weiblich auf dem Gehsteig trippeln. (Mein Leben ist fast ein Thriller, ich habe es ja nicht anders gewollt, immer dasselbe Einerlei.) Manchmal halte ich vor einer Schaufensterscheibe inne, rücke meine Baskenmütze zurecht, frische mein Rouge auf.

Ich hätte genug Gründe, mich schön zu finden:

Aber selbst wenn sie mir nicht ausreichten – nichts ist mir genug –, so reicht mir meine Schönheit doch zum Leben.

Ich bin weder müde, noch betrunken. Bin vollkommen nüchtern. Mehr noch: Mein Make-up ist nicht verwischt, ich habe keine Tränensäcke unter den Augen, die Schlaflosigkeit oder den übermäßigen Genuß von Alkohol verraten. Für die Nacht ist es schon zu spät, für mich noch zu früh. Ich will damit sagen: ich bin eine verspätete Fledermaus. (Wann bin ich je in meinem Leben zu früh gekommen?) Ich liebe die Nacht, die Zeit der Fledermaus, ich passe zur Nacht, die Nacht paßt zu mir. Ich liebe das Dunkel, das Mysteriöse der Nacht, das alles zudeckt, verheimlicht. Die Nacht ist wie für mich geschaffen, für uns, die wir genauso relativ sind. Selbst die bunten Lichter der Nacht sind schwarz-weiß.

Die Nacht ist schwarz-weiß.

Alle Nächte sind schwarz-weiß.

Ich bleibe unter einer Laterne stehen (schwarz-weiß) und ziehe meine schwarz getupften Seidenstrümpfe zurecht, meinen Unterrock gerade (schwarz-weiß) und muß unwillkürlich meine langen Beine im Licht der Laterne bewundern,

kann den Blick nicht von mir wenden.

Ich muß immerzu schauen.

Ich beobachte mich, schaue mir zu, ich stelle mich aus. Und ich, was bin ich? Ich, die ich es nicht schaffe, Ich selbst zu werden. Ich berühre den Fuchs, der um meinen Hals liegt, meine Diamantbrosche, meine weiße Perlenkette. Berühren. (LEBEN AUS DEN FINGERSPITZEN) Intime Berührung. Faszination. Der Zauber der Gegenstände, der Dinge. Bin das alles ich? Oder mache ich mir nur ein Bild von mir? Ein Bild nur? Das Ich, mit dem ich *ausgestattet* wurde? Für diesen Abend habe ich ein sehr schickes Kostüm angezogen. (Es muß an jedem Abend etwas Besonderes sein. Unbedingt. Selbst wenn es sich wiederholt.) Ich öffne mein Krokodilledertäschchen, das ich unter dem Arm trage, greife nach einer der schmalen, langen Mentholzigaretten und zünde sie mir an. Scharf brennt der Rauch in der Kehle.

Kurz bleibe ich stehen, sprühe mir ein wenig Parfum hinter die Ohren, ins Dekolleté, unter die Achseln, über den Rock, tupfe mir auch etwas unter die Nase.

So vollende ich mich.

Bei einem Puzzle muß jedes Teilchen an seinem Platz sein. Verlorengegangene Teilchen müssen durch andere ersetzt werden, ihr Verlust darf nicht auffallen, muß kaschiert werden. Doch auch das Puzzle selbst verheimlicht etwas. Aber lassen wir das…

Ich suche die fehlenden Teilchen für das Puzzle der Nacht, der Weiblichkeit und der nächtlichen Weiblichkeit. Das Bild verschwindet, und es erscheint ein neues…

Ich lasse mich in den hell erleuchteten Straßen der dreißiger Jahre treiben. Jazzmelancholie, nach einem Regenguß nasse Bürgersteige, die Einsamkeit der Weihnachtsnächte, auf Schimmeln reitende Prinzendoubleurs (denen man natürlich nur in solchen Nächten plötzlich begegnet), Luftschlangen, Konfetti, Schaufenster, an deren Scheiben der Regen herunterrinnt, Abschiedsszenen mit Frauen, in deren Tränen sich der Regen mischt, „Ich werde immer nur dich lieben...", dunkle Gassen nach Regen und Abschied, die Scheinwerfer eines parkenden Rolls-Royce beleuchten das nasse Kopfsteinpflaster. Hintere Gassen, quer, besonders.

Alles ein Film.

Alles schwarz-weiß.

Das heißt, ich sitze im dunklen Saal meines Innern, nehme einen Zug von meiner Zigarette und schaue mir mein Leben an. Die Hauptrolle in diesem überlangen Film über mein gespaltenes Selbst, meine zweigeteilte Persönlichkeit spiele immer nur ich. Die Hauptdarsteller. DIE HAUPTDARSTELLER. Was habe ich nicht alles daran gegeben, einer von euch zu sein...

Alles auf der Leinwand meines Lebens ist entliehen.

Alles aufgesetzt.

Unsere Gefühle, Gedanken, Beziehungen, unsere Werte, Freude, Trauer, Kummer und Sorgen, Lieben und Leiden, unsere Käuflichkeit. Alles, restlos alles ist unecht und entliehen.

Auch unsere Weiblichkeit.

Dabei ist es ein Bild von mir wie für mich geschaffen.

Von dem ich glaube, es selbst ersehnt und erwählt zu haben.

Im Einzelnen:

die müde, immer gleiche, beladene Frau der Nacht. Vom Schicksal geprüft. Sängerin. Frau, die einen immer ins Unglück stürzt. Die Angebetete. Die Unsterbliche. Die Spinnenfrau. Scheherazade. Die Maskierte. Frau, die den Tod bringt. Frau, die Hure spielt. Frau, die Hure spielt, aber ein edles Herz hat. Frau, die vorgibt, die Hure nur zu spielen, weil sie nicht zugeben will, daß es ihr Spaß macht, die geborene Hure. Mysteriöse unerreichbare komplizierte Frau. Nebulöse Frau. Eine, die die ganze Nacht an der Theke einer Bar sitzt und jedem die kalte Schulter zeigt, jeden abweist und verliert, um sich schließlich dem erstbesten an den Hals zu werfen. Frau, die kokett ihren weiten Rock schwingt und dabei Parfumschwaden verbreitet.

Brokat, Kaschmir, Tweed, Gabardine, Jersey, Satin, Seide, Atlas, Georgette.

Düfte, Silbermünzen, Flitter, Pailletten.

Ich bin nicht ich.

Ich bin nur ein Bild.

Ein aufgesetztes Bild.

Ein vorgesetztes Bild.

Ein belagertes Bild.

Ein Bild wie ein passendes Hemd.

Ich bin nicht ich.

Ich bin nur ein Syndrom. Ein SÄNGERINNENSYNDROM.

Dieses Lied auf den Lippen:

„Eigentlich hat Huren doch viel mit Gefühl zu tun…"

Aber wie kann man das überhaupt erklären?

Einem anderen und sich selbst?

Und ich wandele in den Katakomben der Nacht – mit mir mein Labyrinth. Ich bin mit meinem Beobachter zusammen. Für einen kurzen Augenblick des Glücks.

Ich stecke die Locken meiner weißblondierten Haare, die unter meiner Mütze hervorragen, wieder zurück und setze die Mütze noch eine Idee schiefer. Verführerisch, nostalgisch. Auf meiner Nasenspitze sitzt ein zittriger rosa Regentropfen, der gleich fallen wird. Bin ich nicht eine Sumpflilie?

Wie geheimnisvoll ich wohl erscheine! Ich bin nur für dich da. Ich bin eine einzige Anspielung. Auf meinen dunkelgeschminkten Lippen funkeln Lichtperlchen. Meine Augen glänzen, meine lodernden Blicke laden ein. Ich bin eine Tigerin, eine Neue im Dschungel.

Und für einen weiblichen Hamlet:

Bilder, Bilder, Bilder.

Ich gehe durch die Nacht. Nichts passiert. Nächte, künstlich wie Kunstblumen. Oder es kommt, wie es kommen muß. Ich gehe durch die Nacht, furchtlos und selbstsicher. Ich denke inbrünstig an die vergangenen und zukünftigen Nächte, an die Jahreszeiten und an alle Liebesaffären. Als wäre ich es gewesen, die die grandiosesten erlebt hat.

Für eine neue Liebe, für eine neue Affäre, eine, die einige Minuten, vielleicht einige Stunden dauert,

für eine unsterbliche Liebe,

für ein ewiges Glück,
für Unsterblichkeit,
für die ängstliche und bohrende Kraft der Wörter,
und im Namen aller Bilder, deren Gefangene wir sind, gehe ich.
Seid gegrüßt, ihr Leben, die wir für unsere eigenen halten!

Also, eigentlich wollte ich folgendes erzählen:

An einer Straßenecke steht plötzlich ein vielleicht achtzehnjähriger junger Mann vor mir. Unsere Blicke begegnen sich und können sich nicht mehr voneinander lösen.

Ein Blitz, der erste in dieser Nacht.

Eine leuchtend blaue Unterschrift auf dem Schwarz der Nacht.

Als ich fast schon an ihm vorbei bin, ruft er:

„Einen Moment bitte!"

Ich halte einen Moment inne.

(Folgendes geht mir durch den Kopf: Er soll bloß nicht um Feuer bitten, nach der Uhrzeit fragen oder nach dem Weg... Der Zauber soll nicht enden.)

„Sind Sie nicht Veronica Voss?"

ER KENNT MICH!

„Ja, junger Mann", entgegne ich fragend. Dabei gebe ich mir Mühe, sowohl bescheiden als auch stolz zu wirken.

„Darf ich Sie begleiten?" fragt er.

„Warum?" frage ich zurück.

„Ich verehre Fassbinder", sagt er.

(Also weder Feuer, noch Uhrzeit, noch der Weg, sondern Fassbinder)

„Ich würde gerne mit Ihnen über Fassbinder sprechen. Auch wenn Sie lange nachdenken, Sie würden nie darauf kommen: Ich bin Lehrling und arbeite im Industriegebiet von Ankara."

Nach seiner Kleidung zu urteilen, kann es stimmen.

„Ausgerechnet ich, ein kleiner Automechaniker, begegne eines Nachts auf der Tunalı-Hilmi-Straße – Ihnen. Was für ein außergewöhnliches Ereignis für unser an Wundern so armes Leben! Wie im Traum! Bitte schenken Sie mir diese Nacht!"

Ich denke nach. Ich habe schon immer nachgedacht. Deshalb hält wohl auch keine Beziehung lange. Schon der Anfang fällt immer so schwer. Ich denke immer. Vor lauter Denken komme ich nicht zum Leben, komme zu nichts. Männer mögen keine Frauen, die denken. Das ist wohl auch der Grund, warum es kein Denkmal einer denkenden Frau gibt, selbstverständlich aber von denkenden Männern.

Außerdem gibt es zwei Sorten Menschen auf der Welt (was Wunder anbetrifft).

Die einen können Wunder unter keinen Umständen akzeptieren, die anderen können nicht die Folgen der Wunder ertragen.

Eine andere Gruppe wiederum – das sind die wirklich unglücklichen – (also gibt es sogar drei Sorten von Menschen, zähl richtig! Macht nichts. EGAL) Also diese dritte Gruppe kann sowohl Wunder akzeptieren, als auch ihre Folgen ertragen. Wunder existieren für sie deshalb gar nicht mehr.

Ich bin ein fortgeschrittenes Exemplar dieser dritten Gruppe.

Meine Ratlosigkeit rührt daher, daß ich stur darauf bestehe, Wunder zu suchen und zu vollbringen. Das ist auch der eigentliche Grund meines Unglücklichseins. Von einem Glaubensverlust kann daher bei mir kein Rede sein. Tragisch, nicht wahr?

Wir gehen zusammen los.

Ich will nicht, daß er spürt, daß ich mich verliebt habe. Ich rauche eine Zigarette nach der anderen. Meine Hände zittern, meine Lippen und Nasenflügel beben. Die Liebe macht mich schaudern, ich fliehe.

Er wird mir ohnehin nicht glauben, daß ich mich in ihn verliebt habe.

Das sind die ersten zehn Minuten der Welt.

Jedenfalls für mich.

Ich, die ich die größten Lügen in die größte Liebe verwandelt habe.

verwandele

Wir setzen uns auf eine Bank im Kuğulu Park, KÖNNEN DIE BLICKE NICHT VONEINANDER LÖSEN.

Wir könnten auch Hand in Hand, Knie an Knie da sitzen, aber das wäre nur eine billige Schnulze.

„Darf ich die Nacht mit Ihnen verbringen?" fragt er.

Ich schweige – und weiß, die Nacht zusammen zu verbringen, heißt nicht: zusammen zu

sein.

Ich bringe kein Wort heraus – wie kann ich alles, was ich

weiß, in einem Wort

ausdrücken, alles, was ich

erlebt habe, in einem
Augenblick...

Ich habe keine Ahnung, wie er mein Schweigen interpretiert. Eine Weile lang knabbert er an seinen Lippen herum, läßt seine Fingergelenke eines nach dem anderen knacken, ich betrachte seine makellose Haut, noch von keiner Rasur gereizt, schaue in seine Katzenaugen, die in die Nacht leuchten. In diesem Moment bete ich ihn an. Und bemühe mich gleichzeitig, es vor ihm zu verheimlichen, indem ich mich betont kühl verhalte. Ich komme ihm nicht entgegen, mir selbst auch nicht. DENN LIEBEN HEISST, DEM ANDEREN NIEMALS ENTGEGENZUKOMMEN. Ich bin nicht sicher, ob der Spruch genau so lautet. Aber es würde nichts verändern. Anscheinend habe ich schon immer gedacht, daß etwas zu bereuen bedeutet, einander entgegenzukommen.

Kurz darauf beginnt er zu sprechen. Es liegt etwas Warmes, Schlichtes in seiner Stimme, jedes Wort sitzt, und doch wirkt es nicht so, als hätte er lange überlegt:

„Schauen Sie, liebe Veronica. Ich bin siebzehn und seit sieben Jahren Lehrling. Ich mag Fassbinder sehr, verehre auch Fellini und Visconti. Ich mag Oğuz Atay. (Kaum zu glauben) Kavafis' Gedichte habe ich auch gelesen, ich kenne und schätze Carson McCullers, Virginia Woolf, Marguerite Yourcenar, Jean Rhys. Die Stücke von Tennessee Williams, Arthur Miller, Ibsen lese ich immer wieder, ich bewundere Dostojewski und Tschechow grenzenlos. Ich will hier nicht alle Namen einzeln aufzählen, bitte verstehen Sie mich doch endlich! Ich liebe Sie sehr, liebste Veronica! Was könnte ich mehr geben, in meinem Alter, als einfacher Lehrling, ohne jegliche Schulbildung?"

„Warum erzählst du mir das alles?"

„Ich glaube, daß Sie auch verstehen, was Wunder bedeuten..."

Dann fügt er hinzu:

„... und ich begehre dich, Veronica... Du, die du am besten weißt, was Begehren, Leidenschaft und Körper bedeuten. Dafür bist du ja geschaffen, dafür lebst du..."

Es fängt an zu regnen. Oder ich will, daß es regnet.

„Das alles zu wissen, ist vollkommen sinnlos, ist dir das eigentlich klar?" frage ich.

„Nichts zu wissen, ist genauso sinnlos", kontert er.

„Was hat überhaupt Sinn?" frage ich.

Wir schweigen.

Auch unser Schweigen ist sinnlos.

„Ein gemeinsames Leben aufzubauen, ist fast so, wie einen Staat aufzubauen", sagt er.

Ich hebe den Kopf und schaue ihn an. Er wirkt leicht spöttisch. Das ist ein gutes Zeichen. Alles geht gut. Ich lächle:

„Allerdings ein föderativer Staat. In inneren Angelegenheiten souverän, in äußeren aber vom Zentrum abhängig."

„Du meinst doch wohl nicht etwa diesen alten Antagonismus von Monogamie und Polygamie?" fragt er.

„Ja", sage ich, „eben das, was ich beim Huren Gefühl genannt habe!"

Was man so nennt.

Was man so schreibt.

Wir präsentieren Ihnen in unserer Showreihe: Neue Dionysische Feste: mit Veronica Voss, die sich selbst vormacht, monogam zu sein, obwohl sie stark zur Polygamie neigt. Wir wünschen Ihnen viel Vergnügen mit ihr!... *Love means never having to say you're sorry...*

Ich nehme einen kräftigen Zug aus meiner Zigarette. Wir sprechen wieder über Kunst, Literatur und Kino. Gerade denke ich, daß wir endlich den Sümpfen der Liebe entkommen sind, als er mich fragt:

„Nimmst du ihn in den Mund?"

Ich suche nach einer Antwort:

1 – Werde nicht ordinär. Ich hatte dich für anständig gehalten!
Gerade haben wir uns doch so gut über Literatur, Kunst
und Kino unterhalten. Was redest du da jetzt von meinem Mund?
2 – In härterem Ton und mit entsprechendem Gesichtsausdruck:
Eine
Frechheit! Wohl noch nie etwas von Anstand gehört? Und ich
habe dich für einen feinen Menschen gehalten. So wirst du es
nicht mal zum Gesellen bringen!
3 – Machst du den Reißverschluß selbst auf? Oder soll ich?

Ich tue es.

Immer läuft es so ab.

Er steht auf, dreht den Rücken zum Licht, mein Gesicht ist im Schatten, ich nehme meine Zigarette aus dem Mund, werfe sie auf den Boden, trete sie mit meiner Schuhspitze aus...

Wir nehmen ein Taxi und fahren zum Industriegebiet (aus den Augenwinkeln beobachte ich den Fahrer). Die Schlüssel zur Werkstatt habe er, er würde morgens immer als erster kommen und aufschließen. Ich male mir aus, was ich in mein Tagebuch schreiben werde: damit es ein Erlebnis wird... damit es ein Erlebnis wird... befreien wir sie aus den Klauen des Todes. Damit wir sagen können: Wir haben gelebt. Damit wir sagen können: Ich gestehe, ich habe gelebt. Denn *sex contains all*. Denn unser ganzes Leben ist ein einziges großes Laken. Bei mir in der Küche hängt eine große Holztafel, auf der ich alle Orte vermerkt habe, wo ich meine Phantasien ausleben möchte. (Den Fahrer in einer anderen Nacht) Eine lange Liste. Kolumnen von Orten. Von Zeit zu Zeit füge ich neue Orte hinzu, oft inspiriert durch ein Buch, das ich lese, oder durch einen Film – obwohl ich auch selbst in einem Film lebe und durch seine Geographie begrenzt bin –, das brauche ich zum Leben. Wenn ich mit irgend jemandem an einem dieser Orte geschlafen habe, wenn also eine meiner Phantasien sich verwirklicht hat, gehe ich, kaum daß ich zu Hause angekommen bin, sofort in die Küche und streiche ihn auf der Tafel, die neben der Einkaufsliste hängt. Ich muß immer neue Orte auf die Liste setzen, damit nicht das Gefühl einsetzt, ich stünde am Ende meines Lebens. Der Reihe nach: Park – durchgestrichen –, Kino – durchgestrichen –, öffentliche Toilette – durchgestrichen –, Hamam – noch nicht durchgestrichen –, Theaterkulisse – durchgestrichen –, Fahrstuhl – noch nicht durchgestrichen –, Kinderspielplatz – durchgestrichen –, Schaukelstuhl – durchgestrichen –, Hängematte – noch nicht durchgestrichen –, Schlafwagen – durchgestrichen –, Autobahn – mehrmals durchgestrichen –, Gelände – durchgestrichen –, Flugzeug – noch nicht durchgestrichen –, Tribüne – durchgestrichen –, Bäckerei – durchgestrichen –, Scheune – durchgestrichen –, Pferderennbahn – noch nicht durchgestrichen –, Strandkabine – nostalgisch durchgestrichen –, Eisengießerei – noch nicht durchgestrichen –, Büro in einem großen Bürohaus – durchgestrichen –, Laden für Decken und Matratzen – noch nicht durchgestrichen –, Haus im Rohbau – durchgestrichen –, Telefonzelle – durchgestrichen –, und so weiter...

Die Autowerkstatt, die wir über dunkle und verschlungene Straßen, die zum Industriegebiet führen, erreichen, streiche ich genauso durch als AUTOWERKSTATT ODER ÄHNLICHES IN INDUSTRIEGEBIET.

Nachdem wir miteinander geschlafen haben, liegen wir nebeneinander und rauchen.

ES IST MEISTENS EIN STILLER MOMENT DER REUE.

„Ich liebe dich", flüstert er.

„Ich dich auch", will ich sagen... Ich dich auch, ich dich auch, ich dich auch, ich dich auch, ich dich auch,

will ich sagen.

Ich bringe es nicht über die Lippen. In diesem Augenblick kommt mir blitzartig die Erkenntnis, daß ich dies niemals mehr zu irgend jemandem sagen kann. Ich fühle mich leer und ausgebrannt, wie eine endlos weite Steppe. Ich fühle, daß ich etwas sehr Wertvolles verloren habe. Seit langem spiele ich ein bestimmtes, von mir erfundenes Spiel mit den Männern, mit allen Männern, die für mich den Mann schlechthin darstellen...

„Schau", sage ich.

Er schaut nicht. Der Rauch seiner Zigarette ringelt sich blau in die Luft, ich weiß, daß er mir zuhört.

„Vor Jahren, vor langer Zeit ist etwas in mir, in meinem tiefsten Innern zersprungen. Bis heute konnte ich es nicht wieder flicken, und niemand konnte es für mich tun. Irgendwo tief in mir drin horte ich endlose Wut, endlosen Haß. Es sitzt so tief in mir, daß es mir vorkommt, als gehöre es nicht zu mir. Und genau aus diesem Grund kann ich es nicht beseitigen. Wenn man so einen geballten Haß, solch eine Hoffnungslosigkeit, Mutlosigkeit in sich trägt, kann man niemanden lieben. Um lieben zu können, muß man ein bißchen glücklich sein. Verstehst du?"

„Dabei sprichst du doch in all deinen Liedern von der Liebe", wendet er ein. „Liebe! Liebe! Heißt es da immer!"

Dann pfeift er eines meiner bekanntesten Lieder.

„Das mag schon sein. Ich spreche noch von ganz anderen Dingen. Zum Beispiel, warum man einander nicht liebt, warum die Menschen so lieblos sind, davon spreche ich auch, warum wir so einsam sind, so unglücklich, so verbohrt und selbstsüchtig, so grob. Wir sind alle intolerant, verständnislos und verdammt. Wenn wir nur ein wenig lieben könnten, nur ein wenig, nur ein wenig. Ja, davon spreche ich. Alle Probleme, die wir unfähig sind zu lösen, lasten wir der Liebe an und sind damit fein raus. Die Welt muß für uns wie ein Mutterschoß sein. Meine Lieder werden immer mißverstanden. Man hört sie, als seien sie der Ausdruck einer unerwiderten Liebe. Wie falsch ist das doch, denn auch ich kann nicht wirklich lieben. Deshalb rufe ich wohl auch immer die Liebe an. Auch ich kann nicht lieben, bin ohne Liebe. Die Beete meiner Liebe hat man verdorren lassen, wie bei allen anderen auch. Schau dir die Männer nur mal an: sind die fähig zu lieben? Sie richten ihr ganzes Leben danach aus, sich vor der Liebe zu schützen. Und warum wohl? Weil sie glauben, daß wirkliche Liebe ihre Männlichkeit bedroht, ja, sie kastriert. So lehrt man es sie. Unser ganzes Leben besteht dann daraus, das zu leben, was wir gelernt haben. Dabei ist alles künstlich, die Liebe und auch die Lieblosigkeit."

„Aber ich habe dich oft weinen sehen, leiden, immer aus Liebe…"

„Kind, du verstehst es nicht! Du verstehst mich einfach nicht! Du hast ja recht. Ich weine, ich habe geweint, sogar sehr oft und werde noch viel mehr weinen, morgen vielleicht schon. Ich bin ein Opfer der Gefühllosigkeit nach zu viel Liebe. Liebe ist doch nichts Einsames, ist doch nur zu verwirklichen, wenn alle Menschen lieben. Meine Verzweiflung sitzt zu tief, denn alle meine Gefühle erfassen auch die anderen. Zahllos waren die Männer, die meinen Weg kreuzten, ich kann mich kaum an Gesichter und Namen erinnern. Mit einigen habe ich sogar, ohne sie wiederzuerkennen, ein zweites Mal geschlafen. So viele gingen in meinem Leben ein und aus, daß mein Herz ganz ausgetreten ist. Und weißt du, was mir am allermeisten zusetzt? Ich war mit so vielen Männern zusammen, bin so viele Beziehungen eingegangen und weiß trotzdem nicht, wie man mit einem Mann zusammen ist, wie man ein gemeinsames Leben aufbaut und aufrecht erhält. Bis heute habe ich nicht einen einzigen Mann halten können. Ich habe einfach nie herausgefunden, wie ich es hätte anstellen können. Weißt du, warum die Männer zu mir kommen? Weil ich die Veronica Voss bin. Und aus dem gleichen Grund verlassen sie mich wieder. Die, die dem Zauber meines Namens verfallen sind, können seinen Schatten nicht ertragen und fliehen unweigerlich nach kurzer Zeit. Wie oft war ich verliebt. Ich habe sehr geliebt. Inzwischen habe ich es gelernt, verliebt zu sein, ohne zu lieben. Ja, ich habe sehr gelitten, viel geweint, bin so oft verlassen worden. Aber immer wieder mache ich die gleichen Fehler. Ich habe begriffen, daß es nicht Fehler sind, aus denen man lernen kann. Man muß sie ausleben. Wie man auch reingelegt und beschissen wird, wie sehr man auch liebt, wofür man sich auch immer entscheiden mag, man wird doch immer wieder an derselben Stelle gevögelt.

Auch das ist mir jetzt klar geworden.

Ich lebe das ganz bewußt.

Ich dachte, der Strich wäre ein Ausweg. Ich hatte gehofft, daß die Hurerei mich von meiner Empfindsamkeit befreien würde. Dabei habe ich mir auch noch die ihr eigene Sentimentalität aufgeladen, von der man nichts weiß, bevor man sie nicht erlebt hat. Mit dem Zauber jener endlosen und unsterblichen, auf alle Männer verteilten Liebe, die doch nur mit einem Mann geteilt werden kann, versuche ich jetzt in den Nächten liebend und leidend das Fieber meines müden, verwelkten Körpers an jungen, blühenden Körpern zu lindern, denen der Saft ganz frisch in den Schaft steigt.

Bei allem, was ich tue, gibt es zwei Dinge, die mich davor bewahren, verrückt zu werden:

Zum einen, das Gefühl für die Realität nicht zu verlieren, zum anderen, was auch geschehe, nicht zu unterliegen..."

Er stützte sich auf seine Unterarme und lehnte sich zu mir herüber. Er küßte mich auf die Lippen und sagte leise:

„Ich habe dich ganz nackt ausgezogen, aber dabei deine Mütze vergessen." Meine Mütze war etwas verrutscht, und Locken ragten wieder hervor.

„Laß es lieber bleiben."

„Warum?"

„Du würdest es bereuen."

„Nichts, was dich angeht, werde ich jemals bereuen."

„Gut. Wie du willst", sagte ich, mit Tränen in den Augen.

Ich wußte, er würde es bereuen. Er streckte die Hand aus und zog mir meine rote Mütze vom Kopf.

Augenblicklich fiel meine Schminke ab, meine Barthaare sprossen, Haare auf dem ganzen Körper, meine Gesichtszüge verhärteten sich.

Er sagte nichts, oder konnte nichts sagen. Aber an seinen überraschten Augen sah ich, wie er begriff, daß er etwas getan hatte, für dessen Preis er nicht aufkommen konnte.

(August 1983)

Aus dem Türkischen von Eva Hund und Zafer Şenocak

Kostas Tachtzis

Das erste Bild

Als ich begann, das Leben wahrzunehmen, geschah es durch die Augen von Frauen: meine Mutter, meine Großmutter (mütterlicherseits), meine Tante (mütterlicherseits). Als ich begann, Männer wahrzunehmen, geschah es auch durch die Augen von Frauen. Frauen beherrschten die Jahre, in denen ich Kind, Knabe und junger Mann war, wie absolute Monarchen. Als ich meine Oktoberrevolution machte, verbannte ich sie nicht nur aus meinem Leben, ich brachte sie um. Und seitdem lebe ich allein und werde von Gewissensbissen gequält.

Die zwei oder drei Männer, die einen Platz in meiner Erinnerung einnehmen (neben meinem Vater, der ein Sonderfall ist), waren allesamt Statisten in jener Tragikomödie, die beinahe in jeder griechischen Familie gespielt wird: willenlose, lächerliche Opfer der kannibalischen Liebe ihrer Frauen oder ihres vernichtenden Hasses.

Vielleicht begann hier der Konflikt, der mich später meine Beziehungen zur christlichen Religion und zu allen anderen Religionen zerreißen ließ. Zu den ersten Dingen, die ich in der Schule lernte, gehörte, daß Eva aus der Rippe von Adam hervorgegangen war. Aber meine Erfahrung bezeugte mir das Gegenteil. Damals muß ich zu denken begonnen haben, daß der Mythos der Schöpfung auf den Kehrichthaufen gehört. Frauen gehen nicht aus den Rippen von Männern hervor. Es sind die Männer, die aus einem gewissen Teil des weiblichen Körpers hervorgehen – ich wußte noch nicht, aus welchem. Jeden Tag zu Hause sah ich es selber und hörte es sagen, daß die Männer alles den Frauen verdanken – sogar ihr Leben, und aus diesem Grund wurden sie oft aufgefordert, ihre Schulden zurückzuzahlen.

Männer waren nicht nur aus Frauen hervorgegangen, sie bezogen von ihnen auch ihre ganze Autorität (die vor allem in dem Recht bestand, mich zu schlagen). Niemals lernte ich väterliche Autorität oder väterliche Güte kennen, die in mir jenes normale Gefühl der Zuneigung hätte erzeugen können, die ein Sohn seinem Vater entgegenbringt, oder eine tyrannische Bindung, die mich ihn als einen Rivalen hätte sehen lassen, den ich hassen konnte. Wahrscheinlich verlor ich ihn zu früh. Doch aus welchem Grund immer, die einzige Autorität, die ich kennenlernte, sogar als ich von meinen Onkeln (meinen Onkeln mütterlicherseits) erzogen wurde, war die mütterliche Autorität.

Griechenland war niemals mein Vaterland, es war mein Mutterland: ein Griechenland lange vor der Zeit der zwölf olympischen Götter, ein primitives, barbarisches Matriarchat, versunken in tiefste Unwissenheit, schwarze Magie, mit geheimnisvollen Schlangenkulten und Menschenopfern (besser: Männeropfern). Das Zentrum dieser Welt, die Quelle, aus der alles floß und zu der alles zurückkehrte, sowohl das Gute wie das Böse, war die Vagina.

An der Oberfläche war die Gesellschaft, in die ich hineingeboren wurde, natürlich patriarchalisch, aber nur an der Oberfläche. Überall regierten Männer, aber lediglich wie konstitutionelle Monarchen, reine Dekorationsstücke. Sie saßen als erste bei Tische, aber nur um den Frauen die Möglichkeit zu geben, ihre Intrigen zu spinnen: „Nun gib acht, wenn du bei Tische sitzt! Untersteh' dich nicht, deinem Vater zu sagen, wer heute angerufen hat..." Männer hatten Anspruch auf die größte und beste Fleischportion, genauso wie die Schweine, die für den Schlachter bestimmt sind. Sie hatten die Erlaubnis, Dinge zu tun, die Frauen verboten waren (auf die Frauen freiwillig verzichteten), aber nur, damit in ihnen Schuldgefühle erzeugt wurden, Schuldgefühle, die sie nicht nur zu noch fügsameren Werkzeugen in den Händen der

Frauen machten, sondern ihnen gleichzeitig ein Gefühl der Überlegenheit und Sicherheit gaben – und damit machten sie ihre Niederlage leicht.

Ich gebe zu, daß meine eigene Familie kein ganz gewöhnlicher Fall war. Aber wenn es Unterschiede zwischen meiner Familie und anderen in Griechenland gab, so können sie nur sehr geringfügig gewesen sein. In meiner Familie jedenfalls saßen die Frauen rund um das Haus wie Spinnen hinter ihrem Netz und warteten darauf, daß die einfältigen Männchen hineinstolperten, um sie dann sogleich gierig zu verschlingen. Wobei ihr Vergnügen nicht so sehr im Verschlingen bestand als vielmehr in der Gelegenheit, die ihnen geboten wurde, sich ganz in Schwarz zu kleiden und in Wehklagen auszubrechen.

Doch wäre es ein Segen, wenn die Dinge sich so einfach und offen abspielen würden wie bei Spinnen. Da sie unter Menschen passierten, mußte der Kannibalismus idealisiert werden, und das Opfer hatte auch noch die Kosten zu tragen, wenn man es für die nächste rituelle Verspeisung des Männchens am Leben ließ. Mit dem Ergebnis, daß die Beziehungen fast gewohnheitsmäßig einen sadomasochistischen Charakter annahmen. Es war ein Teufelskreis, den nur der endgültige, natürliche Tod durchbrechen konnte.

Und weil die Männer dabei die wirklichen Opfer waren (auch wenn sie von einem anderen Standpunkt aus natürlich zugleich die Täter waren), hatten die Frauen ein Interesse daran, das Leben der Männer möglichst zu verlängern. Ängstlich waren sie darum besorgt, daß diesen lebenden und unschätzbaren Werkzeugen ihres Vergnügens nichts zustieß.

Die Frauen erlaubten es ihren Männern, die Rolle des Herrn und Meisters zu spielen, aber sie taten es stets mit einem heimlichen Lächeln. Sie waren es, die das Szepter der Macht in Händen hielten. Und diese Macht war so groß, weil sie sich tarnte als Unterwerfung unter die Männer, und was diese betrifft, so hörten sie niemals auf, Kinder zu sein – und ungezogene dazu. Im Falle eines Mannes nur, der, wie ich, auch den Jahren nach noch ein Kind war, wirkte sich diese Macht noch tyrannischer aus, nicht allein, weil Frauen, ganz tief im Inneren, zu schlimmeren Scheußlichkeiten fähig sind als Männer (Frauen wissen nicht, was Güte ist, und sie haben überhaupt keinen Sinn für Spiel), sondern auch, weil sie in Gesellschaften, die dem Namen nach patriarchalisch sind, ganz unvermeidlich die Psychologie von Sklaven entwickeln und es gibt keinen unbarmherzigeren Tyrannen als den Sklaven, dem die Macht über Leben und Tod anderer Sklaven anvertraut ist.

Doch wie sehr ich auch Leben und Menschen anfangs wie eine Frau ansah, ich hörte natürlich niemals auf, ein Mann zu sein. Als Frau schwelgte ich in jeder Niederlage, die Männer erlitten. Als Mann empfand ich abwechselnd Verachtung und Mitleid für sie, was mich oft wünschen ließ, sie aus den Krallen ihrer Peinigerinnen zu befreien. Diese Situation erzeugte in mir einen Zwiespalt – mit den üblichen unvermeidlichen und katastrophalen Folgen. Von sehr früher Jugend an begannen zwei gegensätzliche Kräfte in meiner Seele Krieg zu führen. In dem Bestreben, ihr Gleichgewicht zu erhalten (oder sich wechselseitig zu neutralisieren), gewannen diese Kräfte nur größere Bestimmtheit.

Ich meine, je stärker sich das eingepflanzte weibliche Element in mir entwickelte, desto stärker war auch das männliche gezwungen, sich zu entwickeln. Und weil das Männliche in mir sehr mächtig war, mußte sich das Weibliche zwangsläufig dagegen zur Wehr setzen. Zuletzt errang keiner der Opponenten den Sieg. Sie führten in mir ihren Peloponnesischen Krieg. Der einzige, der verlor (oder vielleicht auch gewann), war ich selber.

Aber wie männlich hätte ich überhaupt werden können und wie weiblich? Die Entwicklung des männlichen Elements konnte bestimmte Grenzen meiner körperlichen und erblichen Anlagen nicht überschreiten. Und es verwandelte sich daher, statt seinen Ausdruck in einer übermäßigen Entwicklung des Körpers, des Haares, des Gliedes usw. zu suchen, in Scharfsinn, männlichen Mut (mag es auch tragikomisch sein, ihn in einem schwächlichen Körper zu finden), Liebe zum Abenteuer, Schöpferkraft. Das weibliche Element wiederum, unfähig sich zu vervollkommnen, das heißt, mein Geschlecht umzuwandeln, wurde säuerlich, es wurde – oder ist geworden – zu krankhafter Empfindlichkeit, äußerst verfeinerter Vorsicht, zur Anziehung durch das „andere" Geschlecht – in diesem Fall natürlich das männliche.

Tatsächlich entwickelte sich das weibliche Element in mir desto stärker, je stärker das männliche gezwungen war, es ihm gleich zu tun, und beide weigerten sich, von diesem Kampf abzulassen. So daß ich später, als meine innere Welt sich nach außen kehren und in Taten umgesetzt werden mußte, niemals mehr Frau war, als wenn ich vorgab, ein Mann zu sein, und niemals mehr Mann, als wenn ich vorgab, eine Frau zu sein. Und wirklich, seit diese beiden Neigungen sich so ausgeprägt hatten, wie ich es gerade beschrieben habe, entwickelte ich, meinem Temperament entsprechend, gewisse Techniken, die es mir ermöglichten, als „perfekte Frau" zu erscheinen, wenn ich Frau sein wollte, und als „perfekter Mann", wenn ich die Rolle des Mannes spielte. Ich mochte niemals hermaphroditische Situationen noch ihre ästhetische oder theatralische Verballhornung.

Die zweideutige Stellung, die Frauen schon so frühzeitig in meinem Leben einnahmen – sie waren meine Verfolger und meine Zuflucht, meine Scharfrichter und Gnadenengel –, zog mich von Kindheit an (und ich war, wie es scheint, ein ungewöhnlich empfängliches Kind) zur Befriedigung meiner sexuellen Besonderheit und später meiner sexuellen Antriebe zum Männlichen hin – obwohl ich eine Reihe von verzweifelten Versuchen in die andere Richtung machte, die allerdings – vielleicht nur aus Mißgeschick – fehlschlugen.

Meine Neigung zum Männlichen mag durch einige andere Faktoren von minderer Bedeutung unterstützt worden sein, wie zum Beispiel dadurch, daß meine Mutter mich nach dem dritten Monat mit Chinin von der Brust entwöhnte und mir keine Zeit ließ, die weiblichen Brüste als eine Quelle des Genusses kennenzulernen (was vielleicht die tiefe Verachtung erklärt, die ich für Männer empfinde mit einer besonderen Schwäche für weibliche Brüste und Abhängigkeit von ihnen, Männer, die keine sexuelle Erfüllung finden, wenn sie nicht in ihnen herumgewühlt haben). Jedenfalls begann ich schon sehr früh, eine Neigung zu Männern zu entwickeln.

Natürlich nicht zu allen Männern. Nicht zu meinen Onkeln von mütterlicher Seite, die ein Teil, ein Stück der mütterlichen Wirklichkeit waren, was sie in meinen Augen verdächtig machte, und die ohnehin noch nicht mit uns zusammenlebten. Aber eine Neigung zu dem einzigen Mann, der in dieser Zeit vorhanden und zugänglich war, der auch unverwundbar zu sein schien für die Wurfgeschosse der Frauen und der keinen Anteil hatte an den vielfältigen Bestrafungen, die man mir auferlegte: mein Vater.

So geht das erste erotische Bild, das sich meinem Gedächtnis eingeprägt hat, auf meinen Vater zurück. Dies war der Racheakt des Kind-Mannes für die Ungerechtigkeit, die ich gerade damals Frauen an meinem Geschlecht verüben sah. Zugleich war es die höchste Bestrafung für mich selbst. Es war eine Handlung von unvorstellbarer Tapferkeit, die – leider – weder von Männern noch von Frauen jemals gewürdigt worden ist, weil sie in ihrer glücklichen Unwissenheit niemals verstanden haben, welche Aufgabe ich mir mit der Führung eines so mörderischen Krieges auf meine schwachen Schultern geladen hatte – eines Krieges, der, auf die eine oder andere Weise, das einzige mögliche Vergnügen ist in diesem langweiligen Leben von Männern wie von Frauen.

Durch übermäßige Liebe gleichsam von Sinnen, verwandelte ich mich selbst in ein menschliches Torpedo. Dicht unter der Oberfläche glitt ich mit großer Geschwindigkeit durch das Wasser, um das Schlachtschiff des Feindes zu torpedieren. Ich torpedierte es und zertrümmerte mich selbst in tausend Stücke. Man hat seither das Schlachtschiff zusammengeflickt, und es befährt so stolz und bedrohlich wie immer die Meere. Aber ich will etwas erzählen über dieses erste erotische Bild.

Es war im Winter. Früh am Morgen. Draußen muß es geschneit haben. Meine Mutter stand auf, und bevor sie in die Küche ging, um den Kaffee zu machen und meine Milch zu kochen, kam sie an mein Bettchen (ich war zwei Jahre alt), nahm mich heraus, ging hinüber und gab mich meinem Vater, der sich noch faul unter der warmen Daunendecke ausstreckte. „Hier hast du deinen kostbaren Sohn, damit du ihn machen kannst wie dich selbst..." Mein Vater antwortete nicht – er nahm sie niemals ernst.

Er hob mich hoch und setzte mich rittlings auf seinen Nacken. Und während er mich mit seinen riesigen Händen festhielt, wippte er ein wenig auf und nieder, dann, sich selbst auf den Kissen abstützend, legte er mich auf den Rücken und begann zu spielen: „Rundherum im Garten, wie ein Teddy-Bär, treppauf-treppab, da läuft er, kitzelt dich gar sehr..."

Als seine Finger (die Füße des Teddy-Bären) meinen Nacken erreichten, kitzelte er mich, und ich mußte laut kreischen vor Lachen. Sehr oft – ja, diese Szene muß sehr oft stattgefunden haben – wollte ich schon bersten vor Lachen, noch bevor die Füße des Teddy-Bären meinen Nacken erreicht hatten, ja schon beim Hören des Wortes Teddy-Bär. Wie die Pawlowschen Hunde.

Aber an diesem Tag, vielleicht weil es schneite, weil meine Mutter den Ofen noch nicht angezündet hatte und es schrecklich kalt war, nahm mich mein Vater, nachdem er mich ein- oder zweimal gekitzelt hatte, unter die warme Daunendecke. Und wie ein Kätzchen, das sich weigert, wie ein menschliches Wesen ausgestreckt zu liegen, kullerte ich mich auf den Bauch, drehte mich einmal um mich selbst und tauchte, von einer geheimnisvollen und unwiderstehlichen Kraft angezogen, mit dem Kopf zuerst unter die Decke. Blindlings kroch ich nach unten und kam direkt zum Zentrum der Wärme, seinen Lenden, und bevor er mich herausziehen konnte, lachend, weil ich ihn kitzelte, und unsicher, was er tun sollte, und auch bevor er mir einen leichten Klaps auf den nackten Po geben konnte, gelang es mir für einen Augenblick, mit seinen Hoden zu spielen, genauso wie ich sonst mit meiner Rassel spielte.

Trotz der Ermahnung wollte ich das süße Spiel wiederholen, aber in diesem Augenblick kam meine Mutter aus der Küche mit einem Eimer voll Kohle und Holz zum Anzünden. Sie stellte den Eimer neben den Ofen, kam zum Bett, riß mich aus seinen Armen und sagte: „Laß bitte diese Albernheiten mit deinem Sohn, steh' besser auf und stecke den Ofen an. Denk nicht, daß ich hier alles mache..." Und damit ließ sie mich buchstäblich in mein Bettchen fallen.

Mein Vater zog sich eine lange Unterhose an und stand auf, beugte sich über mich und kitzelte mich noch etwas, als wollte er sagen, daß er an der Unterbrechung unseres erotischen Spiels nicht schuld sei, daß unsere Trennung nur vorübergehend sei, daß er mich wieder zu sich ins Bett nehmen würde, sobald er das Herz seiner zänkischen Frau erweicht hätte und – an weiteres erinnere ich mich nicht, weil an diesem Punkt das Bild verblaßt.

Leider wurde unsere Trennung schon wenig später dauerhaft. Als sie sich scheiden ließen und meiner Mutter das Sorgerecht für die Kinder zugesprochen wurde, verlor ich für immer meinen ersten Liebhaber. Und dieser Verlust, den ich erlitt, bevor Überdruß sich also hatte einstellen können, bewirkte, daß ich meinen Vater maßlos idealisierte. Sogar die kurze (nur eine Woche währende) Wiederanknüpfung unserer Beziehungen, als ich ihn nach fünfzehn Jahren, kurz vor seinem Tod, schließlich wiedersah, verbunden mit jener Enttäuschung, die eine Begegnung mit der rauhen Wirklichkeit bei romantischen Naturen wie mir fast immer hervorzurufen pflegt, reichte nicht aus, mich auf andere Wege zu bringen. Es war zu spät.

Nicht daß ich meinen Vater jemals wieder als Liebhaber betrachtete – Gott behüte! Aber in den Jahren, die seither verstrichen sind, habe ich nach ihm gesucht und ich habe ihn in anderen Männern wiedergefunden. Und das einzige, was ich empfand, als ich ihn alt und krank sah, war nicht kindliche Zuneigung, sondern Mitleid und Verzweiflung bei dem Gedanken, daß wir alle, ich selber eingeschlossen, eines Tages enden werden wie er: alt und nicht mehr begehrenswert.

Aus dem Griechischen von Hanjo Kesting

Marco Lanzól

Bertillon

1879

„Schau mal!"

„Donnerwetter!"

Im Halbschatten breitet sich die enorme Sammlung von Fotografien vor ihren Augen aus, gelagert in düsteren Karteischränken aus massivem, dunklem Holz, wie dem eines Chorstuhls.

„Es sind mehr als hunderttausend, von Vidocq[1] und seinen Anhängern gesammelt... tu das nicht, sonst werden sie zerstört", sagt er mit ernstem Gesicht zu dem unerfahrenen Freund, der versucht, eine der Klappen zu öffnen, und besorgt fährt er fort: „Warte, ich zeige sie dir..."

Alphonse nähert sich einem der Karteischränke, drückt auf den Griff und zieht eine Schublade heraus: „Erledigt!"

Der junge Mann kann nun die festen und verknickten Karten aus dem Behälter herausnehmen, Zeichnungen von Körpern, Porträts, nein, alles Fotos.

„Schau, schau!" fordert er mit vergnügter Genugtuung auf. „Beeindruckend, was?"

Alphonse betrachtet verstohlen und mit Befriedigung die Bilder, die ein sexuelles Babel zeigen. Jules weist auf ein feingeschriebenes Kürzel im unteren Bildbereich hin: „ANS... was bedeutet das?"

„Daß die Fotos aus der Präfektur Paris stammen... hm, man erkennt sie kaum noch, vielleicht ist sie auch schon abgekratzt. Weißt du, diese Fotos gehen durch viele Hände..."

„Als Beweise?"

Alphonse lacht auf die müde Weise, die für ihn typisch ist und die seine Heiterkeit als unecht erscheinen läßt. „Aber nein! Es werden Kopien gemacht, sie werden verkauft. Die Hälfte der galanten Fotos..."

„Nenn du sie nur galant!" erwidert der andere, der damit beschäftigt ist, weiter in den Schränken herumzustöbern.

„Obszön also...", räumt er ein. „Wo war ich? Ach ja, die Hälfte der obszönen Fotos, die in Frankreich herumgereicht werden, sind Kopien von diesen hier."

Jules hält die Abzüge in seinen Händen. Da gibt es die Schlampe mit den gespreizten Schenkeln, den kleinen Matrosen, der sich einen blasen läßt, einen als Lehrer verkleideten Fettkloß, der einer Internatsschülerin den Hintern versohlt – kurz: Dinge, die die Phantasie bewegen. Der junge Mann fragt überrascht: „Und wie kommen sie an die heran?"

„Indem sie es machen wie wir... sie geben dem Aufseher einen Scudo", belehrt ihn der Ältere und ordnet die vergilbten und klebrigen Karten wieder ein. „Stell dir beispielsweise mal vor, ein Polizist beschlagnahmt in einem Bordell zehn Fotos. Zwei gibt er ab, und die anderen benutzt er, um bei seiner Süßen und bei Freunden Eindruck zu machen, oder um sie gegen eine Flasche Wein einzutauschen... jeder hat da so seine eigene Methode..." Er bewegt den Kopf, zieht die Augenbrauen hoch und der Freund, der den Hintergedanken versteht, sagt zum Spaß: „Klar, wenn ein Dieb einen anderen beklaut, lacht der Teufel..."

Alphonse wendet sich fleißig wieder der Kartei zu. Mit sicherer Hand lenkt er, ein Versprechen erfüllend, Jules' Augenmerk auf die geheimste Abteilung. „Sie sind hier..."

Der erstaunte Freund sagt bewundernd: „Wie kannst du sie nur so schnell finden, ich würde mich darin verlieren..."

Er wiegelt ab, freut sich aber: „Ich komme nicht zum ersten Mal hierher..."

„Verstehe, wegen deiner anthroposophischen Studien..."

„Anthropometrischen Studien. Ja, wegen denen auch. Aber auch zum, sagen wir mal, persönlichen Vergnügen..."

„Was für ein Glück für dich", erwidert Jules, den Spitzbart streichend, der ihm das Kinn verlängert, aber sein Führer verfällt in einen belehrenden Ton: „Jedenfalls sind die verschiedenen Abteilungen mit Kürzeln bezeichnet..."

Die Fotos zeigen Geschlechtsakte, die ernstlich wider die Natur sind, männliche Figuren *in congressu*, selten weibliche Paare, einige Kinder, die in wenig orthodoxen Posen Pferdchen spielen. Ein paar der Figuren sind künstlich nachkoloriert, und die Tinte verläuft an den Rändern.

„Sicher, das ist ein ganz schöner Wirrwarr", überlegt der Jüngere, blättert die von ihm und Alphonse herausgesuchten Fotos durch und achtet darauf, die noch in den Schränken befindlichen Bilder vorgeführt zu bekommen. Von Zeit zu Zeit sieht Alphonse sich jemandem gegenüber, der ihm gleicht, der wie er dreiundzwanzig ist, einen würdigen Bart hat, ein mandelförmiges Gesicht, dunkle, ausrasierte Haare. Er schenkt ihm dann nur einen Augenblick lang seine Aufmerksamkeit, konzentriert sich dafür um so mehr, wenn eine der Figuren Jules ähnelt, seinem mageren Körper, dem ovalen Gesicht mit den knochigen Wangen, den blauen Augen, der dunklen Haut, zwanzigjährig und der Faszination dieser schmierigen Fotos verfallen, auch wenn er zweifelnd anmerkt: „Aber ist dieses Zeug denn zu irgend etwas gut?"

„Na ja, für Vidocq und viele andere, um den Kriminellen ein Gesicht zu geben. Für mich nur, um Duplikate davon zu machen", erwidert Alphonse enttäuscht. „Sie sind in keiner Weise geordnet, außer nach Themen, wie du siehst. Außerdem wäre es unnütz..."

„Warum?" fragt der treue Freund mit einer vollen, sonoren, niemals schrillen Stimme.

„Weil niemand, der sich so fotografieren läßt, einen Namen hat... oder er hat davon fünf oder sechs, was dasselbe ist. Oder auch, weil das Foto dermaßen schlecht aufgenommen wurde, daß es unmöglich dabei helfen könnte, irgend jemanden wiederzuerkennen..." Er reibt sich die Augen, die durch das schummerige Licht und den Staub rot geworden sind: „Stell dir mal vor, daß sich ein Inspektor, um sich die ausgesetzte Belohnung für irgendeinen Gesuchten einzustecken, mit einer Kupplerin zusammentut, die dann wiederum einen dieser armen Teufel auf einem Foto – drücken wir es mal so aus – wiedererkennt. Sie nimmt das Geld und teilt es mit dem Beamten, der ihr den Hinweis gegeben hat.

„Und mit dem System, das du gerade studierst…"

„Wird das Ganze ein Ende haben!"

„Schade!"

In diesem Moment öffnet sich die Saaltür, und ein Mann in den Vierzigern kommt herein, rote Haare und nach Anis duftend, der wenig überzeugend seine Autorität einsetzt, um sie zu erinnern: „Also los, meine Herren, Beeilung, Ihre fünf Minuten sind vorbei."

„Alphonse, der Aufseher…"

Der Angesprochene läßt sich nicht aus der Ruhe bringen: „Ich weiß…" und kramt herum: „Wo ist es…?"

Der Aufseher erwischt sie, während sie in den Schubladen stöbern, und wiederholt: „Ich sagte doch gerade, meine Herren… !" Jules, der aus seiner Tasche eine Uhr herauszieht, eine von diesen Uhren, die man für ein paar Centimes auf Flohmärkten bekommt, flötet: „Jetzt schon?"

„Ja, mein Herr, jetzt schon!" Und für den Fall, daß die Sache noch immer nicht klar sei, bekräftigt der Offizielle mit fester Stimme: „Fünf Francs, fünf Minuten!"

Alphonse findet das Gewünschte nicht wieder. Geduld, man wird zurückkommen. Sich aufrichtend schließen sie sich dem Aufseher an, und als die drei an der Tür sind, flüstert der Freund: „Unflexibel, dieser Ordnungshüter!"

Alphonse lacht in sich hinein, aber den Aufseher, der unruhig wird, hat der Scherz getroffen: „Versuchen Sie, witzig zu sein, junger Mann?"

„Ich werde mich hüten. – Aber hier ist ja *tout Paris*!"

Der Raum, der als Vorzimmer dient, ist voll von beigen Holzkisten mit verbogenen Brettern, Haufen von Akten in braunen Schichten, und feinen Herren, die meisten in staubigen *riding coats*, der Rest in gestärkten wollenen Zweireihern mit Schachbrettmuster und in Röhrenhosen. Beim Hinausgehen rufen Alphonse und Jules im geordneten Haufen eine Neuordnung hervor, die durch schnelles Zurechtrücken der Brillen, sorgfältiges Abklopfen der Kleidung, nervöses Herumgreifen an Zigarren, durch Räuspern und Kopfdrehungen entsteht, die es schwer machen sollen, jemanden wiederzuerkennen.

„Ich habe Ihnen gesagt, daß Sie sich beeilen sollen", betont der Aufseher. „Sie sind hier nicht die einzigen… hier entlang, hier, meine Herren, der Ausgang ist auf dieser Seite…"

Jules wendet sich ihm zwinkernd zu: „Sie müßten es wie die Ärzte machen, Termine vergeben..."

„Mein Herr, glauben Sie mir, das wäre wirklich angebracht!" stimmt er zu und schließt mit den Schultern die Tür zum Korridor, durch den er sie gewiesen hat. „Eine solche Schlange, nicht einmal im Louvre..."

Das Zimmer ist eine Mansarde. Alphonse sitzt am Tisch und erklärt Jules, der ihm gegenüber sitzt, daß die Zahl Macht bedeutet: „Siehst du, es gibt eine Wahrscheinlichkeit von eins zu vier...", er taucht den Federhalter ins Tintenfaß, streift die Feder sauber ab, damit das Blatt nicht beschmiert wird, „... daß die Statur zweier Männer übereinstimmt. Wenn zu der Statur eine andere Größe hinzugefügt wird, liegt die Wahrscheinlichkeit einer Übereinstimmung zwischen den Männern bei eins zu sechzehn. Wenn man elf Größen voraussetzt, ist die Wahrscheinlichkeit, daß die beiden übereinstimmen..."

Er holt eine Berechnung hervor, die unter einem Buch liegt. Jules schaut mit großem Interesse zu, den Kopf in die Hände gestützt.

„... eins zu vier Millionen einhunderteinundzwanzigtausenddreihundertundvier. Wenn es dann vierzehn Größen wären, läge die Wahrscheinlichkeit, daß die Männer vollständig übereinstimmen, bei eins zu...", die Flamme der Kerze flackert, das sich bewegende Blatt fächelt ihr Luft zu, ohne sie auszulöschen, „... mehr als zweihundert Millionen."

„Es ist also unmöglich!"

Über ihnen befindet sich die Dachschräge, die sie vor Schneefall schützen soll, doch sie ist nicht dick genug, um den Winter und dessen gläserne, weiße Strenge draußen zu halten. Er dringt durch die Decke ein, lastet auf der Wäsche der beiden jungen Leute, verzerrt ihren Gesichtsausdruck, macht ihn hart.

Jules schüttet sich Absinth der schlechtesten Qualität ein und hustet. Alphonse, ganz in den Bann gezogen, flüstert: „Nimm schließlich die Fotografien..."

„Aber gibt es nicht schon genug Fotografien?" stammelt der Freund, der sich an Vidocqs Sammlung erinnert.

„Na hör mal! Gewöhnliche, allgemeine und pornographische Sachen! Oder solche, die irgendein Amateurfotograf gemacht hat, der glaubt, ein Künstler zu sein..."

„Ein Künstler von der Sorte...", und er trinkt gerade im rechten Moment. Alphonse knabbert nervös an der Spitze seines Federhalters herum.

„Ah ja, und deshalb sind die Fotos, die aus der Sammlung, unnütz, nicht wahr? Nicht wahr? Nicht wahr?"

Monoton fällt Alphonse' Kopf nach vorn; Jules befürchtet einen Anfall der Krankheit, die ihn quält. Um ihn zu verhindern, stürzt er sich auf die nächste Frage: „Dein an... anthopo... anthropowas System hingegen?"

„Anthropometrisch!"

Das Zucken in seiner Stimme kündigt an, daß er zur Normalität zurückgekehrt ist, daß es dieses Mal keine Krämpfe geben wird. „Ja, anthropometrisch... na ja, das ist etwas ganz anderes."

Mit müdem Stolz erläutert er das System zum hundertsten Mal. „Vor allem sollte man auf der Karteikarte statt dieser dummen Sätze, die wir Schreiber immer abschreiben müssen... was weiß ich, groß, mittel, gewöhnliches Gesicht, keine besonderen Kennzeichen... ja, stell sich das mal einer vor...!" sagt er verächtlich und lacht aus einem dunklen Grund, um dann konkreter zu werden: „... statt dieser Sätze, wie ich schon sagte, müssen dort Abmessungen des Schädels, der Arme, des Fußes stehen. Und Fotos, Frontalansicht und Profil."

„Aber ist es nicht besser, nur das Gesicht zu nehmen?"

„Ja, das ist es, was man immer denkt. Das glaubt auch die Präfektur. Wenn es nicht so wäre, würde man nicht die Sammlung Vidocqs benutzen."

Während der ältere der beiden langsam die cremefarbenen Seiten des beigefügten Berichtes durchblättert, rückt Jules die Prototypenkartei in die Nähe der Kerze, um sie gut sehen zu können, und mit einer Anspielung auf die auf den Seiten des Fotoalbums aufgeklebten Porträts: „Bist du das? Bemerkenswert..."

„Ja, aber ich wette, du ziehst das Original vor."

„Ach, laß doch!" gesteht er freimütig, legt vorsichtig die Karteikarte hin, um sie nicht zu beschmutzen, nimmt sie wieder hoch und studiert sie noch einmal. „Wann sprichst du mit dem Minister?"

„Wenn seine Exzellenz sich dazu herabläßt, sich für mich zu interessieren."

Seine Stimme klingt nicht mutlos, eher pedantisch, wie die Stimme von Menschen, die ihre eigenen Krankheiten aufzählen, um ihren Nächsten Zufriedenheit zu verschaffen. „Weißt du, es ist alles eine Frage der Hierarchie. Zuerst kommen die verschiedenen Sekretäre, Assistenten, Papierbringer und Taschenträger, die, beim gegenwärtigen Stand der Dinge, nicht die geringste Lust haben, ihre Nase aus ihren Angelegenheiten herauszunehmen, um sie in meine zu stecken."

„Keine Hoffnung, also?" murmelt er und bedient sich dann beim Absinth.

„Bah..."

Nachdem er die Flasche hingestellt hat, streift Jules die Hand des Freundes. „Und dein Vater?"

„Der?" Er greift zum Likör, ändert dann aber auf halber Strecke seine Meinung und läßt die wackelnde Flasche auf der wurmstichigen Tischplatte stehen.

„Das einzige Mal, das er sich um mich gekümmert hat, war für diesen lausigen Posten als Hilfsschreiber in der Präfektur. Das sagt ja wohl alles!"

„Aber dein Name müßte dir doch irgendeine Tür öffnen", erinnert er ihn aufmunternd, „dein Vater leitet immerhin die Anthropologische Gesellschaft. Und er ist Mitglied der Académie Française. Das wird doch wohl etwas zählen!"

Alphonse drückt die Hand des Freundes mit ehrlicher Festigkeit und Inbrunst: „Ja, sicher."

Schließlich das Eingeständnis: „Oder auch nicht."

1885

Der Mann betritt, eingezwängt von Wärtern, den Raum, argwöhnisch, die Augen trübe und glänzend wie ein Ölfilm auf dem Wasser, der Mund zu einem asymmetrischen Grinsen verkniffen, das Gesicht plump wie ein berauschter Cherubin.

„Aber was macht ihr denn mit mir, eh? Was macht ihr mit mir?"

Die Wärter antworten nicht, sind damit beschäftigt, einem Dreißigjährigen mit Spitzbart zu salutieren, der einen unvorteilhaften Anzug für Schreiber trägt. Er kommt auf sie zu und informiert sich: „Wer ist das?"

Als Antwort überreicht ihm einer der Gefängniswärter einen Umschlag. Alphonse öffnet ihn und liest das Papier schnell durch. Der Zwangsvorgeführte fängt wieder zu lamentieren an. „Aber was macht ihr denn mit mir, eh? Warum sagt mir niemand was?"

Alphonse, Alphonse Bertillon hebt den Blick und richtet ihn auf das Gesicht des Mannes und spricht sehr deutlich, als ob er zu einem Zurückgebliebenen redete: „Loutrou, Philippe... bist du das?"

„Ja, mein Herr", gibt der Häftling sardonisch zu.

„Geboren in Amiens, Département Somme, am 6. August 1863... du bist zweiundzwanzig Jahre alt..."

Einer der Wärter gibt ihm einen Schubs: „Antworte!"

„Mal ganz sachte!" protestiert er wütend und nickt dann. Alphonse fährt für sich allein fort: „Verurteilt zu dreißig Jahren wegen Mordes, zwei Ausbruchsversuche, rebellisches Objekt... gut, gut, gut... an die Wand, stellt ihn an die Wand..."

„He, jetzt mal nicht übertreiben! Man hat mich ja nicht zum Tode verurteilt, da liegt ein Irrtum vor, das habt ja sogar ihr gesagt, daß ich dreißig Jahre absitzen muß", er läuft blau an und versucht, sich aus der Umklammerung zu befreien.

„Bleib ruhig, Herrgott noch mal!" Die Wärter halten ihn nun endgültig fest, indem sie ihn an die Wand drücken. Als er auf der Höhe eines Streifen schwarzen Papiers ist, welcher von der Decke bis zum Boden reicht, ermahnt ihn Bertillon: „Mach deine Arme breit, Loudrou!"

„Einen Scheiß mach ich breit, wenn ihr mir nicht sagt, was..."

„Wirst du wohl still sein! Bist du still!"

Ein paar Knüppelschläge vibrieren auf dem Brustbein des Jungen. Hinter einem Tresen schreit Bertillon wie ein Schulmeister: „Eine Fotografie! Wir machen einen Fotografie von dir."

„Ah!" Die von der Angst hervorgerufene Kindlichkeit verschwindet, Loutrou benimmt sich wieder wie ein Erwachsener und macht sich steif. Interessiert fragt er: „Und, tut sie weh, diese Fotografie?"

Im Raum wird gelacht. Bonario, der Assistent Lejeunes, ermutigt ihn: „Mach dir keine Sorgen, sie tut dir nichts..."

„Ja, ja, das haben sie auch bei dieser anderen Sache gesagt, der Impf...zung, oder wie das heißt. Nichts, nichts, und dann drei Tage mit Fieber..."

„Armer Liebling!" verspottet ihn ein Wärter. Und Bertillon: „Los, beeilen wir uns... Lejeune, hast du die Karteikarte dieses Individuums? Ich finde sie... ah, nein, hier ist sie, habe nichts gesagt. Herr Vallés, sind Sie bereit?"

„Absolut bereit!" erklärt der Fotograf und taucht hinter das Tuch des großen optischen Mechanismus ab, der auf einem Stativ aufgebaut ist.

Zuerst vorn vorne, dann im Profil. Später nimmt Lejeune mit den entsprechenden Instrumenten die Knochenabmessungen des Häftlings vor, diktiert die Ergebnisse Bertillon, der sie dann auf die strohfarbene Karteikarte überträgt. Zum Schluß befiehlt er: „Das reicht jetzt! Schafft ihn weg!" und zeigt mit dem Stift auf Loutrou. Die Gefängniswärter gehorchen und bringen den Häftling weg, während der sagt: „Schon vorbei? Die Sache fing gerade an, mir Spaß zu machen..."

Nachdem sie gegangen sind, steht Bertillon auf und geht mit der Absicht zum Fotografen, die Fotoplatten in eine schwarze Schachtel einzuordnen.

„Sind die Fotos gelungen, Herr Vallés?"

Nachdem er mit seinem Blick eine rasche Erkundung des Raumes vorgenommen hat, sagt der kleine Mann mit dem glatten Gesicht und der großen Nase abschließend: „Hier ist wenig Licht... hoffen wir das Beste."

„Sie haben recht...", stimmt Bertillon besorgt zu, „ich hatte nach einem Raum mit Oberlicht gefragt, aber im Gefängnis ist das schwierig..." Er wendet sich an seinen Assistenten und befiehlt ihm: „Lejeune, die Fenster... öffne auch die Fenster... ja, so ist es besser..."

Vallées geht noch einmal, schaut noch einmal, verkündet: „Sehen wir zu, daß wir es gut hinbekommen."

Hinter ihnen öffnet sich die Tür, und zwischen den Wachen erscheint ein grauer, verkommener Häftling.

Lejeune möchte in einer Arbeitspause mehr wissen: „Ich verstehe nicht, wie Sie sich orientieren können zwischen diesen... wie nennen Sie sie doch gleich?"

„*Portraits parlées*. Oder anthropometrische Karteikarten."

Der Assistent nimmt eine von ihnen aus der Schublade und zeigt sie Bertillon. „Wenn ich Sie zum Beispiel fragen würde, wo diese Person eingeordnet ist, wie gehen Sie vor?"

Der Mann dreht das Kartonpapier herum, um es lesen zu können, und sagt dann: „Hm, Parrotin, Louise, Prostituierte. Wenn wir den Namen wissen, reicht es aus, in alphabetischer Reihenfolge vorzugehen, aber dieses Glück haben wir fast nie. Das heißt, vor allem betrachtet man die Länge des Schädels. Es gibt drei Klassen. Groß, mittel, klein. Diese ist...", er sucht nach dem Wort, „...mittel. Dann geht man zur Breite über. Nochmal drei Klassen. Hier ist die Breite klein. Und so weiter...", sein Blick geht zurück zu dem aufmerksamen jungen Mann. „Mit elf Größen erhält man Gruppen von nicht weniger als drei und nicht mehr als zwanzig Karteikarten. Und auf diese Art...", er tastet in seiner Weste herum, eine Zigarre suchend, die er nicht findet, und schließlich verzichtet er, „...kommt man am Ende bei einer einzigen Karteikarte an, der richtigen."

„Eine schöne Sache!"

Die Genialität des Systems flößt Lejeune Respekt ein, den man aus dem Klang seiner Stimme heraus hört, die schon aus Gewohnheit ehrerbietig ist. „Ja, wirklich, eine schöne Sache", akzeptiert Bertillon. „So kann kein Krimineller der Archivierung entkommen oder sich verkleiden. Er müßte sich, um mal deutlich zu werden, schon die Knochen austauschen lassen... es ist, als ob sein Name ihm auf den Leib geschrieben stehe."

Zufrieden über die Lektion, aber mit ungestillter Neugier, fährt Lejeune fort: „Und wann werden Sie alle Kriminellen, die Sie im Auge haben, katalogisiert haben, Herr Bertillon?"

Er seufzt zerstreut, da er nun endlich seine Zigarre gefunden hat, die er mit Genuß anzündet: „Na ja, ich weiß es noch nicht. Aber die erste Aufgabe wäre die Errichtung erkennungsdienstlicher Zentralen, in jeder Präfektur, in jedem Kommissariat. Danach folgt die Gründung eines zentralen Archivs, als Verbindungsstelle, du verstehst?"

„Es bleibt Ihnen also nichts mehr zu tun, als das durchzusetzen..."

Die Zigarre zieht nicht richtig, der Mann wird verdrießlich: „Nein, ich denke nicht. Die Kriminellen sind eine großartige Quelle, unerschöpfliches Material. Aber das hängt nicht von mir ab..."

Ein letzter Zug, bevor er die Zigarre wegwirft, die nicht zieht: „Das hängt nicht von mir ab, sondern vom Ministerium, Lejeune. Vom Ministerium..." Er läßt Zigarre und Assistenten zurück und rennt in großer Eile den mit Karteikarten vollgestopften Gang hinunter.

1888
„Mein lieber, lieber, lieber Herr Bertillon! Was für eine Freude! Aber so kommen Sie doch, treten Sie ein!"

„Herr Minister...", er macht eine kurze und formelle Verbeugung und lächelt angemessen.

„Setzen Sie sich doch, setzen Sie sich, lieber Bertillon!"

Er nimmt Platz und schaut sich um. Dieses Büro erschien ihm vor einigen Jahren so groß. Als er damals Seiner Exzellenz sein anthropometrisches System vorstellte, hatte er es mit Ehrfurcht und Aufregung betreten, jetzt kam es ihm enger vor, nicht mehr so voller glitzernder Spiegel und Friese.

„Wissen Sie, daß Sie wirklich zur Ehre Frankreichs geworden sind?" beginnt der Minister mit ausgesuchter Höflichkeit. Bertillon lächelt fast spöttisch, so ehrerbietig, daß er beinahe unverschämt wirkt: „Aber Exzellenz...!"

„Nein, nein, mein lieber Bertillon, keine falsche Bescheidenheit, nicht bei mir", und hier ändert sich der Tonfall, „ich habe Ihr Projekt, gleich als es mir unterbreitet wurde, zu würdigen gewußt... Sie erinnern sich sicherlich", drängt ihn der Minister. Und Bertillon gehorcht: „Ja, natürlich, ich erinnere mich...", mit großem Respekt vor dem höchsten Beamten, der schwülstig fortfährt: „Sie haben der Welt ein absolut perfektes Identifikationssystem gegeben, leicht zu benutzen und außerordentlich genau. Damit, lieber Bertillon, haben Sie, und überlassen Sie mir die Auseinandersetzung darüber, die Gerechtigkeit gerechter gemacht. Und Sie haben einen Meilenstein auf dem Weg des Kampfes gegen die Kriminalität gesetzt, zur Verteidigung der Werte, auf die jede Gesellschaft sich gründet, die sich dieses Namens würdig erweist."

Die Stimme des Ministers klingt wie die einer Lehrers, der Schülern, die eher dumm als aufgeweckt sind, etwas diktiert, mit langgezogenen Vokalen am Ende und mit einem insistierenden Tonfall.

„Gott, Vaterland, Familie, Arbeit, Sicherheit, Bertillon, Sicherheit!"

„Ihr bringt mich in Verlegenheit, Exzellenz", schweift Bertillon ab. Der Minister ertappt sich dabei, wie er sich einen Moment lang im Spiegel betrachtet, er erkennt sich, er gefällt sich. Dann kommt er auf seine Ausführungen zurück: „Ich sage nichts als die Wahrheit, mein Lieber! Im Gegenteil, es mißfällt mir nur, kein

Dichter zu sein, denn so fehlen mir die Worte, die angemessenen Worte, um meine Hochachtung und die des gesamten Staates auszudrücken!"

Von sich selbst überzeugt, läßt er sich von seiner Rede forttragen: „Ja, der Staat. Er ist nicht so wie manche – Agitatoren, Unruhestifter, Anarchisten – ihn sehen wollen, ein Mechanismus der Repression. Sondern er ist die Erhöhung eines jeden, jedermann respektierend!"

Er bückt sich, öffnet eine Schublade und holt ein Stück Pergament hervor: „Aber nun kennen wir uns. Genug der Worte. Kommen wir zu den Fakten. Sie, lieber Bertillon, sind zum Leiter des nationalen Erkennungsdienstes der Polizei ernannt worden. Mir...", und wieder dieser Tonfall, „...wird die glückliche Aufgabe zuteil, Ihnen die Ernennung zu überreichen. Und, natürlich, meine Glückwünsche!"

Bertillon empfängt die Ernennung, die ihm der Minister überreicht, und errötet, stolz entgegnet er: „Ich weiß nicht, was ich sagen soll..."

„Zufrieden?" flüstert er ihm ein.

„Mehr noch, Ehrenwerter Herr. Ehrenwertester Herr."

„Ich rühme mich dessen!" räumt der Minister ein, während er sich die Hände reibt.

„Ich bin Euch zu größtem Dank verpflichtet, Herr Minister!"

Am großen Fenster des Arbeitszimmers – der Ansicht des Seine-Ufers fehlt die Tiefe: Linien und Farben verdunkeln sich in namenloser Folge, die schmeichelnde Stimme des Ministers, erobert, dumpf und grau, die Umgebung zurück: „Gut, gut, gut! Um zu Ihrer verdienstvollen Tätigkeit zurückzukommen, ich habe Ihnen und Ihrer Gruppe einen Bereich im obersten Stockwerk des Justizpalastes vorbereiten lassen. Dorthin ziehen Sie sich zurück und organisieren sich, wie es Ihnen beliebt. Es steht Ihnen außerdem frei, sich das Personal zu Ihrer Verfügung zu holen, das Sie sich wünschen. Suchen Sie nur die Männer aus: Welchen Aufgaben sie sich momentan auch immer widmen mögen, sie sind die Ihren! Sie haben *carte blanche*, Bertillon. Ach ja, übrigens..."

Beunruhigt durch den plötzlichen Wechsel des Tonfalles wird er aufmerksamer: „Mein Herr...?"

„Ich habe gehört, daß Sie sehr streng zu Ihren Untergebenen sind. Und Sie behandeln Sie mit einer Härte, die so manchem übertrieben scheint..."

„Ich mache nichts als meine Arbeit, Herr Minister. Und unglücklicherweise ist meine Arbeit nicht einfach", entschuldigt er sich überstürzt, was jedoch nicht nötig ist.

„Ich beanstande Ihr Verhalten keineswegs...", besänftigt ihn Seine Exzellenz: „Im Gegenteil, greifen Sie ruhig durch, und sorgen Sie sich um nichts. Die Verwaltung und die Leute, die dort arbeiten, haben eine Anstachelung nötig, mein lieber Junge. Und wer könnte das besser als Sie? Also, wir haben uns verstanden. Effizienz und Disziplin!"

Mit dieser entschiedenen Bestätigung wird Bertillon entlassen. Er steht auf, grüßt mit Ehrerbietung, entfernt sich dann, geht, weiterhin dem Minister zugewandt, durch die Tür, woraufhin dieser, nunmehr allein, eine Schublade seines Mahagonischreibtisches öffnet und eine Akte herausnimmt, die beschriftet ist mit „Bertillon, Alphonse".

Er blättert sie durch und liest die Anmerkungen des ehemaligen Vorgesetzten seines Schützlings, des Präfekten Andrieux: „Bertillon, Alphonse, Schreiber zwanzigsten Grades: ein Irrtum der Natur, klein, introvertiert, Epileptiker, homosexuell..."

Er hört auf, den Vorgang zu lesen, und schreibt auf die Umschlagseite mit großen Buchstaben: Unter Vorbehalt.

Die Schublade öffnet sich, verschluckt die Akte, schließt sich.

„JULES!!"

Der Schrei läßt Boten, Angestellte und Beamte zusammenzucken. Jules Jarnes hebt kaum den Kopf aus seinen Blättern heraus, die er eben ausfüllt, als sich Bertillon wütend Einlaß verschafft in die Rumpelkammer, die dem Freund als Büro dient, und fordernd fragt: „Also?"

Der andere legt den Stift hin und erklärt mit triumphierendem Ausdruck: „Nun, mein Klassifizierungssystem ist fertig..."

„Klassifizierung?"

Bertillon ist verblüfft und steht drohend über Jarnes, der sich allerdings nicht aus der Ruhe bringen läßt, im Gegenteil, er bietet ihm an: „Komm, ich zeig dir, wie es funktioniert..."

„Ich habe dir...", protestiert er und nähert sich gleichwohl dem Schreibtisch, hinter dem sein Angestellter sitzt.

„Es ist wirklich ein effizientes System, fast wie deines."

„Ja, aber ich..."

Jules zeigt ihm unbekümmert eine Übersicht. Sich geschlagen gebend, nimmt Bertillon Platz: „Dann mal los…", zuerst läßt er die Arme locker – die Ellenbogen auf den Schenkeln, die Hände zwischen den Beinen –, schließlich verschränkt er sie vor der Brust.

„Ja, also…, man geht von den hundertsechstausendzweihundertdreiundfünfzig Bildern der Sammlung Vidocq aus…"

„Wieviel davon hast du zerstört?" drängt ihn der Leiter.

„Keine. Warte…"

„Keine?"

Er schnell hoch und schlägt mit der Faust auf den Schreibtisch: „Ich habe dir doch gesagt…"

„Aber willst du mir wohl zuhören?" antwortet Jules gleichgültig. „Wenn du dich aufregst, wird es dir noch schaden."

Er bedeutet ihm mit einer einladenden Bewegung, sich wieder hinzusetzen, und widerwillig kommt der Chef der Aufforderung nach.

„Also, diesen Haufen habe ich in fünf Gruppen eingeteilt, und die habe ich F, M, Ho, He und P genannt…"

„Oder aber…?" fragt Bertillon geringschätzig und blickt ins Leere.

„Frauen, Männer, Homosexuelle, Heterosexuelle, Päderasten", antwortet der Untergebene, der durch nichts aus der Ruhe zu bringen ist. „Diese Hauptgruppen habe ich in Untergruppen eingeteilt, nach den Geschlechtsakten. Es gibt also Masturbationen, vaginale Penetrationen, Sodomie, Cunnilingus, Anilingus, alle Muster, die du so gut kennst", schmeichelt er, das erstarrte Gesicht des Vorgesetzten genießend. „Diese werden nach Musternummern sortiert, und so erhält man fünftausend Untergruppen in ca. zehn Registern…"

„Ja, gut…", Bertillon spielt den Geduldigen, „…aber ich habe dir befohlen, sie zu zerstören. Die Sammlung Vidocq zu zerstören!"

„Das stimmt nicht, Herr Direktor…", entgegnet er ihm. „… du hast mir aufgetragen zu bestimmen, welche Fotos gerettet und welche zerstört werden sollen. Und ich habe mir vorbehalten, keine zu zerstören…"

„WIE BITTE?" bricht es aus ihm heraus: Schritte auf dem Korridor, zwei Amtsgehilfen erscheinen besorgt auf der Türschwelle. Der Direktor scheucht sie wütend fort. Jules, leichtsinnig und dickköpfig, wütet: „Du hast ganz richtig verstanden. Keine!"

„Aber, Hergott nochmal, Jules!" Er denkt fieberhaft nach, der Unverschämtheiten seines Ehemaligen überdrüssig: „Willst du, daß der Staat... der Staat!... sogar diese... diese Schweinereien ordnet und klassifiziert? Na, hör mal..."

„Du warst aber vorher anderer Meinung."

Getroffen wendet Bertillon sich abrupt ab und beherrscht nur noch mit Mühe das Verlangen loszuschreien. Vor Wut kaum noch Luft bekommend, versucht er, sich zu entspannen, indem er fixiert, was außerhalb des Fensters zu sehen ist. Aber dort gibt es nur eine Mauer, eine aus roten Ziegelsteinen aufgeschichtete Mauer. Danach wendet er sich Jules zu und schreit: „Aber warum? Warum sollte man sie registrieren? Erklär mir das. Warum?"

Jules ordnet im Sitzen seine Kravatte und antwortet: „Weil man die Vergangenheit so schnell auslöscht, Alphonse. So schnell, es braucht so wenig dazu..."

Man hört die Schritte Bertillons, der vom Fenster zur Tür geht, das Geräusch der Tür, die sich öffnet. Dann die metallische Stimme des Direktors: „Also gut, behalte sie nur. Aber ich habe nichts damit zu tun, daß das klar ist. Ich habe nichts damit zu tun. Das geht mich nichts an, ich habe nichts mehr damit zu tun!"

Die Tür schlägt zu. Jules fährt sich einen Moment mit den Händen durch die Haare und beginnt wieder, seine Daten auf die kleinen Pappen zu übertragen. Murmelnd sagt er: „Aber er wird doch nicht eifersüchtig sein?"

1899

„Herr Bertillon, am Ende unseres Interviews steht die Frage, welches die zukünftige Entwicklung dieser prächtigen Technik, die nach Ihnen *Bertillonage* benannt wurde, sein wird...?"

„Mein System braucht keine zukünftige Entwicklung, weil es perfekt ist. Es läßt die Identifizierung eines Kriminellen ausgehend von nur einer Größe, nur einem Anhaltspunkt, zu."

„Jedoch, verzeihen Sie, darf ich Sie daran erinnern, daß Sie selbst erklärt haben, einer der Nachteile Ihrer Methode sei es, daß die Fotos, im Unterschied zu den Personen, nicht altern..."

„In der Tat. Aber das ist ein Nachteil der Bilder, nicht meines Systems. Im Gegenteil, ich erlaube mir, Sie darauf hinzuweisen, daß dem die Größen entgegenstehen, die sich weitaus weniger ändern und in weitaus weniger sichtbarer Weise."

„Und Ihre Meinung zu der *Affäre*?"[2]

„Der Jude ist natürlich schuldig. Mehr noch, wahrscheinlich ist er ein Mitglied der jüdischen Internationale. Und dann – haben Sie denn nicht gesehen, welchen Gesichtsausdruck der hat? Stets rasiert, die Hände klein, die Fingernägel gepflegt. Es würde mich nicht überraschen…, haben Sie das Buch von Professor Nordau gelesen?"[3]

„Nein, tut mir leid."

„Das müssen Sie tun."

„Um zum Schluß zu kommen, was denken Sie von der Daktyloskopie, der Methode, die Herschel und Galton erfunden haben, und die auf der Erhebung sogenannter Fingerabdrücke basiert?"

„Daß dies ein kolossaler Quatsch ist. Und wenn es das nicht ist, dann ist es ein Betrug."

„Vielen Dank, Herr Bertillon…"

19..

Was ist das für ein Traum? Das ist wirklich er, nackt. Und auf ihm, nackt, ein Junge. Groß. Dunkle Haut. Nordafrikaner. Er hat eine Tätowierung auf dem Arm. Sieht aus wie ein gezwirnter Faden. Wenn man genau hinschaut, ist es arabisch. Vielleicht ein Name.

Er ist nackt. Unter ihm, ein Junge. Er ist weiß, blaß, wie nach einer Krankheit. Wenn man genau hinschaut, wendet sich das Weiß zum Braun. Ihm fehlt ein Ohrläppchen. Was ist das für ein Traum, wo man sich so ruckartig bewegt. Mechanisch. Er schwitzt. Ihm laufen Schweißperlen über die Lippen, über den Mund und schließlich auf die Zunge. Kein Geschmack.

Nackt. Der Junge unter ihm schüttelt sich. Er lächelt. Er stöhnt mit wirklicher Verstellung. Der Junge über ihm bewegt sich. Er wiegt sich in den Hüften und stößt zu. Als ob sein Becken nicht das seine wäre. Als ob es dort liegengelassen wurde. Und er es beobachtete.

In diesem Traum lächelt der Junge mit der dunklen Hautfarbe. Er scheint nicht verschwitzt, auch wenn seine Haut glänzt. Er macht seine Arbeit gut. Drinnen und draußen, mit Leidenschaft. Er produziert.

Er würde innehalten. Die Bewegungen des Arabers und die Windungen des weißen Jungen verschaffen ihm ein dynamisches Zittern, das an das Leben erinnert. Der Junge über ihm beugt sich nach vorn. Die Haut seiner Brust klebt am Rücken von ihm. Er müßte Hitze spüren, aber sie überträgt sich nicht von dem Jungen. Was ist das für ein Traum? Die Bewegungen werden flüssiger. Der stehende Junge knurrt. Die Szene ist ohne alle Geräusche. Er weiß, daß der Junge knurrt, trotzdem. Genauso wie er weiß, daß der kleine Araber über ihm keucht, ernsthaft und heiter. Ja, er keucht.

Nackt, er ist nackt. Auch die beiden Jungen, zwischen denen er liegt, sind nackt. Der Dunkle ist dünn, seine Muskeln sind fein, mehr sehnig als massig. Das Gesicht ist länglich: die Nase ist asymmetrisch, als ob eines der Nasenlöcher größer wäre. Die Augen, hart, sind durchsichtig, als ob das Licht durch eine Blende schimmern würde. Die Lippen sind fast nicht vorhanden, oder scheinen nicht da zu sein. Ab und zu erscheint die Spitze der Zunge, um einen gerade erst entworfenen Ausdruck befremdlicher Überlegenheit vollständig zu machen. Das Licht läuft wie Wasser den Körper hinunter bis zum Schwanz. Häufig und kurz. Er füllt sich.

Der Blasse ist ausgezehrt. Im Takt. Das führt zur Körnigkeit von Lenden und Brustbein. Das Gesicht ist rund, zu einer Grimasse mutmaßlichen Vergnügens angespannt. Der Kiefer steht ein bißchen vor, der Schädel ist klein. Die Augen blau, das Weiße im Inneren etwas gelblich. Die Nase ist knochig, stark, nach unten gebogen. Er könnte sie sich lecken. Der Mund hat breite und zarte Lippen. Der gestutzte Bart verfinstert das blasse Grau der Wangen. Der Körper ist zierlich und empfindsam, nur der Arsch ist rund und fest. Er ist gefüllt...

Der Junge über ihm zieht ihn heraus. Er ergießt sich auf seinen zarten Rücken. Er müßte die Wärme spüren, aber er spürt sie nicht. Was ist das für ein Traum? Ein Zögern kehrt in die Bewegungen ein. Anfälle.

Er ist nackt. Er zieht ihn aus dem gebückten Knaben heraus. Er hat wenig Samen. Klebrig. Faserig. Der weiße Junge dreht den Kopf herum. Wenn er stehen würde, hätte er die Augen am Himmel. Dann verschwindet das Bild, und es bleibt im Gedanken das Licht.

Aber was ist das für ein Traum? Warum gibt es ihn?

Man hört es nicht – aber man müßte es hören –, das Klappern des Spulenendes.

1914
Alphonse Bertillon stirbt in Paris, nachdem seine Methode, die kennzeichnende Anthropometrie, von den Polizeien der ganzen Welt übernommen wurde, zusammen mit der Erhebung von Fingerabdrücken.

Aus dem Italienischen von Martina Kohl

1 Eugène-François Vidocq (1775–1858): Berühmter und berüchtigter Leiter der Pariser Kriminalpolizei. Seine von Balzac gepriesenen Erinnerungen *Vom Galeerensträfling zum Polizeichef* gehörten bis ins 20. Jahrhundert zum Kanon der europäischen Memoirenliteratur; Anm. d. Hg.

2 Anspielung auf die „Affäre Dreyfus". Der im frz. Generalstab dienende jüdische Offizier Alfred Dreyfus (1859–1935) war 1894 in einem von antisemitischen Affekten bewegten Prozeß wegen Landesverrats unschuldig verurteilt worden und wurde erst 1906 aufgrund des Einspruchs liberaler Bürger, u. a. Emile Zolas, freigesprochen; Anm d. Hg.

3 Max Nordau [eigentlich: Simon M. Südfeld] (1849–1923): jüdischer Arzt und Schriftsteller in Paris, Mitbegründer des Zionismus, vertrat in seinem Bestseller *Entartung* (1892/1893) die seinerzeit vielbeachtete These von der Dekadenz und Effeminierung der modernen Kultur und kritisierte vor allem die westlichen Juden für ihre angebliche Weichheit und „Weiblichkeit"; Anm. d. Hg.

Brane Mozetič

Guy

Etwas traf mich im Gesicht, wie ein kleines Papier, gerollt zu einer Kugel. Ich drehte mich um, um zu sehen, woher es kam. Alle hüpften übers Tanzparkett, nichts deutete darauf, daß jemand speziell auf mich gezielt hätte. Ich wechselte in einen anderen Raum, und einen Moment lang hatte ich das Gefühl, überflüssig zu sein, jemanden ausdrücklich zu stören. Ich langweilte mich schon, wartete nur noch, daß es Tag würde und ich nach Hause ginge. Die ganze Nacht lag hinter mir, ich war mächtig müde. Ich ging zur Tanzfläche zurück, setzte mich an den Rand, blickte ständig auf die Uhr. In meiner Nähe amüsierten sich ein paar Schwarze, sie drängten durcheinander und zeigten ihre weißen Zähne. Ich stand wieder auf, es störte mich, ging einen Stock höher und behob die Garderobe. Ich zog die Jacke an und ging wieder nach unten. Die Typen wanderten langsam ab, nur die begeistertsten Tänzer hielten noch durch und natürlich die begeistertsten Sucher. Sie gingen fieberhaft von Raum zu Raum, die Stufen rauf und runter, belagerten das Klo, standen auf den schmalen Gängen herum. Ich nahm wieder die Stiege nach oben, und jemand sprang mir nach und zog mich am Ärmel. Er sagte etwas, aber ich hörte oder verstand es nicht. Es kam mir reichlich ungewöhnlich vor. Außerdem, ich hatte die ganze Nacht kein Wort gesprochen, kein Wort gehört.

Er kam näher und sagte, sein Freund würde mich gern kennenlernen. Er war ein großer schwarzer Junge, irgendwie bittend versuchte er mich zurück zur Tanzfläche zu bringen. Ich lächelte, vielleicht etwas wie na, egal, so viel Zeit hab ich wohl noch. Wenn mich mal jemand anmachte, verhielt ich mich immer abwehrend, fast abweisend. Ah, du bist der, der mich gern kennenlernen würde, sagte ich zu dem dunkelhäutigen Jungen, zu dem er mich gebracht hatte. Er trug ein weißes Netzhemd ohne Ärmel und hatte eine wundervolle Haut. Ich war schon zuvor auf ihn aufmerksam geworden, eigentlich hatte er sich öfter in meiner Nähe aufgehalten. Später sagte er, mein trauriger Blick hätte ihn angezogen. Jetzt lehnte er sich an die Wand und sah mich an, vielleicht unbeholfen, aber ich klatschte mich unversehens an ihn. Ich zitterte am ganzen Leib. Zuerst lehnte ich meinen Arm an die Wand, dann legte ich ihn bereits um seine Taille und begann die Haut zu drücken. Er fragte mich, warum ich zitterte, da schmiegte ich mich noch fester an ihn. Sein Körper war kräftig, er berauschte mich, wir küßten uns, ich betrachtete diese weißen Zähne, die roten Lippen, die braunen Augen, und ich konnte es nicht glauben. Noch nie zuvor hatte ich einen Schwarzen berührt, nie zuvor mit einem gesprochen, obwohl sie mich anzogen. Die Zeit drängte. Auch er beziehungsweise seine Freunde schienen aufzubrechen. Alles war irgendwie hektisch. Typen kamen, fragten etwas in einer ziemlich eigenartigen Sprache, die ich nicht verstand. Er sagte, er könne mich nach Hause bringen und müsse auch seine Freunde fahren. Ich sagte gut und ging auf die Straße. Natürlich dauerte es, bis alle kommen konnten, bis sie sich wiederum von anderen verabschiedeten, bis G. doch aufhörte, von einem Auto zum andern zu hüpfen, während ich wie verloren dastand. Er war gar nicht mehr schüchtern, im Gegenteil, er rief laut über die Straße, lachte und schwang seine Arme. Schließlich zwängten wir uns zu fünft in sein Auto, so schien es, denn er setzte sich hinters Steuer. Ich saß daneben, hinter uns waren noch drei. Als er losfuhr, packte mich plötzlich das Entsetzen. Ich weiß nicht, woher es kam, aber ich war bestürzt, mit vier Unbekannten in einem Auto zu sitzen, mit vier Schwarzen, in einer fremden Stadt, in der mich niemand kannte, wo mit mir alles mögliche geschehen konnte. G. raste durch die leeren Straßen und streichelte mit seiner Hand mein Bein. Er sagte etwas nach hinten, etwas mir Unverständliches, was die Sache noch schlimmer machte, so daß ich es kaum erwarten konnte, heimzukommen. Als er in der Nähe hielt, hatte ich es schon mit dem Aussteigen eilig. Ich gab ihm meine Nummer und sprang aus dem Auto. Es war verrückt, aber ich rannte noch die Gasse entlang, die zu meiner Haustür führte. Ich drehte mich um, ob sie mir vielleicht folgten. Total unlogisch. Ich suchte die Schlüssel, sperrte hinter mir zu und atmete dann erst durch. Erst jetzt dachte ich wieder an ihn. Natürlich hatte ich starke Zweifel, ob er je anrufen würde.

Er tat es schon am nächsten Tag. Er wollte sich mit mir treffen, und wir sahen uns noch am selben Abend. Eine Verabredung wie jede erste Verabredung. Es schnürte mir die Kehle zu, wie die Angst, ob er da wäre, ob er wirklich käme, und dann die Angst, was sein würde, und wie das Lampenfieber vor einem Auftritt. Worüber reden, wenn ich mit ihm vor allem ins Bett wollte und mich gleichzeitig so sehr davor fürchtete. Ja, ich wollte ihn haben, ich begehrte ihn, obwohl ich nur wenig über ihn wußte, obwohl wir noch gar nicht miteinander geschlafen hatten. Er wollte nicht zu mir, lieber brachte er mich zu sich. Wieder zusammen im Auto, unterwegs ins Blaue, und das recht weit aus der Stadt. Trotzdem vergewaltigte er mich nicht, er warf mich nicht in den Fluß, rempelte mich nicht auf der Straße nieder und überfuhr mich nicht. Zuerst machte er ein Abendessen, andauernd hüpfte er herum, ich aber wünschte mir, er würde sich neben mich setzen, damit ich ihn küsse, ihm die Arme massiere, seine Haut koste. Ich war wie weggetreten, ich saugte mich in seine Poren, ich zog ihn aus.

Damals hätte ich mir natürlich nicht vorstellen können, daß ich später seinetwegen aus der Armee abhauen würde, daß ich seinetwegen Probleme mit slowenischen Hoteliers haben würde, daß sich sogar die jungen slowenischen Literaten an ihm die Zunge wetzen würden, daß er sich im Fernsehen zeigen würde, nicht einmal, daß er mich nach langer Zeit wieder anrufen, ein bißchen tratschen, und ich, erst nachdem ich den Hörer bereits aufgelegt hatte, feststellen würde, daß es gerade acht Jahre her war, seit diesem kleinen Stück Papier, das mich im Gesicht getroffen hatte.

Aus dem Slowenischen von Andreas Leben

Brane Mozetič

Die Vergewaltigung

Es war schon sehr spät. Ich war auf dem Heimweg. Die Straßen waren leer, und nachts machte mir diese Stadt immer Angst. Nicht, daß sie voller Verbrechen gewesen wäre, aber der Grad an Primitivität war noch so ausgeprägt, daß man schwer von kultivierten Verhaltensregeln sprechen konnte. Plötzlich tauchte vor mir eine Gruppe Typen auf, selbstverständlich junge, bauernstarke, denen ich nicht mehr ausweichen konnte. „Oh, schau dir den Schwulen an", ging es los. Einer packte mich, die anderen standen schon um mich, am Hals spürte ich ein Messer. „Trau dich, und ich bohrs dir rein, du schwule Fotze", zischte der mit dem Messer. „Schlitzen wir ihn n bißchen auf." „Gehn wir woanders hin." Ich konnte kaum folgen. Sie hielten mich gleichzeitig fest, schubsten mich hin und her, andererseits schien mir, als würde ich das alles von fern beobachten, wie einen Film, ich spürte keine besondere Angst, nur diese Hände und den Gestank, den sie verströmten, den Gestank nach Alkohol. Klar, die Kerlchen werden sofort übermütig und gewalttätig, sobald sie ein bißchen betrunken sind, wenn sie ihren Frust ablassen. Sie schleppten mich weg, schon waren wir im Gebüsch, schon begannen sie zu lachen, sie stießen mich zu Boden und traten mich mit ihren Stiefeln. „Pissen wir ihn an, diesen Schwanzlutscher." „Nein, nein, später, auf die Knie", zischte einer, er zog mich hoch, zu sich, und steckte sich meinen Kopf zwischen die Beine. „Zeig, was du drauf hast!" Er zog mich an den Haaren, so daß ich stöhnte, die anderen lachten, schoben mich noch tiefer zwischen seine Beine und standen nun ganz eng im Kreis. In der einen Hälfte des Gesichts spürte ich wieder die kühle Klinge und in der andern einen warmen, weichen Schwanz, der sich meinem Mund näherte. „Mach auf, blas, komm, bevor ich dir n Arsch zerreiß." Ich öffnete den Mund für diese dreckige Schleimdrüse, die schnell hineinglitt und rein- und rauszuhüpfen begann. Trotz allem wurde sie immer steifer und ihr Besitzer immer begeisterter. Die andern lachten, spornten ihn an und hielten zugleich ihre Schwänze immer näher an mich ran. Von weitem hörte ich einen Hund, die Knie taten mir weh, die Hiebe der elenden Schleimdrüse weckten in mir Bilder von rasenden Zügen, immer weiter, immer weiter, und von Kohlenhaufen in der Station, von feinen Drähten und Plomben, die wir zwischen den schwarzen Stücken gesucht hatten, von kleinen Waggons für den Transport von Holz zu den Sägewerken, auf denen wir mitgefahren waren. Ist das Leben wirklich so lang, daß wir uns an so wenig erinnern, und sind die Menschen wirklich so unwichtig? Was war das denn für ein Typ, dem es kam, was für Haar hatte er, wie war er angezogen? Und die übrigen im Kreis, die stöhnten? Schwer hätte ich einen der Polizei beschreiben können, vielleicht würde ich gar keinen mehr erkennen. „Die Marie", sagte einer. Sie zogen mich hoch, und schon gingen wir die Straße entlang. Als ob es nicht wahr wäre. Mir war egal, wohin es ging, was passieren würde, was überhaupt los war. Einer hielt mich an den Schultern fest, vielleicht damit ich nicht flüchtete, damit ich nicht schrie, damit ich nicht zu den Polizisten rannte. Ich bemerkte kaum, daß wir an ihnen vorbeigingen. Die Typen führten mich bis ganz nach Haus. Sie wußten, wo ich wohnte. „Morgen Abend kommen wir dich holen und sieh zu, daß du da bist. Es ist kein Problem, dich abzuschlachten", hörte ich, als ich die Tür öffnete, als ich abschloß, ins Badezimmer ging, mir den Mund ausspülte und spuckte, spuckte. Erst jetzt zitterte ich, erst jetzt war mir zum Speien, mir war heiß, meine Beine knickten ein. Dann lag ich da, und mir war gar nicht nach dieser Welt. War es wirklich so schwer zu verschwinden, war es wirklich wert, auf den Moment zu warten, wo ich so oder so wirklich verschwinden würde.

Ich mußte mich aufsparen, ich wußte, ich mußte mich wenigstens bis zu ihrem Kommen aufsparen beziehungsweise wenigstens so lange, bis sie erledigt hatten, was sie beabsichtigten. Speziell für sie machte ich mich auf den Weg zum Markt, ich kaufte mir ein paar Gurken und legte sie am Nachmittag neben dem Bett zurecht. Ich warf mir ein paar schmerzstillende Tabletten ein, daß mir schwindlig im Kopf wurde. Ich zog mich aus, drehte die Musik ganz laut, legte mich hin, stopfte ein paar Leintücher unter mich, begann das Poppers zu schnüffeln, nahm eine Gurke, eine ziemlich große, grobe, und steckte sie mir mit Gewalt in den Anus. Ich biß die Zähne zusammen, heulte in das Polster und schob sie trotzdem weiter, immer tiefer hinein. Es schmerzte fürchterlich. Die Gurke war hart, steif, sie paßte sich nicht an mein Inneres an, der Muskeldruck machte sie nicht weich, sie drang in mich ein, ohne jeden Genuß, sie verletzte alles, was sie berührte. Ich spürte ihre Ausbuchtungen, die kleinen Zacken, die das Fleisch zerschlissen. Und trotzdem hörte ich nicht auf. Ich zog sie heraus, nahm eine andere, noch größere, und führte sie mir gleichfalls ein. Nichts half, die unerträglichen Schmerzen zu lindern. Etwas kroch mir die Hand entlang, es war Blut, die Leintücher verfärbten sich, es brannte, mir war schwindlig, ich biß in das Polster, mir rannen die Tränen. Schließlich warf ich die Gurke doch weg, preßte die Beine zusammen und wartete und wartete, bis es wenigstens ein bißchen verging. – Als es dunkel wurde, stand ich auf, ich wusch mich, beseitigte all das Blut, all die blutigen Utensilien, all das Schmerzgerümpel. Ich wußte, jeder neue Schmerz würde genau so stark sein, und trotzdem wartete und wartete ich, daß sie kämen. Ich war jetzt richtig ungeduldig, so gerne hätte ich sie endlich ihre schleimigen Schwänze in meinem Blut tränken gesehen, wie sie sich dabei aufspielen, mich beschimpfen, mich schlagen… Wahrscheinlich würde ich nichts mehr spüren, wahrscheinlich spürte ich nur die eigene Wärme, wie ich sie darin einhülle, wie ich sie einlulle, umspüle, wie…

Als sie kamen, noch betrunkener als am Abend zuvor, schleppten sie mich nirgendwohin. Sie hatten es zu eilig. Sie schlugen mich aufs Bett, fesselten mir die Hände und die Beine, so daß ich irgendwie hing, entleerten ihre Glieder, tunkten sie in mich wie Brot in Wein, stöhnten und tobten, waren die wahre Kraft und Gewalt, begeistert, weil sie mich durchbohrten, weil sie mich schlachteten, weil das Blut rann usw. usw. Es war mir eine Freude, eine große Freude, und ich spürte kaum noch was.

Aus dem Slowenischen von Andreas Leben

Olaf n. Schwanke

weit, so gut

„Zuviel Kajal, oder wer hat dich geschlagen?"

Der Junge wird angesprochen von einem, der fast doppelt so alt scheint wie dieser. Beide steh'n beim Busbahnhof, und ultramarin ist der Abend, weil Februar ist. Früher Februar, fast sieben. Kalt kleben die Schuhsohlen am Pflaster Schritt für Schritt, und Kajalauge wird bloß bemerkt, weil er sich unter das Locklicht der Leuchstoffstrahler stellt, am Busbahnhof sind die neu installiert, sehen nach High–Tech aus, wirken so deplaciert zukünftig, daß schon einer eingeschlagen wurde, wohl von welchen, die bei dem Anblick angst gekriegt haben. Die haben angst gekriegt, weil sie dachten, die Zukunft wäre schon da, hier am Busbahnhof – Zukunft strahlt so kunsthell von oben herab, ist plötzlich heimlich da, und sie haben jetzt keine mehr woanders. Vielleicht wurde der Strahler von einem der Umstehenden eingeschlagen, jemandem, der seitdem immer um den zersplitterten Kegel schleicht und abwartet, wer ihn reparieren kommt. Vielleicht wird geglaubt, daß Aliens per UFO kommen, von oben herab im kunsthellen Zukunftslicht und den Strahler auswechseln. Daß doch bloß Arbeiter der Stadt kommen werden, irgendwann, weiß der Mann, der Kajalauge angesprochen hat. Der Mann trägt einen Mantel, dreiviertel lang, dessen Dunkelbraun wirkt grau im Kunstlicht. Im selben Kunstlicht, das des Jungen Gesicht olivblaß macht. Der Junge trägt keinen Schal, er trägt keine wollenen Handschuhe, keine Mütze. Der Junge hat eine bunte Windjacke über seinem Kapuzenshirt und hat die Kapuze über seinen Kopf gestülpt. Er erscheint mädchenzart. Er wird die Frage nicht beantworten, sie ist egal. Es ist egal. Seine Adoptiveltern haben ihn so gut wie nie geschlagen.

Der Junge heißt Dennis, der Mann Theo, der Busbahnhof ist mit Menschen garniert. Soweit das Pittoreske.

Einmal ist er von seinen Adoptiveltern geschlagen worden, weiß der Junge, und zwar, weil er nicht tierlieb gewesen war. Das ist schon lange her, da war er neun und hat das Kaninchen eines Schulfreundes totgebissen, das ging. War sogar ganz leicht, überhaupt nicht eklig oder bitter. Erst gab's Schläge von Mama, dann mußte er zur Kinderpsychologin und da alles aufmalen. Dennis hat ihr erklärt, er hätte zuvor diesen englischen Zeichentrickfilm gesehen, der so grausam ist, und wo sich Häschen gegenseitig die Augen auskratzen und das Genick zerbeißen. Das habe ihn seltsam berührt. Dennis erinnert sich gern daran.

Jetzt taucht sich Tinte um die Stadt, teures Königsblau – Myriaden Liter. Busse legen an, umschiffen die Halteinseln, brummen träge weg. Mehrspurige Straßen spielen Verteiler. Taxis leuchten, Taxitüren stehen offen, dicke Taxitürken lehnen gesprächsweise gegen Motorhauben, Motorbrummen meistens, soweit das Pittoreske.

„Rauchst du?" fragt der Junge den Mann, der antwortet, indem er zugleich „Ja!" sagt, „Willst du auch eine?" fragt, aus seiner Tasche ein Päckchen zieht und es dem Jungen zur gefälligen Bedienung entgegen hält. Dennis bittet nicht um Feuer, nickt als Dankeschön, läßt sein eigenes Bic klicken. Olivgesicht glüht kurz, dann verhüllt der Shownebel. Der Mann zündet sich eine Zigarette an, fragt dumm, wieder rhetorisch, er fragt vielleicht auch nur pro forma, fragt: „Was treibst du eigentlich hier?"

Diesmal beantwortet Dennis den Quatsch, weil er nur Quatsch beantwortet, ist schlagfertig, weil die Antworten auf so Sprüche schon so viele Male geantwortet wurden. „Hier", sagt Dennis keck, „hier treibe ich es gar nicht, da müssen wir schon woanders hin." Das gefällt dem Mann, er lacht so, daß sich Passanten umdrehen, zu den beiden hersehen und wieder weitergehen. Jetzt muß Theo

Vorschläge machen, wenn er das Spiel beherrscht. Theo hat es zwar noch nie gespielt, aber Lust darauf bekommen, es zu können, und er hat Glück, macht manches richtig. Manches. Er sagt zum Beispiel: „Hast du Hunger, du kannst bei mir was kriegen, oder willst du lieber was von McDoof?"

TheoDoof hat dabei den Fehler begangen, hier gar keine Alternativen aufzuzählen. Natürlich will Dennis zu McDoof, da gibt es doch für Sechzehnjährige keine andere Möglichkeit. Der Mann war das letzte Mal vor elf Jahren in einer der Fast–Food–Filialen, weil er mal mußte. Die Riten sind ihm fremd geworden dort drin, er vertraut Dennis, der souverän seine Nahrung selbst besorgen will: „Gib mir 'nen Zehner, ich hol' mir schnell was, ja?"

Der Mann wartet, soll nicht mitkommen, wartet. Belebter Busbahnhof, hell high–tech–beleuchtet, garniert, Gebrumm, alle Münder rauchen, die meisten von alleine, abendkaltes Platzleben – so zeigt sich das Tableau.

Nach angemessener Dauer erscheint Dennis wieder, „Wir können" sagend. Ein Bus der Linie, die die beiden nehmen müssen, wirft die Halteleine aus. Theo steigt ein, greift zum Portemonnaie, zieht die Karte zeigend, grüßt den Busfahrer. Dennis ist flink und lautlos. Zwar hat er den Mann zuerst einsteigen lassen, doch kaum, daß der den Busfahrer grüßt, sitzt Dennis schon auf dem einzig freien Sitz, strahlt den heranrückenden Mann an, der ihn fragt, ob er Sport treibe, er sei ja unglaublich geschickt, er habe gar nicht mitbekommen, wie er an ihm vorbei sei. „Kommt drauf an, was du alles unter Sport verstehst", hält Dennis dagegen, und Theo denkt, das war frivol gemeint. Theo lacht wieder, wieder drehen sich Leute um, Theo lacht oft diesen Abend, das weiß Theo, weiß auch, daß das an dem Spiel liegt, dem neuen Abenteuer, und daß es Unsicherheit ist, hofft aber, daß man das nicht bemerkt. Dennis lächelt mit.

Längst legte der Bus ab, wurde auf die mehrspurige Straße gelenkt, schwankt durch die Stadt, ab und zu rechtsran gleitend, Fracht löschend, andere Leute aufladend, links blinkend. Strömen. Dennis schweigt gern, denkt der Mann, hat seine Blicke auf dem Jungen. Der spürt den gesenkten Blick, schaut hoch in das Gesicht des Mannes, daß sie sich ansehen müssen. Der Mann wird sentimental, wärmt sich an dem Antlitzanblick des anderen, dessen Haut fast leuchtet wie weiche Seife. Kajalaugen. Wundenmund.

Nachtirgendwiefarbenes Sweatshirt. Der Mann greift sich an einer Halteschlaufe fest, schlingert etwas im Bus. Soweit das Pittoreske.

Schon bevor sie in Theos Wohnung gestiegen sind, etwa, seit sich beide bemerkt haben, haben sie sich Vorstellungen über den Verlauf ihrer Begegnung gemacht, immer wieder immer genauere, und die von Dennis werden wahr werden. Dennis weiß immer, wie es abläuft, es gibt wenig Variationen, kleine Abweichungen. Erst einmal hatte er es geschafft, den anderen vorher zu fesseln, hatte ihm weismachen können, es wäre seine geilste Phantasie, wenn mal der ältere gefesselt und schwach wäre, und nicht nur immer der jüngere. Das hatte Dennis besonders genossen. Nackt hatte Dennis sich auf das Bett gelegt, auf den Rücken, vor den auf den Knien kauernden anderen. Sich dessen Mund auf den seinen herabgezogen, tief geküßt. Schon die Vorfreude auf seine gigantische Lust, das Stillen seines brennenden Hungers hatte Dennis eine Erektion verschafft. Dennis küßt gern tief. Dann hatte es Dennis so gemacht wie immer, wie er es auch bei Theo machen wird: Kurz knorpelknackend wird er den Kehlkopf wegbeißen, den Kopf des anderen an dessen Haaren heftig in den Nacken biegen, trinken. Manchmal macht Dennis sich den Spaß und läßt sich von dem schockblickenden, pulsig sprudelnden Körper durch die halbe Wohnung hetzen. Wie die, albernen Hühnern gleich, schon desorientiert, unkontrolliert rasen. Ihre eigene Wohnung verwüsten, straucheln. Dann spielt Dennis aber nicht mehr, schlingt aus der geschlagenen Beute, schluckt durstig das Prusten der Nahrung.

Kaum, dass der nächste Bus jener Linie, die Dennis nehmen will, einschwenkt, steht der Junge an der Haltebucht. Steigt ein. Als er fünfzehn geworden war, war ihm klar geworden, was er ist, und er wollte es nicht sein. Da hatte Dennis sich umgebracht, eingedenk der vielen Katzen, Hunde und Kaninchen. Keiner hatte geseh'n, wie er von einer Brücke gesprungen war. Keiner hatte ihn sterben sehen. Jetzt hat er es akzeptiert. Jetzt hat er seine Lieblingsjacke an, jetzt sitzt er im Bus jener Linie, die er nehmen wollte. Satt gleitet er durch die Stadt, Nacht ist noch, auch Kälte. Dennis denkt sich in den Mai, immer liebt Dennis die Frühlinge, und bald ist es wieder soweit. Jetzt ist Februar.

Nikolai Koljada

Der gedemütigte jüdische Knabe

(Auszug aus der Textsammlung)

... Es war vor acht, neun Jahren. Wie heißt es in einem sowjetischen Lied: „Alle leben noch, alle leben noch..." Alle Breshnews, Tschernenkos und Andropows. Das einzige Amüsement im Land: die Partei- und Komsomolversammlungen. Ich: trinke Wodka. Aus dem Theater rausgeschmissen wegen Alkoholmißbrauchs und nicht nur wegen Alkoholmißbrauchs. Ich trinke jeden Tag wie das letzte Schwein.

Morgens Katerstimmung und dazu noch ein Telefonanruf. Eine Einladung zur Miliz.

Ich gehe hin. Im Zimmer stehen zwei Tische. Die beiden Ermittlungsbeamten sind junge Kerle. In Anzügchen und Halstüchlein mit vielen kleinen Zeichen dran. Einer – merke ich – ist ein Klammheimlicher: schwul bis in die letzte Faser. Sie sitzen sich gegenüber, die Tauben. Und ich – zwischen ihnen. Die Befragung beginnt.

– Wo waren Sie am Soundsovielten?

– Ich war den ganzen Monat über auf dem Land, bei meinen Eltern, habe ihnen bei der Heuernte geholfen. Worum geht's denn?

– Wir werden nachprüfen, wo Sie gewesen sind.

– Dennoch, womit kann ich Ihnen behilflich sein?

– In der Stadt wurde ein Mord im Homosexuellenmilieu begangen.

– Sehr interessant, und was hat das mit mir zu tun?

– Sehen Sie sich die Fotos an. Kennen Sie einen dieser Leute?

Er legte mir fast 200 Fotos auf den Tisch.

Erschrockene Gesichter, schwarze Ränder unter den Augen, zerknitterte Kleidung, zerzauste Haare. Sie wurden auf der Miliz fotografiert, zu Tode erschreckt, die Armen. Die armen „Mädels". Die armen Swerdlowsker „Mädels". „Rina Seljonaja", „Walka Tolkunowa", „Wertoljotschiza", die „Jagodkinschwestern", „Wassilissa" und noch, noch, noch hunderte Gesichter...

Komisch was? Haben die Swerdlowsker „Mädels" nicht komische Spitznamen?

Es sind keine Rinas und Waljas – Männer sind es, Männer. Haben sich selbst Spitznamen ausgedacht, um witziger zu sein, um geiler zu leben, damit der wehmütige Gedanke sich nicht in den Kopf bohrt: ich bin kein Mensch, ich bin ein Nichts. (Sagen nicht alle, daß ich ein Nichts sei?) ...die Rübe mit Wodka zuschütten, grölen, herumalbern und sich dem Erstbesten an den Hals werfen, an den Hals werfen: aber urplötzlich, versteht er das? und plötzlich ist er das Glück, meine andere Hälfte? und plötzlich braucht er mich? plötzlich? Sich dem Erstbesten an den Hals werfen, mit ihm ins Bett gehen, und nicht denken, nur nicht an den morgigen Tag denken, nicht an das Leben – an nichts, an nichts... Blanche und Tennessee haben wohl über sie gesagt: „Ich habe mich mit jedem eingelassen, mit dem es sich ergeben hat. Nach Allans Tod hatte ich das Gefühl, daß nur die Zärtlichkeit fremder Menschen diesen Schmerz ersticken kann..." Und später: „Ich war mein ganzes Leben lang abhängig vom Wohlwollen eines erstbesten fremden Menschen..."

Die armen Mädels. Wie leid ihr mir tut. Ihr und ich, das ganze Leben lang auf das Wohlwollen eines erstbesten fremden Menschen angewiesen. Die armen Mädels. Dem Suff ergeben, in Panik vor dem Gefängnis, gequält von diesem verdammten Leben. Man schlägt sie, man erschlägt sie und macht sich über sie lustig, verhöhnt sie, aber sie sind wie blinde Katzenjunge, die man in der Kloschüssel ertränkt: sie kratzen, kratzen mit ihren kleinen Krallen, so sehr wollen sie leben, leben, leben und das Glück...

Ich kenne sie alle. Jeden einzelnen. Meine armen Mädels. Sascha, Gena, Wolodja... ich kenne euch alle.

– Ist Ihnen eine dieser Personen bekannt? fragte mich damals der Ermittlungsbeamte.

– Ich sehe sie zum ersten Mal – antwortete ich ihm.

Ich bin frei. Ich gehe nach Hause.

Dreckspack.

Dreckspack, Dreckspack, Dreckspack! Sie suchen den Mörder unter den Schwulen. Sie haben die ganze Stadt aufgemischt, veranstalten Treibjagden auf dem Laufsteg, in den Toiletten. Idioten seid ihr, Idioten, die Mädels können keiner Fliege etwas zuleide tun, sie sind es, die erschlagen werden und die man erwürgt, die man vergiftet und ersticht, die man quält und vernichtet, sie sind das schwache Geschlecht, das schwache, das schwache, verstehen Sie?!

Dreckspack.

Ich kannte den Jungen, der umgebracht wurde. Man fand ihn tot auf der Straße, im Dreck. Ein armer Junge mit erschrockenen Augen. Er hatte große schwarze Augen. Sie haben ihm die Augen ausgestochen, die Lippen abgerissen und in den Hintern eine Eisenstange gerammt. Man hat ihn sehr lange totgeschlagen. Lange.

Ich weiß, wie es war: bestimmt ging der Junge auf den Bahnhof, sah dort einen gutaussehenden und gutgebauten Kerl, ging zu ihm hin und sagte: „Laß uns zusammen einen trinken, ich habe hier eine Flasche!" Er dachte, daß dieser schöne ENGEL Mitleid mit ihm hat, ihn küßt und liebkost, ihn an sich drückt und ihm alles-alles verzeiht, weil er versteht. Der arme Junge. Er dachte, daß ein ENGEL vom Himmel herabstieg und zu ihm spricht. Und er vertraute dem ENGEL, öffnete ihm seine Seele. Aber der ENGEL nahm sie und erschlug ihn. Weil ein Arschficker kein Mensch ist. Weil ein Arschficker eine Mißgeburt ist. Einen Arschficker kann man erschlagen, und nichts wird passieren, weil er ein Arschficker ist. Das sagen alle in Rußland: ein Arschficker ist ein Schwein, der letzte Dreck, ein Stück Scheiße. Nahm ihn und hat es totgeschlagen, das Dummerchen. Er hat ihn lange totgeschlagen, lange seine erschrockenen Augen herausgepult, die Lippen abgerissen.

Ich habe das dem Untersuchungsbeamten nicht erzählt. Noch zehn Jahre danach konnte ich nicht einmal dann darüber laut sprechen, wenn ich allein im Zimmer war. Man hätte mich im Gefängnis verkommen lassen, wo man weiß, wie man mit einem „Arschficker" zu verfahren hat.

Es vergingen zehn Jahre. Heute habe ich vor nichts mehr Angst. Vor ni-ch-ts. Ihr könnt mich erschlagen – es ist mir gleich. Aber schweigen kann ich nicht mehr, will ich nicht mehr, möchte ich nicht mehr, werde ich nicht mehr. Wenn ich morgen sterbe, wird nie jemand davon erfahren, wie ich gelebt habe, wie ich mich gequält habe. Warum sollte ich schweigen, warum? Oder ein Klammheimlicher sein wie dieser Untersuchungsbeamte, der im Verhörzimmer saß? So viele kenne ich, so viele sitzen in Moskau in Chefsesseln, stinkende Ratten, verheiratete-überverheiratete, unter Gonzos arbeitende, verfluchte Feiglinge, verstecken sich in der Ecke, kehren den Hetero aus sich heraus, machen einen Haufen Kinder, die sie nicht kennen, wissen nicht, wie sie sie erziehen sollen, weil sie sie genauso hassen wie ihre Frauen...

Ja, die Mädels... die armen Mädels. Wie leid ihr mir tut.

Aus dem Russischen von Alexander Kahl

Marcin Kreszowiec

Weltschmerz

(Auszug aus dem Roman)

„Ich soll mich beim Dekan melden."

„Na, dann verschwinden Sie doch. Ich werde Sie bestimmt nicht zurückhalten", stellte mich mein Dozent eilfertig vom Seminar frei.

„Aber ich soll doch dort erst um halb zwölf erscheinen", fiel ich ihm ins Wort und musterte ihn dabei mißtrauisch. „Ich möchte noch im Seminar bleiben, denn meine Diplomarbeit habe ich inzwischen fertig. Wenn Sie so freundlich wären, sie schon einmal zur Bewertung entgegenzunehmen..."

„Ich weiß wirklich nicht, worum es im Dekanat eigentlich geht. Aber ich bin angewiesen worden, Sie nicht in meine Diplomandenliste aufzunehmen, bis der Dekan sich mit Ihnen unterhalten und darüber entschieden hat, ob Sie weiterhin hier studieren dürfen oder nicht."

Mich durchzuckte ein heißer Schauer. Ich wußte ja, es konnte nur einen einzigen Grund geben. Es ist herausgekommen. Zum Glück packte mich Miška rechtzeitig beim Arm.

„Bitte, dann schreiben Sie mich einstweilen noch nicht auf Ihre Liste."

Wir rannten zu den Stühlen in einer leeren Flurnische. Steckten uns erst einmal eine an.

„Hübsch auf dem Teppich bleiben. Vielleicht geht's um ganz was anderes."

„Worum denn sonst? Wer nicht normal ist, wird ganz normal geext."

„Aber das ist doch völlig ungesetzlich."

„Was Recht ist, bestimmt der Stärkere, Miška. Ich hab ja noch nicht einmal mein Diplom."

„Aber du bist doch schließlich ein Mensch und mußt deine Würde verteidigen", redete mir Miška wütend ins Gewissen.

„Und denk daran: keine Tränen. *Den* Triumph, daß sie dich erniedrigt haben, gönne ihnen nicht. Die ganze Angelegenheit muß an die große Glocke gehängt und als Medienspektakel aufgezogen werden. Da nehmen sie dich schneller wieder auf, als du rausgeflogen bist. In diesem Land gibt's noch ein paar Leute, die das Denken nicht ganz verlernt haben."

„Bestimmt hat jemand vom Kongreß herumgequatscht."

„Richtig. Eure neue Organisation muß dir helfen."

„Erstens ist das keine Organisation, sondern ein einziger Witz. Zweitens glaube ich nicht daran, daß die jemals ins Vereinsregister eingetragen wird. Und drittens würde ich der sowieso nicht beitreten."

„Und dabei hatte ich euch doch so für eure mustergültige Solidarität bewundert."

Der Dekan trat mit der Rückendeckung von fünf weiteren Würdenträgern der Fakultät auf. Auf dem Schreibtisch ließen sich die vier Hefte von „Konstrukte und Emotionen", in denen meine Gedichte erschienen waren, in chronologischer Reihenfolge ausmachen. Von seinen schmalen Lippen, um die, nur leicht ironisch zuckend, sein katholisch–staatsbürgerlicher Stolz spielte, bekam ich von ihm als Auftakt ein pathetisches Präludium zum „guten Ruf unserer Hochschule" zu hören und erfuhr dann von meinen „abwegigen sexuellen Neigungen", der „epidemiologischen Gefahr" und zu guter Letzt, übrigens reichlich verschwommen, von den angeblichen „juristischen Regelungen", von denen sich das Dekanskollegium bei seiner Entscheidung, mich von der Hochschule zu relegieren, habe leiten lassen, allerdings erst, nachdem es bei der Zeitschriftenredaktion die „Beweisunterlagen" angefordert und den Fall mit Seiner Magnifizenz, dem Rektor, besprochen hätte.

Ich überflog das maschinegeschriebene Blatt: „Aufgrund der Entdeckung...anhand von kompromittierenden Veröffentlichungen...im Zeitalter der Bedrohung durch die unheilbare Aids–Krankheit..."

„Ich kann mir nicht vorstellen, in irgendeiner Weise dem guten Ruf unserer Hochschule geschadet zu haben. Ich galt als guter Student und habe jedes Jahr mein Leistungsstipendium erhalten. Weshalb also will der Rektor plötzlich jemanden feuern, den er vorher laufend ausgezeichnet hat? Meine Diplomarbeit habe ich vorfristig geschrieben." Während ich das sagte, legte ich die Mappe mit dem von Frau Halinka abgetippten Manuskript auf den Schreibtisch. „Ich will ja nichts weiter, als daß mir gestattet wird, sie noch zu verteidigen, meinetwegen schon in einem Monat. Dann mache ich mich aus dem Staub, werde ein ganzes Jahr weniger den Hochschulhaushalt belasten und den Ruf meiner Universität nicht mehr besudeln."

„Aber einen Betreuer für Ihre Arbeit können Sie doch an jeder x-beliebigen Universität finden", schnitt mir ein Prodekan schroff das Wort ab.

„Ich hätte dazu gern den Standpunkt meines hiesigen Betreuers erfahren."

„Er teilt die Auffassung des Dekanskollegiums."

„Und hat mich nicht in Schutz genommen?"

„Kein einziger gebildeter, kulturvoller und ehrlicher Bürger würde ein solches Ärgernis und eine derartige Abscheulichkeit auch noch in Schutz nehmen", entfuhr es spöttisch und blasiert dem hageren Prodekan.

***

„Na, Leute, jetzt verratet aber erst einmal, wer von euch mir als erster auf den Hosenstall gelinst hat."

„Sie scheinen zu vergessen, wen Sie vor sich haben!" brüllte der Dekan.

„Weiß ich bestens", ging ich aufs Ganze. „Geisteswissenschaftler, denen nichts Menschliches fremd ist. Zum Glück darf ich von mir mit Norwid behaupten: ‚Nichts hab' ich von Euch empfangen, o Ihr Riesengestalten.'"

„Was heißt hier: nichts?" Einer von den alten Schlappschwänzen lief puterrot an. „Unser sozialistischer Staat hat dich kostenlos ausgebildet, du Dreckskerl. Schließlich bist du ja nicht von klein auf so großspurig dahergekommen. Ich habe einen Sohn in deinem Alter..."

„Machen Sie sofort, daß Sie rauskommen!" Dem Dekan schoß das Blut in die Augen.

„Nur noch einen Moment", besänftigte ich ihn mit einer Handbewegung.

„Wenn wir uns schon zum letzten Mal sehen, sollten wir uns doch alles frisch von der Leber weg sagen, nicht?"

„Wir verzichten auf das Vergnügen, Sie weiterhin anzuhören."

„Dabei habe ich doch nicht die geringste Absicht, Ihnen mit dem, was ich Ihnen zu sagen habe, ein Vergnügen zu bereiten. Stets hatte ich die offenbar irrige Ansicht, daß der Grad an Menschlichkeit mit dem wissenschaftlichen Rang steigt, doch jetzt muß ich erleben, daß das Gegenteil wahr ist. Was denn, Alterchen, Du hast was daran auszusetzen?" kam ich dem heftigen Wutausbruch eines verkalkten Tattergreises im ausgeblichenen Anzug zuvor. „Mit Ihrer Haltung sind Sie im Stande, die Erdkunde zu revolutionieren und den Nachweis dafür zu erbringen, daß Polen durchaus nicht in Europa liegt, vielmehr irgendwo in einem Busch am Äquator...wenngleich...nein, wir sollten den Pygmäen nicht zu nahe treten, denn moralisch sind die Ihnen bestimmt überlegen."

„Raus!" brüllten bereits alle unisono, so daß die Weiber im Dekanat ängstlich ihre Köpfe durch die Tür steckten.

„Ich werde nicht gehen, bevor nicht dieselben blauen Briefe für sämtliche Schwulen an unserer Fakultät ausgestellt werden. Also los. Eine Dame an diese Maschine, die andere an die nächste!" begann ich gewaltsam die beiden schreienden, sich wehrenden Sekretärinnen hereinzuzerren. Ich tobte. „Das hier schreiben Sie mir bitte auf Vervielfältigungsmatritze in etwa zweihundert Exemplaren ab."

„So viele?" japste sie und dachte dabei wohl kaum an die Schreibexemplare, die sie doch nur einmal abzutippen brauchte, sondern eher an die lebendigen Exemplare, denen das Schreiben ausgehändigt werden sollte.

Den Tattergreisen rutschte die Kinnlade derartig herunter, daß sie genauso einmütig, wie sie vorher redeten, nun damit zu klappern begannen.

„Ganze zweihundert", hechelte der Dekan entsetzt. „Meine Herren, wir müssen uns etwas einfallen lassen."

„Weiß der liebe Himmel, wer sie alle so vorprogrammiert hat. Doch meiner bescheidenen Auffassung nach sollten zuerst einmal die Assistenten und Adjunkten gründlich überprüft werden. Dazu brauchen wir einen Zuträger. Wir nehmen also einen solchen Assistenten oder Adjunkten beiseite, der schon früher, um seiner sozialistischen Heimat zu dienen, begeistert unserem Zureden gefolgt und der PVAP[1] beigetreten ist, uns jahrelang dankbar unseren Schrebergarten umgegraben und uns loyal über alles ins Bild gesetzt hat, was im Institut geredet wird und passiert. Einem derart erprobten Assistenten oder Adjunkten erklären wir, wir wüßten längst, daß er schwul sei. Unserem Liebling, Spitzel oder Zuträger, wie immer wir ihn auch nennen wollen, wird schwarz vor Augen. Wir beruhigen ihn und versprechen ihm, daß niemand etwas davon erfahren werde, wenn er den folgenden Auftrag für uns erledige. Als Gegenleistung geben wir ihm unser Wort, daß wir ihn schonen und an unserer Hochschule einpökeln würden, wenn der ganze Rest auf die Straße rausgeschwult wäre. Jene aber, die merken, daß dieser eine nicht geflogen ist, bekommen schnell spitz, daß er sie verzinkt haben muß und lynchen ihn brüderlich, indem sie ihm einen Kupferdraht in den Harnleiter und einen Schlagstock in den Schließmuskel rammen. Der Spitzel verendet elend mit der Gesellschaftsordnung, die ihn hervorgebracht hat, und auf den Trümmern des durch die Schwulenrevolte zusammengebrochenen kommunistischen Staats erblühen sexuelle Toleranz und freie Marktwirtschaft. Ganz Osteuropa folgt dem leuchtenden Vorbild Polens, und die Genies aller Länder vereinigen sich. Die Gesellschaften, die nach vierzig Jahren Knechtschaft endlich vermögen, ‚in freier Brust, den Atem frei zu heben', flehen ihre Befreier kniefällig an, ihnen zu vergeben, sie so viele Jahre verfolgt zu haben. Für die Schwulen bricht das Goldene Zeitalter an."

„Sie quasseln dummes Zeug zusammen", gelang es dem Dekan endlich, meinen Wortschwall zu unterbrechen.

„Ich war schon immer der Überzeugung, daß sexuelle Perversionen ein Resultat von tiefgreifenden Veränderungen in der Psyche sind", zischte der dürre Prodekan durch sein Gebiß.

„Nicht doch. Das ist alles noch Zukunftsmusik. Keine Angst!" beruhigte ich sie und zeigte mich dabei von meiner Schokoladenseite.

„Unsere Organisation ist ja erst drei Monate alt und hatte gestern gerade mal dreitausend (große, griffige Mit–)Glieder, heute aber sind es vielleicht schon dreißigtausend. Es sollte der Aufruf zur allgemeinen Mobilmachung ergehen und zwar an sämtliche Universitäten, Pädagogische Hochschulen, Marineschulen und weiß der Teufel welche Schulen, an die Grund- und Oberschulen, deren Direktoren unter dem Vorwand zu überprüfen, ob ihre Schutzbefohlenen auf den Toiletten auch nicht rauchen, sie genießerisch beim Pinkeln beäugen, an sämtliche Hüttenwerke, Gruben und Fabriken mit eigenen Duschanlagen, wo sich die Arbeiter nach der Schicht waschen und so tun, als müßten sie sich Seife borgen oder den Rücken geschrubbt bekommen..." Ich verhedderte mich beim letzten Satz, hatte ich mich doch so richtig in Fahrt geredet. „An sämtliche Kirchen, wo die Geistlichen heucheln, den Jungen bei einer aufrichtigen Beichte behilflich sein zu wollen und sich dann detailgenau die Sünde der Masturbation schildern lassen, in welcher Stellung, wie oft täglich und ‚was stellst du dir dabei vor?' ... Sie alle sollten ihren Rausschmiß verbrieft bekommen, und nach der Verkündung des Urteils müßte es auch sofort vollstreckt werden: kastrieren, auspeitschen, aufknüpfen, erschießen."

***

Als ich meinen Blick vom Exmatrikulationsschreiben erhob, sah ich noch immer jenes Gaukelbild vor mir. Um den Schrieb durchzulesen, brauchte ich ein Vielfaches der Zeit, die bei seiner Kürze eigentlich erforderlich gewesen wäre.

„Kann man nichts machen. Wem es nicht vergönnt ist, menschlich zu leben, den lassen die Menschen nicht einmal brav dahinvegetieren", murmelte ich vor mich hin.

„Holen Sie sich im Nebenzimmer Ihre Unterlagen. Sie können gehen."

„Gestatten Sie mir nur noch, am Schluß etwas zu sagen. Ich habe einmal einen DEFA–Film gesehen. Drittes Reich, Mitte der dreißiger Jahre und so. Die Kommunisten werden darin verfolgt, eingekerkert und zum Tode verurteilt. Eine illegal arbeitende kommunistische Studentin an der Berliner Humboldt–Universität wird von der nazitreuen Hochschulverwaltung angeschwärzt, muß ihr Studienbuch abgeben, wird schließlich von der Gestapo beim Plakatkleben geschnappt, verhaftet und dann erschossen. Ich werde dieses siebzehnjährige, aber schon reif wirkende Gesicht hinter den dicken Brillengläsern nie vergessen. Als sie dem Dekan ihrer Fakultät das Studienbuch auf den Schreibtisch legte, ganz genau so, wie ich das in diesem Augenblick tue, sagte sie etwas, das ich hier zitieren möchte: ‚Ihr besitzt zwar die Macht, doch Macht konnte den Geist noch nie brechen.'"

Aus dem Polnischen von Wolfgang Jöhling

1 Polnische Vereinigte Arbeiterpartei; Anm. d. Hg.

Yaroslav Mogutin

Sentimentale Kotze 1 & 2

Der Bauch des Architekten

die sujets bleiben an mir wie blutegel kleben

gestern nacht bat mich carry (oder auch tom) ihm in den mund abzuspritzen

„ich würde es mit niemand sonst machen aber mit dir – ich will es versuchen!"

wahnsinn! – so eine verantwortung! wie der beitritt zur pionierorganisation!

ich weiß nicht warum aber zuerst nannte er sich tom und dann aber carry und nun fiel es mir schwer zu entscheiden wie ich ihn nennen sollte

ein geiler welpe in einer lederhose mit ausschnitten vorne und hinten (damit man

einfacher rankommt) heißer asiatischer arsch mikroskopischer schwanz

am tag zuvor zog ich mir eine kreuzverletzung zu deshalb wollte ich mich nicht so besonders anstrengen und ihm die möglichkeit bieten mich zu bedienen weshalb ich wie es sich gehört breitbeinig auf dem rücken lag und meinen steifen schwanz vor seiner nase schwenkte die vorhaut zurückzog damit er sie leicht mit den zähnen beißen konnte und von zeit zu zeit schlug ich ihn mit dem schwanz auf die backe

die amerikaner werden vom anblick eines unbeschnittenen schwanzes angetörnt

die meisten von ihnen können kommen wenn sie mich dabei beobachten wie ich

die vorhaut zurückziehe und mit ihr wie ein unterentwickelter knabe spiele

das kommt von ihrem minderwertigkeitskomplex

alles lief nach plan tom–carry kauerte auf allen vieren und blies mir einen

während er vor glück die augen fest geschlossen hatte und seine ganze armselige schwuchtelige seele diesen monotonen bewegungen widmete

ich regulierte die frequenzen und die amplitude dieser bewegungen indem ich

ihn fest am nacken hielt

mit der anderen hand untersuchte ich seine scheide und es gefiel mir daß

er ganz jung war und sein loch noch nicht breitgefickt

ich drang mühsam in ihn ein mir gefiel es wie er zuckte und vor schmerzen schrie

ich mag es generell wenn man vor schmerzen schreit das törnte mich schon immer an ich wollte ihn aus dem arsch bluten sehen

asiaten ficken ist fast wie pädophilie das ist ästhetik asiaten sind wie kinder

besonders wenn sie jung sind sie sind ganz anders gebaut sie besitzen eine ganz

feinfühlige konstitution und ganz haarlose körper mit glatter und zarter haut und

ihre schwänze sind keine schwänze sondern zipfelchen auf der unterbewußtseinsebene

haben sie angst vor weißen menschen wie mein bekannter ein chinesischer dichter namens bo sja geschrieben hat „ich fühle mich gedemütigt wenn ich mich

vor weißen kerlen ausziehen muß weil ich wie alle chinesen einen kleinen schwanz habe" dabei sind viele von ihnen äußerst geil wie dieser carry oder tom

/ASIAN CHICKS ARE THE BEST COCKSUCKERS steht an der wand auf dem klo meines lieblingsrestaurants japanischer küche sharaku und daneben ein böser kommentar RACISM WILL GET YOU NOWHERE!/

kurz und gut er sah wie ein kleiner junge mit meinem schwanz in seinem mund aus

und das törnte mich an es hatte etwas kriminelles an sich und kriminelles gehört zu meinem element

die sache näherte sich ihrem finale er fühlte die nähe der ersehnten mixtur und fing an besonders stürmisch und leidenschaftlich zu schlucken

nachdem ich mich in seine kehle entladen hatte änderte sich sein gesichtsausdruck sehr schnell er zuckte zusammen und machte seine augen auf als ob man ein messer in seinen körper hineingejagt oder ihn mit einem flughafenscheinwerfer geblendet hätte

dann schrumpfte er und ich sah seinen speichel gemischt mit meinem sperma aus seinem mund kommen das sperma hat ihm wohl nicht so recht geschmeckt

das erste experiment verlief sehr schlecht es scheiterte ich war von dem verdorbenen finale enttäuscht es war schade um die verschwendete ware

„ich hätte lieber mit einem sponsor oder einem mäzen gegen zusätzliche belohnung kommen sollen!" dachte ich „noch besser wäre es in antonios oder joshuas mund abzuspritzen sie mögen es sie wären mir sehr dankbar im gegensatz zu dieser hure hier so ein arsch!"

wenn ich das alles in einem film in einem kino gesehen hätte hätte ich mein geld zurück verlangt: der film war außergewöhnlich schlecht

aber die wirkliche show fing erst an

als ich ihn und mich innerlich beschimpfte öffnete dieser idiot sein maul und fing an

zu kotzen wie dieses vom teufel besessene übergeschnappte weib aus michael jacksons lieblingsfilm „der exorzist"

das dauerte nur wenige sekunden aber in dieser zeit hat er es geschafft

mein ganzes bett schmutzig zu machen und ich selber war auch von kopf bis fuß

mit einigen kotzeschichten bedeckt

das war schon was lustiges das war mal was neues! noch nie hat mich jemand vollgekotzt

im bekifften zustand war es besonders eindrucksvoll es war ein kitsch in john waters' oder yaroslav mogutins stil

ein solches sujet kann mich bewegen und inspirieren ich kann nur sagen daß der gestank das beste war was ich gestern nacht erlebt habe

der junge erwies sich als schwächling

es war so lustig zu beobachten wie er außer sich vor demut und ekel

aus dem schlafzimmer ins bad und dann wieder zurück lief laken und kissenbezüge

auswusch und die grünlich–rosa flüssigkeit mit eleganten elementen des halbverdauten essens von meinem körper wegwischte

es war so lustig zu sehen in was sich beim abendessen verschlungene linsensuppe salat und vegetarischer kuskus in seinem blöden magen verwandelt hatten

gott sei dank daß er gestern kein fleisch gegessen hat denn ich esse so etwas schon seit einem halben jahr nicht mehr und will mit so etwas nicht einmal bekotzt werden

etwa 15 minuten lang konnte ich meinen hysterischen lachanfall nicht unterdrücken

„ich bitte dich diesen schrecklichen zwischenfall für immer zu vergessen!"

stammelte tom–carry indem er gedemütigt sein gesicht verdeckte als wir uns unter der dusche einweichen ließen wobei wir jede gegenseitige berührung vermieden

als ob wir angst hatten uns eine tödliche krankheit zuzuziehen (obwohl wir scheinbar nichts mehr zu verlieren hatten und das schlimmste bereits hinter uns lag)

„warum denn?" erwiderte ich „ich glaube alles ist ganz lustig gewesen und nach meiner rückkehr aus europa müssen wir es nochmals machen!"

das gras verlor allmählich seine wirkung und ich versuchte zu begreifen

wie real das geschehene war als ob ich aus einem dummen absurden schlaf erwachte

in dem ich nicht die angenehmste und anständigste rolle bekommen hatte (fast wie die göttliche divine die in „rosa flamingos" hundescheiße gegessen hat) scheiße warum muß ich in meinem leben immer ohne doubles spielen?!

„ich weiß nicht was du mit diesen laken machen wirst" flüsterte er kaum vernehmbar indem er seinen kopf senkte und meinen blick mied, „bon voyage"

eine stunde vor meinem abflug nach london erfuhr ich daß tom–carry selbstmord begangen hatte er hatte starkes schlafmittel eingenommen

er war ein junger architekt

11. november '98, new–york – london
(in einer maschine der british airways, flug #112)

Mein erster Mann

der fürchterliche zwischenfall mit carry–tom erinnerte mich an meine

erste erfahrung mit einem mann als ich selber in besoffenem zustand vor angst das ganze schlafzimmer des typen vollgekotzt habe bei dem ich

in leningrad übernachtete

ich kann mich weder an sein gesicht noch an seinen schwanz erinnern – nur ein wackeliges und undeutliches bild

ich war 17 er etwa 40

zum ficken kam es nicht alles war ganz unschuldig ich lag

wie ein holzstamm und ließ ihn alles mit mir machen aber er

war delikat und umgänglich vielleicht sogar zu delikat und umgänglich

er faßte mich an und blies mir einen es war angenehm aber ich konnte nicht

mit ihm zusammen kommen

ihm gefiel mein körper sogar meine hageren und krummen beine

nannte er sexy ich glaube eben von ihm erfuhr ich daß ich schön bin und dieses wissen veränderte meine welt

er wollte meine jugendliche phantasie erschüttern und brachte mich

in einen intershop wo wir feierlich eine flasche wodka

gekauft haben meine phantasie war erschüttert es war ein wahnsinnig frostiger tag und man wollte sich erwärmen die flasche haben wir zu zweit in derselben nacht ausgetrunken ich hatte nichts bis auf verdorbene soljanka gegessen und mir wurde schlecht ich habe sein ganzes schlafzimmer vollgekotzt das war schrecklich peinlich ich kann mich dunkel erinnern wie er mich ausgezogen hat und als ich dann nackt war versuchte er mein

goldenes kreuz vom hals abzunehmen ich hatte mich kurz zuvor taufen lassen und war sehr religiös ich wurde sauer auf ihn und nannte ihn arschloch

und perverses schwein danach schlief ich stolz in meiner eigenen kotze und er war beleidigt und ging auf dem sofa schlafen

/einige monate später wurde ich in moskau von der miliz in eine ausnüchterungszelle gesteckt die bullen verprügelten mich zogen mich nackt aus nahmen mein kreuz meine uhr und den ganzen inhalt meiner taschen weg und schmissen mich zur erholung auf den betonfußboden unter eine eiskalte dusche wo ich verstand daß gott mich verlassen hatte und meine religion nicht einmal kotze wert ist/

nach meiner rückkehr nach moskau schickte ich ihm einige meiner

gedichte voller jugendlicher ängste und depressionen und dunkler vorahnungen meines zukünftigen umwerfenden lebens

er schrieb mir an die adresse meiner mutter verrückte liebesbriefe

die ich erst nach seinem tode als er entweder gestolpert oder vom balkon

gefallen war gelesen habe

„ich kann nicht ohne dich leben" – stand in einem von denen

diese worte bedeuteten mir absolut nichts

später war es so nicht nur einmal und nicht nur zweimal

ich habe nie zurückgeschrieben und nie an ihn gedacht mein gedächtnis

war wie blockiert die erinnerungen sind so dunkel und verschwommen

als wäre es in meiner kindheit gewesen lange bevor ich das geworden bin was ich geworden bin – ein unzüchtiges und unbändiges monster

ich glaube er sah als männchen gut aus

das einzige was ich mir deutlich und für immer gemerkt habe
ist der geruch seines kölnischwassers der marke drakkar der geruch den ich sicher von allen anderen unterscheiden kann obwohl ich nie
parfüm benutze
im grunde konnte an seiner stelle jeder andere sein
ich wollte verführt werden und nutzte den ersten der
mir über den weg gelaufen ist aus (obwohl er sich sicher war daß er mich einen jungen und unschuldigen ausnutzte)
er war immer nur ein teil der gesichtslosen massenszene im kino einer von den statisten von denen es später in meinem leben eine unzählige menge gab
mein erster mann
einer von tausenden
halber dichter – halber journalist – halber playboy der nichts
außer einem dünnen gedichtbändchen und einigen
schnell alternden knaben die immer noch seine liebkosungen
in ihrem gedächtnis behalten hinterlassen hat
ich kam in sein leben und nahm es rücksichtslos an mich
meine jugendliche depression nahm die form von etwas größerem als einfacher sehnsucht nach schönem leben und fremden starken händen an
auch jetzt schreibe ich weniger über ihn und mehr von der kotze mit der im grunde alles angefangen hat
seitdem werde ich jedesmal wenn ich kotze sehe
sentimental

11. november '98, new york – london
(in einer maschine der british airways, flug #112)

Aus dem Russischen von Serguei Kouznetsov

Emil Tode

Im Grenzland

(Auszug aus dem Roman)

Mitunter habe ich in einem Café gesessen, mit ausgehungerten Blicken die Leute beobachtet und dabei das Gefühl gehabt, daß sie mich meiden wie die Pest, obwohl ich korrekt gekleidet und nicht häßlich bin, aber trotzdem setzt sich keiner an meinen Tisch, nicht einmal an den Nebentisch, wenn woanders noch irgend Platz ist. Aber gestern beobachtete ich niemanden, oder wenn, dann nur distanziert und gleichgültig, wie eine Landschaft, und wenn ich lächelte, dann nur für mich selbst. Wenn Oma mich mit dem Treibriemen der Nähmaschine versohlte, weil ich ihr Widerworte gegeben hatte (wir hatten eine Singer-Nähmaschine mit Tretkurbel, die zusammen mit Oma in Sibirien gewesen war), dann wollte sie, daß ich schrie, aber ich schrie nicht, sondern biß die Zähne zusammen und dachte: „Ich sterbe nie!" Genau so: „Ich sterbe nie!", und genau das sagte ich zu mir auch in der Bar, während ich das Glas Milch an die Lippen führte.

Ganz recht, ein Glas Milch. Du weißt ja, daß das zur Zeit sehr in Mode ist, in Bars Milch zu trinken, und mir gefällt diese Mode. Es hat etwas unbeschreiblich Lasterhaftes. Ein hohes Glas mit kalter Milch zu fünfzehn Franc an die Lippen zu führen heißt sich endgültig zu befreien von all den widerlichen Gläsern Milch, die ich als Kind trinken mußte, besonders auf dem Land bei Onkel Ernst, frisch gemolkene kuhwarme Milch! In einer Küche, wo über der warmen Herdplatte die Fliegen summten! Nein, ein für so teures Geld gekauftes sündhaftes Glas Milch hat nichts mit Kühen oder sonst irgend etwas handfest Vernünftigem zu tun. Mit welchem Triumphgefühl ich davon schlürfte! Hahaa! sie haben mich nicht kleingekriegt, weder Oma noch Franz noch sonstwer! Ich habe sie kleingekriegt! Ich sterbe nie!

Und dann passierte es. Ein Mann am Nebentisch beugte sich zu mir herüber und sagte: „Bitte, würdest du mich mal anlächeln?" Ich zuckte mit den Achseln und lächelte, warum nicht? Ist dir das aufgefallen, Angelo? Die Menschen sind so: wenn du unglücklich bist, fliehen sie dich wie einen tollwütigen Hund: du könntest sie anstecken! Aber wenn du glücklich bist und niemanden brauchst, dann sind sie gleich an dir dran, wie die Fliegen am Honigtopf, wie die Blutegel.

Doch nein, dieser Franzose war kein Blutegel, sondern ein sehr lieber Mensch. Senffarbenes Jackett, ein Brillengestell von Lacoste und die Miene eines verprügelten Hundes, du weißt schon. Irgendeine Wunde, unübersehbar und auch durch Sonnenbrille und teure Kleidung nicht zu verdecken, irgend etwas war ihm zugestoßen, irgend etwas zerbrochen, und jetzt fragte er, ob er sich zu mir setzen dürfe. „Mais pourqoui pas?"

Wirklich, warum auch nicht, mir war es gleich, ob ich allein saß oder mich mit jemandem unterhielt. Er hieß Jean-Claude, ein schöner französischer Name. Ich gab mich für einen Schweden aus, weißt du, ich hatte keine Lust, lang und breit zu erklären, was das für ein Land ist, aus dem ich komme. Wenn sich herausstellt, daß du aus Osteuropa bist, sehen sie dich mitleidig an und äußern eine hohle Phrase, als sprächen sie mit dem Angehörigen eines soeben Verstorbenen.

Auf diese Lüge hin eröffnete er mir, er sei „très européen" und für die Abschaffung der Grenzen. Ich erinnerte ihn daran, daß man gerade dabei sei, die Grenzen wieder sorgfältig abzudichten. (Es machte mir ein diebisches Vergnügen, ihm diesen Zeitungsartikel zu referieren.)

„Das stimmt, leider, aber das ist nur vorübergehend. Ich bin trotz allem fest davon überzeugt, daß Europa und die Demokratie siegen werden."

Er sagte dies im Tonfall eines blassen angelernten Optimismus. Es kam mir vor, als spräche ich mit einem Kind und müßte scharf aufpassen, daß ich nichts Schlimmes sage, was ihn verstören könnte. Selbst ein Wort wie „Amsterdam" machte ihm angst. In Holland, sagte er, habe man es mit der Freiheit zu weit getrieben, alles habe schließlich seine vernünftigen Grenzen. Er bestellte für jeden von uns noch ein Glas Milch und bat mich, für einen Moment meine Sonnenbrille abzunehmen. „Veux-tu enlever tes lunettes?"

Das klang nach einem verzweifelten Vorstoß, einem Vorstoßversuch. Ich tat, worum er mich gebeten hatte, und dachte (was ich sehr zum Lachen fand): das ist für die Milch, obwohl er sich einen solchen Gedanken sicher nicht gestattet hätte. Und ich dachte weiter: ich wüßte bloß gern, wieviel es ihm wert wäre, wenn ich mich ausziehe. Aber ich nahm meine Sonnenbrille ab und lächelte ihn an, er küßte mich und ich hatte nichts dagegen, denn er küßte so sanft und seine Augen waren verschleiert vor Wollust.

Schließlich fragte er, ob er mich im Auto nach Hause bringen dürfe. Ich verstand, worauf das hinauslief, doch ich stellte mich ganz naiv und willigte ein, mit einer Miene, als ginge es nur um die Wahl zwischen Auto und Metro. Auf der Straße küßte er mich erneut und versuchte, mir die Hand in die Hose zu schieben, aber plötzlich wollte ich nicht mehr, ich entzog mich ihm und schaute ihm wieder in die armseligen Augen, die mich eben noch erregt hatten. Jetzt fand ich sie zum Lachen. Und ich lachte auch, platzte heraus damit, und er verstand die Welt nicht mehr, als ich zu ihm sagte: Weißt du, Jean-Claude, ich muß jetzt gehen.

„Mon ami m'attend."

Er sah aus wie ein Kind, dem man sein Spielzeug weggenommen hat, er tat mir leid. Ich wandte mich zum Gehen, dann schaute ich mich noch einmal um. Wäre ich am Ende doch mit ihm gegangen? Aber er war verschwunden wie vom Erdboden verschluckt.

Ah, wie leicht ich mich fühlte, wie sieghaft! Genußvoll atmete ich die Luft der warmen Nacht und ging zur Metrostation. Bis zum letzten Zug war noch ein wenig Zeit, und ich war glücklich, daß ich allein war und niemanden brauchte. Ah, lieber Angelo, weißt du, wie großartig das ist, jemanden zu verlassen und einfach davonzugehen?

Aus dem Estnischen von Horst Bernhardt

Guillaume Dustan

Überwältigend

(Auszug aus dem Roman)

Der Winter ist vorbei. Mein Vater schlägt mir vor, mich für ein Wochenende ins Ausland mitzunehmen. Wir sahen uns überhaupt nicht mehr, er wollte unsere Beziehung auffrischen. Prag, Venedig und Budapest lehne ich ab. Er ist einverstanden mit Berlin. Am Ende ist der Deal, daß ich nur ein einziges Mal ausgehen würde, Samstag abend, und daß ich Sonntag morgen wieder auf dem Posten sein würde, um mit ihm auf Kultur zu machen.

*

Endlich Samstag abend. Ich hab meine schwarzen Rangers geputzt, die, die ich Jean-Hugues eines Abends abgekauft hatte, als wir völlig breit bei ihm in Vanves waren, Quentin, ich, er und sein bester Freund, ein kleiner, blonder Engel, wir haben im Chor *Precious Little Diamond* gesungen, einen irrsinnig spacigen 80er Jahre Funk-Hit. Ich hatte sie mit braunen Schnürsenkeln personalisiert, was superschick war. Ich nahm meine enge weiße 501 aus dem Schrank, die ich nicht trug wenn ich mit Vati unterwegs war, das weiße Feinripp-Unterhemd, ein kariertes Hemd und Hosenträger aus Leder, die ich mir tags zuvor gekauft hatte als ich meinerseits ein wenig shoppen war.

Ich hab einen Joint geraucht und bin dann in die harte Szene gegangen. Tom's Bar hieß meine erste Adresse. Elf Uhr. Drinnen wie draußen war die Hölle los, aber alle waren einen Meter achtzig groß, alles Leder, ich fühlte mich ein wenig deplaziert, also hab ich bei einem Fist-Video, das über dem Tresen lief, mein Bier ausgetrunken und bin dann über die Straße ins Connection gegangen, wo die Leute weniger ledrig und dafür jünger waren. Ich hab zu Disco-Musik getanzt, einigermaßen aufgegeilt von der Stimmung, ich hatte eine Nummer sicher mit nem hübschen kleinen Dunkelhaarigen, eine in Aussicht mit nem sehr hübschen kleinen Blonden. Ich ging runter in den Darkroom, der war riesengroß, eine ganze Reihe von rappelvollen Kellerräumen und Gängen. Im Nullkommanix hatte ich den fetten Schwanz von einem Schnauz-Typ in Lederchaps und schwarzen Strumpfhosen in der Hand (das hat System, in Darkrooms treffe ich im Prinzip fast immer auf extrem bestückte Typen. Wahrscheinlich sind sie an Orten wie diesen überrepräsentiert), das mit der Strumpfhose hatte ich noch nie gesehen, es war überaus praktisch, man brauchte nur das Vorderteil runterzulassen und unter dem Cockring festzustecken, alles stand in Sekundenschnelle zur Verfügung. Ich hab dann abgebrochen, weil ich nicht sofort kommen wollte. Ich bin wieder nach oben gegangen, ein Glas getrunken und getanzt. Als ich wieder runter ging, circa eine Stunde später, stieß ich genauso schnell auf einen anderen Schnauz-Typ in Lederchaps und schwarzer Strumpfhose, gleiches Outfit, gleicher Riesenschwanz, nur dieser Typ küßte deutlich besser. Sogar soviel besser, daß ich nach kurzer Zeit Lust zu reden hatte. Wir sind auf ein Bier an die Bar des Darkrooms gegangen. Ich hab vorgeschlagen zu ihm zu gehen. Es war schon drei Uhr, ich würde morgen völlig fertig sein, aber ich hatte Lust, etwas zu erleben.

Wir liefen eine Weile unter Bäumen, vorbei an schlafenden Häusern. Neben mir schob er sein Rad. Wir haben kaum geredet, aber die Stille hat uns nicht gestört. Und dann sind wir bei ihm angekommen, eine Art Loft in einem alten Industriegebäude, die Wände über und über mit Graffiti bedeckt. Fabrikschornsteine begannen vor dem Fenster aufzutauchen. Er hat die schwarzen Vorhänge zugezogen, wir haben einen Joint geraucht und dazu Techno gehört, dann habe ich versucht ihn zu ficken (safe), aber es war keine Gleitcreme da also habe ich Massageöl genommen, ich hab ihn gefragt ob das damit okay sei und er hat gesagt ja. Das Fett macht die Gummis porös also kann man's auch gleich weg lassen, hab ich gedacht. Ich habs runtergezogen und ihm gezeigt was ich tue und da er nichts gesagt hat habe ich ihn einfach so von vorne gefickt, dann von hinten, dann von vorne. Wir haben uns geküßt. Er gefiel mir.

Danach ist er eingeschlafen. Ich konnte kein Auge zutun. Ich bin wieder aufgestanden. Ich hab die Platten und die deutschen Bücher angeguckt, den ganzen Kram, und dann bin ich pissen gegangen und auf die Kleiderkammer gestoßen. Dort hing die ganze Ausrüstung des perfekten SMlers: Gummianzug, Lederhemd, Lederunterhemd, Gasmaske. Es war schon sieben Uhr, ich sollte meinen Vater um zehn treffen, also hab ich mich wieder angezogen. Er ist aufgewacht, ich hab ihm erklärt, daß ich los müsse. Er hat mir einen Kaffee angeboten. Seine Küche war unglaublich gemütlich, überall Holz und lustiges Zeug. Ich hab seinen Kaffee getrunken und angefangen ihn nach seinem Leben zu fragen und er fing an mir von seinem Freund zu erzählen und mit einem Mal setzte seine Stimme aus und er fing an zu heulen, ich wußte nicht warum, ob der Typ tot war oder einfach weg, ich traute mich nicht weiterzufragen, er saß auf seinem Stuhl und heulte, mir gegenüber, seine Tränen liefen, er sah mich an ohne mich wahrzunehmen. Ich fragte mich ob es wegen mir sei, dem Ficken ohne Gummi, ob er krank sei. Er hörte nicht auf zu heulen. Ich hab versucht ihn zu trösten, ich hab seinen Kopf gestreichelt und Sschhhhhh gemacht, schließlich hat er sich beruhigt. Ich hab ihn nach seiner Telefonnummer gefragt, für den Fall daß ich wiederkäme. Ich fühlte mich schuldig. Er hat sie mir gegeben, ich hab ihn geküßt, ich bin los.

Draußen schien die Sonne und kein Taxi wollte mich mitnehmen, wahrscheinlich mögen sie keine Leute mit Glatze, schwarzer Sonnenbrille, Dreitagebart, weißer, fleckiger Jeans mit einem schmutzigen Unterhemd am Gürtel. Und dann hielt ein riesiger schwarzer Mercedes an, als ich mich gerade darauf eingestellt hatte, stundenlang in der U-Bahn zu sitzen. Als ich die Leder-501 des schnauzbärtigen Fahrers sah, hab ich kapiert. Er hatte tatsächlich ein SM-Käppi auf dem Beifahrersitz und die Vorstellung auf eine

Nummer mit ihm hat mich aufgegeilt aber ich hatte wirklich keine Zeit also hab ich bis zum Ku'damm gedöst und hin und wieder die Augen aufgemacht um was von Berlin zu sehen. Die Straße war wegen eines Radrennens gesperrt. Die Sonntagmorgenmenge guckte sich die vorbeifahrenden Radfahrer an. Bruch. Es war halb elf als ich im Hotel ankam. Mein Vater war ohne auf mich zu warten gegangen – er liebt dramatische Szenen –, aber er hatte immerhin einen Zettel hingelegt um mir mitzuteilen, daß er in der Nationalgalerie sei. Ich aß um nicht zusammenzuklappen ein verspätetes deutsches Frühstück mit Wurst und Käse, umgeben von blonden Reisenden, sprang schnell unter die Dusche und bin dann wieder in aller Eile aufgebrochen, ich wollte unsere Wiedersehensfeier nicht vermasseln, ich hatte ihn schon nicht auf den jüdischen Friedhof begleiten wollen, wo nicht ein einziger Vorfahr lag.

Ich nahm die U-Bahn, die Strecke führte durch alte Bahnhöfe in der Nähe des ehemaligen Ostens, ich schlief ein, eingelullt von der Bewegung des Waggons. Ich stieg an der richtigen Haltestelle aus. Ich ging über den sonnenüberströmten Flohmarkt, es gab total viele Lederjeans, gar nicht teuer, ich probierte eine an, die mir aber nicht stand. Als ich am Museum ankam sah ich meinen Vater durch die großen Glasscheiben. Er sagte mir, daß er schon einmal rumgegangen sei. Ich sagte Ach so, war's nett? und setzte mich auf eine der Sitzbänke in der Halle, gegenüber den großen Gemälden und den riesigen Skulpturen, ohne meine Sonnenbrille abzunehmen. Er fragte mich, ob alles in Ordnung sei. Ich sagte, daß ich die ganze Nacht nicht geschlafen hätte. Ich fragte ihn, ob er mir nicht erzählen könne was er gesehen hatte weil ich mich grad überhaupt nicht mehr rühren konnte, und da hat er statt mir eine Szene zu machen von den Gemälden erzählt. Ich kam wieder zu Kräften. Nach einer kurzen Zeit stand ich auf. Wir haben das Museum angeschaut, in meinem Kopf schwebte über allem das Bild des Typen, der heulend in seiner Küche sitzt.

Aus dem Französischen von Dirk Naguschewski

Tom Lanoye

Johannesburg, *Le Bain*

Warum kommen Sie an diesen ungesunden Ort? fragt die Apothekerin – in ihrem eigenen Geschäft. Sie steht hinter der Ladentheke, einen blaßgelben Stützverband um den Hals. Das Haar in einem Knoten, der Mund ein verzweifelter Strich. Bunte Flecken um das eine Auge. Dunkelblau, grün und purpur – eine Pfauenfeder mit einem brennenden Auge als Zentrum. Mit Make-up hat sie versucht, die bunten Spuren zu überschminken. Erst eine Lage *Fond de teint*, dann eine Schicht mattrosa Gesichtspuder. Umsonst.

(Das Puder machen sie aus geriebenem Reis und gemahlener Menschenhaut, hatte dir das Nachbarsmädchen vor vielen Jahren, Tausende Kilometer von hier, auf dem alten Kontinent erzählt. Sie war vier Jahre älter als du. Sie war es, die dir beibrachte, Frösche zu töten. Man preßt sie mit der flachen Hand gegen einen Baumstumpf, schiebt ihnen einen Strohhalm in die hintere Öffnung und bläst. Wenn man stark genug bläst, platzen manche. Finken und wilden Tauben mußtest du den Hals umdrehen. Ihr Vater fing sie mit Netzen, die, auf mehreren Rahmen aufgespannt, anmutig zu Boden schnappten. Riesige Schmetterlingsflügel in Reih' und Glied.)

Wie heißt du? fragt David, sich ungeniert an seiner Narbe kratzend.

(Dein erstes Mal auf Finkenjagd. Bleiche Morgensonne. In die zum Hohlraum geformten Hände hauchend, standest du neben dem Nachbarsmädchen in der Grube, von der aus die Fangrahmen bedient wurden. Deine Augen reichten kaum über den Rand des Erdlochs. Manchmal, ohne daß du darum gebeten hattest, hob sie dich hoch. Eine Zwergenmutter mit einem Riesenkind. Wenn du die Augen zumachtest, hörtest du, wie sich die Insekten in den Wänden der Grube um dich bewegten. Über deinem Kopf eine primitive Abdeckung, um Grube und Insassen der Sicht zu entziehen. Ein Flechtwerk aus Zweigen mit Grassoden darüber – ein Bett auf kurzen, geteerten Pfählen. Im Halbdunkel darunter saugte ihr Vater leise fluchend an seiner Zigarette. Auf einem Acker nebenan wurde Kartoffelstroh verbrannt. Der bittere Rauch hing in zähen Schwaden in der Luft. Auf der Wiese vor dir standen kleine Käfige mit Lockvögeln, um die herum Sonnenblumenkerne und altes Brot auf den Boden gestreut waren. Je ängstlicher die Lockvögel kreischten, desto mehr Artgenossen schossen mit neugierigen Blicken herab, den Kopf unschlüssig schräg haltend oder plötzlich nach einem Sonnenblumenkern schnappend. Der Vater gab seiner Tochter das Fernglas, legte seine Zigarette auf den Verschluß der Thermosflasche, stellte sich in Position und zog an der Schnur. Die Netze schnappten zu, die Hälfte der aufflatternden Vögel zu Boden drückend.

Die wertlosen Vögel waren für euch. Die Stare, die Spatzen. Du folgtest ihrem Beispiel und nahmst einen in die Hand. Das fremde Ding pulsierte wie ein Herz voller Federn. Du legtest das piepende Köpfchen auf einen Stein, nahmst einen zweiten Stein und schlugst zu. Das Piepen hörte auf. Nach zehn Mal wurde es langweilig.)

Der Apothekerin sagst du nichts.

David deinen Namen.

(Einen Sommer lang trug die Tochter eine kleine, runde Plastikdose mit sich herum, die sie irgendwo geklaut hatte. Hier, riech mal! Sie schraubte die Dose auf und hielt sie dir unter die Nase. Kalk, vermischt mit getrocknetem Blut und einem Tropfen Parfüm. Und das schmiert meine Mutter sich ins Gesicht! Sie strich mit ihren Fingerspitzen über die seltsame Oberfläche, die glatt und körnig zugleich war. Und dann, ohne ein Wort zu sagen, mit hochrotem Kopf, wischte sie ihren Finger in deinem Gesicht sauber. Eine langsame Bewegung vom einen Auge über deinen Nasenrücken hinweg bis zum anderen. Danach fuhr sie mit dem Finger an deinen Lippenrändern entlang. Sie starrte auf deinen Mund, wie auf ein fesselndes Spielzeug. Und du, du hieltest den Atem an. Trotzdem grub der Geruch des Puders sich wie ein Maulwurf in dein Gedächtnis.)

Als wolle sie dich zu einer Antwort zwingen, behält die Apothekerin das Wechselgeld in der Hand. Sie hat eine runde, gutmütige Kinnpartie. Ich versteh's nicht, sagt sie. Ihr Mund lächelt, doch ihre Augen sehen dich weiter bohrend an. Wer kommt freiwillig hierher? Warum? Ihr Drugstore liegt dem Hotel schräg gegenüber an einer Ecke, an einer der großen Prachtstraßen der Innenstadt, ganz in der Nähe des Joubert Park. In der Nacht reißen dich Schüsse aus einer nahegelegenen Straße aus dem Schlaf. Die Kellner, alles Schwarze, nicken flüchtig am Frühstückstisch, als du fragst, ob es wirklich Schüsse waren. *Ja*, sagen sie – das afrikaanse „Ja", das auch die Englischsprachigen benutzen – *Ja, that can happen*. – Oft? Sie lachen. – *Ja, Sir*. Gehen Sie besser nicht zu Fuß auf die Straße, *and if you do, dont't look like a tourist*. – Wie macht man das, fragst du. *Take a taxi*, lachen sie.

Du gehst ins Theater – per Taxi. In die Bibliothek – per Taxi. Nochmal ins Theater – wieder per Taxi. Ins Charlton Centre – genauso. Dort fährst du mit dem Fahrstuhl in die oberste Etage und genießt die Panoramaaussicht über die Metropole. Unter dir die größte Stadt der südlichen Halbkugel, die nicht am Meer oder an einem Fluß liegt. Eine Millionenstadt in der Savanne, drückend heiß sogar im Winter. Tief in ihrem Schoß ruht das berühmte Gold. Dreihunderttausend schwarze Bergleute brechen es bei Höllenhitze mit Bohrern, Hämmern und Wasser aus dem Felsen. Fünftausend Meter über ihnen werden die schwefelfarbenen Abraumhalden – die *dumps* – vom Wind davongetragen und verteilen ihren ätzenden Staub über die Wohnbaracken der Kumpel und die vollklimatisierten Wolkenkratzer der Innenstadt. Der Staub fällt auf Taxis und Tausende von Zola Budds – schnelle Kleinbusse für fünfzehn Passagiere –, den verdreckten Bahnhof, laut Reiseführer ein Ort der Prostitution *at your own risk*, auf Boulevards und Nachtklubs und die unzähligen Garten-Swimmingpools, die vom Flugzeug aus wirken wie hellblaue Briefmarken auf dem Deckel einer rostigen Mülltonne. Hoch über dem Johannesburg Stock Exchange weht der Höllenstaub, über den weißen Villen, der Rand Afrikaans Universiteit und ihrem englischsprachigen Pendant, *the Wits*, und weiter, weiter über Soweto mit seinem kilometerlangen Krankenhaus, seinen Squattern für Illegale und properen Blockhäusern für die Arbeiter der Anglo-American Corporation, seinem schwarzen Millionärsviertel, in dem einer der Bewohner einen Maserati *und* einen Lotus besitzt, dazu ein protziges Haus, das er von einem Weißen in Uniform bewachen läßt. Über ganz Transvaal verteilt sich der Staub, und weiter, landeinwärts, über die rote, schweigende Erde Schwarzafrikas.

Die Apothekerin wartet auf deine Antwort.

David runzelt die Stirn, als er deinen Namen hört, als versuche er, deinen Akzent einzuordnen.

Eines abends um elf fährt ein schwarzer Taxifahrer dich ins *Le Bain*, eine Sauna kaum fünf Straßen von deinem Hotel entfernt. Beim Einsteigen bittet er dich, sofort die Tür zu verriegeln. Die drei anderen Türen sind schon verriegelt. Die Straßen scheinen verlassen. Ist hier immer so wenig Verkehr, fragst du. Er lacht. Auch er mit dem stereotypen schwarzen, theatralischen Glucksen. Kopf in den Nacken, Augen halb geschlossen, Zähne blitzend weiß in der dunklen Haut. Bei manchen fehlt einer der oberen Schneidezähne. *Ja*, sagt er, *it's always very quiet here. – Do you like Jo'burg*, willst du wissen. Er nickt verliebt. *All other cities are boring*. Du betrachtest die vorbeigleitenden Bars und Nachtgeschäfte, die Bordelle und schmierigen Videotheken. Aber wenn es hier so ruhig ist, fragst du, warum kann man dann nicht auf der Straße gehen? Wieder dieses Glucksen. Na klar, Mister! Das kann zehnmal gutgehen. *But when you least expect it, they mug you, they shoot you!* In einiger Entfernung springt eine Ampel auf rot; er nimmt Gas weg, um nicht anhalten zu müssen. Als die Ampel wieder auf grün schaltet, gibt er Vollgas. *Listen man, don't take that risk.* Die stechen jeden ab. Selbst am hellichten Tag! Sein Gegluckse ärgert dich. Das Leben ist dazu da, Risiken einzugehen, sagst du. *Ja*, sagt er. *That's why I drive this cab.*

Du schweigst. Ihr Auge starrt dich weiter an.

David streckt seine Hand aus.

Am letzten Tag fährt dich ein anderer Taxifahrer, diesmal ein Bure, zum Jan Smuts-Flughafen. Auch er bittet dich, die Tür zu verriegeln. Schon nach einer Minute schäumt er vor Wut. Das Blutbad von Boipatong? Die Anschläge in ihren Wohnvierteln begehen die Kaffern doch alle selbst! Sie tragen gestohlene Polizeiuniformen, um die Situation anzuheizen, um das Ausland hinters Licht zu führen. Doch schon jetzt gibt's viele, die sagen, unter der Apartheid hätten sie ein besseres Leben gehabt. Aber sie haben's ja selbst so gewollt. Seitdem geht das ganze Land den Bach runter und Johannesburg vor die Hunde, die schönste Stadt auf dem ganzen Kontinent – aber wie lange noch? Er verstummt vor Wut. Zehn Kilometer weiter bricht er wieder los. Wissen Sie, was uns zuletzt noch retten wird? Seine Augen fixieren dich im Rückspiegel. Nein? Die neue Pest! Das kann doch kein Zufall sein, wie die unter ihnen wütet. Jenseits der Grenze, in Namibia, in Zimbabwe, fallen sie um wie die Fliegen. Sie krepieren in ihrem eigenen Dreck, abgemagert bis aufs Skelett mit ein bißchen schwarzer Haut drumrum. Es gibt nicht genug Hände, all die Gräber auszuheben, und die Leichen rotten in der brennenden Sonne an den Friedhofsmauern vor sich hin. Und hier geht's auch schon los! In der Transkei, Bophutatswana, in den Townships. Das kommt von ihrer Art zu leben. Tiere. Noch ein paar Jahre, sagt er hoffnungsvoll. Dann sind sie alle übern Jordan.

Hier gibt's doch nichts zu sehen, sagt die Apothekerin, während dein Wechselgeld in ihrer Hand warm wird.

Enjoy yourself, sagt der Taxifahrer feixend, bevor du aussteigst. Man muß klingeln, um *Le Bain* betreten zu können. Du drückst auf den Knopf.

Nach kurzem Zögern nimmst du Davids Hand.

Das erste der zwei Theaterstücke, das du dir ansiehst, wird in einem runden Saal gegeben, der früher eine Markthalle war. Das Stück zählt zwei Personen. Ein Weißer und ein Schwarzer. Ersterer Besucher, letzterer Wächter in einem Lunapark am Sylvesterabend. Spannung, Katharsis, Versöhnung – *a well-written play*. Der Autor genießt Berühmtheit bis nach New York, auch dieses Stück wird zweifellos an den Broadway kommen. Das Publikum ist vorwiegend weiß, es lacht und erkennt sich in dem weißen Darsteller, der dreimal so viel Text hat wie der schwarze. Ihre Schauspielkunst macht die bedeutungsschwangeren Metaphern erträglich.

Der einzige Schwarze in *Le Bain* steht an der Kasse. Er haut dich routiniert übers Ohr, indem er dir nur den Preis einer Kabine nennt, obwohl es, wie du später herausfindest, auch billige Stahlschränke zum Wegschließen der Kleidung gibt. Vierzig Rand extra für eine Kabine. Das Handtuch, das er dir gibt, ist peinlich weiß und riecht nach Hygiene, die Ränder sind gefranst. Während du abrechnest, erscheinen in der Tür zwei plaudernde Herren. Sie sprechen Afrikaans und messen dich, den Neuling, mit ihren Blicken. Zwei Sauna-Fünfziger wie überall auf der Welt, mit Schnauzer, Bierbauch und weißbehaarter Hängebrust. Als du den Vorraum verläßt, hörst du sie hinter deinem Rücken mit dem Schwarzen tuscheln. Er sagt etwas, sie lachen. Ein weißes, dreckiges Lachen. Du suchst deine Kabine. Ein langer Gang mit sparsamer Beleuchtung und Türen an beiden Seiten, nur wenige davon geschlossen. Jemand stöhnt. Im Flur hängt ein Geruch von Klebstoff. Oder genauer: von schwelendem Harz. Die meisten Kabinen sind leer. Auf einigen Betten liegen kaum erkennbare Schatten, neben anderen brennt eine bläuliche Schirmlampe. In einer Kabine sitzt ein molliger Inder, häßliches Gesicht, schöne Augen, das Handtuch keusch um die Lenden gewickelt. Eine Kabine mit jemandem ohne Handtuch, auf dem Bauch, die Beine gespreizt, ein Kondom in halb aufgerissener Verpackung unter dem Bändchen seines Tangaslips. Eine Kabine mit einem Mischling; er blättert in einem Magazin und tut, als sehe er nicht, wie du auf sein Geschlecht starrst.

Der Antagonist im Theaterstück hat seinen Chef ermordet, nachdem der seine Frau vergewaltigt hatte. Der Protagonist hat während der Armeezeit an Geheimoperationen jenseits der Grenze teilgenommen. Er und seine Kumpane legten einen Hinterhalt und beförderten mit ihren Maschinengewehren fünfundzwanzig schwarze Rebellen ins Jenseits. Der Chef wurde in Stücke gehackt, einige Rebellen aus geringem Abstand erschossen und zerfetzt. Die Akustik der ehemaligen Markthalle ist ausgezeichnet.

Du schlingst dir das Handtuch um die Lenden und suchst die nicht-existente Sauna. Dafür gibt es ein türkisches Bad, eine Dusche, zwei gekachelte Ruheräume, eine Bar. Du öffnest die Tür der Dampfsauna und trittst in den heißen Nebel eines katakombenförmigen Raumes. Vom Boden vierer symmetrisch zueinander liegender Nischen kriecht bleischweres Licht empor. Wie zähe Milch. Du beginnst zu schwitzen. Deine Lungen brennen. Das tun sie noch mehr, als du dir nach zehn Minuten einen durchsichtiggrünen Gartenschlauch über den Kopf hältst und den Hahn aufdrehst. Kaltes Wasser versengt deine Haut. Du schnappst nach Luft, in dir brennt alles, dein Herz läuft Amok, du *mußt* hier weg. Oder nein, nur noch ein wenig, durchhalten, sieh, wie lange du es erträgst, genieße den luxuriösen Schmerz, *spür* ihn. Wo liegt deine Grenze?

Sie legt dein Wechselgeld vor sich auf den Ladentisch: Vorige Woche geht ein deutscher Tourist aus dem Laden, sie schlagen ihn zusammen, reißen ihm die Kette vom Hals, treten ihm ins Gesicht und laufen davon. Uns selbst haben sie schon viermal überfallen. Und jedes Mal gibt es Verletzte. Im Laden um die Ecke haben sie auf jeden geschossen, der ihnen vor den Revolver kam. Einer tot, zwei für den Rest des Lebens verkrüppelt. Alle drei Minuten wird in diesem Land eine Frau vergewaltigt. Oft von ganzen Banden. Meist auch noch mit Glasscherben bearbeitet, Rippen gebrochen oder Arm ausgekugelt... In Fingerspitzen und Handfläche fühlst du die anklagende Wärme der Münzen. Oh nein. Ihre Unterlippe beginnt zu zittern. Doch ihr Auge starrt ungerührt weiter. Der Staub der *dumps* weht über die Stadt.

Mein bester Kumpel und ich bekommen den Auftrag, die fünfundzwanzig Rebellen anonym zu begraben, bekennt der Weiße in einem meisterhaften Monolog. Er steht regungslos auf der Vorbühne. Er und ich rauchen zuerst noch eine Zigarette, sagt er. Die Geräusche im Busch sind die gleichen wie immer. Erst als der Stummel so kurz geworden ist, daß wir uns die Finger verbrennen, treten wir ihn aus und fangen an. Die Sonne macht uns die Arbeit doppelt schwer. Als wir endlich ein Loch gegraben haben, das groß und tief genug ist, alle aufzunehmen, sind ihre Bäuche schon geschwollen. Soweit sie noch Bäuche haben. (*Grinst.*) Wir tragen die Leichen eine nach der anderen zur Grube und lassen sie hineinrollen, so gut wir können. Wir binden uns Taschentücher vor die Nase und schütteln mit dem Kopf, um die Insekten zu vertreiben, die wie Taranteln zwischen den blutigen Wunden und Augen der Leichen und unseren schweißnassen Stirnen hin und her summen. Die ganze Zeit über schaut uns von weitem eine alte schwarze Frau zu. Sie sagt nichts, sie tut nichts, sie seufzt nicht, sie weint nicht. Als wir noch fünf Leichen vor uns haben, halte ich es nicht mehr aus. Ich muß sie erschießen, jetzt gleich, sie muß dran glauben! Mein Kumpel kann mich beruhigen, nimmt mir das Maschinengewehr ab, wir gehen wieder an die Arbeit. Als wir die Grube zugeschüttet haben, gehe ich die Frau suchen. Ich will mit ihr reden – ja, reden! (*Grinst.*) Doch ich kann sie nirgends finden. (*Grinsen verschwindet.*) Im Theater herrscht Totenstille.

Oh, nein.

That's why I drive this cab.

Ein Herz voller Federn.

Ich heiße David, sagt er und läßt deine Hand los. Er sitzt im Ruheraum auf einer breiten, gekachelten Stufe, die hier die Entspannungsliege ersetzt. Als du eben, kurz vor Betreten der Dampfkatakombe, dein Handtuch an einen der Haken hängtest und nach oben schautest, sahst du drei Kakerlaken über die Wand laufen. Darüber einen schimmelgrünen Fleck an der Decke. Es machte dir nichts aus. David ist fast fünfzig und hat eine Narbe, die kurz unter seinem Ohr beginnt und sich von dort über die Schulter, einen Teil der Brust und den Rücken ausbreitet. Er spricht Afrikaans mit englischen Einsprengseln, sieht sportlich aus für sein Alter, trägt einen Gentleman-Schnurrbart, ist in der Schamgegend rasiert und lädt dich zu einem Drink ein. Sodawasser, sagst du. Also *doch* aus Europa, schlußfolgert er zufrieden. Er geht an die Bar, du bleibst auf der Stufe sitzen. Ein Mann kommt aus dem Dampfraum, nach Luft schnappend, die Haut glänzend rot, wie ein Krebs aus dem Kochtopf. Das gigantische Geschlecht halb erigiert. Du weichst seinem Blick aus. Eben, als du dich in der Kabine auszogst, hörtest du eine Polizeisirene. Du wolltest auf die Straße sehen, schobst die Gardinen beiseite und begannst prompt zu husten. Die Gardinen rochen nach heißen Eisenspänen. Rußiger Staub klebte an deiner Hand. Das Geräusch der Polizeisirene erstarb. Auf der anderen Straßenseite wartete ein Nachtgeschäft auf Kunden. Und womit verdienen Sie so ihr Geld? fragt David und reicht dir dein Glas Sodawasser. In seinem Glas klirren Eiswürfel. Es riecht nach Bourbon. Ich bin Journalist, lügst du. So? fragt er bitter. Und was denkt der Journalist von meinem Land? Ich weiß es nicht, antwortest du wahrheitsgemäß. Sagen Sie mir, was ich darüber denken soll. Er runzelt amüsiert die Stirn.

Schweiß, Dampf, *on the rocks.*

Hier gibt's doch nichts zu sehen.

Auch nach all den Jahren bereut der schwarze Wächter seinen Mord noch nicht. Sein Monolog ist eintönig und wird meisterhaft in einem unbeholfenen Englisch durchsetzt mit Afrikaans gesprochen. *I am* gatvol *of the situation. No more* dominee-*talk.* – Die Sache hängt mir zum Hals raus. Kein Pfaffengewäsch mehr. Okay, er hat gegen Gottes Gebot verstoßen, *number six.* Doch er würde es wieder tun. Wenn er die Gelegenheit bekäme. Wenn sein Chef noch lebte. Aber das ist nun mal nicht der Fall. Dafür hat er gesorgt.

Spannung, Katharsis, *Fond de teint.*

Ein Ruck am Seil.

(*Grinst.*)

Haben Sie keine Angst vor der Zukunft? fragst du David. Nachher wird er dir seine Adresse geben und unangenehm selbstsicher hinzufügen: Wenn du Probleme hast, ganz egal welche, meld dich bei mir, ich bring das in Ordnung. (Blufft er oder hat er wirklich so gute Kontakte?) Jetzt sitzt du noch neben ihm auf der gekachelten Stufe und erzählst ihm von der Apothekerin. Du wiederholst ihre Worte: Ein großer Streik steht bevor, vielleicht gibt es Bürgerkrieg, es kann Zehntausende von Menschenleben kosten, niemand ist mehr sicher. David zuckt mit den Schultern. Seine Narbe zuckt (Wieviel Make-up bräuchte man wohl, um sie zuzuschminken? Wieviel Schweiß ist nötig, sie wieder sichtbar zu machen?) Seine Eiswürfel klirren. Warum sollte ich Angst haben? Was passiert, passiert. Ich habe keine Angst vor dem Tod. Ich habe jahrelang in Rhodesien gelebt, als es noch Rhodesien hieß. Ich hab gesehen, was da abging, ich hab es erlebt, und ich habe es überlebt. Und das war nichts im Vergleich zu dem, was ich bei der Armee gesehen habe. Ich war Anfang Zwanzig, schon seit zwei Jahren im aktiven Dienst, als meine Einheit einmal in ein Minenfeld geriet. Ich lag halb bewußtlos da und blutete wie ein Schwein. Den Schmerz fühlte ich noch nicht, aber ich wußte, daß er jeden Moment kommen würde. Doch auch davor hatte ich keine Angst. Neben mir lagen zwei vollkommen zerfetzte Kameraden. Ich habe mich nie so lebendig gefühlt wie damals. Es klingt vielleicht komisch, aber ich vermisse die Zeit. Die Dinge, die dort geschahen, waren echt. Du liefst mit einem Gewehr in der Hand durch den Busch, deine Freunde gaben dir Feuerschutz. Jeden Moment konntest du getötet werden. Deine einzige Aufgabe war, das zu verhindern, am besten, indem du die anderen tötetest. Vielleicht schockiert Sie das – Sie kommen aus einem anderen Land, einer anderen Kultur –

aber für mich war das eine klare, eine reine Lebensweise. Nein, lügst du, es schockiert mich nicht. Sein Blick geht durch dich hindurch. Ich hab damals sehr unerquickliche Dinge erlebt. *Real gory things.* Haben Sie schon mal jemandem von ganz nah durch den Kopf geschossen, oder in den Bauch? Man gewöhnt sich dran, man gewöhnt sich an alles. Aber vergessen wird man es nie. Das verstehe ich, sagst du. Nein, sagt er, nein, Sie verstehen mich falsch. Ich meine nicht, daß ich es nicht vergessen *konnte* oder daß es mir im Kopf herumspukte oder daß ich darunter litt. Im Gegenteil. Ich *wollte* es nicht vergessen – es war Leben pur, auf Messers Schneide! Später, im bürgerlichen Leben, habe ich mich immer gelangweilt. Dort verdrängt man den Tod. Als ob er eine Schande wäre. Für mich ist er das nicht. Er ist genauso selbstverständlich wie essen und atmen. Ich kenne ihn seit meiner Jugend. Seit ich mich erinnern kann, starben um mich herum Familienmitglieder und Dienstboten. Ich saß an ihrem Sterbebett und ging danach in den Garten, um mit meinem Hund zu spielen. Und wenn der auch starb, kauften wir einen neuen.

In der ehemaligen Markthalle liegt der Weiße für einen neuen Monolog heulend auf den Knien; es ist sein dritter oder vierter – irgendwann hast du zu zählen aufgehört. Wie auch immer: jetzt geht es um seine Läuterung. Als kleiner Junge war er mit seinem Vater immer angeln gegangen. Einmal hatte der ihm einen Fisch gegeben, den er wieder ins Wasser werfen sollte. Doch statt seinem Vater zu gehorchen, brachte er den Fisch in ein Versteck und schnitt ihm den Bauch auf. Kleine Fische sprangen aus seinem Inneren, fielen in den Sand und blieben zappelnd liegen. Panierte Würmer. In panischer Angst trat er sie tot und scharrte mit dem Fuß Sand darüber, wie eine Katze über ihren großen Haufen. Doch schon damals, Jahre bevor er die Rebellen mit dem Maschinengewehr niedergemäht und ihre Leichen in einer Grube verscharrt hatte, wußte er, daß er falsch gehandelt hatte, daß er auf seinen Vater hätte hören sollen, daß er den Fisch nicht hätte aufschneiden und die kleinen Fische im Sand nicht hätte ersticken lassen dürfen. Das war die Geschichte, die er der alten Frau hatte erzählen wollen. Doch er konnte sie nirgends finden. Eine Viertelstunde später, kurz vor dem donnernden Schlußapplaus, schütteln der Weiße und der Schwarze einander schon mürrisch die Hand und fragt der Weiße sein Gegenüber, ob der ihm helfen könne, seinen

Wagen anzuschieben, dessen Batterie defekt sei. Mit einer Anspielung darauf, daß der Weiße ohne ihn wohl wenig erreichen werde, stimmt der Schwarze zu. (*Beide lachend ab. Vorhang.*)

(Deine letzte Nacht in Jo'burg. Wieder wirst du von Schüssen in der Nähe des Hotels aus dem Schlaf gerissen. Nachdem du wieder eingeschlafen bist, wirst du von Alpträumen heimgesucht. Immer wieder wird deine Zimmertür eingetreten, du stirbst tausend Tode, einer grausamer als der andere, dein Flehen um Gnade ertrinkt in Blut. Um deine Träume zu überlisten, tappst du schließlich schlaftrunken zur echten Tür und klemmst einen Stuhl unter die Klinke. Wieder im Bett, rächen sich deine Träume. Jetzt bist du es, der eine fremde Tür eintritt. Immer wieder. Ein Unbekannter mit nacktem Oberkörper starrt dich ängstlich an. Du hast ein Messer in der Hand, das Messer verwandelt sich in ein Beil, dann in eine Pistole. Sein wehrloser Bauch hypnotisiert dich, sein Nabel klafft verlockend wie ein Einschußloch. Schau an, denkst du, während dein Finger sich schon um den Abzug spannt, er hat schon eins, es tut ihm nichts, aber ich will auch eins schießen! Wie wäre das, soll ich ein- oder sechsmal abdrücken?)

It's the most beautiful country in the world, sagst du und weichst ihrem Blick aus, während du das Wechselgeld in deine Hosentasche gleiten läßt. *I have never seen anything like the Kruger National Park in my life.* Du benutzt ihr Schweigen, um aus der Apotheke zu flüchten.

Oh nein. Die Schauspieler bekommen fünf Vorhänge.

Der Schwarze an der Kasse nimmt dein nasses Handtuch entgegen und haut dich nochmal übers Ohr. Diesmal zwei Rand dafür, daß er dir ein Taxi ruft.

Did you enjoy your stay? fragt das Mädchen an der Rezeption, als sie dir deinen Paß, deine Schlüssel, deinen Walkman, dein Flugticket und deine Reiseschecks aus dem Hotelschließfach aushändigt.

(Du fragst ihn, ob es möglich sei, bei der Armee Sex zu haben. David schmunzelt. Es ist nicht nur möglich, sagt er und kratzt sich an seiner Narbe, es ist herrlich. Er schweigt herausfordernd, wartet auf deine Neugier. Wenn du lieber nicht davon sprichst, beginnst du zögernd, doch David unterbricht dich. Ach was, kein Problem, sagt er, ich zieh dich nur ein bißchen auf. Es ist erfrischend, mit einem Fremden zu reden... Meine schönsten Erfahrungen hab ich dort gehabt – im Busch. Mit dem ständigen Tod vor Augen. Das macht die Gefühle intensiver. Du lebst von Adrenalin, so wie andere von Liebe. Der Feind lauert, dein einziger Halt sind deine Kameraden, du fluchst auf sie und fetzt dich mit ihnen, bis eine Freundschaft wie Pech und Schwefel entsteht. Du sorgst für sie, wenn sie krank sind, du schlingst dir mit ihnen den schrecklichsten Fraß rein. Du säufst und rauchst und stinkst Meilen gegen den Wind. Und dann, endlich, kommen die Briefe. Von ihren Frauen, ihren Freundinnen. Abends reden sie davon. Das macht sie weich. Du schlägst dich mit einem in die Büsche. Weg von der Gruppe ist er entspannter. Wenn die Lage 's zuläßt, machst du ein Feuerchen, nimmst 'ne Flasche Brandy mit und läßt ihn erzählen. Er hat sie seit fünf, sechs Wochen nicht mehr gesehen, sagt er. Er beschreibt, wie gut sie im Bett ist. Du fragst nach Details. So werdet ihr zusammen geil. Ihr kennt euch wie Brüder, es gibt keine Geheimnisse, also fängt er nach einer Weile an, sich einen runterzuholen, du machst mit oder hast selber angefangen. So kommt eins zum anderen – es ist echt unglaublich! Plötzlich darfst du alles. Und sie machen's auch bei dir. Mit einem der beiden, die damals im Minenfeld krepiert sind, hatte ich die Woche davor noch gefickt. (*Hustet in die Hand, reibt sie an seinem Badetuch sauber.*) Echt alles – bis auf Küssen. Das ist die Grenze. Sex, okay. Aber deine Zunge in ihrem Mund? Dann drehen sie durch. Wenn du das riskierst, schlagen sie dich zusammen.)

Aus dem Niederländischen von Rainer Kersten

Walter Foelske

Ein Mann steht Kopf

Es sei ja nicht richtig, sagt der dünne Mann ins Ohr des Ersatzdienstlers, richtet sich von seiner Liege auf und zieht den Kopf des jungen Mannes noch näher an seinen Mund heran: es sei ja ganz und gar aus der Luft gegriffen, wenn man ihm unterstelle, er habe sein Unglück selbst verschuldet und liege hier in der Bahnhofsmission auf diesem Bahrenbett, weil er sich aus der Kontrolle verloren, also gehen gelassen habe. Wahr vielmehr sei, daß er seit Tagen, falsch, seit Wochen mit äußerster Disziplin nicht nur weniger als sonst, daß er so gut wie gar nichts mehr esse, morgens ein Knäcke mit Quark und mittags ein Knäcke mit Quark und abends ein Knäcke mit einem mittelgroßen säuerlichen Apfel. Natürlich sei er nie ein Fettwanst gewesen, seine ganze Familie, vor allem seine Mutter und erst recht seine Brüder erregten Aufsehen, sogar Bewunderung mit ihren makellosen also fettfreien Körpern, er selbst habe von früh an am liebsten Obst und Gemüse, als Kind kein Fleisch, nur Wurst, als Erwachsener nie ein Hähnchen oder einen Fisch gegessen, weil man sowohl dem einen wie auch dem anderen noch in ihrem gebratenen oder gesottenen Zustand ihre lebendige Leiblichkeit ansehe, doch das am Rande.

Richtig sei, er gehe auf die vierzig zu und habe kürzlich, aus der Dusche vor den Spiegel tretend, beim Abfrottieren den kleinen

Schlauch oder Ring um seine Leibesmitte entdeckt, habe das Handtuch fallen lassen und tatsächlich, indem er das Pölsterchen mit Daumen und Zeigefinger gepackt und schmerzhaft gequetscht habe, einen Anflug von beginnender Feistigkeit nicht nur um seine Hüften herum, auch und sogar an seinen Brüsten und Schenkeln zur Kenntnis nehmen müssen.

Seit er, gezwungenermaßen, nicht mehr arbeite, esse er, und seitdem er, statt zu arbeiten, esse, lege er, naturgemäß, an Gewicht zu.

Also habe er sich dieser Knäcke- und Sprudelwasserdiät unterzogen und sei tatsächlich mit Knäcke und Sprudel und, zugegeben, diesen mittelgroßen säuerlichen Äpfeln, vom Fleisch gefallen, wie man hoffentlich sehe. Doch nicht nur Abstinenz bei der Nahrungsaufnahme, auch und vor allem Abstinenz beim Umgang mit seinen diversen Freunden und Bekannten habe er sich, wie gesagt wird, unter Hängen und Würgen auferlegt, so daß er, so oft sein Telefon während der Zeit des Fastens und Darbens angeschlagen beziehungsweise aufgeschrieen habe, den Hörer kein einziges Mal abgenommen und nicht ein einziges Wort mit den Ruhestörern gewechselt habe. Natürlich sei ihm diese Art Abschnürung beziehungsweise Aussperrung glänzend bekommen. Endlich einmal wieder habe er in seine eigenen Tiefen hinabsteigen, habe lesen und vor allem Musik hören können und sei tatsächlich, an den Radiotasten herumdrückend, auf dieses Musikstück gestoßen, das er sich schon lange in der Stadtbibliothek, wo er es eines Tages entdeckt hätte, habe ausleihen wollen, nämlich den Boulezschen Dialogue de l'ombre double für Klarinette solo, ein Titel, der ihn von Anfang an merkwürdig berührt habe, sei doch ein Dialog, und dann noch zwischen Schatten, von einem einzigen Instrument vorgetragen, so der dünne Mann zum Zivi, so gut wie ein Ding der Unmöglichkeit, denn wie könne eine einzelne Klarinette mit sich selbst einen Dialog führen beziehungsweise ein Schatten mit seinem Schatten?

Um diesem Phänomen auf die Spur zu kommen, sei er denn also am heutigen Nachmittag aus dem Haus und mit der Straßenbahn zur Stadtbibliothek, natürlich nicht ohne bei seinem Weggang den Anrufbeantworter einzuschalten mit der an eventuelle Interessenten gerichteten Botschaft, er sei gegen Abend wieder daheim, rufe stehenden Fußes zurück und bitte bis dahin um Geduld.

In der Bahn habe er, unglücklicherweise, den Sitzplatz gewählt, der dem gesamten Fahrgästepack zugedreht gewesen sei, so daß er mit seinem Gesicht in die Gesichter der Mitfahrenden, wie ihm habe scheinen wollen, hineingestochen habe, denn wen er auch angeblickt beziehungsweise in wessen Augen er sich auch versenkt habe, immer seien die Gesichter beziehungsweise die Augen in den Gesichtern weggezuckt, als sei sein Blick eine Art Messer oder Dolch, so daß er sich zuletzt nicht anders zu helfen gewußt habe, als seine Augenpartie mit der rechten Hand zu bedecken und nunmehr nur noch durch die Fingerlücken die ihn jetzt ungeniert anspringenden Blicke zu registrieren beziehungsweise zu genießen.

In der CD–Abteilung der Stadtbibliothek habe ein Chaos geherrscht wie gewohnt, und gefunden habe er das Gesuchte natürlich nicht. Zwar seien die beiden Damen beziehungsweise Fräuleins, die sonst in dem Chaos herumgefuhrwerkt hätten, diesmal nicht zu sehen gewesen, doch auch der junge Mann, der sie vertreten oder abgelöst habe, sei ein gänzlich orientierungsloser also überforderter gewesen und habe auf seine berechtigten Klagen und Fragen weder eine Antwort noch einen Ausweg aus dem Chaos gewußt. Pierre Boulez, so er zu dem Jungen, sei ein Komponist, den keiner der hier CDs ausleihenden Bibliotheksbenutzer hören wolle beziehungsweise hören könne. Wie alle Idioten, bevorzugten auch die hier in Erscheinung tretenden Bibliotheksidioten die idiotensicheren Hervorbringungen der Herren Haydn, Mozart, Beethoven und Schubert. Alles, was über diesen mageren Horizont hinausgehe, erfülle sie mit Grauen, wie erst der Boulezsche Dialog des doppelten Schattens für Klarinette solo, der in Wahrheit kein Dialog, vielmehr die Demonstration der Unmöglichkeit jeden Dialogs in heutiger Zeit sei, denn die Klarinette, also der auf einen Dialog erpichte Solist sei von Boulez gezwungen, mit sich selbst zu dialogisieren, so daß es, so er zu dem schreckensbleichen Bibliothekar, so der dünne Mann zum Zivi, so daß es, in Anbetracht der enormen Schwierigkeiten, die das Hören beziehungsweise *Durch*hören des Boulezschen Klarinettendschungels bereite, schlichtweg undenkbar sei, daß der Boulezsche Dialogue de l'ombre double einen Liebhaber also Ausleiher gefunden habe, was wiederum darauf hinweise, daß in den Ausleihe–Regalen mit den Ausleihe–CDs, wie gehabt, eine Unordnung herrsche, die zum Himmel schreie, denn wie immer sei er auch diesmal wieder gezwungen, hunderte

CDs zu durchwühlen, um die eine und einzige, um die es hier und heute gehe, aus den bemißwirtschafteten Stellagen herauszufinden.

Natürlich habe er den Jungen, der, wie gesagt wird, Blut und Wasser geschwitzt habe, nach dem Boulezschen Dialog des doppelten Schattens für Klarinette solo suchen beziehungsweise wühlen lassen, während er ihn, seitlich an der Wand lehnend, bei seinem Schnüffeln und Schnobern aus geschlitzten Augen beobachtet habe, immer darauf bedacht, an der Wand nicht hinabzurutschen also zu Boden zu sinken, denn sein gesamtes von Hunger und Entbehrung geschwächtes System sei den Aufregungen beziehungsweise dem Anblick des blauhaarigen und blondäugigen Jungen, der durchaus seine Kragenweite gewesen wäre, wenn er nicht so geschwitzt beziehungsweise gedampft hätte, kaum gewachsen gewesen, so daß er, als der Mensch, vor Erleichterung aufseufzend, die Platte endlich gefunden und ihm, wenn nicht mit einem Kniefall, so doch mit einer verrutschten Verbeugung apportiert habe, nicht die Kraft gehabt habe, ihn nach seinem Namen beziehungsweise dem Zeitpunkt zu fragen, zu dem er heute die Stadtbibliothek verlasse und ihm, salopp gesagt, zur Verfügung stehen könne.

Richtig sei, daß die Schildergasse, das so genannte Kölner Einkaufsparadies, von Menschen überflutet gewesen sei. Natürlich seien ihm die grellen Lichter beziehungsweise Blitze, die von den Reklametafeln und Reklamewänden auf die Massen hinabgedroht hätten, wie Nadelstiche in die entzündeten Augen, so daß er erst die Wimpern und dann die Augdeckel über die gequälten Pupillen habe senken müssen, was, naturgemäß, zu Unfällen beziehungsweise Anrempelungen, auch zu Empörungsschreien und handfesten Drohungen geführt habe, die ihn um Leib und Leben hätten bangen lassen, bis er sich endlich an eine der Fensterscheiben von C & A gelehnt und seinen Blick frei habe schweifen beziehungsweise rennen lassen, hin und her, vor und zurück, bis er an einem mit einem Soldatenmantel und einem Theaterkopf ausgestatteten jungen Mann hängen geblieben sei, der sein Blechschüsselchen mit den wie Blechmünzen scheppernden Geldstücken den Vorbeihastenden entgegengestreckt beziehungsweise in die Leiber der an Eistüten und Pizzastücken herumschmatzenden Passanten hineingebohrt habe, mit dem Erfolg, daß sie seine

Blechschüsselhand weggedrückt, auch mit geballten Fäusten weggeboxt hätten, so daß er als Zuschauer plötzlich habe denken müssen: ein Leidensgenosse! ein Verstoßener wie ich!, und sich mitleidend beziehungsweise liebevoll zu ihm hinabgebeugt habe, um ihm seine Sympathie zu bekunden beziehungsweise seine Freundschaft anzutragen.

Kaum aber habe er ihm die Hand auf die Schulter gelegt und ein paar tröstende Worte nah bei seinem Ohr geflüstert, habe der Mensch seine Hand weggeschlagen und seinen Kopf gegen die Fensterscheibe gestoßen und ihm die Blechschüsselhand hingehalten und gebrüllt, er brauche kein Mitleid, er brauche Geld, und wenn er zu geizig sei, ihm ein paar Märker ins Schüsselchen zu tun, solle er sich verpissen, für Brüder wie ihn habe er sowieso nur Arschtritte übrig.

Also habe er sich, sagt der dünne Mann und drückt die Tasse mit Hühnerbrühe, die der Zivi ihm hinhält, auf Armeslänge von sich weg und läßt sich zurück auf sein Bahrenbett fallen, also habe er sich aufgerafft und sei, sein in der Gesäßtasche verwahrtes Portemonnaie betastend und erleichtert darüber, daß der unverschämte Kerl ihn wenigstens nicht bestohlen habe, sei also am Gürzenich vorbei Richtung Altermarkt und schnurstracks in die ihm von langer Hand bekannte und bestens vertraute Altermarktschänke hinein.

Wie immer zu dieser frühen Vorabendstunde sei das Lokal nur mager besetzt gewesen. Also habe er sich, die hufeisenförmige Theke umrundend und den Blick des diensttuenden Zapfers suchend aber nicht findend, in die hinterste lichtlose Ecke verkrümelt und auf der Wandbank Platz genommen. Die Wandbank sei, wie der Name schon sage, ein an der Wand festgeschraubtes Sitzutensil, das jedem, der es sich darauf bequem mache, den Rücken freihalte, denn die Wand, an die man sich, auf der Wandbank sitzend, lehne, verhindere, daß einer der die Theke besetzt haltenden Jungen sich hinterrücks anschleicht und überfallartig den Überfallenen nicht nur beim Hals beziehungsweise bei der Gurgel würgt, sondern ihn auch noch um ein Kölsch anbettelt.

Obwohl er den Zapfer weder durch Husten und Schnalzen noch durch Winken oder Klappern auf sich aufmerksam gemacht habe, sei der zuletzt doch an ihn heran und habe ihn nach seinen Wünschen gefragt. Natürlich habe er ein Wasser, ein stilles also kohlensäurearmes, verlangt, doch ein solches sei, wie immer, nicht zu haben gewesen, denn Sprudelwasser, so der aufdringliche Thekenmensch, sprudele erfrischend, stilles Wasser aber schmecke wie eingeschlafene Füße, sei in diesem Laden also kein Thema. Natürlich habe er daraufhin abgewunken, sich gegen die Wand gelehnt und auf eine Bestellung verzichtet, die Rechnung aber ohne den Wirt gemacht, der den Aufenthalt in diesem Etablissement vom Verzehr welchen Getränks oder Würstchens auch immer abhängig gemacht und ihn gezwungen habe, eine Cola, light natürlich, zu ordern, zu der es, anders als zu einem Kohlensäuresprudel, einen Strohhalm gebe, mit dem er die Kohlensäure aus seiner Kohlensäurecola, light natürlich, hinausschleudern könne, der Kerl habe tatsächlich *schleudern* gesagt, so der dünne Mann zum Zivi.

Richtig sei, daß er, wie anfangs schon erwähnt, nüchtern also halbtot vor Hunger gewesen sei, habe er doch den ganzen Tag nichts anderes als morgens ein Knäcke mit Quark und mittags ein Knäcke mit einem grasgrünen säuerlichen Apfel zu sich genommen, so daß die Colawürze also das Koffein des Colagetränks in seine Magenwände hineingebissen und ihn Rülpsen und Würgen gemacht habe. Augenblicklich sei ein Junge, der ihn schon die ganze Zeit von seinem gegenüberliegenden Thekenplatz aus beobachtet habe und den auch er, was selten, fast nie, vorkomme, anziehend also, wie man heute sage, geil gefunden habe, augenblicklich sei dieser Junge um die Theke herum zu ihm hin, habe ihn bei den Schultern gepackt, vornübergebeugt und seinen Rücken mit der geballten Faust traktiert, was alles den Husten und das Würgen tatsächlich gebannt habe, so daß er sich aus der Umarmung beziehungsweise Umklammerung des Jungen befreit und *danke* gesagt habe, lächelnd natürlich, wie sich das nach einer solchen Hilfeleistung beziehungsweise Lebensrettung gezieme.

Der Junge aber habe sein Lächeln, wie er augenblicklich begriffen habe, falsch gedeutet, sich neben ihn auf die Wandbank geschwungen und *Apfelkorn* gesagt, ein Getränk, wie er zugebe, das heutzutage nicht mehr in sei, das er, Felix, aber ums Verrecken gern saufe und das in dieser Klitsche hier in hervorragender Mischung serviert werde. Also habe nicht er, der fälschlich zum Freier gemachte, den Schnaps bestellt, sondern dieser, wie er zugeben müsse, süße Felix, bestellt und gekippt, gekippt und geschluckt, und das nicht nur ein- oder zweimal, sondern laufend und einen nach dem anderen, so daß es ihn, den Zuschauer dieses Treibens und Trudelns, zuletzt geschlaucht und geschwindelt habe, besonders, da der Junge ihn wenn nicht gezwungen, so doch dazu angestachelt habe, das eine oder andere Gläschen beziehungsweise den Apfelschnaps aus diesen Gläschen in sich selbst hineinzukippen, so daß er zuletzt weder ein Beißen von dieser Cola light noch ein Beißen von den diversen Apfelschnäpsen in seine Magenwände hinein mehr gespürt habe, im Gegenteil, eine wohlige Wärme habe Besitz von ihm ergriffen und nicht nur die Schnäpse, auch und vor allem der süße Junge habe ihn über sich selbst hinaus in eine Art Himmel gerissen, in dem er, wie gesagt wird, die Engel habe singen hören.

Abstreiten wolle er nicht, daß er den Annäherungsversuchen dieses Felix, auch seinen Bemühungen, ein Gespräch in Gang zu bringen, nicht energisch genug entgegengetreten sei. Vor allem aber habe er ihm nicht deutlich genug gesagt, daß er aufgrund seiner Arbeitslosigkeit, die ihn fast aus der Bahn geworfen habe und noch immer aus der Bahn werfe, knapp bei Kasse, also ein denkbar unattraktiver Freier sei. Zuletzt, um dem unentwegt plappernden Jungen den Gesprächsfaden abzuschneiden und ihm klar zu machen, daß eine Verständigung in Zeiten von Computer und Internet per se nicht mehr möglich sei, habe er von dem Boulezschen Dialog des doppelten Schattens zu reden angefangen und ihm das Stück zu erklären versucht, in dem sich eine Soloklarinette mit dem Schatten ihrer selbst unterhalte. Dieser Schatten, Doppelklarinette genannt, werde von einer zuvor aufgezeichneten, vom gleichen Interpreten bedienten und auf dem gleichen Instrument eingespielten Klarinettenstimme erzeugt, die nichts anderes sei als das auch live spielende Soloinstrument. Die sechs Strophen des Stücks, so er zum Jungen, würden auf dem Konzertpodium dargeboten, die anderen Teile, also der Schattenkomplex, komme über Lautsprecher, so daß zwar der Eindruck entstehe, da sei eine Rede und Gegenrede, also ein menschliches beziehungsweise instrumentales Miteinander im Gange, in Wahrheit aber falle der Solist sich selbst ins Wort und treibe eine Art Inzest mit dem eigenen Klangleib.

Natürlich habe der Junge genickt und seiner Verwunderung durch Kopfschütteln und Schnalzen Ausdruck verliehen, in Wahrheit aber nichts kapiert. Also habe er den Zapfer herangewinkt, ihm den Boulezschen Dialogue de l'ombre double in die Hand gedrückt und ihn aufgefordert, die Platte einzulegen und abfahren zu lassen. Wahr sei, daß in dieser Kneipe, wie in allen Kneipen der Welt, der geballte Schwachsinn aus den Lautsprecherboxen dröhne. Alex und Zlatko, die beiden Big Brother–Idioten, hätten die klangliche Folie für den geschilderten Nachmittag abgegeben, und die ganze Kneipe, der Zapfer nicht ausgenommen, habe zu den Blödelklängen wie besessen gewippt und geschunkelt. Als nun die Boulezsche Klarinettenstimme aufgeklungen sei und die in der ersten Überleitung auftretenden Triller, die ab und zu durch Gruppen von ein bis drei schnell gespielten und jedesmal durch Appoggiaturen verzierten Tönen unterbrochen worden seien, sich Gehör zu schaffen versucht hätten, sei die gesamte Kneipenmannschaft erst in ein hypnotisches Schweigen verfallen, dann in ein stummes Grinsen und zuletzt in einen schenkelschlagenden, fiependen und quiekenden Radau ausgebrochen, der schließlich ein Gelächter ausgelöst habe, das die Gläser auf dem Tresen zum Zerplatzen gebracht hätte. Schließlich habe er keinen anderen Ausweg gewußt, als der Forderung des Zapfers, wegen der akustischen Belästigung seiner Gäste durch den auf sie einstürzenden Klarinettenmüll eine Lokalrunde zu spendieren, nachzugeben, das grölende und kreischende Pack mit Kölsch und Korn zuzuschütten und damit seine letzten Geldreserven, die er sich durch Hungern und Darben mühsam angespart habe, den sogenannten Bach hinunterzujagen.

Richtig sei, daß besagter Felix sich an dem Tumult zwar beteiligt, ihn aber weder geschürt noch zu überjuxen versucht habe. Vielmehr sei er mit der Hand an seine Hand heran, habe sie erst gestreichelt, dann gedrückt, habe zuletzt den Kopf schräg gelegt und die Lippen gespitzt.

Richtig sei aber auch, daß er, von der Unmöglichkeit einer wie auch immer gearteten Kommunikation sowohl mit dem Zapfer als auch mit dem Jungen zutiefst deprimiert, dieses Lippensignal mißverstanden, es zu Unrecht als Aufforderung zum Küssen mißdeutet und somit die Katastrophe, unter deren Schockwirkung er hier und jetzt auf dem Bahrenbett noch immer stehe, selbst herbeigeführt habe.

Der Kußmund sei ihm wie eine Verheißung ins Auge also ins Herz, so daß er den Kopf des Jungen mit beiden Händen gepackt, an seinen Kopf herangezogen und die Jungenlippen mit den eigenen Lippen berührt beziehungsweise kontaktiert habe. Kaum aber sei sein Lippenfleisch mit dem des Jungen in Berührung gekommen, habe eine Lohe seinen Kopf in Brand gesteckt und gemacht, daß sein Mund den Mund dieses Felix zu verschlingen, in sich hineinzuschlingen versucht habe. Fressen, den Jungen aus Liebe fressen, seinen Mund schlucken, seine Zunge lutschen, seine Gurgel lecken, sein Herz in der Brust leertrinken, das seien die Gedankensplitter gewesen, die seinen Kopf durchschossen hätten, und so, um seiner Isolation und Frustration sogar in dieser Kneipe sogar unter diesen zu allem und jedem bereiten Männern und Jungen die Spitze zu nehmen, habe er diesen Felix möglicherweise beim Hals gewürgt und mit seinen Zähnen, wie gesagt wird, zu packen und zu fressen versucht.

Wahr sei, daß dabei Blut geflossen sei, daß er plötzlich tatsächlich Blut geschmeckt habe und gleichzeitig ein Schrei, Entsetzens- oder Hilfeschrei, seinen Kopf durchgellt habe, derart, daß er sich den Jungen aus den Zähnen gerissen und erst in diesem Moment begriffen habe, daß Felix der Schreier ist. Das Gesicht des Jungen, falsch, sein Mund beziehungsweise seine Lippen seien von Blut verschmiert gewesen und die rechte Hand des von ihm Gebissenen sei mit ausgestrecktem Zeigefinger vor und in seinem Gesicht zugange gewesen und der immer noch anhaltende Schrei aus der Jungenkehle habe sich in einen Mord- oder Mordioschrei verdreht, wobei die Augen des Schreiers vor Lust am Skandal aber gelacht und seine Ohren komisch gewackelt hätten.

Augenblicklich nun sei die ganze Meute, Knaben- und Männer- und Uropa–Meute über ihn hergefallen, habe ihn von der Wandbank gezerrt und mit Fäusten und Tritten zur Räson bringen wollen. So laut er auch seine Unschuld beteuert und wieder und wieder *Liebe! Aus Liebe! Weil ich ihn liebe!* gerufen habe, so wenig habe sich das, wie er sagen müsse: kriminelle Pack um sein Liebesgeschrei geschert, habe ihn an den Haaren gezerrt und die Zierknöpfe aus seiner besten Jacke gerissen und ihm das Hemd mit dem Lippenblut dieses Felix beschmiert. Brutal hätten sie ihn abgetastet, das Portemonnaie aus seiner Gesäßtasche gewühlt, einen Hundertmarkschein dem Zapfer auf den Tresen geknüllt, ihm die Börse zwischen die Zähne gerammt und ihn mit *Hauruck!* und *Raus die Sau!* aus dem Lokal auf die Straße getreten, wo er denn, blutend und am ganzen Leibe zitternd, augenblicklich von einer keifenden Menge umringt gewesen sei und Rufe wie *Säufer! Schwule Sau! Sittenstrolch!* über sich habe ergehen lassen müssen. Erst nach Minuten habe er sich aufraffen und mit eingezogenem Schwanz, wie der Volksmund sage, aus dem Staub machen können.

Beim Pitter sei es voll gewesen. Im Pitter, erklärt der dünne Mann dem Zivi, in dem Lokal *Beim Pitter* verkehrten genau *die* jungen Männer, die ihm bis aufs Blut verhaßt seien. Genau für diesen Schlag Menschen zwischen zwanzig und dreißig habe er sich dieser mörderischen Hungerkur unterzogen, denn jenes teils bärtige und überschlanke, teils geschminkte und magersüchtige Jungmännergesocks schnippe ihn, der auf die vierzig zugehe und naturgemäß sein erstes Bäuchlein vor sich her trage, mit verekelter Miene von sich weg, wenn er nicht jung wie sie, schlank wie sie, potent wie sie Anstalten mache, ihnen aufs Haar und bis auf ihre dummdreisten Fressen zu gleichen. Blutverschmiert und total zerfetzt, wie er gewesen sei, habe er sich durch die in geschlossenen Reihen neben- und hintereinanderstehenden Arschgesichter zur Toilette durchgequetscht und sich vor dem Spiegel notdürftig restauriert. Zwar habe er dann und wann einen Gickser getan, auch sei er, wie er im Spiegel habe beobachten können, manchmal ins Knie gebrochen, doch immer wieder habe er sich zur Ordnung gerufen und sei zuletzt mit rudernden Armen vom Pitter weg und auf den Hauptbahnhof zu getorkelt.

Am Hinterausgang habe er die Männer und Jungen und die diese Männer und Jungen mit Hunden, Metzgerhunden, umkreisenden Sicherheitspatrouillen erst beobachtet, dann mit eindeutigen Gesten das Kontrollpack, nicht die Freier und Jungs, zum Teufel gejagt. Die Uniformierten hätten sich aber nicht zum Teufel jagen lassen, seien vielmehr – zwei Kerle, ein Weib – zu ihm hin und mit den maulkorbversiegelten Schlachterhunden gefährlich nah an ihn heran. Augenblicklich habe er sich aufs Pflaster gekniet und einen der Köter, den kompaktesten und mit seinen triefenden Lefzen am ekelhaftesten anzuschauenden, angeknurrt. Zwar habe das Tier am ganzen Leib erst gezittert, dann mit dem ganzen Leib sich gewunden wie eine fette, mißgestaltete Schlange, sei aber von seinem Züchtiger, einem aufgeschwemmten Fiesling mit Ohrringen und Tätowierungen bis zum Hals hoch, kurz und bei Fuß gehalten worden, wie das Gesetz es vorschreibe. Zuletzt seien zwei echte Bullen beim Hintereingang aufgetaucht, und augenblicklich sei er aus seiner Hocke hoch und zu ihnen hin und habe sie beauftragt, seinen in der Altermaktschänke zurückgelassenen beziehungsweise ihm dort gestohlenen Boulezschen Dialog des doppelten Schattens für Klarinette solo augenblicklich sicherzustellen und den Zapfer als Dieb und Zechpreller, denn er sei um den überzahlten Betrag für Apfelkorn, Kölsch und Schnaps geprellt worden, festzunehmen. Die Bullen, so der dünne Mann zum Zivi, hätten ihn aber stehen lassen, einfach so, aus dem Handgelenk heraus, hätten mit der Sicherheitspatrouille einen Blick beziehungsweise ein feistes Grinsen getauscht und seien über die Stricher her, die ihre Hände aus den Hosentaschen gerissen und tatsächlich stramm gestanden hätten.

Tatsache sei, daß der Kölner Hauptbahnhof, wie alle Hauptbahnhöfe in diesem satten und übersatten Land, von Imbißständen beziehungsweise Freßbuden nur so koche. Hier ein Würstchenstand mit Salzbrezeln, dort ein Salzbrezelstand mit Würstchen, links ein stinkender Fischverkauf, rechts ein Pizzabäcker mit Preisen zum Rotwerden, und obendrein Eis- und Käse- und bayerische Weißbier–Ecken mit Schweinehaxen und Sauerkraut wie bei Muttern.

Natürlich sei er, so der dünne Mann, vom Bier- und Apfelkornschlucken, vor allem aber vom Werben und Schönwettermachen für den Boulezschen Dialogue de l'ombre double heiser, falsch, trocken im Hals, alles falsch, hungrig und durstig gewesen, so daß er von den Düften und Dünsten, die von den diversen Bäcker-, Metzger- und Pizzaständen aufgestiegen seien und die Luft schwer und fettig gemacht hätten, bis zum Ausklinken betäubt gewesen sei. Immer sei ihm das Wasser im Mund zusammengelaufen und seine Magenwände hätten, wie der Volksmund den Nagel wieder einmal haargenau auf den Kopf treffe, unentwegt in die Hände geklatscht.

Zuletzt sei er vor dem Schaufenster der Bahnhofsbuchhandlung gestanden und habe, statt in Würsten und Fischbrötchen, seine Augen in Büchern und Landkarten gebadet. Kaum jedoch habe er den Laden betreten, eine Zellophanhülle aufgefetzt und in Michael Maars *Das Blaubartzimmer* zu lesen begonnen, das, wie er mit über die Zeilen jagenden Augen entziffert habe, die Vermutung in den Raum stelle, der große Thomas Mann habe in seinen jungen

Mannesjahren ein Verbrechen, sprich: einen Mord begangen, dem er, kunstvoll beziehungsweise raffiniert verschlüsselt, in seinem gesamten Werk nachhänge, kaum also habe er sich in den sensationellen beziehungsweise reißerischen Text hineingefressen, habe ein Ladenschwengel ihm das Buch aus der Hand genommen und ihn aufgefordert, das Geschäft zu verlassen. Natürlich habe er nach dem Burschen symbolisch gespuckt, auch getreten und geschlagen, habe also Speichel zusammengerafft und die Hände zu Fäusten geballt und die Bein- und Kniegelenke gelockert und mit Stentorstimme, wie er zugeben müsse, die übrige Kundschaft davon in Kenntnis gesetzt, daß man ihn, einen potentiellen Leser und Käufer, aus dem Scheißladen hier hinauswerfe, bis die ihm schon bekannten Bullen in der Tür aufgetaucht seien, ihn bei den Armen gepackt und mit den Worten *Komm wieder, wenn du nüchtern bist,* aus dem Laden hinausgeführt und vor einem Knackwurststand abgestellt hätten.

Gott sei sein Zeuge, daß er in nackter Unschuld in die nachfolgende Katastrophe hineingetaumelt sei. Wie alle Welt bezeugen könne, habe er sich in Bücher, nicht in Knackwürste, in den verbrecherisch verleumdeten Thomas Mann, nicht in die Verbrechen eines x-beliebigen Knackwurstfabrikanten hineinhängen wollen. Natürlich habe ihn der Duft der gekochten, gebratenen und gesottenen Würste bis zum Nervenkollaps gereizt beziehungsweise überreizt. Mit seinem seit Wochen leergefegten Magen hätten die Beamten ihn vor die Brat- und Kochgefäße dieses Wurstvergifters geführt und somit ein größeres Verbrechen begangen, als Thomas Mann je hätte begehen können, selbst wenn er ein Dutzend neapolitanischer Stricher vom Leben zum Tod befördert hätte. Monatelang sei er vor Spiegeln und Fensterscheiben gestanden und habe seinem radikal und immer radikaler schrumpfenden Bauch gut zugeredet. Magere ab, so er zu ihm, falle vom Fleisch, und die gesamte Thekenmannschaft beim Pitter wird dich mit Kußhand an ihre Schwartenmägen drücken.

Richtig aber sei, daß er, alle guten Vorsätze in den Wind schlagend, an den Wurststand beziehungsweise an den hinter der Wursttheke mit Knack- und Mettwürsten jonglierenden Türken herangetreten sei und ihn nach der Qualität seiner Ware gefragt habe. *Wird*, so er zu ihm, *wird der von Ihrer Firma verarbeitete Wurstteig unter Hinzufügung großer oder kleiner Fettmengen beziehungsweise BSE–Brocken zur Reife gebracht, bevor er in die Därme – Natur- oder Kunstdärme? per Hand oder maschinell? – hineingepfropft wird? – Dat is doch keine Kies, also muß dat nit reif werden, wat ich hier verkloppe*, so der kölsche Türke, so der dünne Mann zum Zivi.

Plötzlich sei ihm ein seitlich über dem Siedekessel an die Kachelwand geklebtes Plaket ins Auge gestochen, dessen Inhalt er hier auf dem Bahrenbett nicht Wort für Wort zitieren könne, das aber, verbrecherischerweise, von besten Zutaten und schonendster Verarbeitung des in Frage stehenden garantiert BSE–freien Wurstteigs gelogen habe, so daß er nicht anders gekonnt habe, als noch näher an die Theke beziehungsweise den Türken heranzutreten und um eine Mettwurst mit Brötchen und Senf, *großem* Brötchen und *viel* Senf, zu bitten.

De Brüdcher sin alle jleich jroß, un der Senf jenau nach Schnauze, so der türkische Mitbürger in unerträglich kölscher Verlogenheit, und kaum habe er Zeit gehabt, seine letzten Fünfmark aus der Hosentasche zu wühlen und auf die Theke zu knacken, da sei der Wursthimmel schon über ihm aufgegangen und habe paradiesisch in seine Nase geduftet.

Augenblicklich sei er linksran an den Stehtisch und, von niemandem observiert, über die Wurst her. Der köstliche Saft beziehungsweise das würzige Fett sei ihm sowohl in die Augen gespritzt als auch am Kinn hinunter auf seine blutbesudelte Jacke getropft, so daß er schlürfend und schmatzend den herrlichen Sud von Lippen und Fingern, Jackenrevers und Rüschenhemd geleckt und geschleckt und ganz Köln, besonders aber den türkischen Ausländer, mit beiden Armen habe umschlingen wollen.

Taumelnd vor innerem Wohl- und Versöhntsein mit Gott und der Welt sei er, kaum habe er den letzten Brocken geschluckt gehabt, erneut an den stattlichen Schwarzschopf heran und habe mit erhobener Hand schon nach einer Zweitwurst geschnippt, als erst ein Würgen, dann ein Schlingern und Schleudern seinen Leib beziehungsweise seinen Magen und zuletzt seine Speiseröhre vulkanisch durchbebt hätten und ein Schwall von Brocken und Klumpen aus seinem Mund gegen die Thekenwand geplatzt sei.

Natürlich hätten die Fresser rund um den Freßstand gebrüllt wie am Spieß. Daß diverse Damen und Dämchen nicht kollabiert seien, habe tatsächlich an ein Wunder gegrenzt. Jedermann habe, symbolisch gesprochen, seine Röcke gerafft und sei kreischend und mit zugehaltener Nase in die auseinanderstiebenden Bahnhofspassanten hinein, die mindestens einen Totschläger in der Wurstbräterei am Werk hätten vermuten müssen. Er selbst sei würgend und kotzend an der Thekenstange gehangen und habe nicht nur den Giftfraß, auch sein ganzes Gedärm mit daranbaumelndem Magen den Leuten vor die Füße gespieen. Tatsächlich sei es der verbrecherische Türke gewesen, der ihm zuletzt den Kopf gehalten und das Maul mit einer Wurstserviette sauber gewischt habe.

Er aber sei aus seiner verkrümmten Haltung hoch, habe dem Mann die Serviette aus der Hand gerissen, sie ihm ins Gesicht geworfen und mit seiner Rede begonnen.

Alles sei Verbrechen, habe er, wie der Jean Paulsche Christus vom Weltgebäude, von einer dort herumgestandenen Lattenkiste herab gepredigt. Von nichts anderem getrieben als dem Wunsch, den Boulezschen Dialog des doppelten Schattens für Klarinette solo endlich zu entschlüsseln beziehungsweise zu durchhören, sei er am heutigen Nachmittag aus der schützenden Ummauerung seiner Wohnung erst in die Straßenbahn, dann in die Stadtbücherei, erst in den Würgegriff kölschglotzender Massen, dann in die Konzept- und Kompetenzlosigkeit eines halbdebilen Jünglings hineingestolpert, den er zu allem Überfluß auch noch geil gefunden, also angehimmelt habe, wie auch den Bettelbruder in der Fußgängerzone vor C & A, der ihn zum Dank bespuckt und mit rüden Worten als Schwulen beschimpft habe, wie auch dieser Berufsstricher Felix, ein zarter und, wie er sich nicht scheue zu gestehen, ihm zu Herzen gehender Knabe von einigen vierzehn oder fünfzehn Jahren, der ihn belogen, bestohlen und beblutet habe wie das blutjunge Magerpack beim Pitter, das ihn nicht einmal, wie der Schlachterhund beim Hauptbahnhof, angeknurrt, sondern wegen seines schnurrigen Bäuchleins gnadenlos ignoriert habe, wie leider nicht die beiden Bullen, die ihn aus der Lektüre eines den großen Thomas Mann beschmutzenden Verleumdungselaborats gezerrt und vor dieser Theke allein gelassen hätten, einer Theke, die von einem ausländischen Türken mit seinen schwarzbehaarten Fingern bewirtschaftet werde, der ihn, den entsagungsvoll Hungernden, wie die Schlange Eva mit einem rotbackigen Apfel, mit einer fettriefenden Wurst geködert habe, die er im hohen Bogen habe ausspeien müssen ob der unverdaulichen Knorpel und Knubbel, die er, und an dieser Stelle seiner Predigt sei er am Boden gekniet und habe die von ihm ausgespieenen Knorpel und Knubbel mit den Fingern betastet, die er augenblicklich, als möglicherweise von BSE verseucht, vom hiesigen Max Planck–Institut werde analysieren lassen, und mit aller Entschiedenheit fordere er auf der Stelle seine Fünfmark zurück, die ihm für den Giftfraß aus der Tasche gegaunert worden seien.

Natürlich habe der Ausländer, wie bei Ausländern üblich, an seiner Klunkerkette herumgefingert und welche Gebete auch immer zu seinem Götzen emporgeleiert. Da sei er ihm an den Kragen, habe ihn unter dem Gelächter einer Zuschauerschaft, die, wie er selbst, für die Rechte unserer ausländischen Mitbürger gern immer mal wieder eine Lichterkette bilde, diese Kümmeltürken als Wurstbetatscher und Brötchenbefingerer aus hygienischen Gründen aber aufs schärfste ablehne, habe den Türken also beim Kragen gepackt, ihn auf seine Theke gehievt, sich selbst in den Verkaufsstand geschwungen und, besoffen wie er noch immer gewesen sei, mit dem in Rede stehenden Wurstbombardement begonnen.

Möglich sei, daß man annehme, er habe den Kölner Hauptbahnhof mit dem Schlaraffenland verwechselt, wo gebratene Würste durch die Luft und den Leuten direkt in die Mäuler flögen. Falsch. Noch nicht einmal, als seine Hände vom Hineinpacken in die Brat- und Siedetöpfe von Brandblasen nur so gequalmt hätten, habe er begriffen, was er da anrichte. Jedes Kreischen, Klatschen und Maulaufsperren der Zuschauer habe er mit neuen Würfen und einem noch gezielteren Schleudern nicht nur von Knack-, Brat- und Mettwürsten, auch von Zangen, Pfannen und Plastiktellern beantwortet, so daß zuletzt ein Schlachtfeld von zertrampeltem Blech und zermatschtem Fleisch und Gedärm den Wurststand umrandet habe, in dem nicht nur Kinder, auch Soldaten, Penner und alte Mütterchen herumgegrapscht und sich die geplatzten Würste in die Mäuler gestopft hätten. Immer wieder habe er *BSE*, aber auch *Boulez* und *doppelter Schatten* und *Soloklarinette* gerufen und das Musikstück tatsächlich in die Ohren der Mampfenden hineingekräht, bis sich das besagte Duo, grünberockt und mit Pistolen im Gürtel, über ihn her gestürzt und der eine ihm mit dem Schlagstock den Schädel zertrümmert habe.

Tatsächlich sei der schwarze Knüppel und wie er durch die Luft auf ihn niedergesaust sei das letzte, das er von all dem Graus im Gedächtnis bewahre, danach habe ihn das Blutgerinnsel in seinem Hirn in die Ohnmacht beziehungsweise in die Arme seines Samariters geworfen, dem er die Hände küssen und die Füße waschen müsse, um ihm für seinen Einsatz, der eines goldenen Verdienstordens am Bande würdig sei, zu danken.

Und er stürzt sich tatsächlich aus dem Bett dem Zivi vor die Füße und umschlingt seine Beine mit beiden Armen. Der aber beugt sich nieder, streicht ihm durchs Haar, schnippt nach der Baldrianspritze und sagt zu der Krankenschwester, die neben ihm kniet: „Na los! Gib her! Der Mann steht Kopf."

Radoslav Nenadál

Der Rosenkavalier

I

„Wat soll det sein?"

„Na det Rudolfinarium."

„Ru-di-fi-na-ri-um? Komischa Name! Na ja, ick komm ja ooch nich so oft aus Libeň her, oda höchstens in 'e Nacht."

„He, Žofi, schließlich bist de in 'e Altstadt in 'e Schule jejang'. Det de det nich kennst, nee! Det de det nich kennst! Und der Himml, kohlrah'mschwarz!"

„Naja, is ja immahin Mittanacht."

„Hat 'n damals der Hus[1] schon jestanden?"

„Det stand, ick bin hier imma zum Armeebad langjeloofen. Hier ha'm sich de Abjeordneten vadroschen."

„Den' hätt' der Hus eens jehustet! Der war für Ordnung und keene Klopperein, 'n Priesta eh'm, nich wie heutzutaache die Pfaffen. Und du konntest schwimm', Žofi?"

„Rudifinarium."

„Rudolfinarium, Žofi. Von Rudolf, wie Rudi."

„Saach ick doch! Naja, klar, konnt' ick schon."

„Ick zieh ma ween'stens een Mantel aus. Ick krich schon Hitzewallung'."

„He, kiek ma', 'n scheenet Brot!"

„Žofi, wa ha'm schon drei volle Beutel und 'n Rucksack ooch."

„Ick kann da kaum drunta sehn. Aba det nehm' wa. Det is heile und in Zellophan einjepackt. Mit Kümmel. Wer schmeißt 'n so wat weg? Janz frisch." Und die Alte reckt den Hals und dreht und wendet ihn wie eine Schildkröte nach oben, wo ihr der aufgeblähte Leib des Rucksacks zehn Zentimeter ihres Ausblicks nimmt.

„Žofi, hör uff, da drin rumzuwühln. Kiek ma', da komm' de Blaun. Vielleicht sin' det wieda die, die uns det letzte Ma' Lumpensammla und Bettla jenannt ha'm. Die halten an. Vakrümeln wa uns unta die Linden da, bei det Jitta." Dann fügt sie voller Begeisterung hinzu: „He, wenn wat is, denn sin' wa hier am Lindenblüten sammeln."

„Erstens langst de dem Vopo nich ma bis zur Mütze, zweetens blühn die noch jar nich. Du Knirps. Kiek ma' lieba, wat de da für 'n Haufen Papier uff 'e Erde jeschmissen hast. Ferkel! 'n Schweinestall wie in 'a Hilfsschule. Komm weg hier! Rudelfinarium", brabbelt Žofka.

„Mensch, Žofka, du bist echt stur. Ick bring dir nix mehr bei. Kiek ma', die steijen jar nich aus. Die warten ab. Die kieken, ob wa da in die Mülleima mit Rumwühln anfang'. Die sin' jewieft. Laß dir ja nich einfalln, jetze da hinzuloofen. Denn komm' die wieda mit ihre juten Tips, det wa uff 'n Amt 'ne Zulage beantragen solln. Aba solln wa denn nu noch späta losjehn?"

„Jenau! Die andan Leute und de Polypen sollten um die Uhrzeit schlafen. Immahin müssen die früh alle zur Arbeit uffstehn. Und ausjeschlafen solln se ooch sein. Kruzi, komm hierher in 'n Schatten. Hier kommt det Licht nich hin. Na, da hat Bella wat Leckeret zu essen. Und die Hühnachen. Da wer'n se paar Taache wat von ha'm."

„Det mit Kümmel könn' wa noch selba, det is in Zellophan einjepackt. Wer schmeißt so wat bloß weg? So 'n jutet Brot!"

„Weeßt de wat, wir vapiss'n uns da an det Jitta lang. Jut, det wa so kleen sin'. 'n ausjewachsena Mensch könnt' nich unta die Linden drunta."

„Du willst da vapiss'n und schleppst da durch de Jejend als wärst de 90 Jahre alt."

„Rüba!"

Ein erschrecktes „Wohin?"

„Ach laß, ick saach nur, det ick schon üba de 90 rüba bin..."

„Ick zieh ma noch een' Mantel aus."

Mánička schält sich mühsam aus dem zweiten Mantel heraus, der dadurch, daß er so schmutzig ist und auf eine unnachahmliche Weise an ihr herumschlackert, an die Planen erinnert, mit denen man auf dem Land über den Sommer immer die Heuschober abdeckte. Sorgsam und liebevoll schlägt sie den Mantel zusammen und legt ihn zu dem anderen zwischen die Henkel über den Rand des vollen Beutels. Dabei beobachtet sie aufmerksam den blauen Wagen mit dem weißen Streifen, aus dem nun doch zwei Männer in grünen Uniformen ausgestiegen waren. „Kiek ma', die komm' jar nich hierher", zischelt sie. „Die sehn uns bestimmt jar nich."

„Máni, jib ma ma' so 'n Stück von det Kümmelbrot."

„Kannst de nich abwarten, bis se wieda wegfahrn? Mittanacht sollte 'n Mensch keen' Hunga ha'm. Ick war ooch ma' so, aba als kleenet Kind, det hat ma ma' so 'ne olle Frau jesaacht, die sich um mir jekümmat hat. Als inne Kirche jrade Ah'mdmahl war, soll ick anjefang' ha'm, det ick ma' pinkeln muß. Kiek ma', bestimmt jehn se pinkeln. Die da!"

„Pah, von wejen pinkeln. Die ha'm ihre eijenen Klos. Schön jekachelt. Zum abschließen. Mit trock'nen Klobrilln. Det is 'ne Patrolje. Det sin' so Tricks. Die tun bloß so. Na jut, denn eh'm jetze nich. Is ja in Zellophan einjepackt. Trocknet ja nich aus."

Die Uniformierten warten. Ziemlich lange. Wie Jäger mit ihren Hunden am Fuchsbau. Zwei Minuten. Fünf. Dann steigen sie mit schnellen leisen Schritten hinab unter die Brücke in das unbeleuchtete steinerne Kämmerchen mit der Aufschrift „Herren". Die Kalkschrift schimmert matt auch in der Dunkelheit. Žofinka reißt die Augen auf. Kaum blinkt drinnen eine Taschenlampe, ist es, als wäre eine geräuschlose Granate explodiert. Eine knappe halbe Minute sind das Schlurfen von Schuhen und vereinzelte Schläge zu hören. Dann schießt ein Häufchen Menschen heraus. Vergeblich bemühen sich die uniformierten Männer, den Eingang zu verbarrikadieren. Aus dem dunklen Innern schießen drei junge Männer hervor, und hinter ihnen zwängen sich zwei ältere Herren durch die bereits durchbrochene Sperre. In diesem Moment springen aus dem in der Nähe stehenden Polizeiauto zwei weitere Streifenpolizisten und laufen den geduckt im schweren Schatten unter den kleinen Lindenbäumchen davonrennenden jungen

Männern über die Wiese entgegen. Zwei schlagen einen rechtwinkligen Haken und sprinten weiter. Der dritte bleibt stehen und schätzt, offenbar in panischer Angst, während des Bruchteils einer Sekunde die Situation ab. Er erblickt die fast zwergenhaften, sich ans Geländer drückenden Gestalten, die in diesem Moment wie zwei in einem Herbarium gepreßte Blätter aussehen. Mit zwei langen Sprüngen ist er bei den alten Frauen und schafft es noch, mit gedämpfter Stimme herauszupressen: „Bitte, sagen Sie, daß ich hier mit Ihnen gestanden habe! Ich bitte Sie!"

In diesem Augenblick kommen die zwei Uniformierten bei ihnen an. Der junge Mann nimmt auf einen Schlag eine erstarrt sorglose und geradezu amüsierte Pose ein und zeigt in Richtung der beiden in Sicherheit verschwindenden anderen: „Da, dort rennen sie Ihnen weg."

„Wenigstens werden *Sie* uns nicht wegrennen. Den Personalausweis. Was haben Sie da unten gemacht? Wissen Sie, daß man dort heute jemanden mit Messerstichen verletzt hat?"

„Bitte", übergibt ihm der junge Mann den Ausweis mit dermaßen zittrigen Fingern, daß er ihn kaum festhalten kann. Seine Linke steckt weltmännisch in der Hosentasche. Sie fragen ihn nach seiner Adresse, obwohl sie die ja in den Papieren vor sich haben. Mechanisch nennt er die Adresse seiner Eltern, und schon steht es schlecht um ihn, denn im Ausweis steht natürlich seine neue. „Entschuldigung", und er fügt hinzu, daß er nicht mehr bei ihnen wohnt. Doch wie soll er ihnen das alles erklären? Er mußte schließlich weg, weg vom Herrn Direktor, unter dessen Händen hunderte von Jungen das Gymnasium absolvierten und dem trotzdem nicht klar geworden war, wie anders jeder ist. Daß vielleicht auch sein Sohn anders sein könnte! Würden die denn kapieren, daß er genau deswegen hier ist? Und er ist hier allein, Eltern gibt es nicht, Honza, wegen dem das alles passiert ist, wird er wohl nicht wiederfinden, und jetzt hat er ausgerechnet hier gerade mal noch diese beiden alten Ömchen, mit denen er eine Blitzkoalition gegen die jungen, frisch ausgebildeten Ordnungshüter geschlossen hat. Ob die wohl in der Lage wären, etwas für Honza zu tun? Und auf ihre nächste Frage antwortet er nur: „Ich war nicht dort. Das ist ein Irrtum. Ich stehe die ganze Zeit hier und..."

„Naja, Herr Schutzmann, also Herr Jenosse Vopo", fällt ihm Máníčka ins Wort. „Der is mit uns hier und wir sin' hier..."

„Wir kieken uns hier det Ru-dolfi-narium an, hab ick det jetze richtich jesaacht?"

„...und pflücken Lindenblüten."

Žofinka bohrt Mánička ihren Finger in den Ellbogen und verbessert: „Also, wa kieken, wo wa Lindenblüten sammeln könn', wenn se denne uffjeblüht sin'. Die blühn ja noch nich. Aba det jeht bald los. Aba stehn tun wa hier mit dem da, det stimmt. Der is groß und langt da ooch von oh'm ran. Und da ha'm wa eh'm jekiekt, warum da so lange...da hab ick ma total aschrocken."

„Wat jibt et 'n da zu aschrecken, du hast da jar nich aschrocken."

„Hm, naja, aschrocken hab ick ma nich."

„Ick bin... Marie...Marie Štohanzlová, Libeň, Herr Schandarm, Na vápence 4. Det is Žofie Kontová, ebenda, also wohnhaft, in unsam Haus. Wir sin' hochbetagt, nich, Žofi, deswejen ha'm wa keene Kennkar...also so Ausweise jar nich mehr."

„Was machen Sie hier?" fragt einer der Uniformierten.

Ein Moment Stille. Dann meldet sich Mánička zaghaft zu Wort: „Ick saach Ihn' det, meine Herrn. Wir ha'm unsre Bella. Die hat keen' mehr außa uns. Und die is ooch schon alt. Wir ja nich mehr, aba die spachtelt imma noch janz schön wat weg, und da müssen wa..." Sie nimmt beide Mäntel aus dem Beutel, legt sie einem der Uniformierten über den Arm – „Halten Se ma' bitte kurz, Herr Vopo" –, und dann zeigt sie ihnen den Inhalt des Beutels mit dem in Zellophan eingepackten Brot obenauf. „Wir ha'm jetze schon drei Beutel voll und könnten det allet jar nich alleene nach Hause schleppen, da hilft a uns imma bei...also hier unsa...", und hoffnungsvoll wendet sie ihren Blick hinauf zu dem großen jungen Mann.

„Ich bin Pavel Pokorný...manchmal übernachte ich bei meinen Tanten und helfe ihnen...naja, wissen Sie, es sind nicht meine richtigen Tanten, ich sage nur so zu ihnen...was sie so sammeln, helfe ich ihnen..."

Das Herumdiskutieren dauert noch lange, aber die Ömchen schlagen sich tapfer. Aus der amtsmäßigen Fassung brachte die Uniformierten mitten im schönsten Wortgefecht Žofinkas unschuldiges: „Meine Herrn VP, wolln Se nich 'n bißchen Brot? Janz frischet? Mit Kümmel? Im Dienst kricht ma' Hunga. Det is 'ne janz schöne Hetzerei. Máni, jib ma' 'n Messa." Aber Mánička rammt ihr mit wütendem Gesichtsausdruck den Ellbogen in die

Seite: „Žofka, halt ma' die Herrn nich uff. Die ha'm et eilich. Die jagen jemand'. Siehst'e denn det nich?" Mehrmals bemühen sich die Ordnungshüter vergeblich, auf die Hauptsache zurückzukommen, bis sie sich schließlich Adresse und Namen des jungen Mannes notieren, angeblich zur Sicherheit, und nach einigen gedämpften Worten untereinander gehen sie eher unwillig. Niemand weiß, woran er ist.

II

Immer, wenn er mit ihnen zur „Altstoffsammlung" ging, zwitscherten sie wie Schwälbchen.[2] Sie stellten ihm Dutzende Fragen, und obwohl sie die Sachen, auf die sie hinauswollten, jedes Mal heillos durcheinanderbrachten, überraschte ihn immer wieder, was alles in ihren eintrocknenden Köpfchen hängen geblieben war. Es begann eigentlich schon, als sie ihn fragten, ob er nach der „Volksschule" noch weiter zur Schule gegangen sei, und er ihnen antwortete, daß er auf dem Konservatorium war („Oh ja, det war so 'n riesija jrüna Tanzschuppen in 'e Trojská-Straße, denn mußten se umziehn, weil da Bambule war", betonte Žofinka, die dann aber ein ganz erstauntes Gesicht machte, als er anmerkte, daß auf dem Konservatorium bloß eben nicht getanzt wird.) und dann noch auf der Musikhochschule, weil ihnen „Akademie der musischen Künste" wahrscheinlich überhaupt nichts gesagt hätte. Zuerst verstummten sie in heiligem Erschauern, aber schon kurz danach kam er sich wie bei einem Verhör vor: ob wohl diese automatische Waschmaschine auch bügelt und warum die Möwen auf einem Bein stehen und warum die ausgerechnet an der Jirásek-Brücke sind und auch noch am Nationaltheater, aber sonst weiter nix, und warum sie nicht in wärmere Länder fliegen. Und wie ist das mit den Schwänen? Žofinka stieg ein wenig die Röte ins Gesicht, als sie fragte, was denn, Pavlíček, wenn de schon so jebildet bist, bitte bedeutet: „momental retradiert", aber gleich betonte sie mit nachdrücklicher Gleichgültigkeit, daß sie das halt mal in Libeň gehört hat. Er sagte ihr, daß das wohl „mental" und „retardiert" heißen wird, und dann, als ob nichts wäre, fragte sie wieder einfach nur mal so, ob das ein Schimpfwort sein könnte. Die von der Brauerei hatte ihr angeblich anvertraut, daß sie das in einem ärztlichen Fund gelesen hatte. Befund, verbessert sie Mánička.

Mánička wollte detailliert erklärt haben, was genau „Sozialfall" bedeutet und ob die wohl dafür die Nachbarin ins Armenhaus stecken können. Die sagen jetze, Pavlíček, dazu Heim für – naja, wie eben so 'n Heim für hochbetagte Rentnerinn' und hochbetagte Rentner, aba laß dir nich durch'nandabring', det is jenau so imma noch 'n Arm'haus. Anjeblich Radio und Fernseher. Und jeda kann sich sein' eijenen Schrank mitnehm', sein' olln. Und die ha'm da anjeblich ooch 'n Badezimma. Aba so jehn den' de Leute bloß uff 'n Speck. Von wejen Arm'haus und irjend so 'n Heim! Und Hunde lassen se nich rin. Und gleich anschließend fragte sie, warum se uff 'n Straßenmarkt V Kotcích jetz' uff 'ne Tafel jeschrie'm ha'm „Jelejenheit", wo se doch da eh andauand nur olln Ramsch vakoofen. Det is eh allet nich mehr so billich wie früha. Nich ma' Kreppapia ha'm se, Žofinka kam dann mit dem „Krematorium" und ob das so heißt, weil man da die Toten noch mal schön eincremt. Gleichzeitig versicherte sie sich, ob der, der sie zwei begräbt, für sie auch fünfhundert Kronen bekommt, und ob für jede. (Irgendwie schien es, als wüßte sie absolut sicher, daß beide am selben Tag sterben würden und daß die betreffende Person die Ausgaben für die Beerdigung für beide zusammen aufbringen müßte.)

Aus all diesen versatzstückartigen Fragen setzte er sich ihre Welt zusammen, über die sie nie besonders sprachen. Überhaupt überraschten sie ihn: sie fragten ihn nichts Persönliches, höchstens ein- oder zweimal, aber dann etwas völlig Unbedeutendes. Der Umstand, daß sie ihn nie danach fragten, was er damals in der Nacht dort gemacht hatte, faszinierte ihn. Als er ihnen sagte, daß er von seinen Eltern weggegangen war, gaben sie keinen Kommentar ab und fragten nie nach dem Grund. Am dritten Tag warf Žofinka in einem anderen Zusammenhang lediglich ein: „Also ohne Eltan is det manchma' bessa. Da kommt ma' bessa voran. Wird schnella erwachsen. Keena hält een'. Wat ick Karussell jefahrn bin!" Er überlegte, ob das greisenhafte Apathie oder ein fantastisches Fünkchen von Takt und Verständnis war. Er war ihnen dafür dankbar und zahlte es ihnen mit gleicher Münze zurück.

Nach und nach faßten sie sich ein Herz und gingen zu allgemeineren Problemen über. Sie erinnerten sich immer gegenseitig daran, was ihnen unter den Nägeln brannte. Du, Máni, frag mal, wie de damals wissen wolltest, von wat der Smetana taub jewor'n is.

Und ob det stimmt, det der varückt jewor'n is. So 'n Schlaua und so 'n Bejabta. Žofinka interessierte sich schrecklich für Anežka Hrůzová[3] und ob se ihr 't Blut tatsächlich mit Jänsekieln rausjesaugt ha'm, Pavlíček, jaja, Menschenblut. Det ha'm wa von 'e Lojzka, unsra Bekannten, die war früha Dienstmädchen, ihr Onkel soll dort in Polná jewesen und se liejen jesehn ha'm unta 'n Boom, wie schon de Schandarm' jekomm' sin', und det se janz jrün war. In't Ostabrot, saachen se, is det meechlich? Inne Josefovská-Jasse war bei die Taussigs ma' 'ne jewisse Františka Zadražilová anjestellt, der hatte in 'e Melantrich 'n Tuchjeschäft, und die war manchma' wie 'ne eenz'je rote Pustel. So 'n Vollblutmädl. Die war feuarot. Die hat imma behauptet, det – wenn se in 'e Nacht jeschlafen hat wie erschlaa'n – die Herrn, ohne det se det wußte, det Blut mit Jänsekieln aus ihr raussaugen. Aba wir gloo'm ja, det det von 'e Wanzen kam. Det muß da woh' 'ne richtije Invasion jewesen sein, Frantina hat sich ma' vaquatscht. Da hat se uns azählt, wie da Lichtschalta voll mit einjetrocknete Wanzen war. Wie kleene trockne Blätta. Bei uns ha'm die sich nie niedajelassen. Nie. Det sin' aba ooch lebendije Wesen. Und zu irjendwat nütze. Und denn hat se die Pusteln nich mehr jehabt. Hat zwar jesaacht, det se se imma noch weita aussaugen, bloß eh'm vorsichtija. Mit so dünne Nadeln. Ts! Und hat Joebbels wirklich 'n Pferdehuf jehabt, oda hat a bloß 'n Klumpfuß jehabt? („Máni, man saacht nich Klumpfuß, da weeß doch Pavlíček bestimmt jar nich, um wat et jeht, man saacht vakrüppeltet Been!") Žofka hatte angeblich Masaryk gesehen, Goebbels aber nicht. Det der bloß 'n janz jewöhnlichet vakrüppeltet Been jehabt hat, det is imma so, wenn det mindawertije Eltan sin', wie die Horečková aus Vysočany. Und ob Neruda[4] wirklich mit die Macháček-Schwestan jejang' is, wenn det doch Zwillinge warn? So wat von gleich. Aba janz und jar, anjeblich. Die liegen uff'n Kleinseitner. Und ob 't in Rußland wo' Freudenmädchen jibt, wenn dort Jerechtichkeit sein soll? Und wer die bezahlt? Oda jibt et die da jar nich? Aba die jibt et doch übaall. In Alt-Libeň jab et welche, jungsche, aba ooch so olle Jeschosse, und denn zooch et sich hin bis zu 't Automatenrestorang „Svět"[5] und denn jing es weita bis zu 'n alten Moldauarm, sojar bis uff 't Schlößchen. Jetze ha'm det die Weibsbilda uff 'e Ämta übanomm'. Und die müssen nich ma' raus in 'e Kälte. Und ob man jemand 'ne Pille jeh'm kann, damit a sich det noch ma' übaleecht und keen' Selbstmord macht.

Nebenan bei die Essichbude, da war die noch, hatten die so 'n Jung', det war im zweeten Kriegsjahr, vierzich, wa, Žofka, ach iwo, det war nich im ersten Weltkriech, im zweeten, hier warn doch die schwarzen und braun' Jestapos, du haust det durch'nanda, na und der Junge eh'm war sehr hübsch, Kája hieß a, und der, Pavlíček, hat sich doch Tatsache anjeblich in so 'n Schriftstella valiebt, der so Bücha und Romane jeschrie'm hat, und den hat de Jestapo abjeholt und denn solln se 'n in 'n KZ zu Tode jequält ha'm, weil a Tscheche war und außadem Schriftstella, und der Junge hat sich 'et Leh'm jenomm', der war schon neunz'n. Die Mama von dem ha'm wa, nich, Žofka, beede im Rollstuhl rumjeschoh'm, bevor se jestor'm is, hier im Park bei det Schlößchen, durch de frische Luft, weil se davon da Schlaach jetroffen hat und se mit de linke Hälfte nich mehr konnte. Alt war se nich. Mit Jas hat a sich vajiftet, als se in 'e Nachtschicht war im Kolben-Werk. 'n Kanarienvogel hatta vajessen jehabt und der Arme is mit krepiert. Kennst de den Schriftstella nich? Bloß 'n Nam' wissen wa nich mehr. Könntest du dir 't Leh'm nehm'? Det soll ma' nich machen. Tiere bring' sich ooch nich selba um. Aba naja, wenn et eh'm nüscht mehr zum Leh'm is, denn sollte man's vielleicht doch erloo'm, meinte Žofinka nach einer Pause, als gäbe es ein Amt für die Bewilligung von Selbstmorden. Solche Leute sin' arm dran, und wenn wer arm dran is, denn sollt a sich alleene entschei'n. Bloß, mit neunz'n is 'n Mensch so 'n Dickkopp, und weeß von nüschte. Der is gleich mit allet fertich und ab in 'e Jrube. Späta tät a sich schon wieda ausjrah'm. Und die Sauerei danach mit dem. Aba det kann ma' ja sauba machen. Wir ha'm det ooch allet selba sauba jemacht, damit die det nich muß. Jaja, die Mama war schlimmer dran. Nach dem Schlaach konnte se nich ma' mehr richtich heuln. Da hat se uns am meisten Leid jetan. Bloß manchma', so als wenn det allet in ihr drin ir'ndwie nachjeh'm würde, und ihre Trän' sin' denn so still runtajeloofen, als wa ihr die Papierrosen jejeh'm ha'm, damit se zu Allaseeln wat uff 't Jrab hat. Blum' warn teua, und da ha'm wa se ihr selba jemacht. Da war se so jlücklich, als wenn se echt jewesen wärn. Aba da warn wa noch nich so in Übung. Ständich kam' da die Drähte wieda raus. Jetz machen wa det ruck-zuck. So 'n Korb voll ha'm wa in drei Stunden. Oda in vier. Det ha'm wa uns ma' so ausjerechnet. Du bist noch jung, Pavlíček, aba det Leh'm nehm' würdest de dir nich, oda doch?

Er lachte.

„Und die Arme hat sich so um den Jung' jekümmat. Und als se jesehn hat, wie a sich quält, da hat se 'm allet, Bücha und Speck hat se 'm unta de Hand jekooft, damit a nich so dürre is. Und damit a uff andere Jedanken kommt. Und jeredet hat se mit 'n. Da drüba."

„Nu ja, Eltan sin' schon 'ne janz scheene Sache", sagte Mánička, „vor allem, wenn et zweeje sin'. Aba ick bin ooch ohne jroß jewor'n."

Žofinka kicherte.

Sofort erhebt Mánička Einspruch: „Na, wenn du ma' so 'n halben Zentimeta jrößa bist als icke. Na jut, damit et nach dein' Kopp jeht, bin ick eh'm nich jroß jewor'n! Wenn ick also vielleicht bei ir'ndwelchen Eltan jewesen wär, denn wärn die Eltan mit mir zu so 'n Doktor jejang', die die Kinda jrößa machen, wenn se nich wachsen. Und wieso sin' se mit dir nich jejang', Žofka, wenn de doch Eltan jehabt hast, und dazu solche?"

„Die ha'm ma imma uff 'ne Fußbank jestellt, damit ick hinlang' kann, da is den' det jar nich so klar jewor'n. Wenn ick runtajestie'n bin, denn ha'm se ma jar nich mehr besondas beachtet."

„Pavlíček, sin' se mit dir ir'ndwo hinjejang', weil de so jroß bist? Oda bist'e so jroß einfach so jewor'n? Pavlíček, die solln ja jetze richtije Wunda tun könn'. Die ziehn een' uff so 'na Streckbank lang, und dabei spieln se 'n Leuten ooch noch Musike vor, damit se det Langstrecken vajessen, und die solln ja anjeblich ooch mit 'n Absatz vajrößan. Also Fraun."

„Und Kindan", stimmt Žofinka ein, „solln se anjeblich so blaue Pilln in 'n Mund stecken, und die wachsen danach total. Oda det is Fischtran."

„Aba ick bin ohne Eltan ausjekomm'", versichert Mánička noch einmal. „Ick hab ma bloß manchma' im Leh'm jewünscht, det ick jrößa bin."

„Wann?" mußte er fragen.

„Zweema'. Eenma', als uns der Portjee aus Olšany rausjeschmissen hat, der hatte so 'ne schwarze Uniform aus Wollstoff und uff 'n Kopp so 'ne flache Mütze mit so Schnüre und Knöppe dran. Ick wollt se dem ja so jern üba de Ohrn runtazerrn, damit ick 'n nich ankieken muß. Aba ick bin nich ranjekomm'. Det zweete Ma', det saach ick da nich. Aba weeßt de, ick hab nie so 'n Kind jesehn, det se langjezogen oda vajrößat ham. Nie. Also ick weeß nich."

„Ick aba", meldete sich Žofka.

„'n Dreck weeßt de. Du gloobst, det det war, als wa den Fleischahund, den Bernhardina jefunden ha'm und den denn uff 'e Polizei jebracht ha'm und de Leute uns ausjelacht ha'm, det der jrößa is als wir zwee zusamm'. Iwo, janz kalt. Ooch nich, als Pepina uns abjehaun is. Det war 'ne Dohle, weeßt de, Pavlíček. Saß vor 't Häuschen uff 'e Akazie, und det Aas hüppt nich etwa ma' 'n Ast niedrija, damit ick se runtanehm' konntę. Die is schon vor Ewigkeiten krepiert. Vöjel leh'm nich lange. Wie lang leh'm die denne, weeßt de dette? Die hat imma jesaacht: Tachchen, Tachchen. Und noch so 'n schweinischet Wort, det ha'm ihr die Lausebengels aus 'e Nachbarschaft beijebracht. Det ha'm se imma zu die hinjeschrien, wir hatten die am Fensta in so 'n Käfich, bis se det ooch jesaacht hat. Und damals ha'm ma die Lausejungs ooch ausjelacht, wie ick da so steh und die ma ankiekt, det ick so kleen bin. Und die is nich weitajehüppt. Nich hoch und nich runta. Un zweema' hat se ma anjekrächzt: ..."

„Aba Máni, du wirst det doch jetze nich nochma' den Vooch'l nachplappan."

Die Eltern. Ständig überlegt er bei sich, ob er nicht besser doch zu ihnen – nein, ummodeln, das ist dasselbe wie vergrößern.

III

Damals in der Nacht, als er sie das erste Mal traf, kamen sie erst gegen drei in Libeň an. Die Ömchen nahmen sich ihn erst einmal beiseite ins Licht unter die Laterne, komm, wir wer'n da ma' richtich ankieken. Er gehorchte wie ein kleiner Junge, aber das große Staunen erlebte er. Lebendig gewordene Klöppelspitzen. Hauchdünne Wesen. Spinnwebchen, zerbrechlich, unwirklich, eher wie aus Brotteig geknetete Figürchen, die Kinderhände ungeschickt mit grauen Gewändern bekleidet hatten. Máníčka ist ganz und gar grau. Sogar auf dem Kopf hat sie eine Art graues Kopftuch im Stil einer Mittagshexe.[6] Žofinkas Grau wird nur von einem Miniaturtüchlein aus Perlon in Altrosa oder eher in einer unbestimmt ausgebleichten Farbe unterbrochen, das sie unter dem Kinn gebunden trägt. Nur mühsam kann er die eine von der anderen unterscheiden. Das Alter macht, daß sie sich perfekt ähneln, obwohl sie keine Schwestern sind. Die gleichen lebendigen, flink huschenden

Augen, die gleiche greisenhaft vorgeschobene Unterlippe, die Oberlippe verschrumpelt und in den fast zahnlosen Mund hineingezogen. Beide sind so klein, daß sie durch das ununterbrochene Nach-oben-Gucken in die Welt der größeren Menschengeschöpfe gar nicht erst dazu gekommen sind, einen krummen Rücken zu kriegen. Jesses, det is 'n Fescha, hört er ein Ömchen sagen. Wie jemalt. Weeßt de, Máni, det der mich an den Hump'l-Matlach vom Pohořelec erinnat, der imma uff 'e Harmonika jespielt hat. Jaja, Žofi, det war schon 'n scheena Mann, obwohl der so 'n schlimmet Ooche hatte. Von wejen schlimmet Ooche, Máňa, 'n janz normala Star, und denn hat a 'n bißchen woandas hinjekiekt, naja. Der hier hat janz jrade Oochen, aba reißt se uff wie der arme Kája.

Und schon strecken sie ihm ihre Beutel samt Rucksäcken entgegen. Er versucht, sie mit der rechten Hand zu fassen. Hej, Pavlíček! Pavlíček, du, da Faule wird als Ersta müde. Nimm 'et ma' schön mit beede Pfötchen. Schließlich muß er die Linke aus der Jackentasche ziehen. In der Eile hatte er es geschafft, ein Taschentuch darum zu wickeln, um die Tasche nicht vollzubluten. Scheußlich haben sie ihn erwischt: über die ganze Länge der Knöchel, und die Haut am Handrücken abgeschürft. Žofinka nimmt wortlos das Perlontuch vom Kopf und versucht, es ihm um die Hand zu wickeln. „Verdammter Scheißbulle!" erleichtert sich Pavel. „Pavlíček, fluch nich so! Ick weeß, det sin' Schweine, det tut dir weh, aba man muß anständig sein."

„Wenn das nur bloß bald heilt!"

„Weeßt ja, wie man so saacht: eh de heira...", doch sie sprach es nicht zu Ende, schaute ihn nur mit scheuem Erschrecken an.

„Bloß, ich soll ein Konzert geben."

„Du 'n Konzert?" quiekt Mánička.

„Da", nickt er mit dem Kopf zum Rudolfinum.

„Da, in 't Rudifinum?"

„In 't Rudifinum? Na nee, Žofi, uff wat würdest de 'n denne schätzen? Ick ja so uff Baß."

„Ach nee. Wie Knast sieht der aba nich aus."

„Žofi, ick mein nich Knast, ick mein Baß."

„Aha. Der Matlach hat Harmonika jespielt, bloß machst'e damit keene Konzerte. Trompetet hatt'a ooch. Du trompetest nich?"

„Ich trompete nicht. Ich spiele Geige."

„Geije?" seufzt Žofinka enttäuscht. „Det spielt ja jeda. Und wat wirst de spieln?"

„Die Sonate für Solovioline Nr. 2 a-Moll von Bach und noch eine Menge andere Sachen."

„Für Solovioline? Ick hab imma uff 'e Viertelgeije jespielt, nich Solovioline. Ick bin nämlich nich jewachsen, und deswejen war ma die imma zu jroß. Wie de Schuhe von Muttan. Mutta war 'ne scheene Frau, und jroß. Die hatten herrliche Spitzen und hohe Absätze. Ick fand die imma wie Kindasärje."

„Der hätte 'n nich uff 'e Jelenke haun dürfen, wo a doch spielt."

„Det konnt a doch nich wissen."

„Jeda brauch' seine Hände für irjendwat."

Unterwegs bot er ihnen mehrmals an, ein Taxi zu rufen. Žofinka kicherte nur: „Mit die Rucksäcke nehm' die uns da eh nich mit. Und die schrei'm, det die oft wen übafalln." „Žofka, wat schwadronierst de denn da? De bringst schon wieda allet durch'nanda. Det sin' die andan, die die Taxischofföhre übafalln. Die, die mitfahrn. So schrei'm die det." Auf die Frage „Die, die fahrn?" antwortete sie schon nicht mehr, sie sagte nur: „Wat wer'n wa 'n nu' groß rumreden, so alte Leute nehm' die sowieso nich mit. Die ha'm Angst, det die nich bezahln oda det se den' da drinne in die Luft ster'm. In Taxen darf man de Fensta nich uffmachen."

In Libeň war er schon einige Male gewesen, aber diese Ecke kam ihm vor, als sei sie plötzlich vor ihm aus der nächtlichen Erde emporgewachsen. Hinter dem verfallenen Gebäude der geschlossenen Essigfabrik mit ihren eingeschlagenen Fenstern, in denen die Gitter mit absurder Beharrlichkeit den von allen Seiten zugänglichen Schutthaufen schützten, erhob sich ein kleiner mit Akazien bewachsener Hügel. Etwa in der Hälfte des Hanges stand ein würfelförmiges ebenerdiges Gebäude, in dem Pavel zuerst die Originalvorlage zu Mussorgskis Hütte der Baba-Jaga und dann das verlassene Häuschen eines Wärters oder Aufsehers zu erkennen glaubte. Zwei Fenster wie zwei Augen auf beiden Seiten der abblätternden Nase, der Tür. Im Unterschied zur Essigfabrik sind sie verglast, innen mit Kalk angestrichen, dem Waschblau zugesetzt worden war. Auf dem Schieferdach, ein Stück über seiner Stirn, das an den Rändern mit Moos bewachsen ist, wachsen Gras und ein paar starke Birkenruten. Mehr erkannte er in dem Zwielicht nicht.

Drinnen hatte er das Gefühl, daß er jeden Moment an die Decke stoßen müßte, und unwillkürlich zog er den Kopf ein. Es war wie in den „Brauthemden".[7] Ein enger Gang mit Steinboden. Der Geruch nach Keller und Schimmel. Auf beiden Seiten genau gegenüber jeweils eine Tür. Žofinka hatte inzwischen schon eine Petroleumlampe angezündet: „Bis hier jeht die Stromleitung nich. Det Haus wer'n se abreißen. Wenn wa beede tot sin'. Die machen schon janz schön Druck." Mánička: „Bei uns wird et dir jefalln, Pavlíček. Hier is vülle Platz. Det is nich wie in die Karnickelställe, die die jetze für de Leute baun."

Ein Tisch, ein Stuhl mit Lehne, ein Hocker, zwei Betten wie für Zwerge, ein kleiner Kanonenofen und ein Haufen aufgeschichteter Scheite, zweimal höher als das Öfchen. In der Ecke eine winzige Anrichte von unbestimmter Farbe, die Ovale der Fensterchen schwarz eingerahmt wie Fotos in der Zeit um den Ersten Weltkrieg. Der freie Raum in der Mitte der Anrichte ist mit irgendwelchem farbigen Papier vollgestopft. Von nahem sieht er dann, daß es dutzende von Rosen aus Kreppapier sind. Rosen sind auch oben auf der Anrichte, und der Berg reicht bis zur Decke. Er sieht, daß mit ihnen auch das vergitterte Fenster ausgestopft ist, daß sie unter dem Tisch und unter den Betten sind (wie frische, in einer Reihe auf Zeitungspapier angeordnet). Mit ihnen ist auch die einzige freie Ecke des Zimmerchens vollgestopft. Wenn man vorbeigeht, rascheln die Rosen ganz zart, fast unhörbar, es ist, wie wenn der Wind durch das Heu auf den Wiesen streicht. Es fehlt nur noch dieser Duft. Aber hier riecht es wie in einem Papierwarenladen.

„Jejenüba ha'm wa noch 'ne volle Kamma", merkt Žofinka mit ruhiger Stimme an.

Er sagt nichts, aber Mánička muß seine Überraschung gesehen haben, denn sie ergänzt: „Det ha'm wa für de Leute uff 'n Friedhof. Und denk jaa nich, wenn erst ma' Allaseeln oda Weihnachten kommt, denn sin' wa froh, det wa so 'ne Meng' fertig ha'm. Wie oft krie'n wa selba jar nüscht ab. Wir vateiln dette. De Hälfte jeht schon für Libeň druff. Am meisten nehm' se uns hier in 'e Nachbarschaft ab. Die kenn' uns schon. Die Marková von 't Jemeindeamt kommt gleich mit 'n Koffa."

„Die nimmt det für ihrn Selijen und ihrn Hund uff 'et Jrab. Der hatte schrecklich scheene Locken. Bißchen wat jibt se an die alten Fraun."

„Wir wissen bloß nich, wie lange wa det noch machen könn'", fügt Máníčka hinzu.

„Ihr seid doch aber noch gut beisammen", muntert er sie auf.

„Darum jeht et nich. Aba die ha'm uns schon vierma' aus 'n Friedhof Olšany rausjeholt. Erst ha'm se jedacht, det wa det vakoofen. Aba denn ha'm se uns jesaacht, det wa varückt sin'. Wahrscheinlich, weil wa det umsonst vateiln", überlegt Máníčka.

„Weeßt de, Pavlíček", erklärt Žofka weiter, „wir bekieken denn imma vorm Zumachen alle Jräba. Máňa läuft los und zeigt imma mit 'n Finga, wo se det mit unsan Rosen dekoriert ha'm. Det is ja so 'n scheenet Jefühl. Letztet Jahr, da ha'm se uns det vierte Ma' rausjeschmissen, da war det wie 'n eenzijet rotet Meer. Die meinten, det is jeschmacklos. Von wejen jeschmacklos, wenn det bei die janze Traurigkeit so lustig aussehn tut. So 'ne Far'm! Ick kam ma vor wie de indische Könijin."

„De englische", sagt Máníčka.

Beide hefteten ihre ganze Aufmerksamkeit auf sein Konzert. Sie rieten ihm, Handbäder in einem Sud aus Spitzwegerich zu nehmen. Sie selbst gaben ihm das getrocknete Kraut und verfolgten jeden Abend, wie seine Hand heilte. Sie freuten sich, als er ihnen sagte, daß er schon wieder voll üben könne. Wenn er im Hellen kam, waren sie immer ein wenig eingeschüchtert. Als würden sie sich schämen, daß man ihnen ihr Alter so sehr ansieht. Im Dunkel des Abends, ob nun in dem Stübchen oder beim Altstoffsammeln, waren sie mitteilsamer, wie Kinder, die sich freuen, daß ein Erwachsener mit auf ihren Streifzug kommt. Offensichtlich dachten sie überhaupt nicht an die Möglichkeit, mit zu dem Konzert zu kommen. Wenn Žofinka mehrmals wiederholte, daß sie ihn so gerne sehen würde, wie er „in 'n Frack uff 'e Bühne kommt", so war das keineswegs eine verdeckte Bitte um eine Einladung, ganz im Gegenteil, er spürte darin ihre absolut unerschütterliche Überzeugung, daß sie dort einfach nicht hingehören. Als er ihnen Karten mitbrachte, waren sie darüber entsetzt, aber, was ihn überraschte, auch sehr traurig. Máníčka ging dann zum Gegenangriff über, natürlich völlig falsch: „Wat fällt dir 'n ein? Wa wissen jar nich, wie wa da rinjehn solln."

„Jaja", unterstützte Žofka sie, „dort jibt et so vülle Türn, det ha'm wa von außen jesehn. Det ha'm wa uns schon allet anjekiekt."

Letzten Endes hatte er sie aber so weit, daß Máníčka in ihrer Argumentation teilweise in einen anderen Bereich überging: „Weeßt de, Pavlíček, det jeht ja jar nich ma' so sehr um die Türn. Ick bin mit Žofka ooch in 't Kino jejang', „K Vejvodům", und in 't „Konvikt".

„Oh ja, in 't „Ponrepo", und det war oh'm im zweeten Stock, und ooch in 't „Roxy" und denne ooch hierher in 't „Svět", und det war schon 'n jroßet Kino, nich, Žofi. Eene Einlasserin uff fünf Türn. Bloß nachmittags jab et übahaupt keene Einlasserinn'. Da jing' imma die einfachen Leute in 'e erste, zweete Reihe." Dann stockte sie, schaute ein wenig schuldbewußt und fügte hinzu: „Aba, weeßt de, naja, siehst et ja an uns, wir ha'm nüscht anzuziehn."

„Entweda lassen se uns nich rin oda setzen uns denne vor de Tür, wie bei die Taxen."

Er versuchte, sie zu überreden. Vergeblich. Dann kam ihm der rettende Gedanke: „Herrgott, in was laßt ihr euch denn begraben?" Er bekam aus ihnen heraus: beide haben „naja, so Kleeda für 'n Sarch. Aba, Pavlíček, die sin' vollkomm' janz schwarz." „Das macht nix, ganz im Gegenteil." „Det macht nüscht? Det macht wohl wat!" sagte Mánička. „Wo ick die doch schon für 't Jrab fertich jemacht hab. Det kann uns je'n Tach passiern."

Kaum ging Žofka zu den Hühnerchen, fischte Mánička mit dem Geschick einer Diebin von irgendwoher ein Päckchen in braunem Packpapier hervor und breitete vor ihm ein billiges schwarzes Kleid aus einem chintzähnlichen Stoff aus. Ein Stück unterhalb der Taille war mit sehr ungeschickten Stichen mit grobem schwarzen Garn ein gräßliches koloriertes Foto einer Frau in mittleren Jahren aufgenäht, so dicht, daß die Fäden fast eine Art Rahmen bildeten. „Na, det is Žofka, als se noch jung war", erklärte Mánička. „Die sah janz schön andas aus, wa? Anjeblich hat se da den Hump'l-Matlach vom Pohořelec anjenäht, der Harmonika jespielt hat. Der hat so jeschielt, det a bestimmt imma 'n paar Noten übasprung' hat. Deswejen hat a nie nach Noten jespielt. Aba 'n scheena Mann war det. Det jeht nich mehr abzutrenn'." Er versprach, daß er eine Rasierklinge mitbringt und es vorsichtig abmacht.

Am nächsten Tag schob ihm, als Máňa draußen mit Bellchen beschäftigt war, Žofinka selbst einen geflochtenen Korb hin, in dem sie ihr „Sarchkleed" hatte, mit den Worten: „Máňa hat da anjeblich schon jezeigt, wat se da anzieht."

„Zum Konzert?"

„Nee, unta de Erde", antwortete sie sachlich.

An einem der langen Rüschenärmel war auch bei Žofinka ein Foto angenäht. Vor einem Kettenkarussell standen zwei ziemlich unscharfe Figuren, offenbar Mädchen, eher in fortgeschrittenem Alter. „Akennst de uns denn nich? Det sin' wir im Lunapark. Da ha'm wa uns fotografiern lassen. Den Tach warn wa sehr lustig." „Ich habe euch sofort erkannt." „Keen Wunda, wo wa doch so winzig sin'. Un nie hab ick 'n Hut uffjehabt. Ooch Máňa nich. Und ooch keene Hochhackijen. Anjeblich hat se da ihrn Vata anjenäht. Aba det muß ir'ndwer andas sein, weil se jar nich weeß, wer det war. Die Arme hat sich 'et janze Leh'm damit rumjeplaacht. Mir war det schnuppe. Ir'ndeen muß se ja jehabt ha'm. Det mußt de vorsichtig abtrenn'. Paß uff det Kettenkarussell uff."

Er erinnerte sich an das Abendkleid seiner Mutter aus schwarzem Georgette. Sie hatte immer gesagt, daß sie es zu seinem ersten Konzert anziehen würde. Als Honza sie im Theater darin gesehen hatte, war er völlig hingerissen gewesen. Vielleicht, weil er nie seine eigene Mutter kennengelernt hatte, oder besser sich nicht an sie erinnerte. Weniger begeistert war die Mutter von Honza. Als er ihr erläuterte, wie wichtig er für ihn ist und warum er sich seiner annehmen muß, wurde sie sehr reserviert und bemerkte nur: „Das würde ich dann wohl doch jemand anderem überlassen. Du bist doch keine karitative Einrichtung." Er protestierte, daß er das nicht aus karitativen Motiven mache, das könne sie doch schließlich sehen.

Und der Vater hatte Honza einfach rausgeschmissen. „Wie kannst du dich mit irgend so einem obskuren zwanzigjährigen, noch nicht mal ausgelernten Schlosser verstehen, der nicht weiß, was er ist, und am Ende nicht mal, wer er ist? Schließlich hast du ja gesagt, daß seine Mutter weggelaufen ist, als er noch ein Säugling war. Wir wollten, daß aus dir ein anständiger Mensch wird." Und die Normen eines solchen vorbildlichen Lebenswandels waren für den Vater streng und unnachgiebig festgesetzt. Sein kleines häusliches Glück verfolgen und sich unterwürfig bemühen, durch nichts und bei niemandem in der einen umgebenden Gesellschaft anzuecken, und alles nur deswegen, um dieses sein Glück zu hegen und zu pflegen. Es war, als würde ihm der Vater durch sein Verhalten andauernd deutlich machen wollen: Schau, ich habe es bis zum Direktor eines Gymnasiums gebracht, und das nur dank des Feingefühls, wie man mit Leuten auskommt. Bloß sah er selbst nur allzu gut, daß hinter dem Feingefühl die Kunst steckte, zur rechten Zeit zu erraten, was erwünscht ist. Schon längere Zeit gab es mit dem Vater wegen des Einstehens für diese These einige Unstimmigkeiten. Und damals erreichte dann die ganze Sache ihren Höhepunkt. Seine Mutter hatte ihm schließlich alles geschildert. Das war der letzte Impuls für ihn wegzugehen. Der Vater hatte keine Mühe gescheut und sich über Honza informiert. Weißt du, wen dein Künstler da zum Freund hat? So einen Vagabunden, der mit Kerlen anbändelt. Du kannst dir selber ausmalen, ob das für umsonst passiert. Und ein Vagabund, damit du das verstehst, das kriegt man in besseren Familien ja nicht zu hören, ist ein Nichtstuer, ein Schmarotzer. Eine feste Anstellung hat der Herr nicht. Hin und wieder fährt er angeblich zu freiwilligen Arbeitseinsätzen. Hin und wieder. Ich glaube ja nicht, daß er sich bei seinen Bekannten mit einem Abendessen zufrieden gibt, wie er das bei uns tun mußte. Wenigstens hast du ihm immer eins gegeben. Oder mein ehemaliger Sohn. Das hat er gesagt. Übrigens, frag ruhig mal deinen Kubelík,[8] ob er ihm nicht auch aus unserer Tasche immer mal etwas zu seinem Lebensunterhalt dazugibt. Und warum? Warum? Was bindet ihn denn an den? Das beantworte dir freundlicherweise mal selber. So habe ich mir unser Kind nicht vorgestellt. Ich habe dir das schon einmal gesagt. Dann lieber gar nichts. Was ist, wenn das am Gymnasium bekannt wird? Wir hatten sowieso überlegt, keine Kinder zu kriegen. Also: Denk dir einfach, wir hätten eben keine.

Alles, was der Vater sagte, ist wahr, oder genauer gesagt: auch wahr. Ein Teil der Wahrheit. Der schlimmere. Der, der zu sehen ist. Der eruierbar und bezifferbar ist. Und vor allem auf den ersten Blick abstoßend. Aber würde er sich denn einen Kopf um einen Jungen machen, der bloß ein berechnender Vagabund ist? Ein paar heftige Auseinandersetzungen genügten, und er nahm das Angebot des Vaters (vielleicht nicht ganz ernst gemeint), daß er aus dem Haus gehen könne, doch recht gerne an. Er ging. Zum Glück konnte er sich das leisten. Er bekam gerade ein einjähriges Stipendium, und niemand wollte von ihm etwas anderes, als daß er fleißig übt.

Professor Hněvka besorgte ihm ein billiges Zimmer zur Untermiete. Als er Hněvka mitteilte, daß er wahrscheinlich 14 Tage lang nicht so viele Stunden würde arbeiten können, und ihm andeutete, worum es ging, sagte dieser Mensch, der sogar älter war als sein Vater: „Das müssen Sie allein klären. Je eher, desto besser. Eine Trennung von den Eltern ist eine ernste Sache. Aber eins sage ich Ihnen: ein Künstler sollte in erster Linie er selbst sein. Ob er gut oder schlecht ist, das wird sein Können zeigen. Falls sie mit ihren Eltern sprechen, ich lasse grüßen." Nicht einmal das konnte er mehr ausrichten.

Wenn wenigstens die Mutter versucht hätte, ihn zu verstehen. Das kann er nicht begreifen: daß er der einzige sein soll, der glaubt, daß Honza es wert ist, daß ihm jemand zeigt, wie man leben kann; der ihm die Augen öffnen will, die er aus unterbewußter Lebensangst trotzig zukniff. Anders leben. Ja, anders. Nur – geht das eigentlich? Alle führen vollmundige Reden über das Helfen, aber sobald jemand die ausgetretenen Pfade verläßt, ist er gleich ein schwarzes Schaf. Schluß! Vertreiben! Wird er selbst überhaupt in dieser Welt der Stempel und Bestätigungen und Empfehlungen und Bewilligungen fähig sein, er selbst zu sein? (Vor seinem inneren Auge erschien die Silhouette von Mánička und Žofinka, wie sie durch das nächtliche Prag trippeln, bepackt mit ihren Beuteln, wie sie sich Bellchens Freude vorstellen und in großem Bogen den Armenhäusern aus dem Weg gehen.) Von wem wird er es lernen? Bisher hat er es nur geschafft, Fesseln zu zerreißen. Auch das ist schon eine Menge. Nie hätte er das von sich erwartet. Und was er und Honza nun davon hatten? Auf den ersten Blick nicht viel, allerdings das gemeinsame Rückzugsgebiet der sicheren zwölf Quadratmeter seines Zimmers zur Untermiete, zwölf Quadratmeter absoluter Gleichheit und Kameradschaft, ein Lebensraum, für den sie zuerst jeden Monat ehrlich zusammengelegt hatten. Dann mußte er allein zahlen.

Heute begreift er sogar Honzas schreckliche Ausbrüche seiner bösartigen, arroganten Launen. Er muß wirklich begonnen haben, das, wenn auch unbegründete, Gefühl zu haben, daß ihm jemand die Zügel aus der Hand nimmt. Er begreift auch, warum schließlich Honza von ihm geflohen war. Er war streng zu sich selbst, der Sinn seines Lebens lag in der Musik. Honza wußte gut, welch ein Durcheinander in seinem eigenen Leben herrscht, und er konnte sich nicht zwingen, es zu ändern. Vorläufig. Manchmal arbeitete er überhaupt nicht. Was hatte er ihn nächtelang gesucht, wenn es ihn gepackt hatte und ihm alles egal war und er sich aufmachte, um – wie er mit absichtlicher Grausamkeit sagte – „auf der Klappe, auf dem Strich was mit Übernachtung abzugreifen, um ihm nicht auf der Pelle zu hocken". Wie wild geworden, nur raus, auf der Suche nach seinen obskuren Bekanntschaften. Bis er gar nicht mehr wiederkam. Und er behielt die ganze Zeit seinen Glauben, und als er damals erfuhr, daß jemand Honza wieder gesehen hatte, wollte er ihn sofort wiederfinden. Er wußte gut, wo er ihn suchen konnte. Letztes Mal war es an dem Tag, als sie ihm die Hände kaputtgeschlagen hatten: sie betrachteten ihn selbst als Klappengänger, denn was hätte er ihnen schon erzählen können, wen er da sucht. Aber wenigstens hatte er die Bekanntschaft der Ömchen gemacht, aber was heißt hier eigentlich „Ömchen": von Mánička und Žofinka.

Honza wird sich wohl in diesen paar Monaten trotz alledem davon überzeugt haben, daß er sein Leben nicht nur leben muß, sondern es auch voller Vergnügen leben kann, und daß er es nicht in krampfhaften verrückten Nächten vergeuden muß und so möglicherweise den heißen Sommer mit dem blauen Himmel über dem Kopf nicht mehr erlebt. Am meisten wunderte sich Honza (und es kann sein, daß ihn das auch eher erschreckte) über seine Besessenheit von seiner Arbeit, über seinen zähen Eifer, an dessen Ende auch der Mißerfolg hätte stehen können, ein schicksalhaftes Fiasko und der Zusammenbruch aller Hoffnungen, die er in sich selbst gesetzt hatte. „Du weißt genau, bis zu welcher Stelle du die Zügel locker lassen, bis wohin du gehen kannst. Du hast Grenzen. Mir hat das niemand beigebracht." Er bemühte sich nicht, ihm zu erklären, daß einem das niemand beibringt, daß das dem Menschen den Sinn seiner Existenz gibt. Darauf muß jeder selbst kommen. Vielleicht hat Honza in dieser Zeit trotz alledem etwas von der Verantwortlichkeit gegenüber sich selbst begriffen.

Nur hatte das alles auf ihn selbst starke Auswirkungen, und anfangs hatte er Schwierigkeiten mit dem Übergang zu einem völlig anderen Lebensstil, ohne die Bequemlichkeit bei seinen Eltern. Und die zwei diskutieren bestimmt zu Hause endlos und analysieren alles, sie hoffen und warten stur darauf, daß er mit Rechtfertigungen zurückkehrt. Ehrlich gesagt: jetzt, wo er ganz alleine ist, denkt er manchmal daran. Bloß würde das wohl wieder genau so enden, auch wenn Honza jetzt weg ist, ohne Abschied, ohne ein

Wort. Weggefahren. Er wollte immer irgendwo in die Berge, wo er Kaninchen, Katzen, einen Hund und Geflügel halten könnte. Wo er Gras mähen könnte. Ein Traum. Vielleicht ein Traum irgendwoher aus einem westlichen Film à la *Von Mäusen und Menschen*, oder vielleicht ein Traum aus seiner eigenen Kindheit auf dem Land. Bloß: dieser Traum muß enttäuschen. Honza kehrt zurück, und er wird ihm wieder helfen. Schon wieder. Er wird müssen.

Eltan sin' schon 'ne janz scheene Sache, vor allem, wenn et zweeje sin'. Aba ick bin ooch ohne jroß jewor'n.

In der Hauptsache ist es bequem. Und manchmal denken sie sogar für einen.

Bloß ist er jetzt bei Mánička und Žofinka und versucht, sie zu überreden, daß sie in ihren „Sargkleidern" zu seinem Konzert kommen. Der schwarze Georgette hat sich vor seinen Augen in gewöhnlichen Chintz verwandelt.

Die beiden einigten sich schließlich darauf, daß sie die „Sarchklamotten wenigstens ma' anprobiern und det de Motten nich anfang', se ihn' wegzufressen". Žofka meinte, det et nüscht Schlimma't jibt, als sich Motten in 'n Sarch rinzuschlepp'm, weil et da nich durchlüftet. Bloß mit der Vorstellung eines Konzertbesuchs konnten sie sich lange Zeit nicht anfreunden. Zuerst willigten sie unter der Bedingung ein, daß sie nur vor das Rudolfinum kommen würden (den Namen kriegten die beiden mittlerweile schon hin), dann, daß sie in der Pause ja mal kurz reingucken könnten. Bloß würden sie dann nur lauter Leute sehen, und nicht ihn. Dann entschied Mánička definitiv, das sie ihm keine Schande machen würden: „Bestimmt komm' deine Leute. Du hast doch deine Leute hier in Prag wohn'."

„Die kommen ganz sicher nicht. Und wenn schon."

„Aha", sagte Žofinka.

Dann beendete Mánička das Thema: „Na, denn müssen wa jehn. Aba wir wer'n da wie Fremde sein. Det wa dir kenn', saa'n wa nich. Det wär noch wat, zwee Ommis in Sarchkleedan!"

Die Karten wollten sie mit den Ersparnissen bezahlen, die sie für Kreppapier und für Weihnachten hatten, und sie wollten ihm nicht glauben, daß er sie so bekommen hatte. Sie beratschlagten darüber, als er mit Bellchen auf dem Hof spielte, und er hörte, wie Mánička die Diskussion beendete: „Na denn woh' doch, Hejdánek hat für 'n Feuawehrball ooch imma Ehrnkarten für sich und für de janze Vawandtschaft jekricht. Bißchen wat hat a vakooft. Die bessan Leute ha'm nie wat zahln müssen."

„Also jut. Du, Máni, hör ma', ma fällt ein, det de manchma' total blöde bist. So wie de schlau bist. Naja, jar nich ma' blöd, mehr so tramplich, wenn de weeßt, wat ick meene. Wat ick nu saa'n will, hm, wie soll ick saa'n, ick weeß nich, det is schwer, na einfach: nich, det de den fragst, wat der da jemacht hat. Weeßt de, da. Weeßt schon. Du, hör ma', merk da dette, det darfst de nich. Der würde uns abhaun. Wo a uns doch so brauchen tut. Die Karten bezahln wa nu also nich. Da kochen wa 'n wat für."

„Ts! Det hätt ick in ersta Linie dir saa'n solln."

IV

Einen so duftigen Abend wie den, als er zum Konzert ging, hatte er lange nicht erlebt. Laut Kalender war noch Frühling, aber jeder würde dazu sagen: ein Sommer wie bei Šrámek.[9] Als ich angefangen habe, hast du gesagt, daß mein erstes Konzert der größte Festtag sein wird. Er hatte sich nicht geäußert. Und heute könntest du nun kommen. Schade. Letztendlich liegt darin eine gewisse Konsequenz. Ob sie es wohl in der Zeitung gelesen haben? Sicher. Und wenn nicht, die Leute werden es ihnen zutragen. Es stand auf den Plakaten.

Alles an diesem Ort war ihm so vertraut. Was hatte er hier im Sommer auf den Stufen gesessen, als er für die Prüfungen gelernt hatte, oder während der Konzertpausen. Am meisten liebte er es, wenn die Linden blühten oder wenn im Herbst das heruntergefallene Laub duftete. Jetzt kam es ihm wie eine Zeremonie vor, es lag überhaupt keine nostalgische Selbstquälerei darin, sondern ein ganz normales Dankeschön: er ging auch zu dem Geländer, wo ihn Žofinka und Mánička in die Mitte genommen hatten. Hinter dem Laurenziberg glühte langsam die Sonne aus. In den kühlen, länger gewordenen vorabendlichen Schatten, in den grünen Tunnels der Parks, die in einen Taumel münden, gehen Jungs und Mädchen Arm in Arm. Das Leben ist paarweise eingerichtet. Paarweise. In den Augen von Leuten, die der Lebensroutine anheimgefallen sind, ist das Leben einfach eingerichtet. Am dunkler werdenden Himmel flogen aufgeschreckte Schwalbenschwärme entlang. Sie fliegen, wie sie wollen. Samtene Pfeile vor dem blauen Hintergrund des Himmels. Daß er diese beiden Ömchen kennengelernt hatte! „Schon zweema' wollten se uns da rinstecken. Wa komm' aba völlig alleen zurecht, sa' ick den', wa anährn uns alleene, und wenn se denken, det wa momental re–retra – na, det wa eh'm so 'ne sin', damit wer'n wa ja woh' kee'm..."

Der Beifall weckte ihn auf. Es klang wie ein Sommerregenschauer auf Klettenblättern. Er weiß überhaupt nicht, wie er gespielt hat, aber es lief wunderbar, leicht. Als er das erste Mal auf die Bühne kam, interessierte er sich nicht dafür, wer im Saal war. Erst dieser Schlußapplaus schärfte seine Sinne für die Umgebung. Für wo hatte er ihnen Karten gegeben? Genau, links, für die erste Reihe. Dort sind sie, er hatte sie ja auch schon vorher am Rande wahrgenommen. Er verbeugt sich tief und lächelt sie an. Fast beugt er sich über sie.

Sie klatschen nicht. Sie stehen, stumm stehen sie da, in verkrampfter Habachtstellung, die Arme an die Seiten gepreßt, wie alte ausgemusterte Soldaten, die niemand braucht, die man aber zum feierlichen Jahrestag des Kriegsendes eingeladen hat, eines Krieges, an dem sie vor Dutzenden Jahren teilgenommen haben. Veteranen. Beide nesteln an ihren Taschentüchern in ihren zusammengepreßten Händen herum, wagen es aber nicht, sie in dieser Habachtstellung an die Augen zu führen. Er sieht, daß ihnen jene schnellen, für alte Leute so typischen Tränen die Wangen hinunterlaufen. Ihm ist, als müßte er ihnen zurufen, daß sie mit ihren Taschentüchern zu ihren Augen hoch können, daß hier keiner „Achtung!" schreit. Dann lächeln beide durch ihre Tränen hindurch, mit gesenkten Augen, nur gelegentlich blicken sie ihn an, wie scheue Maulwürfe, die plötzlich für einen Moment sehen konnten.

Und dann bemerkt er, daß jede von ihnen hinter sich auf dem Sitz bedauernswert breitgesessene und zusammengequetschte Rosen hat, die von ihnen, die zu Hause hergestellten, die die Marková ihrem Verblichenen und ihrem Hund aufs Grab legt, die Rosen, die nich für 't jroße Jeschäft sin', Pavlíček, nur so, damit sich de Toten freun, aba vor allem de Lebendijen, weil ja de Toten da nich mehr so 'n Schimma von ha'm. Er hat Lust, sie daran zu erinnern, daß sie vergessen haben, sie ihm zu geben. Die Überlegung geht unter im nicht enden wollenden Beifall. Er geht sich zum fünften Mal verbeugen, und sie stehen immer noch dort in Habachtstellung, die Rosen erröten, wohl deshalb, weil sie so plattgedrückt oder vergessen sind.

Er hatte mit ihnen verabredet, daß sie nach der Vorstellung am Hintereingang warten würden. Eilig verabschiedet er sich vom Pianisten, entschuldigt sich bei Hněvka und läßt seine Geige einschließen. Er rennt zur Garderobe, wo sie sowieso nicht sein können, weil sie nur in den „Sarchkleedan" gekommen sind. Vergeblich sucht er sie. Es ist nicht die Regel, daß ein Künstler nach dem Konzert wie ein Wilder an den Garderoben entlangrennt. Bestimmt werden einige seiner Bekannten denken, daß er seine Eltern sucht oder Honza. Er weiß jedoch genau, daß sie nicht da sind. Er ist selbst überascht, daß ihm das überhaupt nichts ausmacht. Letzten Endes wurde ihm die Abwesenheit seiner Eltern von der wohlmeinenden pedantischen Frau Prof. I. Nyklová bei ihrer Gratulation schon während der Pause bestätigt, genau wie auch Hanka zu ihrem Wasserfall aus Wörtern ein ironisches „Honza is nich gekommen, was? Der is schon sonstwo, stimmt's?" hinzufügte. Aber das kümmert ihn jetzt alles überhaupt nicht. Sie können doch nicht einfach so abgehauen sein. Ihm fiel ein, wo sie sich immer verstecken, wenn sie hierher zum Altstoffsammeln gehen und die „Milchmänner" kommen (damit sie sie nicht wieder aufs Amt jagen). Dort sind sie, unter den kleinen Lindenbäumchen: winzige schwarze Flecken, vor dem Hintergrund des schwarzen Flusses beinahe unsichtbar, wie im Schwarzen Theater, nur die Gesichter schweben irgendwo in Höhe des Geländers. Er sieht sie nur dank des auf dem Wasser der Moldau blinkenden Widerscheins der Laternen. Er läuft zu ihnen. Doch beide stehen fremd und befangen da. Nach einer Weile stößt Žofka hervor: „Ach bitte, Herr Meista, det, sein Se uns nich böse, wir sin', naja, Se wissen ja, momental so...so vülle Menschen, und vielleicht warn da ooch...und wissen Se...det wa Se mit in unsa Loch da jenomm' ha'm...det tut uns leid...ick war zum ersten Ma'...und Máňa ooch...uff so 'n Konzert...wat warn dajejen so 'n Konzert uff 'e Malovanka oda Zum Lindenboom...also ha'm Se vieln herzlichen Dank und sein Se nich böse, Herr Mei... Máňa, nu saach do' ooch ma' wat." Mánička kann nicht, sie weint nur still.

„Was macht ihr denn da? Was hat euch denn geritten? Ich bin Pavel – Pavel. Wie vorher."

Mánička betrachtet ihn forschend, ob er das ernst meint. Dann kommt sie zu sich: „Herr Meista...He... Pavlíček ... Pavlíček...ick vasteh det übahaupt nich, so vülle Menschen, und die ha'm so jeklatscht, und det nur wejen dir. Und weeßt de, det ma det ooch ir'ndwie jefalln hat? Wa ha'm da Blum' mitjebracht, weeßst de, die von uns." Aber da fällt ihr Žofinka schon mit resoluter Stimme ins Wort: „Máni, Herrjott, die ha'm wa 'n doch jar nich jejeh'm, und wa ha'm se da uff die Sessel vajessen. Und denn noch in 'e erste Reihe. Herrjehmineh, so vülle Rosen, und nu hat a nich ma' 'n Jänseblümchen jekricht."

„Žofka, det de ooch da druff hocken mußtest! Die wer'n aussehn!"

„Un du hast woh' in 'e Luft jeschwebt!"

Ihm wird klar, daß er diese Rosen haben muß. So, wie er sie dort gesehen hat, plattgedrückt, nur noch durch ihre Farbe an Rosen erinnernd. Er rennt zurück. Es ist noch offen, der Saal ist aber schon leer. Die Einlasserinnen decken die Sitze mit Bahnen aus weißem Leinen ab. Zum Glück von oben. Sie sind da. Er hat den ganzen Arm voll. Er bemüht sich, die mit grünem Krepp umwickelten Stiele aus Draht in eine Richtung zu bringen, als würde er einen Blumenstrauß richten.

Im Handumdrehen ist er wieder bei ihnen. Sie stehen dort noch genau so, wie im Boden festgewachsen.

„Kiek ma', der hat uns're Rosen", stößt Mánička fröhlich hervor.

„Die sin' doch aus Papier", macht Žofinka ihn aufmerksam. Auf einmal wird ihr aber klar, daß er das ja genau wissen muß: „Herr Meis... Pavlíček, det mußt de uns...'tschuldijung...wa sin' einfach, weeßt de..."

„Ach was redet ihr denn nur! Wo habt ihr denn eure Beutel?"

Mánička blinzelt ihm verschwörerisch zu und geht in aller Ruhe über die Wiese, zielstrebig auf den ausgetrockneten Springbrunnen an der Brücke zu und fischt unter ihm in einem Zierstrauch herum und zieht mit einem zufriedenen „Da sin' se!" den alten Rucksack und zwei Beutel hervor, der eine aus Leinen, der zweite mit Blümchen, offenbar aus einem abgelegten Kleid gemacht.

„Pavlíček", winkt sie ihm mit den Beuteln zu, „denk ja nich, det wa heut noch ir'ndwo hinjehn, wa müssen na' Hause, det müssen wa feian, Žofka hat im Bach 'ne Pulle Holundersekt anjebunden."

Dann kommt Mánička vorsichtig über den kurz geschnittenen Rasen zurück, und alle gehen zusammen davon. Er schaut sie an und sieht, wie sie ihm ungefähr bis an die Brust reichen. Er ragt über ihnen auf, im Frack mit der strahlend weißen Hemdbrust und der Fliege, auf seltsame Weise schöner geworden, mit einem Arm voll Papierrosen, die aus größerer Entfernung beinahe wie lebendige aussehen. Und neben ihm gehen die beiden zarten Wesen in ihren Sargkleidern. Er hat nicht übel Lust, wenigstens eine zu berühren, ob sie auch echt sind. Aber ihm genügt es, daß er die Rosen von ihnen an sich drückt.

Aus dem Tschechischen von Mirko Kraetsch

1 Denkmal des tschechischen Reformators Johann [Jan] Hus (um 1369–1415); Anm. d. Übersetzers.

2 Die Formulierung „zwitscherten wie die Schwälbchen" ist dem Titel eines Musikstücks des mährischen Komponisten Leoš Janáček(1854–1928) entnommen, in dem dieses „Zwitschern" lautmalerisch umgesetzt wird; Anm. d. Übersetzers.

3 Der Name verweist auf eine unter dem Namen „Hilsneriade" bekannt gewordene politische Affäre: Im Frühjahr 1899 wurde unweit des Städtchens Polná auf der böhmisch-mährischen Hochebene die Leiche einer jungen Frau gefunden. Da es die Zeit vor Ostern war, verbreiteten sich Gerüchte über einen angeblichen jüdischen Ritualmord. Im Oktober 1899 begann in Kutná Hora (Kuttenberg) der Prozeß gegen den jungen Juden Leopold Hilsner, der sich durch eine heftige antisemitische Kampagne vor allem von Seiten der katholischen und nationalistischen Presse zu einer stark beachteten Affäre auswuchs. (Daß es so weit kam, wird auch in Zusammenhang mit der Affäre Dreyfus in Frankreich gebracht.) In das Geschehen schaltete sich sehr engagiert der spätere erste Präsident der Tschechoslowakei, Tomáš Garrigue Masaryk, ein. Trotz aller Mahnungen erging ein Todesurteil, das trotz des von Masaryk herausgegebenen Textes „Die Notwendigkeit, den Polná-Prozeß zu revidieren" auch in zweiter Instanz bestätigt wurde. Da nun aber die ganze Angelegenheit zu peinlich geworden war, wurde die Strafe durch Kaiser Franz Joseph I. in eine lebenslängliche Zuchthausstrafe umgewandelt. Erst 1918 wurde Hilsner durch Kaiser Karl I. amnestiert; Anm. d. Übersetzers.

4 Jan Neruda (1834–1891), tschechischer Schriftsteller, Dichter und Journalist. Vorkämpfer des kritischen Realismus. Verfasser von Theater-, Literatur- und Kunstkritiken. Begründer des tschechischen Feuilletons. Seinen Namen wählte sich der chilenische Lyriker Neftalí Ricardo Reyes Basoalto (1904–1973) als Pseudonym: Pablo Neruda; Anm. d. Übersetzers.

5 „Automat Svět", eine Benennung, die mehrere Assoziationen auslöst. Titel einer Geschichte des Schriftstellers Bohumil Hrabal (1914–1997), die 1965 auch in der Regie von Věra Chytilová, einer Protagonistin der Neuen Welle im tschechoslowakischen Kino, verfilmt wurde. Die wörtliche Übersetzung des Namens dieses Schnellrestaurants, das sich in Libeň befand, lautet „Automat Welt"; Anm. d. Übersetzers.

6 Mittagshexe: dämonische Gestalt der slawischen Mythologie. Die Mittagshexe wird in der Regel als eine (sehr große) von Kopf bis Fuß in Leinwand gehüllte Frauengestalt dargestellt. Ihre vernichtende Macht wird immer zur Zeit des mittäglichen Glockengeläuts wirksam, daher der Name; Anm. d. Übersetzers.

7 „Svatební košile" [Die Brauthemden], Ballade des romantischen tschechischen Dichters Karel Jaromír Erben (1811–1870); Anm. d. Übersetzers.

8 Rafael Jeroným Kubelík (* 1914), tschechischer Dirigent und Komponist. 1948–1989 im westlichen Ausland tätig und berühmt geworden; Anm. d. Übersetzers.

9 Fráňa Šrámek (1877–1952), Dichter, Schriftsteller und Dramatiker. Anfang des 20. Jahrhunderts Nähe zu anarchistischen und antimilitaristischen Strömungen, später sehr stark vom Impressionismus geprägt; Anm. d. Übersetzers.

Informationen zu den Autoren und Quellennachweise

Miguel Vale de Almeida

1960 in Lissabon geboren, Professor für Anthropologie an der Universität Lissabon, für den „Bloco de Esquerda" Abgeordneter im portugiesischen Parlament. Schriftsteller und Journalist, der in der Schwulenbewegung Portugals mitgearbeitet hat. Neben fachwissenschaftlichen Veröffentlichungen und zahlreichen Beiträgen für die Zeitung *Público* hat Almeida den Film *O espelho de Àfrica* und den Roman *Euronovela* (1998) vorgelegt, für den er mit dem Caminho Science Fiction Preis ausgezeichnet wurde. Lebt in Lissabon.

Quellennachweis: *Ich hoffe, es ist nichts Ernstes* [*Espero que não Seja Nada de Grave*] aus *Quebrar em Caso de Emergência*, Lissabon, Olhapim Edições, 1996. Deutsche Erstveröffentlichung. © Miguel Vale de Almeida

Guðbergur Bergsson

1932 in Grindavik (Island) geboren, Schriftsteller, Übersetzer, Hispanist, lebt alternierend in Reykjavik und Madrid. Zahlreiche Romane, Lyrikbände und Erzählungen. Die Kurzgeschichten des Bandes *Hinsegin sögur* sorgten 1984 durch die offene Thematisierung von Homosexualität in Island für Aufsehen. Weitere Werke (u. a.): *Hjartad býr enn í helli sínum* (1982) [dt.: *Das Herz lebt noch in seiner Höhle*, 1990], *Svannurinn* (1991) [dt.: *Der Schwan*, 1998].

Quellennachweis: Auszug (S. 53–61) aus *Liebe im Versteck der Seele* [Original: *Sú kvalda ást sem hugarfylgsnin geyma*, 1993], Göttingen, Steidl Verlag, 2000. © für die deutsche Ausgabe: Steidl Verlag, Göttingen 2000, © 1993 Guðbergur Bergsson

Al Berto

Bürgerlicher Name: Alberto Raposo Pidwell Tavares, 1948 in Coimbra (Portugal) geboren, Lyriker und Erzähler, 1997 verstorben. Für seine gesammelte Lyrik, *O Medo* (1987, 1991, 1998), ausgezeichnet mit dem Prémio Pen Club. Weitere Werke (u. a.): *A Seguir o Deserto* (1984), *Canto do Amigo Morto* (1991), *Luminoso Afogado* (1995), *Horto de Incêndio* (1997) [dt.: *Garten der Flammen*, 1998].

Quellennachweis: Auszug (S. 37–42; 44–47) aus *Mondwechsel* [Original: *Lunário*, 1995], Heidelberg, Elfenbein Verlag, 1999. © Elfenbein Verlag. Abdruck erfolgt mit freundlicher Genehmigung des Verlags.

Henrik Bjelke

1937 in Aarhus (Dänemark) geboren, seit 1967 freier Schriftsteller, der sich zunächst stark an den formalen Experimenten der klassischen Moderne orientierte. Erzähler, Essayist, Dramatiker, Lyriker. Seit seinem Debütband *Første* (1968) ist die Spannung zwischen männlicher Homosexualität und Identität ein dominierendes Thema seines Werkes. Bjelke ist 1993 verstorben. Weitere Werke (u. a.): *Trap* (1970), *Saturn* (1974), *Skandalens sted* (1992).

Quellennachweis: Auszug (S. 125-141) aus *Fahrplan für Otto* [Original: *Togplan for Otto*, 1990], Frankfurt a. M., Suhrkamp Verlag, 1995. © der deutschen Übersetzung Suhrkamp Verlag.

Guillaume Dustan

Bürgerlicher Name: William Baranès, 1965 in Paris geboren, nach einem Universitätsstudium Verwaltungstätigkeit auf Tahiti, seit 1997 freier Schriftsteller. Erzähler, Journalist, Redakteur der Zeitschrift *Gay Emale* und Herausgeber der Reihe *Le Rayon* (seit 1999: *Le Rayon Gay*) im Verlag Balland, lebt in Paris. Werke u. a.: *Dans ma chambre* (1996) [dt.: *Exzess*, 1997], *Je sors ce soir* (1997), *Nicolas Pages* (1999).

Quellennachweis: Auszug (Kapitel 19) aus *Plus fort que moi*, Paris, P.O.L., 1998. Deutsche Erstveröffentlichung. © P.O.L. éditeur, 1998

Walter Foelske
Jg. 1934, lebt in Köln, arbeitete als Korrespondent in Industrie-Betrieben, Verfasser von Hörspielen, Theaterstücken, Erzählungen und Romanen. Werke u. a.: *Anatomie eines Ghettos* (1980), *Im Wiesenfleck* (1995), *Das innere Zimmer* (1995), *Blutjung* (2000); unter dem Pseudonym Leo Feks Autor des Krimis *Die leere Mitte* (1998). *Anatomie eines Ghettos* ist vom „Theater im Turm" in Frankfurt a. M. dramatisiert worden.

Quellennachweis: *Ein Mann steht Kopf*. Erstveröffentlichung.

Patrick Gale
1962 als Sohn eines Gefängnisdirektors im Camp Hill Prison (Newport) auf der Isle of Wight (Großbritannien) geboren, Kindheit im Gefängnis von Wandsworth (London), Studium in Oxford. Arbeitete als Kellner, Koch und Sänger; seit Erscheinen seines Romans *The Aerodynamics of Pork* (1986) freier Schriftsteller. Romancier und Kurzgeschichtenautor, Verfasser einer Biographie Armistead Maupins und einer Geschichte des Dorchester Hotels, Drehbücher, Opernlibretti, regelmäßige Beiträge in *The Daily Telegraph* und *Gay Times*. Lebt heute mit seinem Freund auf einer Farm bei Land's End, Cornwall. Weitere Werke (u. a.): *Facing the Tank* (1988) [dt.: *Willkommen im Paradies*, 1992], *Tree Surgery for Beginners* (1998), *Rough Music* (2000).

Quellennachweis: *Alte Knaben* [*Old Boys*] aus *Dangerous Pleasures*, London, Flamingo, an imprint of HarperCollins Publishers, 1996. Deutsche Erstveröffentlichung.

Jonas Gardell
1963 in Stockholm geboren, wo er auch heute lebt. Drehbuchautor, Dramatiker, Erzähler, in Schweden sehr bekannt als Kabarettist, Schauspieler und Entertainer. Regelmäßige Gastspiele im Ausland. Werke u. a.: *Passionsspelet* (1985), *Präriehundarna* (1987), *Vill gå hem* (1988) [dt.: *Je Schwester, je lieber*, 1995], *En komikers uppväxt* (1992) [dt.: *Die lustige Stunde*, 1994].

Quellennachweis: Auszug (Kapitel 50–54) aus *Frestelsernas berg*, Stockholm, Norstedts Förlag AB, 1995. Deutsche Erstveröffentlichung.

Christoph Geiser

1949 in Basel (Schweiz) geboren, lebt in Bern. Seit 1978 freier Schriftsteller, Lyrik, Erzählungen, Romane. Geiser hat sich in seinen Arbeiten mit zentralen Figuren der Kunstgeschichte (Caravaggio, Piranesi, Sade u. a.) auseinandergesetzt. Zahlreiche Preise, u. a. Basler Literaturpreis (1984) und Literaturpreis der Stadt Bern (1992). Werke u. a.: *Wüstenfahrt* (1984), *Das geheime Fieber* (1987), *Kahn, Knaben, schnelle Fahrt* (1995), *Die Baumeister* (1998).

Quellennachweis: *Où vont mourir les oiseaux oder The Empire strikes back* © Christoph Geiser. Erstveröffentlichung in: *Berner Almanach*, Bd. 2: Literatur, herausgegeben von Adrian Mettauer, Wolfgang Pross und Reto Sorg, unter Mitarbeit von Sabine Künzli, Stämpfli Verlag AG, Bern 1998, S. 137–145

Klaus Händl

1969 in Innsbruck (Österreich) geboren, Schriftsteller, Opernlibrettist, Theater- und Filmschauspieler, lebt alternierend in Nidau und Wien. 1995 mit *Satz der Bäurin* Teilnahme am Klagenfurter Bachmann-Wettbewerb. Für *(legenden)* ausgezeichnet mit dem Robert Walser Preis und dem Rauritzer Literaturpreis. Gaststipendiat des Literarischen Colloquiums in Berlin. Arbeitet an einer Tetralogie mit dem Arbeitstitel *Satz*. 2001 wird am Tiroler Landestheater Eduard Demetz' Oper *Häftling von Mab* nach einem Libretto Händls uraufgeführt. Weitere Werke (u. a.): *Sebastians Jugend* (1995, unveröff.), *So ist es gewesen* (1996, unveröff.), *Ida und die Warmen Brida* (1997, im Internet veröffentlicht). www.silverserver.co.at/art2000/feb_97/haendl2.htm

Quellennachweis: *Hochamt* aus *(legenden)*, Graz, Literaturverlag Droschl, 1994. © Literaturverlag Droschl

Gino Hahnemann

1946 in Jena geboren, dort und in Weimar aufgewachsen, lebt in Berlin. Nach Studium der Architektur tätig als Architekt, Bühnenbildner, Aktionskünstler, Filmemacher und Fotograf. Jetzt freier Schrift- & Bildsteller. Erhielt u. a. Stipendium der Akademie Schloß Solitude, Alfred-Döblin-Stipendium, Stipendium des Senats von Berlin und Casa-Baldi-Stipendium der Villa Massimo in

Rom. Werke u. a.: *Allegorie gegen die vorschnelle Mehrheit* (1991), *Exogene Zerrinnerung* (1994), *Sizilien schweigt* (1996).

Quellennachweis: *Keine Gerüchte, keine Tragödien*. Erstveröffentlichung. © Gino Hahnemann

Desmond Hogan

1950 in Ballinasloe im County Galway (Irland) geboren, lebt nach langem Aufenthalt in London jetzt in der Nähe von Limerick. Erzähler, Dramatiker, Essayist, Reiseschriftsteller. Ausgezeichnet mit dem John Llewellyn Rhys Memorial Prize, 1991 DAAD Künstlerstipendium in Berlin. Werke u. a.: *Children of Lir* (1981), *Lebanon Lodge* (1988) [in Auswahl dt.: *Elysium*, 1995], *The Edge of the City* (1993), *A Farewell to Prague* (1995).

Quellennachweis: Auszug (S. 148-152, 183-186) aus *Eine merkwürdige Straße* [Original: *A Curious Street*, 1984], Frankfurt a. M., Suhrkamp Verlag, 1997. © Suhrkamp Verlag Frankfurt a. M.

Pentti Holappa

Jg. 1927, lebt in Helsinki. Vorwiegend als Lyriker bekannt, auch Dramatiker und Erzähler. Ursprünglich Buchhändler und Journalist, danach zahlreiche Funktionen in der finnischen Kulturpolitik, ehemaliger Kulturminister. In Deutschland sind bislang nur einzelne Gedichte und Erzählungen in Zeitschriften veröffentlicht. Der Roman *Ystävän muotokuva*, für den er den wichtigsten Literaturpreis seines Landes, den Finlandia Preis, erhielt, ist die erste offene Thematisierung von Homosexualität in seinem Werk. Der Hainholz Verlag, Göttingen, bereitet eine deutsche Ausgabe des Romans vor. Weitere Werke (u. a.): *Ajan nuolet* (1990), *Runot 1950–2000* (2000).

Quellennachweis: Auszug (S. 63–79) aus *Ystävän muotokuva*, Helsinki, Werner Söderström Osakeyhtiö, 1998. Deutsche Erstveröffentlichung. © 2001 by Hainholz Verlag, Göttingen; © 1998 by Pentti Holappa und WSOY, Helsinki.

Frans Kellendonk

1951 in Nijmegen (Niederlande) geboren, Erzähler, Essayist und Literaturwissenschaftler. Der promovierte Anglist lehrte an verschiedenen Universitäten, u. a. in Kiel. Herausgeber der Zeitschrift *De Revisor*. Sein Werk, besonders der Roman *Mystiek lich-*

aam, hat ebenso in der Literatur- wie in der Schwulenszene der Niederlande heftige Kontroversen angestoßen. 1987 Ferdinand Bordewijk Preis für *Mystiek lichaam*. Kellendonk ist 1990 an den Folgen von Aids gestorben. Weitere Werke (u. a.): *Bouwval* (1977), *Namen en gezichten* (1983), *De halve wereld* (1989), *Het complete werk* (1992).

Quellennachweis: Auszug (S. 108–126) aus *Mystiek lichaam*, Amsterdam, J. M. Meulenhoff bv, 1986. (Anm.: *De idioten* ist die Überschrift des Romankapitels.) Deutsche Erstveröffentlichung. © Stichting Frans Kellendonk Fonds c/o J. M. Meulenhoff. Abdruck erfolgt mit freundlicher Genehmigung.

Odd Klippenvåg

1951 auf den Lofoten (Norwegen) geboren, Lehramtsstudium in Oslo, Aufenthalte in Italien, Belgien und Deutschland, lebt in Oslo. Zunächst Gymnasiallehrer, seit 1996 freier Schriftsteller. 1998 Havmann Preis für *Body & Soul*. Werke u. a.: *Nattbilde* (1978), *Otto, Otto* (1983), *Triptykon* (1989), *Utsatt hjemkomst* (1996).

Quellennachweis: *Body & Soul* aus *Body & Soul*, Oslo, J. W. Cappelens Forlag, 1998. Deutsche Erstveröffentlichung. © J. W. Cappelens Forlag a–s 1998

Nikolai Koljada

1957 als Sohn russisch sprechender Ukrainer in Kasachstan geboren, Schauspielstudium in Swerdlowsk (jetzt – wieder – Jekaterinburg). Verlor 1982 nach Bekanntwerden seines Schwulseins sein Engagement als Schauspieler. Fernstudium der Literatur am Moskauer Gorki-Institut. Koljada ist in erster Linie Dramatiker; er hat mehr als dreißig Stücke geschrieben. Seine neueren, seit Ende der achtziger Jahre erschienenen Dramen – u. a. *Murlin Murlo*, *Die Schleuder*, *Der Dieb* – sorgten mit ihrer gelegentlich grellen Inszenierung von Homosexualität für Skandale und konnten teilweise nicht in Rußland aufgeführt werden. In Deutschland werden die Dramen regelmäßig gespielt, eine Reihe seiner Werke ist in deutscher Übersetzung über den Theaterverlag in Berlin zu beziehen. 1991 erhielt Koljada ein Engagement als Schauspieler am Deutschen Schauspielhaus in Hamburg. Lebt in Jekaterinburg (Ukraine).

Quellennachweis: Auszug (S. 34–38) aus *Der gedemütigte jüdische Knabe. Ein Bild*, Stuttgart, Edition Solitude, 1993. © Akademie Schloß Solitude und der Autor, 1993

Marcin Kreszowiec

1965 in Pulawy (Polen) geboren. Russizistikstudium in Lublin, 1989–1992 Assistent für Russische Sprache, danach Journalist und Schriftsteller. Seit 1990 Redakteur des schwulen Monatsmagazins *INACZEJ* in Poznan, in dem er auch zahlreiche Erzählungen veröffentlichte. Lebt seit kurzem in Lodz.

Quellennachweis: Auszug (S. 194–198) aus *Ból istnienia*, Poznan, Softpress, 1993. Deutsche Erstveröffentlichung. © Softpress

László L. Ladányi

1931 in Lippa, Banat (Rumänien) geboren, aufgewachsen in Klausenburg (Rumänien), Angehöriger der ungarischen Minderheit. 1977 Aussiedlung in die BRD, deutsche Staatsbürgerschaft. Ladányi ist Diplomchemiker im Ruhestand und lebt in Berlin. Zahlreiche Veröffentlichungen in rumänischen und ungarischen Zeitschriften.

Quellennachweis: *Ein spätes Geständnis* [*Elkésett vallomás*]. Erstveröffentlichung. © László Ladányi

Tom Lanoye

1958 in St. Niclaas, Flandern (Belgien) geboren. Erzähler, Dramatiker, Lyriker, Essayist, in Belgien und den Niederlanden populär als Rezitator und Performer seiner Werke. In *Ten oorlog* (1998) [dt.: *Schlachten*, 1999] hat Lanoye zusammen mit Luc Perceval Shakespeares Historiendramen absurd adaptiert; das sehr erfolgreiche Stück wurde auch bei den Salzburger Festspielen aufgeführt. Lanoye lebt in Antwerpen. Weitere Werke (u. a.): *Een slagerszoon met een brilletje* (1986) [dt.: *Metzgerssohn mit schriller Brille*, 1995], *Kartonnen dozen* (1991) [dt.: *Pappschachteln*, 1993], *Het goddelijke monster* (1997; Teil 1 einer Trilogie), *Swarte tranen* (1999; Teil 2 der Trilogie).

Quellennachweis: *Johannesburg, ‚Le Bain'* aus *Spek en bonen*, Amsterdam, Prometheus, 1994. Deutsche Erstveröffentlichung. © „Johannesburg, Le Bain", from *Spek en bonen* (Prometheus, 1994)

Marco Lanzól

Jg. 1963; lebt als Schriftsteller und Journalist in seiner Geburtsstadt Rom. Regelmäßige Beiträge für die Lesben- und Schwulenzeitschrift *Babilonia* und für *Il Paradiso degli orchi*. Weitere Werke (u. a.): *Il cuore dei ragazzi* (1994), *Piccoli italiani* (1996), *Bambini d'amore* (1996).

Quellennachweis: *Bertillon* aus: Antonio Veneziani (Hg.): *Ragazzi al bar. Racconti omosessuali*, Rom, Castelvecchi/Enola, 2000. Deutsche Erstveröffentlichung. © Antonio Veneziani und Marco Lanzól. Abdruck erfolgt mit freundlicher Genehmigung.

Yaroslav Mogutin

1974 im sibirischen Kemerowo geboren, Schriftsteller, Journalist, Fotograf, Multi-Media-Künstler, Gay-Porno-Darsteller (u. a. 1998 im zum Kultfilm gewordenen *Skin Flick* von Bruce LaBruce) und begehrtes Model von Fotografen und Malern. Mogutin ist das neueste *enfant terrible* der russischen Literatur. Anfang der 90er Jahre verband der kaum 20jährige Zeitungs- und Fernsehjournalist schwules und politisches Engagement in der Agitation für die rechtsextremistische Nationalrevolutionäre Partei des (schwulen) Schriftstellers Eduard Limonov. Er provozierte Miliz und Geheimdienst durch Aktionen, Manifeste sowie seine flamboyant zur Schau gestellte Homosexualität. 1993 erste Verhaftung. 1994 beantragte er auf dem Standesamt von Moskau die Heiratserlaubnis für sich und seinen (US-amerikanischen) Freund. Nach Morddrohungen siedelte Mogutin nach St. Petersburg um. Er veröffentlichte das Manifest *Vernichtung der Intelligenzija* und attackierte außerdem scharf die Gegner des Tschetschenien-Krieges. Wegen „nationaler Aufwiegelung" und „Perversion" angeklagt und von einer fünfjährigen Haftstrafe bedroht, floh er im März 1995 in die USA und erhielt, u. a. unterstützt von Amnesty International und dem Internationalen PEN Zentrum, Asyl als verfolgter Homosexueller. Mogutin, der auch Werke des schwulen Autors Evgenij Charitonov herausgegeben hat, veröffentlicht seine Texte vorwiegend in russischsprachigen amerikanischen Verlagen, wird aber von den exilrussischen Buchhändlern boykottiert, die sein Werk unter Pornographie- und Faschismusverdacht gestellt haben. SS: *SuperMogutin: Swerchtschelowetscheskije Supertexty* [SS: SuperMogutin: *Übermenschliche Supertexte*], aus dem die beiden hier abgedruckten Erzählungen stammen, erhielt 2000 in St. Petersburg den Andrej Bely Literaturpreis als experimentellstes russisches Buch des Jahres. Mogutin lebt in New York. Weitere Werke (u. a.): *Upraznenija dlja jazyka* (1997), *Vyhodnye Dannye* (1997), *Amerika v moih shtanah* (1999), *Roman S Nemtsem* (2000).

Quellennachweis: *Der Bauch des Architekten. Sentimentale Kotze* [*Schiwot Architektora. Sentimentalnaja Blewotina*] und *Mein erster Mann. Sentimentale Kotze 2* [*Sentimentalnaja Blewotina II*] aus *SS: SuperMogutin: Swerchtschelowetscheskije Supertexty*, New York, Samizdat-Druck, 2000. Deutsche Erstveröffentlichung. ©Yaroslav Mogutin

Brane Mozetič

1958 in Ljubljana (Slowenien) geboren. Lyriker, Erzähler, Herausgeber, Übersetzer (Foucault, Genet, Rimbaud u. a.). Promovierter Literaturwissenschaftler. Herausgeber der schwulen Monatszeitschrift *Revolver*, Redakteur der Buchreihen *Aleph* und *Lambda*, in denen klassische und moderne Werke der schwulen und lesbischen Literatur publiziert werden. Mitarbeiter am Zentrum für slowenische Literatur in Ljubljana. Offen schwul lebender Autor, der mit *Modra Svetloba* [*Blaues Licht*] (1999) die erste Anthologie homosexueller slowenischer Literatur vorlegte. Ausgezeichnet mit dem Ljubljana Lyrikpreis und dem Europäischen Falgwe-Preis für Lyrik. Lebt in Ljubljana. Weitere Werke (u. a.): *Mreza* (1989), *Angeli* (1996) [dt.: *Engel*, 2001].

Quellennachweis: *Guy* [*Guy*] und *Die Vergewaltigung* [*Posilstvo*] aus *Pasijon*, Ljubljana, Aleph, 1993. Deutsche Erstveröffentlichung. © Brane Mozetič, 1993

Murathan Mungan

1955 in Istanbul geboren, Lyriker, Dramatiker, Erzähler. Studierte Theaterwissenschaft in Ankara und arbeitete als Dramaturg. Herausgeber moderner Literatur im Remzi Verlag, Istanbul. Einige seiner Theaterstücke wurden auch in Deutschland aufgeführt. 1987 Haldun Taner Preis für Erzählungen. Neben dem Lyriker Küçük Iskender (*1964) ist Mungan einer der ganz wenigen türkischen Autoren, die in ihrem Werk mann-männliche Sexualität darstellen. Lebt in Istanbul. Weitere Werke (u. a.): *Kaf Daginin önö* (1994), *Paranin cinleri* (1997), *Lal masallar* (1997).

Quellennachweis: *Veronica Voss der Sehnsucht* aus: Deniz Göktürk und Zafer Şenocak (Hg.): *Jedem Wort gehört ein Himmel. Türkei literarisch*, Berlin, Babel Verlag Hund & Toker, 1991. (Anm: Die Erzählung stammt aus Mungans Kurzgeschichtensammlung *Kirk Oda* [1987].) © Babel Verlag, München

Ádám Nádasdy

1947 in Budapest geboren. Studierte Englisch und Italienisch und unterrichtet an der Eötvös Loránd Universität in Budapest Linguistik. Lyriker, Erzähler und Übersetzer (u. a. der Werke Shakespeares). Die meisten seiner Kurzgeschichten erschienen in der ungarischen Schwulenzeitschrift *Masok*. Lebt in Budapest. Weitere Werke (u. a.): *Komolyabb versek* (1984), *Elkezd a dolgok vegere jarni* (1998).

Quellennachweis: *Englischer Walzer* [*Angol keringö*] aus der ungarischen Zeitschrift *2000*, November 1996, S. 25–29. Deutsche Erstveröffentlichung. © Ádám Nádasdy

Radoslav Nenadál

1929 in Šumperk, Mähren (Tschechien) geboren. Emeritierter Professor für Anglistik und Amerikanistik an der Karls-Universität Prag. Erzähler, Lyriker und Übersetzer, der u. a. Werke von Thackeray, Hemingway und Thurber ins Tschechische gebracht hat. Nenadál hat vorwiegend Lyrik publiziert. Während der Diktatur hatte er Schwierigkeiten mit der Zensur und dem Staatssicherheitsdienst, der Versuche unternahm, ihn aus der Fakultät zu entfernen. Seine mehrfach aufgelegte Erzählung *Růžový kavalír* hatte große Bedeutung für tschechische Schwule, die in den 80er Jahren des vergangenen Jahrhunderts ihr Coming-out hatten. Nenadál lebt in Prag. Weitere Werke (u. a.): *Skorpion* (1990), *Berany, berany* (1997), *Zahrada* (1998).

Quellennachweis: *Der Rosenkavalier* [*Růžový kavalír*] aus *Rakvářova dcera*, Prag, Paseka Verlag, 1985. Deutsche Erstveröffentlichung. © Radoslav Nenadál

Olaf n. Schwanke

1969 in Kirchen/Sieg (Deutschland) geboren, studiert Kunst, Germanistik und Neue Deutsche Literaturwissenschaften an der Universität-Gesamthochschule Siegen, Mitglied der Siegener

Künstlergruppe „Aktion Musenflucht", Bildender Künstler, Lyriker und Erzähler. Einzel- und Gruppenausstellungen seiner zeichnerischen, graphischen und plastischen Arbeiten. 1998 und 2000 nominiert für den Literaturpreis des Ministeriums für Kultur (NRW). Lebt in Siegen und im Westerwald. Weitere Werke (u. a.): *bis dato trallala* (1996), *de neopanem* (1998), *nixmär* (2000).

Quellennachweis: *weit, so gut*. Erstveröffentlichung. © Olaf n. Schwanke

Kostas Tachtzis

1927 in Thessaloniki geboren, Studium der Rechtswissenschaften, Lyriker, Erzähler und Essayist, der den großen (schwulen) Dichter Konstantinos Kavafis zu seinen Vorbildern zählte. Tachtzis lebte von 1954 bis 1964 außerhalb Griechenlands (Westeuropa, Afrika, USA, Australien), danach in Athen. Er leistete Widerstand gegen die Militärdiktatur, engagierte sich für Friedens- und Menschenrechtspolitik und, als einziger der in Griechenland prominenten Autoren, für die griechische Schwulenbewegung. Im August 1988 wurde er, mutmaßlich von Rechtsextremisten, in Athen ermordet. Sein Roman *To trito Stephani* [dt.: *Dreimal unter der Haube*, 1984] nimmt in der griechischen Nachkriegsliteratur eine ähnliche Stellung ein wie Grass' *Blechtrommel* in der deutschen. Weitere Werke (u. a.): *Ta resta* (1981), *To phovero vema* (Autobiographie, 1989), *I giagia mou i Athina* (1996).

Quellennachweis: *Das erste Bild*, in: *Torso*, 1983, Nr. 3, S. 54–58. © The Estate of Kostas Tachtzis. Trotz größter Sorgfalt konnte der Rechtsnachfolger von *Das erste Bild* nicht ermittelt werden. Es wird gegebenenfalls um Mitteilung gebeten.

Emil Tode

Bürgerlicher Name: Tõnu Õnnepalu; 1962 in Tallinn (Estland) geboren. Lyriker, Erzähler und Übersetzer. Der Autor hat sowohl unter seinem bürgerlichen Namen wie unter seinem Pseudonym Werke veröffentlicht. Für den Roman *Piirikiik* wurde er 1994 ausgezeichnet mit dem Estnischen Nationalen Buchpreis und dem Baltischen Preis für Literatur. Tode/Õnnepalu lebt als Leiter des Institut Estonien in Paris. Weitere Werke (u. a.): *Mõõt* (1996), *Printsess* (1997).

Quellennachweis: Auszug (S. 80–84) aus *Im Grenzland* [Original: *Piirikiik*, 1993], Wien, Paul Zsolnay Verlag, 1997. Mit Genehmigung des Paul Zsolnay Verlages, Wien, © Paul Zsolnay Verlag 1997

Luis Antonio de Villena
1951 in Madrid geboren. Äußerst produktiver Schriftsteller, der Lyrik, Erzählungen, Romane und Essays vorgelegt hat. Außerdem tätig als Literaturwissenschaftler und Journalist. Erhielt zahlreiche Preise, darunter 1999 „La sonrisa vertical", der für erotische Literatur verliehen wird. Nach dem Ende der Franco-Diktatur hat vor allem Villena als Kommentator der klassischen Werke und als Autor schwule Literatur in Spanien lanciert. Lebt in Madrid. Werke u. a.: *Amor pasión* (1983) [dt.: *Leidenschaftliche Liebe*, 1990], *Chicos* (1989), *Afrodita mercenaria* (1998), *La poesía plural* (1998), *El mal mundo* (1999). Eine Auswahl seiner Gedichte in deutscher Übersetzung in: Horst Weich u. a. (Hg.): *Namenlose Liebe. Homoerotik in der spanischen Lyrik des 20. Jahrhunderts* (2000).

Quellennachweis: Auszug (S. 47–53) aus *Ante el espejo*, Madrid, Mondadori España, 1982. (Anm.: *Aparición de Cupido* ist die Überschrift dieses Kapitels des autobiographischen Werkes.) Deutsche Erstveröffentlichung. © Luis Antonio de Villena

Der Herausgeber

Dirck Linck
Jg. 1961, Literaturwissenschaftler an der Universität-Gesamthochschule Siegen, Mitherausgeber und Redakteur der Zeitschrift *FORUM Homosexualität und Literatur*, Mitglied im Vorstand der Gesellschaft zur Förderung literaturwissenschaftlicher Homostudien, Siegen (GFlH). Lebt in Hannover. Zahlreiche Veröffentlichungen, u. a. zu Josef Winkler, Hans Henny Jahnn, Hubert Fichte, Ernst Jünger und Léon Bloy. Hg. (zusammen mit Alexandra Busch): *Frauenliebe/Männerliebe. Eine lesbisch-schwule Literaturgeschichte in Porträts*, Metzler 1997 (Taschenbuch: Suhrkamp 1999).